国家出版基金项目
NATIONAL PUBLICATION FOUNDATION

“十三五”国家重点图书

网络信息服务与安全保障研究丛书

丛书主编 胡昌平

网络社区知识聚合与服务研究

Knowledge Aggregation and Service in Network Community

陈果 胡媛 林鑫 余世英 著

WUHAN UNIVERSITY PRESS
武汉大学出版社

图书在版编目(CIP)数据

网络社区知识聚合与服务研究/陈果等著.—武汉：武汉大学出版社,2022.1
"十三五"国家重点图书　国家出版基金项目
网络信息服务与安全保障研究丛书/胡昌平主编
ISBN 978-7-307-22899-3

Ⅰ.网…　Ⅱ.陈…　Ⅲ.网络信息资源—面向用户—知识组织体系—服务模式—研究　Ⅳ.G255.76

中国版本图书馆 CIP 数据核字(2022)第 019686 号

责任编辑:王智梅　　责任校对:李孟潇　　版式设计:马　佳

出版发行：**武汉大学出版社**　(430072　武昌　珞珈山)
(电子邮箱:cbs22@ whu.edu.cn　网址：www.wdp. com.cn)
印刷:武汉中远印务有限公司
开本:720×1000　1/16　印张:21　字数:386 千字　插页:5
版次:2022 年 1 月第 1 版　2022 年 1 月第 1 次印刷
ISBN 978-7-307-22899-3　定价:89.00 元

作者简介

陈果，1986年生，湖北蕲春人，南京理工大学经济管理学院信息管理系硕士生导师，副教授。博士毕业于武汉大学信息资源管理专业，主要研究方向为领域知识分析、知识组织与服务等。目前已发表SSCI、SCI、CSSCI期刊论文30余篇，主持完成国家社科青年基金项目“领域分析视角下的科技词汇语义挖掘与知识演化研究”，主持在研教育部人文社科研究项目“基于领域实体的学科研究前沿识别体系构建研究”、江苏省社科基金青年项目“面向前沿技术监测的领域知识分析模式研究”。

网络信息服务与安全保障研究丛书

主　编：胡昌平

副主编：曾建勋　胡　潜　邓胜利

著　者：胡昌平　贾君枝　曾建勋

胡　潜　陈　果　曾子明

胡吉明　严炜炜　林　鑫

邓胜利　赵雪芹　郤杨芳

周　知　李　静　胡　媛

余世英　曹　鹏　万　莉

查梦娟　吕美娇　梁孟华

石　宇　李枫林　森维哈

赵　杨　杨艳妮　仇蓉蓉

总　序

"互联网+"背景下的国家创新和社会发展需要充分而完善的信息服务与信息安全保障。云环境下基于大数据和智能技术的信息服务业已成为先导性行业。一方面，从知识创新的社会化推进，到全球化中的创新型国家建设，都需要进行数字网络技术的持续发展和信息服务业务的全面拓展；另一方面，在世界范围内网络安全威胁和风险日益突出。基于此，习近平总书记在重要讲话中指出，"网络安全和信息化是一体之两翼、驱动之双轮，必须统一谋划、统一部署、统一推进、统一实施"。① 鉴于网络信息服务及其带来的科技、经济和社会发展效应，"网络信息服务与安全保障研究丛书"按数字信息服务与网络安全的内在关系，进行大数据智能环境下信息服务组织与安全保障理论研究和实践探索，从信息服务与网络安全整体构架出发，面对理论前沿问题和我国的现实问题，通过数字信息资源平台建设、跨行业服务融合、知识聚合组织和智能化交互，以及云环境下的国家信息安全机制、协同安全保障、大数据安全管控和网络安全治理等专题研究，在基于安全链的数字化信息服务实施中，形成具有反映学科前沿的理论成果和应用成果。

云计算和大数据智能技术的发展是数字信息服务与网络安全保障所必须面对的，"互联网+"背景下的大数据应用改变了信息资源存储、组织与开发利用形态，从而提出了网络信息服务组织模式创新的要求。与此同时，云计算和智能交互中的安全问题日益突出，服务稳定性和安全性已成为其中的关键。基于这一现实，本丛书在网络信息服务与安全保障研究中，强调机制体制创新，着重于全球化环境下的网络信息服务与安全保障战略规划、政策制定、体制变革和信息安全与服务融合体系建设。从这一基点出发，网络信息服务与安全保障

① 习近平. 习近平谈治国理政[M]. 北京：外文出版社，2017：197-198.

作为一个整体，以国家战略和发展需求为导向，在大数据智能技术环境下进行。因此，本丛书的研究旨在服务于国家战略实施和网络信息服务行业发展。

大数据智能环境下的网络信息服务与安全保障研究，在理论上将网络信息服务与安全融为一体，围绕发展战略、组织机制、技术支持和整体化实施进行组织。面向这一重大问题，在国家社会科学基金重大项目"创新型国家的信息服务体制与信息保障体系""云环境下国家数字学术信息资源安全保障体系研究"，以及国家自然科学基金项目、教育部重大课题攻关项目和部委项目研究成果的基础上，以胡昌平教授为责任人的研究团队在进一步深化和拓展应用中，申请并获批国家出版基金资助项目所形成的丛书成果，同时作为国家"十三五"重点图书由武汉大学出版社出版。

"网络信息服务与安全保障丛书"包括 12 部专著：《数字信息服务与网络安全保障一体化组织研究》《国家创新发展中的信息资源服务平台建设》《面向产业链的跨行业信息服务融合》《数字智能背景下的用户信息交互与服务研究》《网络社区知识聚合与服务研究》《公共安全大数据智能化管理与服务》《云环境下国家数字学术信息资源安全保障》《协同构架下网络信息安全全面保障研究》《国家安全体制下的网络化信息服务标准体系建设》《云服务安全风险识别与管理》《信息服务的战略管理与社会监督》《网络信息环境治理与安全的法律保障》。该系列专著围绕网络信息服务与安全保障问题，在战略层面、组织层面、技术层面和实施层面上的研究具有系统性，在内容上形成了一个完整的体系。

本丛书的 12 部专著由项目团队撰写完成，由武汉大学、华中师范大学、中国科学技术信息研究所、中国人民大学、南京理工大学、上海师范大学、湖北大学等高校和研究机构的相关教师及研究人员承担，其著述皆以相应的研究成果为基础，从而保证了理论研究的深度和著作的社会价值。在丛书选题论证和项目申报中，原国家自然科学基金委员会管理科学部主任陈晓田研究员，国家社会科学基金图书馆、情报与文献学学科评审组组长黄长著研究员，武汉大学彭斐章教授、严怡民教授给予了学术研究上的指导，提出了项目申报的意见。丛书项目推进中，贺德方、沈壮海、马费成、倪晓建、赖茂生等教授给予了多方面支持。在丛书编审中，丛书学术委员会的学术指导是丛书按计划出版的重要保证，武汉大学出版社作为出版责任单位，组织了出版基金项目和国家重点图书的论证和申报，为丛书出版提供了全程保障。对于合作单位的人员、学术委员会专家和出版社领导及詹蜜团队的工作，表示深切的感谢。

丛书所涉及的问题不仅具有前沿性，而且具有应用拓展的现实性，虽然在专项研究中丛书已较完整地反映了作者团队所承担的包括国家社会科学基金重大项目以及政府和行业应用项目在内的成果，然而对于迅速发展的互联网服务而言，始终存在着研究上的深化和拓展问题。对此，本丛书团队将进行持续性探索和进一步研究。

胡昌平

于武汉大学

前　　言

自互联网蓬勃发展以来，网络社区业已成为人们信息交流与知识获取的重要渠道。网络用户基于特定的兴趣或目标而形成大量领域性的专业网络社区。凭借开放式、实时性的交流优势，这些网络社区已积累了大量的领域知识内容，为知识共享和利用提供了丰富的资源。但其内容分散、表述随意等特点又制约了用户有效利用领域知识。针对这一问题，学界主要从两方面开展研究，一是以“用户”为研究对象，探索网络社区中用户行为特点和影响因素；二是以“知识”为研究对象，探索如何有效挖掘和重组网络社区中的知识资源。前者已有诸多研究，后者的关注度则稍显不足。网络社区中，用户交流资源是领域知识内容的载体，而服务则是支撑用户知识交流与利用的必要手段。因此，本书旨在对网络社区中的领域知识进行有效挖掘，面向用户需求实现知识聚合，并以此支撑设计和实现相应的知识服务。

领域知识挖掘是网络社区知识聚合与服务的基础。近年来，深度学习技术开始迅速发展，自然语言处理算法模型不断推陈出新。新的技术手段为网络社区领域知识挖掘提供了有力支撑。特别是在领域实体识别、领域实体关系抽取等基本任务上，涌现出基于深度学习的词嵌入语义表示、“预训练+微调”、小样本半监督学习等技术。本书特别注重新技术的优化应用，在切实解决网络社区用户交流资源的领域知识挖掘基础上，最终有效实现领域知识聚合，并设计知识服务体系。

全书分为八章。第一章对网络社区中的用户和知识服务进行了论述，旨在从网络社区中用户信息交流特征出发，探讨其知识服务需求。该章首先分析了网络社区中用户类型和用户交互关系结构，并进一步探讨网络社区用户知识交流模式。以此为基础，探索了网络社区用户的知识组织和知识服务需求。第二章系统地论述了面向网络社区的知识聚合理论，旨在为后续章节的开展提供理论支撑。在梳理网络社区知识聚合理论发展脉络、研究对象、基本方法的基础上，结合网络社区用户需求特征和资源特点，探索了面向网络社区开展知识聚合的基本要求，并提出领域知识驱动的网络社区知识聚合方案。第三章解决网络社区中领域知识挖掘的第一个基础技术问题，即领域知识单元的语义挖掘。领域知识单元是揭示领域知识的基本对象，其语义挖掘是知识聚合的开展前提。该章首先提出“词汇语义链”理论框架以界定网络社区中不同级别的词汇知识单元，再对词汇语义表示方法进行了论述。在此基础上，聚焦“领域实体”这一细粒度知识单元，论述了网络社区中领域实体识别方法，并开展了基于预训练的细分领域实体识别实验。为解决细分领域网络社区语料不足所导致的实体语义表示不充分的问题，进一步提出并实现了基于“预训练+微调”的网络社区领域实体语义表示。第四章解决网络社区中领域知识挖掘的第二个基础技术问题，即领域知识单元的语义关联挖掘，这是揭示领域知识结构的基础。该章聚焦于挖掘网络社区中领域实体间的语义关联，包括实体间基本的相似度以及实体间具有明确语义类型的实体关系。除了论述和实现网络社区中领域实体关系的有监督识别外，该章重点提出在缺乏细分领域人工标注语料情景下，利用小规模知识库和词嵌入类比技术实现实体关系识别的方法。最后，该章论述了实体间语义相似度和实体关系融合的方法。第五章是对第四章的进一步延伸，网络社区中除了领域实体间的语义关联外，还存在网络社区的“领域实体—主题—文档”多粒度知识关联和“用户—资源—领域实体”多元关联。该章在第四章基础上，进一步论述了网络社区多粒度、多元关联挖掘，构建全局视角下的网络社区多元知识关联体系，以保障网络社区资源多维语义聚合的实现。第六章旨在解决如何利用领域知识挖掘结果实现网络社区聚合。该章从聚合的单元粒度、聚合的关联维度以及两者结合三个方面探索知识聚合的基本模式，提出了基于分面导航、基于多维概念关联推荐、基于知识元链接、基于资源潜在关联发现四种知识聚合模式，并重点对基于分面导航和基于知识元链接的网络社区知识聚合实现方法进行了论述。第七章论述了在网络社区知识聚合基础上，如何实现知识推送服务。该章首先构建了面向用户的网络社区知识服务推送体系架构，并从推送功能设计的角度探索服务推送系统的功能的实现。在此基础上，从个性化、信息集成和知识导航的角度出发，构建网络社区个性化知识推送服务模式、嵌入式知识信息集成推送模式和知识导航服务模式。第八章论述了在网络社区知识聚合基础上，如何实现面向用户知识发现和知识创新的服务支持。该章在构建基于聚合的网络社区知识发现与知识创新框架模型基础上，探索了基于聚合的网络社区知识发现服务支持、知识创新服务支持，并进行了专业知识社区中基于聚合的知识发现实证与应用。

本书在编写过程中，由陈果提出编写大纲，并撰写第一至第六章。其中，林鑫参与第一、二章部分内容撰写，王立航、陈智力、吴柏君参与第三章至第六章实验内容撰写，胡媛、余世英撰写第七、八章，最后由陈果统一修改定稿，曹鹏为全书内容撰写提供了大量资料。

衷心感谢胡昌平教授对本书的全力支持和悉心指导。本书基础内容源于笔者师从胡昌平教授攻读博士学位的毕业论文，从选题到框架设计均是在胡昌平教授的指导下完成的，书中大量研究思路和理论方法均汲取于胡昌平教授的理论思想。笔者工作后，胡昌平教授仍大力支持该项研究的深入开展，最终本书内容相比博士毕业论文有了明显的优化。当然，由于笔者专业水平、理解能力有限，本书仍存在诸多不足，敬请读者能不吝提出宝贵建议。

陈　果

目　　录

1 网络社区中的用户与知识服务

网络社区(Network Community)随着互联网的发展而产生，相应的术语还包括虚拟社区、在线社区等。Rheingold 将其定义为存在一定的相关程度的人群，通过计算机网络交流和分享相应的知识信息，从而形成包含一定程度关系的群体。目前网络社区大多以论坛、博客、微博、Wiki 系统等为核心基础应用，具有特定信息交流目标(如兴趣交流、学术研讨、经验分享等)。

社会网络环境下，用户的知识获取、交流和利用越来越依托于一定的网络社区。基于用户兴趣或特定目标而形成的具有领域专业性的网络社区发展十分迅速，目前已涌现出一大批具有代表性的网络社区，如在用户出于电影、书籍、音乐等兴趣进行交流的基础上形成的豆瓣网，在用户对电子消费产品交流的基础上形成的中关村在线数码论坛，以经济管理学专业人员为基础形成的人大经济论坛，以专业医生业务交流为基础形成的丁香园医学社区等。

从最早的电子公告栏到个人博客再到微博，网络社区的交流形式随着用户融入互联网的程度加深而不断发生变化。在互联网已跨入社会化发展时代的背景下，网络社区形态的发展直接体现了互联网应用的发展方向。网络社区以用户开放式、实时性交流为优势，积累了大量具有专业领域性的知识内容，为知识共享和知识利用提供了丰富的资源；但其形式分散、内容随意等特征又给知识利用带来了不便。因此，从网络社区中用户信息交流特征出发探讨其知识组织需求具有必要性。

1.1 网络社区中的用户与知识交流

知识交流是用户通过正式或非正式的平台将自身拥有的知识共享出来与他

人进行交流，是网络社区的重要组成部分，是进行知识创新的重要来源。网络社区中的用户通过知识交流和利用活动产生一定的关联关系，形成相应的交互关系结构。根据用户知识交流和利用活动过程的不同，用户之间会产生会话关系、链接关系和引证关系，并逐渐形成用户个体间的关系结构、用户个体与群体间的关系结构和交互群体间的关系结构三种交互关系结构。用户间的交互关系结构与知识交流之间存在一定的关联关系，通过发掘二者间的关联关系，能够促进网络社区中的用户知识交流和利用服务。

1.1.1 网络社区中的用户类型

网络社区中参与知识交流的用户按交流过程总体上分为知识提供者和知识接收者，且用户既可在这两种角色中相互转换，也可同时担当这两种角色。网络社区中按学科专业分类的知识信息和话题组织，以其具有的开放共享、自由平等的特征，能吸引具有相同研究兴趣、不同学科背景的用户广泛参与其中，进行社会化知识交流、共享和创新。用户在网络社区中知识交流的频率、贡献程度的不同会造成用户在其中影响力和话语权的区别。在网络社区积极参与知识交流，并在互动过程中分享有用知识，帮助大家解决问题的用户会逐渐得到其他用户的认同和尊重，成为社区中的“意见领袖”，且用户的角色和地位会在持续不断的知识交流和互动过程中发生变化。①

许多学者根据网络社区中用户的活动，对用户类型进行了归纳和划分。其中，毛波和尤雯雯根据 BBS 社区用户的知识共享过程，认为社区成员包括学习者、共享者、呼应者、浏览者和领袖 5 种类型。② 雷雪等则根据知识共享参与和互动程度，将 Wiki 社区用户分为浏览者、干扰者、呼应者、成员领袖、经验和意见分享者、信息询问者 6 种类型。③ 王东则认为用户角色包括学习者、浏览者、呼应者、思想领袖、共享者、评价者 6 种类型。④ 胡吉明认为社会网络服务中用户关系存在强关系与弱关系并存和呈幂律等级分

① 丁敬达，杨思洛，邱均平. 论学术虚拟社区知识交流模式[J]. 情报理论与实践，2013，36(1)：64-68.

② 毛波，尤雯雯. 虚拟社区成员分类模型[J]. 清华大学学报：自然科学版，2006，46（S1）：1069-1073.

③ 雷雪，焦玉英，陆泉，成全. 基于社会认知论的 Wiki 社区知识共享行为研究[J]. 现代图书情报技术，2008(2)：30-34.

④ 王东. 虚拟学术社区知识共享机制研究[D]. 长春：吉林大学，2010.

布的特征。①

网络社区作为以知识开放化交流和社会化共享为目的的知识社区，已成为科研人员进行知识交流和共享的工具之一融入学术交流系统中,② 学术性网络社区的用户在社区平台中进行交互活动的目的在于进行更快速和广泛的知识学术交流，提高知识创新效率。根据网络社区的功能和其中用户在知识交流活动中扮演的角色，可将用户划分为话题引导者、知识共享者、知识需求者、话题回应者和领域专家5种类型。

表1-1　网络社区用户类型

社区用户类型	用户参与活动
话题引导者	网络社区中知识交流的核心参与者，在知识交流活动中能引领其他用户进行交流讨论，具有较高学术水平，在社区中拥有较高地位
知识共享者	在网络社区中主要进行知识资源的分享和共享，具有担当引导者的潜力
知识需求者	在网络社区中以获取知识、学习知识和寻求帮助为主，通过向其他用户学习来提高自身的学术水平和知识能力
话题回应者	具备一定的学术水平，在网络社区中会积极参与知识交流和讨论，与知识共享者进行频繁的互动交流
领域专家	在网络社区中发挥智囊团的作用，协同帮助其中的用户进行知识交流，提供智力支持和参考咨询

网络社区中用户角色的差异主要体现在用户个人知识能力水平和其在社区知识交流活动中的参与程度上，且用户的角色类型会随着其在网络社区中参与活动的时间和频率不断变化，从而构成社会化的知识交流网络。

1.1.2　网络社区中用户交互关系

用户作为网络社区知识交流的参与主体，他们之间的交互关系结构直接影

① 胡吉明. 社会网络环境下基于用户关系的信息推荐服务研究[D]. 武汉：武汉大学，2012.

② Harrington D L, Li X D. Spinning an academic web community: Measuring marketing effectiveness[J]. The Journal of Academic Librarianship, 2001, 27(3): 199-207.

响着社区中知识交流、共享和知识创新的开展，也影响着网络社区的形成和服务组织的开展。根据网络社区中用户知识交流的模式和结构，可将用户交互关系归纳为会话关系、链接关系和引证关系。

①会话关系。用户间的交流、会话是网络社区中用户知识交流的最基本形式，因此用户间的会话关系也是用户交互关系的基本形式。网络社区中的用户会话是指由一个知识话题或主题讨论所构成的用户间的一次交流、对话。在会话关系的基础上绘制用户间的知识交流路线图，可以发现用户知识交流结构和知识交流动态。① 网络社区用户通过会话和互动交流，可以进行知识性问题研究和探讨，实现知识在社区中的共享和创新。

②链接关系。网络社区日益呈现以用户关系为核心的发展模式，用户在知识交流过程中，除了进行直接会话交流，还会通过关联链接、推荐链接和好友链接等方式形成链接关系。通过利用 Tag 技术进行网络社区中知识和用户的关联链接,② 增强知识信息之间的相关性和用户之间的交互性，促进用户间的知识交流。推荐链接则是需要运用网络挖掘技术分析用户行为，挖掘用户兴趣需求。在此基础上，建立用户和知识资源间的映射关系，实现个性化推荐链接。③ 好友链接则是网络社区中最普通和常见的链接关系，用户通过关注感兴趣的用户和经常进行知识交流的用户，形成链接互动关系。无论哪种形式的用户链接关系都强调“用户”作为知识信息传播的中心，通过链接技术构建用户-用户间的知识链接网络，分析用户间的链接关系，从而促进基于用户链接关系的知识交流。

③引证关系。网络引证关系是随着互联网技术的发展和网络信息资源的广泛利用而产生的。④ Kousha 等在研究和分析 URL 引文的基础上，提出网页的 URL 或标题在另一个网页中不论以何种形式被提及都视为网络引证

---

① 丁敬达，杨思洛，邱均平. 论学术虚拟社区知识交流模式[J]. 情报理论与实践，2013，36(1)：64-68.

② 黄晨. Lib2.0 的观念与变革——以维基(Wiki)和标签(Tag) 为例[J]. 图书馆杂志，2007，26(8)：36-39.

③ 胡昌平，胡吉明，邓胜利. 基于社会化群体作用的信息聚合服务[J]. 中国图书馆学报，2010，36(3)：51-56；曾建勋. 知识链接的研究现状与发展趋势[J]. 情报理论与实践，2011，34(2)：122-123.

④ 杨思洛. 国外网络引文研究的现状及展望[J]. 中国图书馆学报，2010，36(4)：72-82.

关系产生。① 网络社区中的用户引证关系包括用户在知识交流过程中对社区中的知识进行引用、转载和分享，也包括用户在知识交流过程发布的知识信息被其他网络信息所引用。例如，用户在网络社区进行某一知识主题交流和讨论中，可引用本社区中的知识资源或其他已发表的正式或非正式的知识资源，通过借鉴引文格式和引文分析思想，实现知识在网络社区中的引用和共享。同时，用户在网络社区中发布的有价值的知识资源亦可被正式出版的期刊文献、网络出版平台或其他非正式交流平台所引用，从而实现社区知识资源的社会化共享和传播。

1.1.3 网络社区中的用户关系结构模型

根据网络社区中用户的知识交流和互动活动，可将其中的用户关系结构分为用户个体间的关系、用户个体与群体间的关系和交互群体间的关系三种类型。

(1)用户个体间的关系结构

用户个体与个体间的知识交流与互动是网络社区知识交流系统的最基本结构。无数个体与个体之间的交流、互动构成整个社区知识交流网络和系统。网络社区中的用户通过话题讨论、发布知识、评论、回复、转载分享等方式进行知识交流与互动，形成基于用户个体关系的知识交流系统。在网络社区中，用户的行为均以个体为单位进行，用户个人的知识需求可激发用户间的知识交流活动开展,② 不同的用户主体间通过交流、互动来实现知识在网络社区中的流动、传播与共享。用户个体与个体间通过知识交流不断产生信任关系和友好关系，从而能加速知识在网络社区中的流动，促进知识传播与共享。网络社区中用户个体间的关系结构如图 1-1 所示。

网络社区中的用户个体之间的关系大多是由知识提供者和知识需求者间的交流互动而形成的。知识水平较高的用户更容易充当知识提供者的角色，知识水平较低的用户则需要通过与知识水平较高的用户构建知识交流关系来获取所

---

① Kousha K, Thelwall M. Motivations for URL citations to open access library and information science articles[J]. Scientometrics, 2006, 68(3): 501-517; Kousha K, Thelwall M. Google scholar citations and google web /URL citations: Amulti-discipline exploratory analysis[J]. Journal of the American Society for Information Science and Technology, 2007, 58 (7): 1055-1065.

② Alawi A A, Marzooqi N Y, Mohammed Y F. Organizational culture and knowledge sharing: Critical success factors[J]. Journal of Knowledge Management, 2007, 11(2): 22-42.

需的知识信息，提升自我知识能力和水平。由于用户知识共享和交互程度的不同，使其在知识交流网络中处于不同位置。其中，知识提供者往往处于知识交流网络的中心位置，知识需求者或接收者则处于四周边缘位置，且网络知识交流结构和用户的位置节点处于不断变化之中。用户个体与个体之间通过不断的知识交流与互动活动，建立错综复杂的关系网络链条。

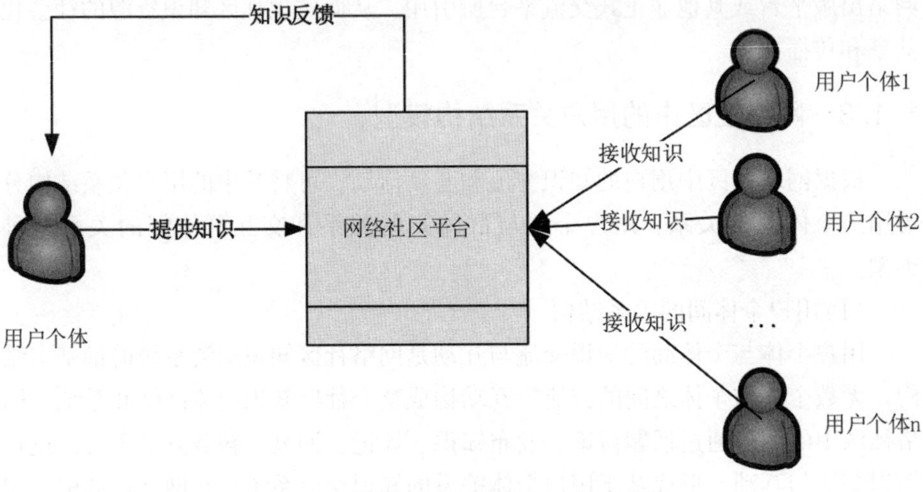

图 1-1 网络社区用户个体间的关系结构

(2)用户个体与群体间的关系结构

网络社区中用户个体与群体关系的形成依赖于用户个体知识显性化与知识交流的过程。拥有共同兴趣或学科专业背景的用户在网络社区中经过长期的交流互动，形成越发亲密的互动关系和良好的人际关系，且对彼此的知识水平和知识结构有较为准确的了解和认知，从而逐渐聚成具有相似兴趣和知识背景的用户群体。处于同一群体中的用户，可以更容易地借助群体智慧进行话题交流和讨论，也可协同进行问题的解决和知识创新。新的用户个体亦可通过网络社区平台加入其中进行知识交流、讨论，从而促进知识的传播和共享创新。网络社区用户个体与群体关系结构如图 1-2 所示。

网络社区中用户个体与群体的交互过程则是用户个体显性知识进行群体内化吸收的过程。虽然从单个交互结构上看仍是个体与个体的交流关系，但是同行或小组的交流群体逐渐形成，用户个体—群体—个体间的交流关系也逐渐形成。随着新的用户个体的不断加入和新的知识话题的不断交流讨论，用户个体间的知识交流会不断转化为用户个体与群体间的交流。用户交流群体会随着知识交流的加深和扩大越发多元化和细分化，用户群体规模也将随之不断扩大。

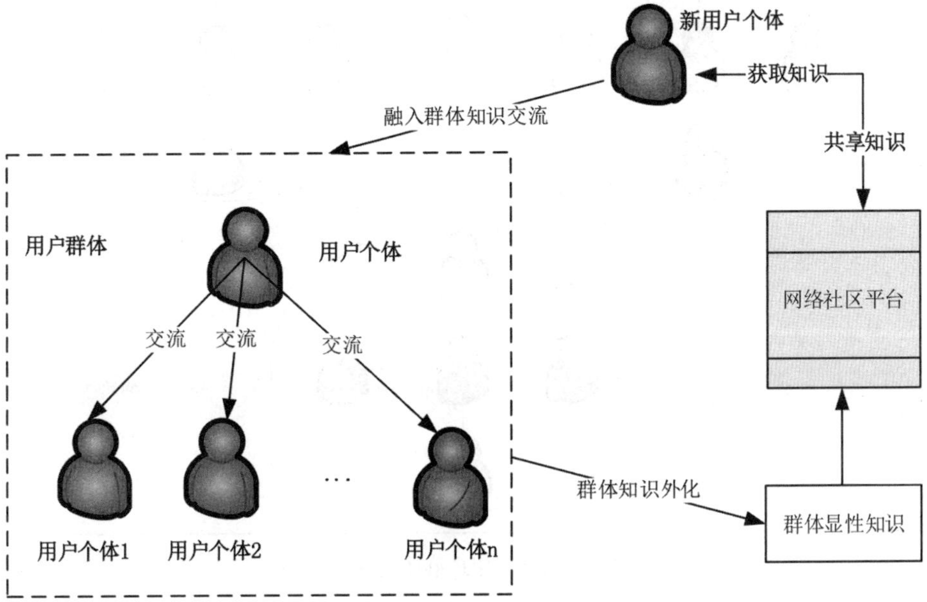

图 1-2　网络社区用户个体与群体间的关系结构

随着社区内用户知识交流的不断发展，用户个体的知识会逐渐转化为基于小组构建的群体显性知识，从而储存于网络社区平台之中。这不仅为网络社区中的已有用户知识利用和获取提供保障，使用户个体对社区产生归属感和信任感，同时还能不断吸引新的用户加入其中，扩大网络社区中的知识交流范围，加速知识共享，提升知识创新效率。

(3)用户群体间的关系结构

网络社区中的用户在内外部系统环境影响下，通过知识交流、互动等活动实现知识在社区内外的流动、传播和共享，从而形成知识交流系统网络。在知识交流大系统中，知识提供者外化知识，通过网络社区平台进行知识传递，知识接收者将显性化的知识进行内化吸收，实现知识转移，最后在吸收过程中进行知识创新，实现整个知识交流的过程演化。在知识交流过程中，用户根据知识结构、知识水平相关程度的高低，形成若干个有自组织特性的子群体系统。网络社区中的用户群体间的关系结构如图 1-3 所示。

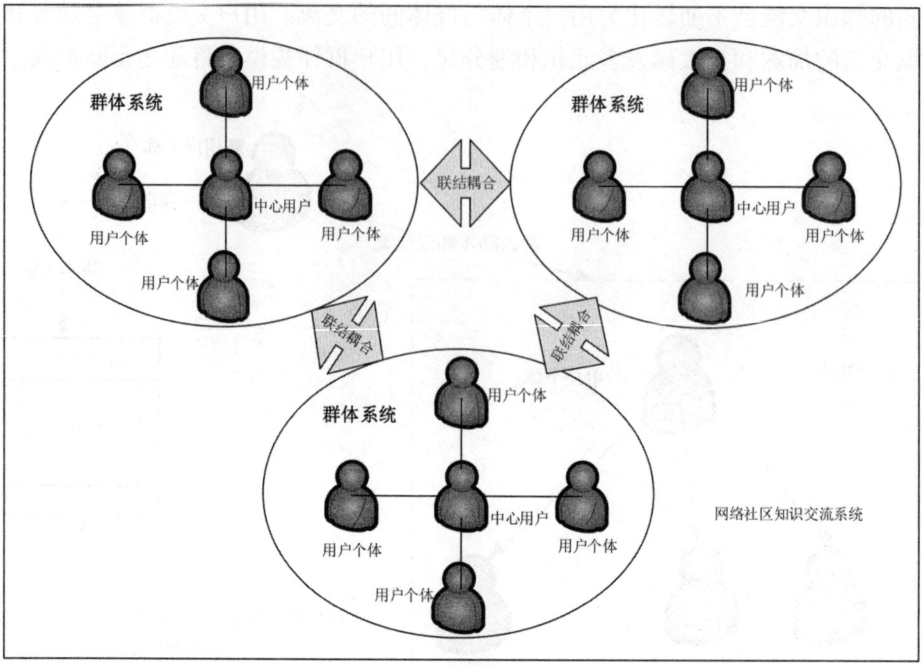

图 1-3　网络社区用户群体间的关系结构

由于用户个体间的行为大多属于非线性的关系，形成的关系系统也是复杂系统，① 因此，网络社区中用户间的知识交流也属于非线性的。网络社区中的用户在知识交流过程中逐渐形成具有共同兴趣或价值取向的小团体或群组，可将这些小团体或群组视为整个网络社区知识交流大系统中的子群体系统。由于网络社区内用户个体和知识交流活动处于不断变化之中，因此，各子群体系统也处于不断变化发展中。各子群体系统之间耦合联结、相互作用，协同进行知识交流与共享。

1.2　网络社区用户知识交流模式

社会网络环境下，用户参与及用户关系网络的构建逐渐成为虚拟社区用户

① 刘佳，樊治平，杨国梁. 一种面向知识共享的虚拟社区模型框架[J]. 管理学报，2006，3(2)：190-194.

交互的重要特征。网络社区作为用户进行知识交互的平台，为用户知识交流与共享提供资源、服务和平台保障。网络社区中的用户知识交流范围也在不断地发生变化，由小范围的知识交流逐渐向社会化交互扩散。

1.2.1 网络社区用户知识交流的内容特征

用户间开放性、实时性的信息交流是网络社区形成的关键。在实践中，各种网络社区的核心业务均是通过引导或激励手段促进用户间的信息交流。一个网络社区中，如果用户交流活动降低到一定程度，必然造成用户流失并形成恶性循环，最终导致网络社区的衰退乃至消亡。这种现象在当前互联网发展中时有发生。因此，探索网络社区中用户的信息交流特征对于网络社区发展至关重要。

(1)用户交流内容主题的领域性

由于网络社区中的用户基于一定的相关程度而形成交流关系，因此其信息交流存在共同的目的性。网络社区中用户交流主题的决定因素是用户群体的类型，无论是基于一定的用户身份(如同学录、研究生讨论群)，还是基于一定的专业领域(如医学论坛、JAVA 程序交流论坛)、一定的个人兴趣(如音乐、电影社区)、特定的任务(如项目组社区、部门交流社区)等形成的社区信息交流,① 其内容主题均就用户群体所关心的某些方面展开，主题之间构成的知识空间具有领域性。

网络社区用户交流内容主题的领域性具有正向增强性。随着网络社区的发展，在社区管理人员的引导或社区用户的自发行为作用下，其已有的用户群体和用户交流内容会进一步吸引更多的相似用户加入社区并参与交流。社区内部用户对于符合相应领域性的交流和用户会给予更多的关注，这种激励效应会促使更符合社区兴趣的用户获得更多的话语权，从而不断加强用户交流内容的领域性。而与该网络社区交流领域存在差异的用户会逐步沉寂甚至流失。

随着用户群体的增长和交流内容的深入和扩展，网络社区会以原有的领域范围为基础，横向扩展出与之紧密相关的领域或纵向分化为多个子领域。例如，豆瓣网最初是以图书交流为基础的网络社区，随着其快速发展，其用户群体的其他兴趣共同点也转化为信息交流内容，进而扩展出了音乐、电影等领域；这些领域与原有的图书领域存在一定的相似性，原因是这些领域的用户具有更大的重叠性。另外一些网络社区如中关村在线手机论坛，其用户交流内容随着手机产品的不断发展而细分出更多新的子领域，如智能手机、安卓手机等

---

① 张岌秋. 虚拟社区中的信息交流初探[J]. 图书馆学刊, 2009, 31(10): 78-80.

子领域。

(2)用户交流内容分布的离散性

在大多数网络社区中，用户交流是自发形成的，存在一定的偶然性和发散性，因而其交流尽管是在一定领域范围下开展，但内容主题往往由于缺乏引导而较为松散。笔者曾与一些网络社区管理人员交谈，他们反映，网络社区中一个话题(如帖子、博客、问题)后续的讨论内容往往存在极大的不确定性，一个不经意间出现的用户很有可能使后续交流极大地偏离原有的讨论方向。另外，由于网络社区用户的个人兴趣、知识背景、交流风格存在诸多差异，同一话题下的不同用户关注的方面往往存在偏差，导致后续的讨论较为分散。

除此之外，网络社区中，采用的无论是以话题为主导的信息交流模式还是以个人为中心的信息交流模式，用户交流内容在主题上均缺乏连续性。即同一话题的内容可能离散地分布在多个用户讨论中，而同一用户参与的讨论内容在主题上又较为分散。例如，基于论坛的话题型网络社区中，相近主题的帖子缺少链接关联；在基于博客、微博的用户中心型网络社区中，不同用户对于同一主题所发表的评论也缺少关联。用户交流内容的分散性给网络社区中知识共享和知识利用带来了极大的阻碍。

(3)用户交流内容的及时性与海量性

网络社区中用户间的信息交流存在及时性，进而导致网络社区信息内容快速增长。由于网络社区信息交流体系的开放性，用户可以很快地获取与其相关的动态内容，并参与相应的讨论。随着移动互联网的发展，网络社区用户交流时效达到了实时性级别。用户交流及时性特征的重要影响是网络社区中信息内容的快速增长，各种方式的信息推送抢占了用户大量的注意力，导致“信息更新灾难”的发生，一些用户不得不为此花费大量时间。由于网络社区中用户交流内容存在一定的随意性，大量重复、低价值的信息掩盖了真正对于某些用户有价值的信息。例如，一些热门话题下，大量参与者的实时讨论更新导致用户通常只能浏览最近的一两页内容。而用户通过关注、订阅某些用户、话题，或受系统推荐所获得的更新内容也日益增多，很难有针对性地从中获取某些有用信息。

1.2.2 网络社区用户知识交流的社会化特征

知识创新的社会化发展背景下，科学研究活动日益重视知识交流与共享。①

---

① 甘春梅，王伟军，田鹏. 学术博客知识交流与共享心理诱因研究[J]. 中国图书馆学报，2012，38(3)：91-99.

互联网技术的进步和Web 2.0(博客、视频、标签、社区等)的不断发展，为用户间的知识交流与成果传播及共享提供了新途径。① 知识交流日益呈现社会化发展特征。网络社区作为用户知识交流的在线平台，为用户的科学研究、知识交流等活动的开展提供了知识资源、智力支持和服务保障。

网络社区充分运用 Web 2.0 技术和 SNS 服务应用，保障用户的知识资源利用和知识交流、共享。用户在社区中可自由发布知识信息、进行话题讨论、创建学习讨论小组，用户间的知识交流的社会化特征主要体现在：网络社区中的用户知识交流逐渐开始注重用户关系、用户间的知识交流呈现开放共享的特征。

网络社区中用户通过知识交流、共享和协作学习，加强了用户间的关系，增强其群体认同感。通过提升网络社区中的用户服务体验，将以知识信息为核心的服务转变为以用户为核心，能够进一步促进用户间的知识交流与共享。在这种基于用户关系的知识交流中，所有用户个体都成为知识交流链中的一环，每个用户同时扮演着知识提供者和知识接收者的双重角色。在网络社区中，用户多以真实身份在社区内进行人际交往和知识交流，从而形成基于用户交互关系的群体交流圈子或交流群组，通过交互讨论、评论、转载分享等形式促进知识信息的广泛、迅速传播，实现知识信息在用户关系链条上的级联传播,② 从而提高知识传播的广度和深度。同时，网络社区中的用户在知识交流过程中，能够充分借助群体智慧和利用图书馆的资源优势，进行知识创新和再创造，实现知识增值。

信息服务的开放共享是 Web 2.0 和 SNS 的重要特征之一。网络社区在服务组织中充分尊重用户的个人意志，为用户的开放共享式知识交流提供保障。网络社区中的用户可以自由在社区平台中进行知识分享、话题发布和交流讨论，不论用户是专家学者、学生，还是普通工作人员，均可根据自身需求和兴趣选择讨论小组或话题；社区中用户交互的知识信息既可以是突发灵感或不成熟思想的简单描述，也可以是学术问题、研究论文和报告，无论哪种形式的交流均不受时间、参与权限、地点等条件的限制，这就为不同层次的用户搭建了开放、平等的交流平台空间，实现了以用户为中心进行知识交流的目标。此外，网络社区还允许用户在社区中进行知识资源的自由开放存取，保障社区用

---

① Bruns A, Jacobs J. Uses of Blogs[M]. New York: Peter Lang, 2006: 127-138.

② 胡吉明. 社会网络环境下基于用户关系的信息推荐服务研究[D]. 武汉：武汉大学，2012.

户的知识利用。

1.2.3 网络社区用户社会化知识交流模式变革

Web 2.0 和互联网技术的发展导致用户间的知识交流形式不断发生变化，网络环境下的知识交流形式可以分为两种，一种是点对点的知识交流形式，另一种则是点对面的知识交流形式。① 通过调研网络社区中的用户知识交流方式和综合考虑网络社区的特征，对其中的用户社会化知识交流模式进行归纳，主要有以下两种模式：

①以用户个体知识发布和共享为核心的知识交流。网络社区允许用户在社区讨论版块和个人空间发布信息和共享资源，其他用户可对感兴趣的知识和话题进行评论、回复、分享等。用户既可以是以自身为核心的知识提供者，也可以是以他人为核心的知识交流与传播链中的一环。根据网络社区的功能，以用户个体知识发布和共享为核心的知识交流包括用户个体自主发布知识、用户评论交流、用户互动回复和用户知识转发和分享四种方式，从而构成以用户个体知识发布和共享为核心向四周发散交流传播的整个交互过程，如图 1-4 所示。

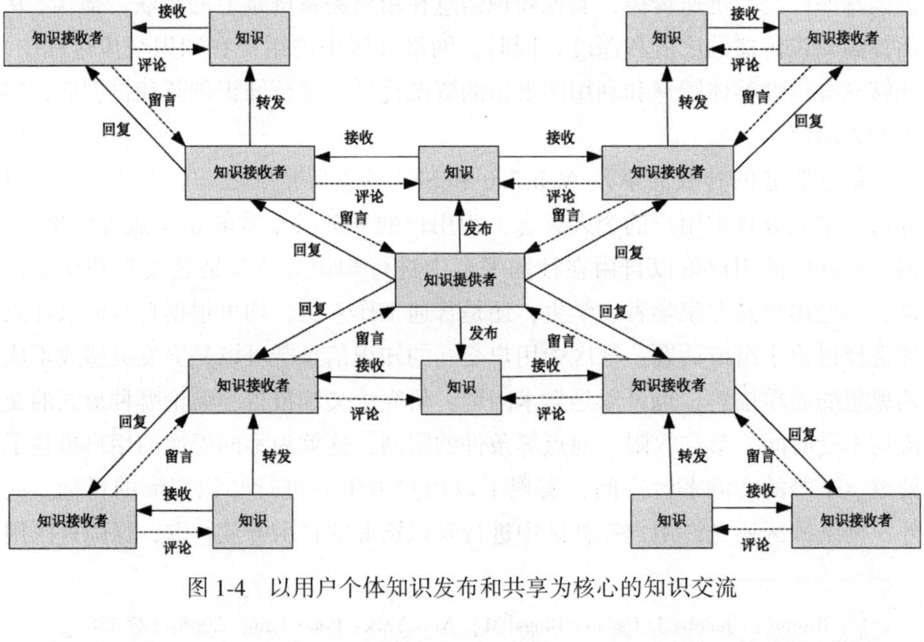

图 1-4 以用户个体知识发布和共享为核心的知识交流

① 杨瑞仙. 知识交流内涵和类型探讨[J]. 情报理论与实践，2014，37(3)：36-37.

在网络社区中，用户间的互动既可通过相互关注来进行，也可自由在讨论版块进行。用户可以自由发布讨论话题、分享有用的知识信息，从而成为知识提供者，对该知识和话题感兴趣的用户以及关注者就成为知识接收者。在网络社区中，知识提供者自由发布个体知识和话题，其发布的知识将会自动多方向传播，并被知识接收者所接收。当知识接收者接收到知识提供者发布的知识后，对感兴趣的主题进行评论回复，从而产生知识反馈。知识接收者之间还可针对彼此的评论性言论进行交互讨论，从而形成以知识主题为核心的发散式互动讨论。同时，知识提供者和知识接收者之间会针对知识话题进行多次交互、讨论，从而形成双向甚至多向的知识交流。当知识接收者认为知识提供者发布和共享的知识资源具有价值时，就可通过转发、分享以及下载等方式进行开放取用，实现知识的进一步传播和交流。此时，知识接收者就会成为另一个节点的知识提供者，使该知识资源再度传播，形成新的知识传播与交流链。

②以小组、话题讨论为核心的群体知识交流。网络社区充分尊重用户个人选择，用户可以根据自身需求创建交互讨论小组和话题小组，从而形成以某一类用户聚集或以某一知识话题内容聚集为核心的群体知识交流。以小组、话题讨论为核心的群体知识交流互动结构如图 1-5 所示。

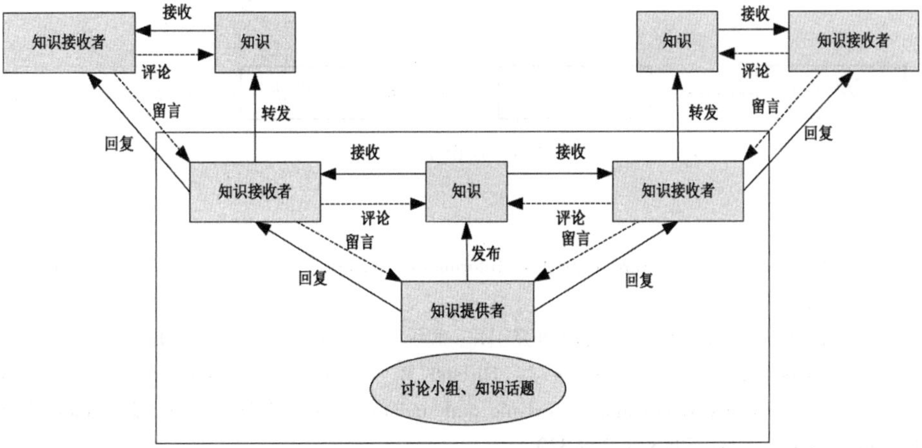

图 1-5　以小组、话题讨论为核心的群体知识交流

网络社区中的用户创建某一交互讨论小组，可以邀请其他用户参与，感兴趣的用户也可申请加入该讨论小组进行交流、学习。在讨论小组中，用户可以

自由进行知识发布、共享，也可就相关话题进行讨论、互动，从而形成某一用户群体内的知识交流与传播。小组的管理人员可根据用户交互讨论的内容，对具有价值的知识进行提取整理，在小组内进行知识共享。

以话题为核心的群体交互是网络社区普遍存在的一种知识交流方式，通过对知识主题进行分类，用户可自由选择参与自己感兴趣的知识话题进行知识交流、互动。用户既可自主发布知识话题，与他人进行交流讨论；也可参与其他用户发布的知识话题进行讨论。网络社区中的用户拥有不同的学科背景，以知识话题为核心的群体交互有利于跨学科的知识交流和复杂问题的解决，从而促进知识创新。此外，网络社区的管理人员按照知识主题整理社区用户分享和交流的知识资源，能方便社区用户进一步进行知识利用和知识传播。

1.2.4　基于用户关系的网络社区知识交流过程

知识交流是用户通过正式或非正式的平台将自身拥有的知识共享出来与他人进行交流讨论，将隐性知识显性化，从而实现知识传播、知识转移、知识吸收和知识创新的目的的行为。国内外学者对知识交流模式进行了较为全面的研究，其中较具代表性的有 Lancaster 模式①、Aitchison 模式②、Søndergaard 模式③、Hurd 模式④、“无纸”链模式⑤和米哈伊诺夫的科学交流模式⑥等。综合各种知识交流模式的特征，可以归纳出知识交流的一般过程，如图 1-6 所示。

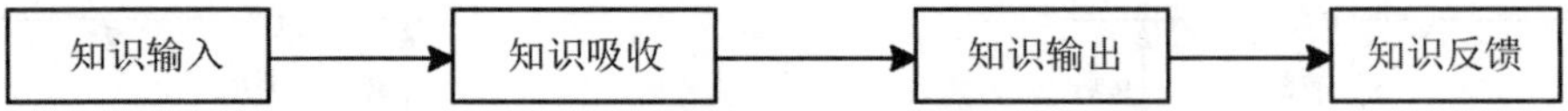

图 1-6　知识交流过程

① Lancaster F W. Toward Paperless Information Systems[M]. London: Academic Press, 1978: 1-10.

② 徐丽芳. 数字科学信息交流研究[M]. 武汉：武汉大学出版社，2008：1-10.

③ Søndergaard T F, Andersen J, Hjrland B. Documents and the communication of scientific and scholarly information: Revising and updating the UNISIST model[J]. Journal of Documentation, 2003, 59(3): 278-320.

④ Hurd J M. The transformation of scientific communication: A model of 2020[J]. Journal of the American Society for Information Science, 2000, 51(14): 1279-1283.

⑤ 刘廷元. 现代科学信息交流的体系与服务模式[J]. 图书情报工作，2005，49(8)：59-62.

⑥ 李国红. A. И. 米哈依洛夫科学交流模式述评[J]. 情报探索，2005(6)：44-46.

知识交流的一般过程包括知识输入、知识吸收、知识输出和知识反馈四个方面。知识交流是一种双向过程,① 包括知识输出者和知识接受者，且在知识交流过程中二者角色不断发生相互转化，循环往复。Web 2.0 环境下，用户间的知识交流大多通过互联网进行，通过利用虚拟社区、在线聊天软件、数字化媒体、数字图书馆、数字化文献等媒介实现用户间的知识交流与共享。

图 1-7 揭示了知识交流的内在机制。首先是知识提供者进行知识输出，形

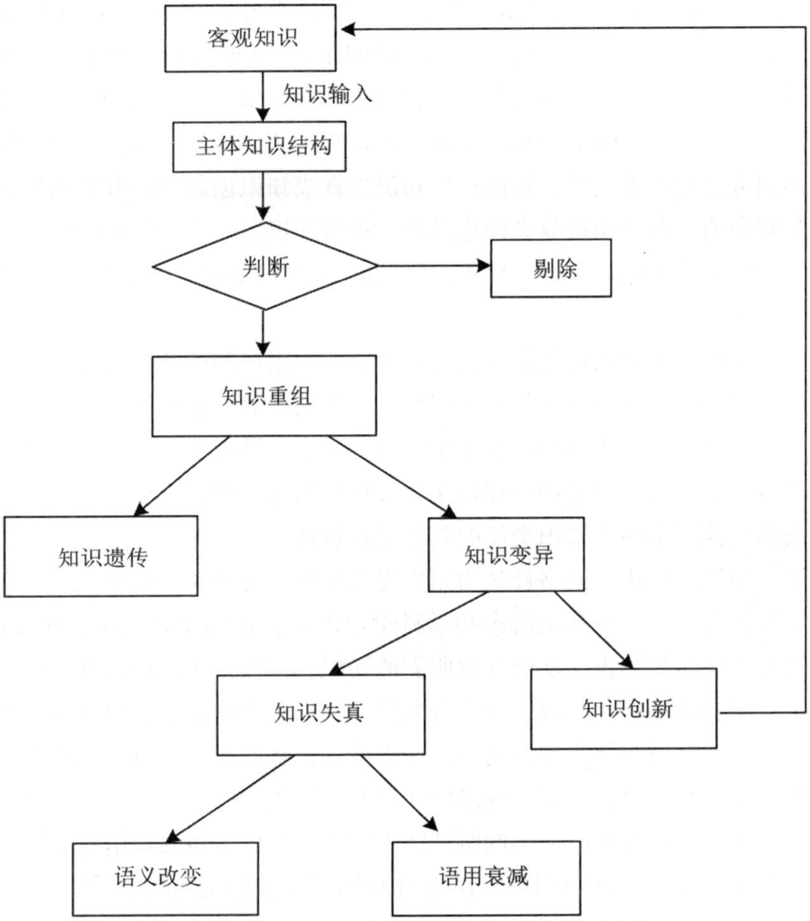

图 1-7　知识交流内在机制

① 杨艳. 虚拟社区中的知识交流与共享行为研究[D]. 杭州：浙江大学，2005.

成客观性的显性知识，知识需求者通过一定的载体或平台进行知识接收，实现客观知识输入；在知识接收者接收知识后，根据自身的知识结构和知识需求进行知识判断，决定是否进行知识内化吸收，如果认知主体接收到的知识与自己的知识结构匹配且是用户所需的，则会进行知识保留和吸收，反之，则会剔除；在进行知识内化吸收时，知识主体便会进行知识重组，在知识重组过程中会出现知识守恒和知识变异两种情况。知识守恒可以用以下公式来说明，假设知识提供者的知识量为 KI，当其进行知识输出后，其所拥有的知识量不会发生变化，即 KI-KI=KI。假设知识接收者的知识量为 KI，当其接收 KI 的知识量时，其知识量也不会发生变化，即 KI+KI=KI。① 这说明在知识重组吸收过程中，用户只有吸收到自身不拥有的知识或所需的知识，才会产生知识创新。在知识重组过程中，当受到外界的干扰或者认知主体在大脑内部进行过知识重组时，知识可能会发生变异，从而产生知识失真或知识创新。② 由于知识交流的过程是双向的，在知识接收者内化吸收、重组知识后，会进行相应的知识反馈，即对接收的知识进行反馈、评价，同时进行新知识的再次输出，就此实现知识交流的循环。

网络社区作为用户的社会化知识交流平台，为用户间的知识交流与共享提供了平台支撑。由于网络社区具有知识信息资源的优势，能够为用户交互、学习提供资源保障，从而吸引用户在此平台进行交流、学习和共享。结合网络社区的服务特点，可将其中的用户知识交流过程归纳为，如图 1-8 所示。

网络知识社区中用户知识交流的具体过程包括：

①隐性知识显性化。网络社区为用户提供知识学习和交流的知识资源和场所。知识提供者根据自身知识需求和学科学习需要，在网络社区中搜集知识，与他人进行交流累积知识，从而获取所需的知识，完成知识的搜集和积累。在此基础上，用户进行内化吸收形成自身的隐性知识。用户通过网络社区平台进行知识发布、分享或与他人进行交流讨论等方式，将储存于自身大脑中的隐性知识显性化表达和分享，从而实现隐性知识的显性化。

②显性知识的转移吸收。当网络社区中的知识提供者将知识信息显性表达后，作为知识接收者的其他用户在结合自身知识储备能力和知识需求的基础上，可通过检索和阅读的方式进行知识的搜集、整理和内化吸收；也可通过评论、交互讨论等方式与他人进行知识交流，从而加深知识转移吸收。用户将所

① 丰成军. 论信息交流[J]. 情报科学，1989，10(4)：11.

② 马费成，胡翠华，陈亮. 信息管理学基础[M]. 武汉：武汉大学出版社，2002：1-10.

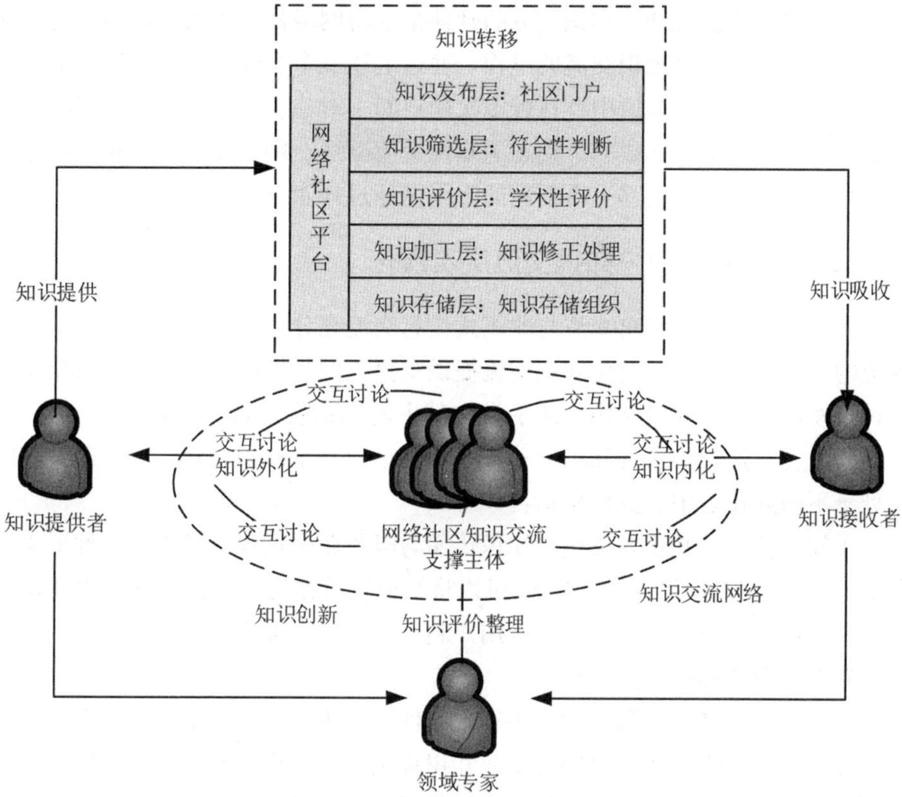

图 1-8　网络社区用户知识交流实现过程

吸收的知识储存在知识库中，从而实现显性知识从网络社区到用户的转移和吸收。用户在进行知识转移吸收过程中，可以充分利用网络社区中的资源和服务优势，寻求图书馆员和学科专家的咨询帮助，或发动不同学科背景的用户进行交流讨论，帮助用户进行知识的理解吸收。

③知识创新和再创造。网络社区中的知识接收者在理解吸收知识后，经过与他人交流讨论和自身思维加工，会形成新的思想、观念和知识。由于知识接收者与知识提供者的角色处于不断相互转化之中，知识接收者可以作为知识提供者将自身知识发布和共享到社区，也可与他人在知识交流和讨论中为其他用户提供自身拥有的新知识，从而完成知识创新和再创造。在知识创新和再创造过程中，网络社区的资源、智力和服务优势再次充分体现，社区中拥有不同学科背景的高素质用户、学科专家和图书馆员等可共同参与到知识整理、加工和交流讨论之中，从而加速知识创新。

④知识交流的延伸。知识交流的延伸是指将网络社区中的用户知识交流延伸扩展到整个社会化知识交流的过程。通过上述三个步骤能实现知识在用户间的一次交流。在网络社区中存在着多次用户间一对一、一对多、多对多的知识交流，这些知识交流构成一个动态的知识交流网络。网络社区中的知识经过转移、共享、创新、再转移、再创新的无限循环过程实现知识交流的延伸。

1.2.5 网络社区用户知识交流层次演化

网络社区将正式信息交流与非正式信息交流充分结合，在发挥其知识资源优势的基础上为用户社会化知识交流提供支撑。网络社区中的用户知识交流是一种自发性行为，通过利用社区平台和其中的知识资源进行知识交流与共享，在不断地交互过程中实现知识转移、知识共享，甚至知识创新，即知识交流层次处于不断演化之中，具体包括：

①知识转移。知识转移包括知识传递与吸收两个过程，是指将一种情境下获取的知识应用于另一种情境。① 可以将知识转移作为网络社区环境中知识交流的一个层次，将其视作网络社区用户利用社区平台提供的知识传递技术进行知识获取、利用和吸收的过程。

网络社区为知识转移提供了主客观条件，也为其实现提供了传输渠道和平台。在网络社区中，用户可同时扮演知识提供者和知识接收者的双重角色，同一用户可能在同一时间同时担任知识提供者和接收者两种角色。用户身份的融合和自由转换有利于在网络社区内形成良好的互动关系，从而提高知识转移效率。

在网络社区中，作为知识提供者的用户由自身知识需求驱动进行知识获取和吸收，从而将搜集的显性知识内化为隐性知识。用户在获取知识后，通过内化吸收和整理加工，将自身拥有的隐性知识分享发布，从而将其显性化，以便社区内的其他用户参考和利用。当知识提供者发布分享知识后，知识接收者通过社区平台进行检索、阅读和交互讨论，并结合自身拥有的知识进行知识搜集、知识整理和知识吸收，实现知识接收者的知识获取目标。知识接收者也可通过内化吸收，再次对所接收的知识进行加工处理，并将其发布和共享，形成新的知识转移。

②知识共享。学术界目前对知识共享的涵义尚未进行统一界定，从其内涵

① Argote L, Ingram P. Knowledge transfer: A basis for competitive advantage in firms[J]. Organizational Behavior and Human Decision Processes, 2000, 82(1): 150-169.

来看，知识共享是指组织内部的成员通过一定的交流方式，将自己的知识(主要是指隐性知识)外化并为他人所吸收，并且内化他人所外化的知识，以促进成员间对知识的分享、理解以及进一步的创新的行为。①

网络社区中的知识共享包括两个方面，一是用户利用社区平台发布、分享自身拥有的已整理的知识信息资源，其他用户可进行交互讨论和开放取用；二是用户通过创建小组和话题邀请多个用户进行交流、讨论，在此基础上不断实现隐性知识的显性化，促进知识的传播与共享。与知识转移注重知识在不同用户个体之间的交流和传播不同，知识共享更侧重于知识提供者将自身拥有的知识信息资源显性化共享，作为知识接收者的用户则通过与他人的交互并根据自身知识接收能力理解吸收所共享的知识。

③知识创新。知识创新的本质是隐性知识和显性知识通过相互转化、往复循环从而螺旋上升产生新知识的过程，② 它是一种知识创造和增值行为。野中郁次郎教授(Nonaka)提出的 SECI 知识螺旋模型③，包括潜移默化(Socialization)、汇总组合(Combination)、外部明示(Extemalization)和内部升华(Internalization)四个知识转移模式。

知识创新是网络社区中用户知识交流的最高层次，也是用户知识交流实现的理想境界。网络社区具备知识交流的优势，包括其中丰富的学科信息资源、学科馆员和专家以及不同学科背景的多元用户。网络社区中的用户通过交互、讨论等形式，在自身拥有知识的基础上协同进行知识的再创造和创新，从而产生新的知识。通过用户间交流实现的知识创新，不仅能提高用户个人的知识能力，也能促进国家的社会化知识创新。

1.3 网络社区中面向用户需求的知识服务

用户是网络社区的主体，开展围绕用户的知识服务是网络社区服务中的重要环节。目前，在面向用户的网络社区知识服务中，专业型知识社区在服务的知识组织上比较浅层，一是因为缺乏对知识资源的有效挖掘和组织，网络社区

---

① 陆承兆. 图书馆知识共享实现模式研究[J]. 图书馆学研究，2010，3：46-48.

② 陆衡. 基于社会网络的学术博客知识交流研究[D]. 武汉：华中师范大学，2012.

③ Nonaka I, Peltokorpi V. Objectivity and Subjectivity in Knowledge Management: A Review of 20 Top Articles[J]. Knowledge and Process Management, 2006, 13(2): 75.

中的信息和资源纷杂无序增加了用户获取知识的难度；二是面向用户需求的服务开展较少，相对于其他网络服务，网络社区知识服务大多由社区用户自主讨论交流和分享资源发起，缺乏面向问题解决的个性化用户服务。所以，有必要了解网络社区中用户的知识需求，为网络社区的用户提供精准化、个性化的知识服务。

1.3.1 网络社区中的用户知识需求

网络社区的用户通过在社区内部知识交流、分享等活动，进行知识获取。网络社区的用户进行知识活动①可以分为：其一，知识获取：在网络社区中进行资源的查找、浏览，获取网络社区中的资源；从专业的网络社区资源中获取灵感；阅读网络社区中的新闻消息和专业论坛消息获取新的灵感、方法等。其二，知识吸收：从网络社区中特别是从资深的网络社区用户(领域专家)分享的资源中吸收借鉴经验和知识。其三，知识分享：从其他网络社区用户获取想法与建议；将自己的想法、经验与其他用户交流；在交互过程中产生新的思路、点子等，营造知识共享的环境。其四，知识迁移：直接接管网络社区中其他用户的任务或职责，或通过整理转移知识到其他用户上。其五，知识传播：将自己在网络社区中获取的知识共享到其他网站或平台，让其他组织或个人获取这些知识。②

网络社区中用户的知识需求可以分为知识资源需求、知识交流需求、知识推送需求和知识创新需求,③ 知识资源是专业型网络社区中非常重要的部分，用户可以通过导航或者搜索的方式，寻找到需要的资源；知识交流指的是用户之间进行知识资源的分享与讨论，知识的交流和碰撞能够促进知识创新；知识推送是指网络社区能够主动推送用户感兴趣的、高质量的知识和资源，个性化的知识推送服务能够帮助网络社区用户节约知识搜索的时间，用户可以及时获取最新的知识咨询。网络社区中常见的知识推送方式有社区网页推送、邮件、RSS 订阅服务等。

1.3.2 网络社区中面向用户的知识组织需求

网络社区中的用户交流会积累大量的信息，这些累积的信息结合社区用户

---

① Huang Y H. Measuring Individual and Organizational Knowledge Activities in Academic Libraries with Multilevel Analysis[J]. Journal of Academic Librarianship, 2014, 40(5): 436-446.

② 张志琪. 高校图书馆学习社区知识服务研究[D]. 武汉：武汉大学，2017.

③ 张志琪. 高校图书馆学习社区知识服务研究[D]. 武汉：武汉大学，2017.

自身的目标任务得以利用、检验、反馈和修正，最终形成社区内全体用户共享的知识。有研究者指出，知识共享是网络社区的核心价值所在，① 也是网络社区区别于其他信息系统的重要特征。② 知识有效共享的前提是提供符合用户知识利用习惯和资源分布特征的知识组织方式，这一问题在网络社区中尤为更要。网络社区用户信息交流主题领域性、内容分散型和交流及时性等特征对其资源组织提出了新的要求，从知识关联角度开展网络社区用户交流内容的知识组织是其发展的必然要求。

(1)融合领域知识背景的知识组织需求

网络社区知识组织需要以知识共享和知识利用为目标，针对社区用户特征和需求，向用户提供解决其问题或任务所需的知识内容。由于网络社区用户群体存在一定的领域关联性，所需解决的问题或面临的任务存在相似性，因而确定其知识需求往往是针对某一特定主题在相应领域范围内进行知识扩展或知识深化作出的。因此需要融合特定领域知识对网络社区中的资源进行组织，以实现符合用户群体特征和用户需求的知识组织目标。

领域知识背景在网络社区知识组织中的作用主要体现在两个方面。一方面，领域内经过历史沉淀形成的公认的知识规则、框架，为相应用户提供了符合其知识搜寻和知识利用习惯的线索。例如，在医学领域内，知识内容往往通过"器官—疾病—症状—诊断—药品"等框架组织；在相应的医学网络社区中，这种知识内容框架往往已形成用户先验性认识，用户搜索和利用已有知识时会遵循这一框架。然而，笔者通过调研发现，大多数网络社区并没有很好地将其所对应的领域知识框架融合到其资源组织中，进而缺少合理的知识引导，导致社区内用户在知识搜索过程中个人认知和资源分布之间缺少必要的衔接。

另一方面，由于网络社区用户交流存在随意性，其内容主题缺少系统性的引导，在解决领域内问题时大多存在知识覆盖不全的问题；加之用户本身知识背景的限制，其所贡献的内容往往不够严谨和精确。这给用户后续的知识利用带来了极大障碍，在现实中常见的现象是用户花费大量精力搜寻某一主题相关内容时，网络社区内所积累的历史交流内容结果较少，经过一些限定后结果数量更是难以保障，对这些内容的质量评估也较为困难。因此，针对网络社区用

---

① 贺小光，兰讽. 网络社区研究综述——从信息交流到知识共享[J]. 情报科学，2011(8)：1268-1272.

② 何镝，彭智勇，梅晓茸. Web 社区管理研究综述[J]. 计算机科学与探索，2011，5(2)：97-113.

户交流内容实施知识组织时，融合所对应领域内已有的系统性的、精确严谨的知识内容是很有必要的。

(2)深入到用户交流内容主题关联的知识组织需求

如前文所述，网络社区中的用户交流内容一方面在主题上存在领域性，另一方面在时间、空间上存在分散性。而引入领域知识背景后，用户交流内容在主题上的领域性可转化为领域知识框架下的主题关联，基于内容主题间的关联又在分散的、庞杂的用户交流内容之间形成相应的关联，进而实现网络社区知识组织。基于用户交流内容主题关联的知识组织的优势体现在以下几个方面。

其一，主题是用户交流实质性内容的核心部分，体现了用户已有知识经验的后续应用范围。在网络社区中，用户交流存在较大的随意性和发散性，因而其是否包含领域相关的主题、包含主题的数量和主题间对应的关联，直接决定了其交流内容的共享价值。例如，在心血管交流社区中，如果用户提出的某个话题或对某个话题的讨论回复中，不包含与心血管领域相关的内容主题，那么相应的内容在很大程度上不具备解决后续用户问题的知识经验。

其二，主题是用户信息需求表达和信息搜寻的重要依托对象，在具有领域性的网络社区中，用户对主题的依赖更为明显。在用户的知识利用过程中，首先是以外界(如待解决的问题、目标任务)刺激转化其需求，这种需求转化方式往往是以确定其所需内容主题为主。例如，当用户健康出现问题，需要搜寻相关知识时，首先会根据症状(如“胸闷”“腹胀”等)、发病部位(如“心脏”“胃部”)或者其已明确的疾病(如“高血压”“冠心病”等)确定其知识需求表达的主体部分。在后续的知识搜寻过程中，用户会根据相应主题的结果反馈调整其需求表达，而需求调整的主要方式为主题迁移、主题细化、主题扩展。因此，在整个用户信息搜寻过程中，具有领域性的内容主题起到至关重要的作用。相应地，网络社区中的知识组织手段也必须深入到用户交流内容主题层面。

其三，主题间的关联是建立网络社区知识组织体系的核心元素。对松散性的海量用户交流内容进行组织的关键，是建立其用户交流内容间的关联。资源内容的关联直接体现为其主题间的关联，包括用户交流内容的挖掘、聚类、关联推荐等在内的多种知识组织手段都需要以主题关联为基础开展。一方面，多个主题间在领域知识背景下已有的关联可以作为知识组织的基础；另一方面，多个主题在用户交流内容中形成的潜在关联有待进一步挖掘和利用，以优化网络社区知识组织效果。

(3)多粒度多维度的深度知识聚合需求

在网络社区知识组织中，以融合领域知识背景为支撑，以深入到用户交流内容主题关联层面为切入点，对社区中用户、文档、主题多种粒度进行合理组织，根据领域知识关联特征，实现网络社区资源在语义层面的深度知识聚合，是当前网络社区发展的必然要求。

网络社区的基本元素包括用户、用户交流内容(通常体现为网页文档形式)、主题(包括分类体系、用户标签、内容主题等)。一方面，从个体层面看，这些基本元素之间存在互相包含关系，如用户发表交流内容、交流内容包含主题、主题又对应到用户，用户、文档、主题间的关系都是多对多关系；从整体层面上看，这些元素间错综复杂的关系构成了网络社区基本的知识关联体系，用户、文档、主题各元素可依托其他元素建立关联，例如同时参与某一话题交流的用户间、同时关注某一主题的用户间、同时出现在某一文档的主题间、同一用户讨论的多个主题间存在一定的潜在关联。网络社区用户在面向问题解决时会寻求包括用户、文档、主题在内的多种资源，因此需要基于网络社区中资源的多种粒度间关联对其进行合理组织，形成一个系统化、关联化的网络知识聚合体系。

另一方面，由于知识本身存在多种关联维度，对于网络社区中的知识聚合需要从不同维度开展。针对用户知识利用过程中的发散思维和收敛思维，需要基于内容主题间的横向相关关系和纵向等级关系，构建社区内容的广度关联和深度关联，整合形成可满足用户主题迁移和主题深化行为的知识导航体系。针对用户知识利用过程中，对相关性侧重方面的不同，需要基于知识关联的粗粒度相似性和细粒度相关性，构建基于相似性的知识类聚和基于细粒度语义关联的知识链接体系，并对其进行整合，以提供多元化的资源引导和推荐功能。

1.3.3 网络社区中面向用户的知识服务需求

网络社区用户的知识服务建立在用户的知识交流需求基础之上，基于交互认知的服务需求不仅体现在知识内容组织上，而且包括更深层次的知识推送。

(1)个性化知识服务需求

随着互联网技术的发展，信息量成爆炸性增长、信息资源不断丰富的同时，过载的信息也使网络用户难以获取到真正有价值的信息。网络上的信息良莠不齐，组织混乱，且充斥着各种虚假信息，用户在网络社区中获取信息或知识需要耗费相当大的时间和精力。网络社区在为用户提供知识分享和交流平台的同时，也需要提供个性化的知识服务，围绕用户特征和用户需求提供对应的服务。

网络社区的个性化的知识服务与个性化信息服务本质是相同的，是随着网络社区用户需求的不断变化而发展的，目标就是满足特定用户在特定的时间所需要的特定知识或者服务。个性化服务包括以下三个方面：其一，服务时空的个性化，按照网络社区用户信息需求的时空变化组织面向网络社区用户的服务；其二，服务方式的个性化，按照网络社区用户个人化信息利用方式来组织服务；其三，服务内容的个性化，按照网络社区用户知识需求的认识和表达的个性特征组织服务。个性化服务是针对不同网络社区用户采取不同的服务方式，网络社区的个性化知识服务有个性化的内容定制服务、个性化信息检索定制服务、个性化界面定制服务、个性化信息推荐服务等。

网络社区也可以通过用户画像分析出用户的个性化需求，提供个性化的知识服务。用户画像是由交互设计之父 Alan Cooper 提出的，根据网络社区用户知识获取的习惯、知识需求的偏好、用户对于知识关注的方式对网络社区知识资源的形式、内容以及提供资源的方式进行组织。基于用户画像的知识服务可以分为基于用户行为画像的方法、基于用户兴趣爱好画像的方法和基于主题画像的方法。① 基于用户行为画像的方法通过追踪分析用户在网络社区中的浏览、阅读、收藏，甚至是用户操作频率、活动规律等行为，根据用户的行为偏好为用户构建画像，进而为用户提供个性化的知识服务；基于用户兴趣爱好画像的方法通过将用户的兴趣爱好以及时间、地理、社交关系等要素加入用户画像构建过程，将用户在网络社区中特定的行为偏好融入个性化的知识服务，为用户提供精准化的知识服务；基于主题画像的方法是通过用户关注的主题为用户构建画像，通过主题对用户的兴趣进行描述，为网络社区构建更细致具体且具有主题特征的用户画像，能够有针对性地对用户进行个性化知识服务。

(2)知识推送服务需求

推送服务是指在网络社区中，将用户可能需要的资源或信息主动或者由用户订阅的方式分享给用户。推送技术又称 Push Technology，由 PointCast Network 公司于 1996 年提出，目的是为了提高基于计算机网络的信息获取效率,② 我国学者沈艺指出，信息推送是根据用户对信息的需求，有针对性和目的性地将用户所需信息主动送达用户。③

---

① 刘海鸥，孙晶晶，苏妍嫄，张亚明. 国内外用户画像研究综述[J]. 情报理论与实践，2018，41(11)：155-160.

② 索传军. Push 技术开发应用研究述评[J]. 现代图书情报技术，2003(3)：48-50，63.

③ 沈艺. 信息推送技术初探[J]. 情报探索，1999(3)：18-19.

在推送服务中，用户处于被动接收信息的地位，无需参与信息和知识的获取过程，由服务器完成信息的搜寻检索和知识的关联与发现。与用户主动搜寻信息相比，推送技术可以有针对性地对用户进行信息推送，把用户需要的信息进行精准推送，简化了用户盲目寻找信息的过程，同时能够在第一时间将信息推送给用户，做到了信息传递的及时性。在网络社区中，不同用户关注的知识领域也不尽相同，通过基于内容过滤的推荐方式和基于协同过滤的推荐方式将用户或者信息进行分类，将不同领域的知识推送给相应的用户，在节省用户主动搜寻信息时间的同时，做到准确、及时和个性化的信息推送。

2 面向网络社区的知识聚合理论

当前，网络社区已成重要的知识利用场景，其知识内容的“碎片化”严重制约了用户知识交流和利用的效率，有待开展更深层次的知识组织。因此，面向网络社区的知识聚合研究具有必要性和广阔空间。除此之外，近年来以数字学术资源为对象的知识聚合研究取得了丰富的成果。网络社区资源与学术资源既有相似性又有明显的差异，已有的理论方法既为网络社区知识聚合提供了基础和借鉴，又在一定程度上有待优化和改进。因此，面向网络社区的知识聚合研究开展又有其可行性和独特价值。鉴于当前针对网络社区知识聚合的研究较少，本章系统地梳理其发展脉络、研究对象和基本方法，并根据其资源特点归纳后续发展方向，为后续章节的开展提供支撑。

2.1 网络社区知识聚合的起源与发展

网络社区知识聚合有其发展起源，按照时间先后分别呈现出聚合层次逐渐深入(从信息聚合到知识聚合)和聚合场景从特殊到一般(从馆藏资源知识聚合延伸到学术型社区知识聚合，再扩展到一般性的网络社区知识聚合)的逻辑顺序。研究层次的深入和研究场景的延展，一方面使得面向网络社区开展知识聚合有其必然性，另一方面又为其研究提供了坚实的基础，如图 2-1 所示。

2.1.1 从信息聚合到知识聚合

“聚合”一词来源于化学领域，是指单体小分子通过相互连接形成新的高分子材料。相应地，在信息组织中，“聚合”是将零散的信息元素按照一定的关系组合为一个整体，以有效解决用户信息需求。“信息聚合”是指对海量网络信息按照预定要求(如预设关键词)进行过滤和归类，以向用户提供具有针对

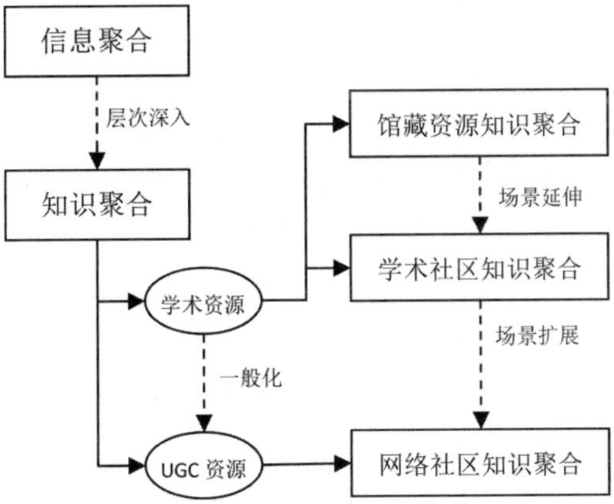

图 2-1　网络社区知识聚合的发展起源

性的优质信息，其典型应用是 RSS 订阅器。然而，RSS 服务在互联网历史上昙花一现，原因是信息聚合方式无法深入挖掘信息内容关联以开展深入服务。因此，“知识聚合”应运而生，知识聚合是在海量资源中有价值内容高度分散和无序分布的背景下，基于“知识碎片”间的关联对知识资源进行多维组合，以向用户提供体系化的、既可横向扩展又可纵向深入的知识内容。知识聚合更注重对资源内容关联的发现和利用。

2.1.2　从馆藏资源知识聚合到网络社区知识聚合

知识聚合的研究最初以数字学术资源为主要对象，学术资源具有丰富的外部属性和内容标注信息，因此馆藏资源知识聚合发展较为迅速；相关的理论方法也延伸应用到以学术资源为主的学术型社区。以网络社区用户交流内容(UGC)为对象的知识聚合缺乏深入研究，但已具备充实的研究基础。

(1)馆藏资源知识聚合

近年来，国内图书情报领域以“聚合”为题的研究项目较多，这些研究多以馆藏资源为对象。贺德方等系统地归纳了馆藏资源聚合国内外研究进展，提出面向学术资源主题特征、知识的深化与演化路径、学术社群或科研决策需求，基于概念关联、引证关系和科研本体对馆藏资源进行语义聚合。杨瑞仙等对国内外数字文献资源深度聚合研究现状进行了比较分析，发现国外研究侧重于应用方面，而国内则侧重于聚合理论研究和聚合结果的可视化展示。馆藏资源知识聚合的对象主要是数字化学术资源，学术资源一般附带结构化的内容标注信息(如关键词、分类号)和外部属性信息(如标题、期刊来源等)，因此内容关联和属性关联相对易于利用和挖掘。

(2)学术型社区知识聚合

馆藏资源知识聚合理论方法也可迁移应用于非正式交流体系，针对网络社区中学术资源的知识聚合也得以发展。赵芳分析了网络社区中学术资源的获取需求和聚合层次，提出了基于关联数据的网络社区学术资源聚合模式；实质上，利用关联数据正是馆藏资源知识聚合的常用途径。商宪丽等利用标签共现网络子群划分开展学术博客资源的知识聚合。胡媛等探索了网络社区中知识聚合系统模型，其资源层同时涉及馆藏资源和用户交互资源，知识聚合模块主要利用相似度计算来完成内容聚合。

(3)网络社区的知识聚合

当前针对一般性网络社区的知识聚合研究较少。网络社区资源与学术资源既有相似性又有明显差异。其相似性表现为：网络社区中一些基本元素可与学术资源体系中基本元素相对应，例如，UGC 与文献，资源标签与文献关键词，网络社区用户与文献作者，用户交流关系与文献合著关系等存在一定的相似性。因此，在进行网络社区知识聚合时，依据基本元素间的对应关系，可引入相应的馆藏资源知识聚合方法。其差异性主要表现为：UGC 缺乏严谨和结构化的属性信息，用户标签难以深入揭示 UGC 的主题，用户关系不能像文献引证关系那样明确地揭示知识利用路径。因此，在面向网络社区进行知识聚合时，已有的馆藏资源知识聚合方法需要优化。

2.2 网络社区中的知识聚合对象

网络社区中知识聚合的研究对象可细分为知识单元与知识关联两方面。知识单元与网络社区中具体元素对应，包括用户、资源和词语三个粒度；知识关联则涵盖用户、资源和词语间的多种关联。

2.2.1 网络社区中的多粒度知识单元

与馆藏学术资源中已标注可用的多粒度和多维度知识单元不同，网络社区知识聚合过程中可直接采用的知识单元较少，目前主要集中在词语粒度、文本粒度、用户粒度和主题粒度。

(1)词语粒度

受资源特点影响，网络社区中词语粒度的处理多集中在标签上。标签是用户基于个人需要和理解对资源进行的主题标注，是网络社区中有限的、可直接利用的词语粒度。

社会化标签是用户基于个人需要和理解对交流内容进行的主题标注，多数网络社区中已向用户提供社会化标签，因此基于标签资源的聚合已广受关注。标签间主要通过共现来建立关联，其聚合的关键问题是相似性计算。Xu 等总结了 8 种基于共现的标签相似度计算方法，并以 del. icio. us 数据为例进行实验，发现基于 cosine 系数的标签相似度算法效果最好。① 曹高辉等将凝聚式聚类算法引入标签聚类中，在计算标签相似性的基础上，自底向上地对标签进行聚类合并。② 此外，对标签共现网络进行子群划分(也称为社区发现)是另一种常见的以标签为对象的知识聚合方法。

标签聚类的突出问题是标签语义模糊稀疏、资源组织形式单一，无法从多个视角揭示标签之间的内在关联。③ 引入概念关联辅助标签聚类是一种解决思路。Angeletou 等验证了使用在线本体向用户标签系统提供语义关联的有效性；④ Special 等将用户标签的聚类结果和本体概念进行映射，以增强其语义。⑤ 一些在线语义工具也被应用于辅助标签聚合：Laniado 等基于在线词典 WordNet 的等级结构指导标签聚类，以更好实现资源的聚类和导航；⑥ Limpens 则将在线 Wiki 资源与标签系统进行连接。⑦

---

① Xu K, Chen Y, Jiang Y, et al. A Comparative Study of Correlation Measurements for Searching Similar Tags[C]// International Conference on Advanced Data Mining and Applications. Springer-Verlag, 2008: 709-716.

② 曹高辉, 焦玉英, 成全. 基于凝聚式层次聚类算法的标签聚类研究[J]. 现代图书情报技术, 2008, 24(4): 23-28.

③ 易明, 王学东, 邓卫华. 基于社会网络分析的社会化标签网络分析与个性化信息服务研究[J]. 中国图书馆学报, 2010, (2): 107-114; 杨萌, 张云中, 徐宝祥. 社会化标注系统资源聚合与导航研究综述[J]. 情报理论与实践, 2014, (3): 140-144.

④ Angeletou S. Semantic Enrichment of Folksonomy Tagspaces[C]//International Semantic Web Conference. Springer, Berlin, Heidelberg, 2008: 890-894.

⑤ Specia L, Motta E. Integrating folksonomies with the semantic web[C]//European Semantic Web conference. Springer, Berlin, Heidelberg, 2007: 624-639.

⑥ Laniado D, Eynard D, Colombetti M. Using WordNet to turn a folksonomy into a hierarchy of concepts[C]//SWAP, 2007, 7: 192-201.

⑦ Limpens F, Gandon F, Buffa M. Bridging ontologies and folksonomies to leverage knowledge sharing on the social web: A brief survey[C]//2008 23rd IEEE/ACM Inter national Conference on Automated Software Engineering-Workshops. IEEE, 2008: 13-18.

值得一提的是，仅利用标签对资源进行描述，其结果尚处于主题内容的浅层，而未深入语义层面。要提升知识聚合的效果，则应深入相应的领域概念层面，以概念关联为依据，更全面、精确地描述资源的主题内容，① 如图 2-2 所示。

图 2-2　丁香园论坛词语粒度应用示例

(2) 文本粒度

网络社区中的文本资源主要是用户贡献内容(UGC)。UGC 资源有三个重要的特点，一是符合离散分布与集中趋势、长尾现象；二是其中包含的大量短文本内容，由于特征稀疏而导致传统的文本处理方法作用有限；三是其内容缺少结构化的外部属性和内容标注，因此文本不具备“实体性”，难以像学术资源中的文献那样开展多维关联挖掘和利用。

网络社区中的文本资源数量巨大，且碎片化程度高，不利于用户的查找与获取。文本资源聚合是利用文本聚类分析技术，将文本集合划分成若干类别，

① 陈果. 基于领域概念关联的网络社区知识聚合研究[D]. 武汉：武汉大学，2015.

同一类别文本相似度高，不同类别则相似度低。根据聚合结果可重新组织资源，增强组织的逻辑性，提高资源利用率。刘务华在 Web 社区搜索结果聚类分析的基础上，重新组织搜索结果，从而提高搜索效率与查询扩展的准确性；① 刘晨龙通过对社区问答中用户查询扩展结果的协同聚类分析，帮助用户快速准确地定位所需信息。②

网络社区中的文本资源多以短文本形式呈现，传统聚类技术对其适用性不强，为保障聚合结果准确性，学者对其进行扩展研究。常用扩展源包括两类。一类是挖掘文本内部语义信息，马慧芳等利用词对共现关系挖掘词对的关联关系，并以此为基础扩展文本词集。③ 唐晓波等通过挖掘文本的依存关系扩展文本语义信息，增强特征词集表征文本内容能力。④ 另一类是引入外部信息，赵辉等利用维基百科中的概念及其关联结构补充短文本语义信息，实现更有效的聚类分析。⑤ 宁亚辉等以知网为背景知识库，通过知识库中概念与义元扩展特征词语义。⑥ 李湘东等综合利用词频统计与概念主题模型提取领域关键词，构建用于短文本扩展的领域关键词集，⑦ 如图 2-3 所示。

(3)用户粒度

与传统图书馆知识聚合研究对象不同，网络社区中的用户也是一种重要的聚合对象。胡吉明认为，对用户群体的分析是保证信息服务质量和效率的关键，从“信息聚合”到“用户聚合”的转变存在必然性。⑧

用户关系是用户聚合的重要依据，网络社区中用户关系包括两种。一种是

① 刘务华. 文本聚类及其在 Web 社区搜索中的应用[D]. 北京：中国科学院计算技术研究所，2006.

② 刘晨龙. 基于信息需求的社区问答答案总结[D]. 哈尔滨：哈尔滨工业大学，2012.

③ 马慧芳，曾宪桃，李晓红，等. 改进的频繁词集短文本特征扩展方法[J]. 计算机工程，2016，42(10)：213-218.

④ 唐晓波，肖璐. 基于依存句法分析的微博主题挖掘模型研究[J]. 情报科学，2015，33(9)：61-65.

⑤ 赵辉，刘怀亮. 面向用户生成内容的短文本聚类算法研究[J]. 现代图书情报技术，2013，29(9)：88-92.

⑥ 宁亚辉，樊兴华，吴渝. 基于领域词语本体的短文本分类[J]. 计算机科学，2009，36(3)：142-145.

⑦ 李湘东，曹环，丁丛，等. 利用《知网》和领域关键词集扩展方法的短文本分类研究[J]. 现代图书情报技术，2015，31(2)：31-38.

⑧ 胡吉明，胡昌平. 基于群体网络行为的用户聚合分析[J]. 情报杂志，2008，27(7)：71-73.

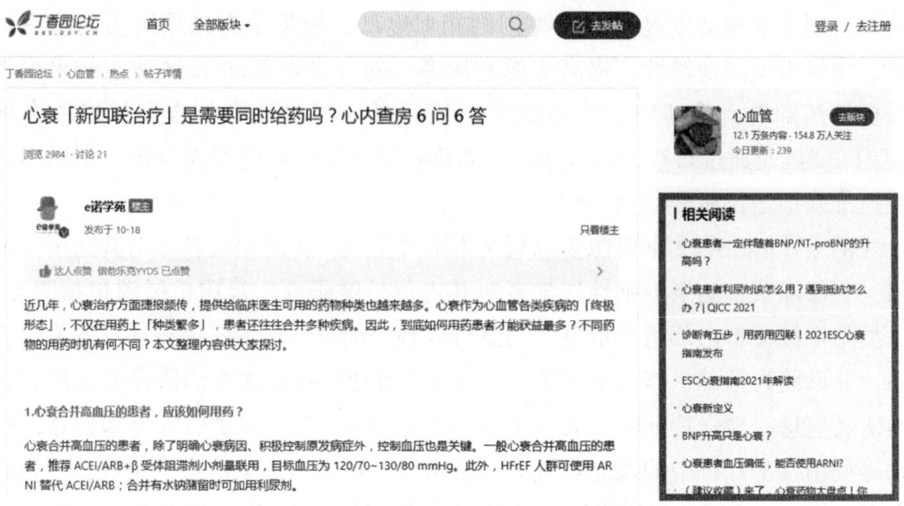

图 2-3　丁香园论坛文本粒度应用示例

直接交互关系，指用户有意识地主动与其他用户建立关联，例如用户之间的互相关注、评论。田博等根据在线社会网络中用户四种交互行为“转发”“评论”“点赞”与“提及”构建用户关联网络，并利用改进后的模块度函数实现用户社区发现。① 孙怡帆等考虑到微博网络中“关注”行为不需要被关注方认可，认为不能简单通过“关注”行为衡量用户之间的紧密程度，提出利用共同关注与共同粉丝计算用户相似度，从而挖掘微博网络中的用户社区。② 另一种是间接关系，指用户之间没有主动建立关系，但他们存在某方面的共同点，例如共同就某一话题发表内容、共同关注某一话题等。单独采用间接关系对用户聚合的研究较少，更多的研究是综合考虑两类关系的。例如，刘冰玉等利用微博中关注行为确定用户关联网络边的指向，计算用户博文相似度并将其转化为用户相似度，以得到有向加权的用户关联网络，实现更准确的微博社区发现③，如图 2-4 所示。

---

① 田博，凡玲玲. 基于交互行为的在线社会网络社区发现方法研究[J]. 情报杂志，2016，35(11)：183-188.

② 孙怡帆，李赛. 基于相似度的微博社交网络的社区发现方法[J]. 计算机研究与发展，2014，51(12)：2797-2807.

③ 刘冰玉，王翠荣，王聪，等. 基于动态主题模型融合多维数据的微博社区发现算法[J]. 软件学报，2017，28(2)：246-261.

图 2-4　丁香园论坛用户粒度应用示例

需要指出的是，基于群体分析的用户聚合是一种间接知识聚合，原因是其结果为用户簇，而在大多数知识聚合应用场景中，需要将用户簇转化为资源簇或主题簇，再开展相应的知识服务。

(4)主题粒度

网络社区中的主题挖掘也是网络社区中知识聚合的重要研究对象，在主题粒度上，可以实现网络社区文本内容的主题挖掘，由于网络社区中的资源内容分散无序，对网络社区中的资源进行主题分析与识别，在网络社区的知识聚合与服务中发挥着巨大的作用。

文本的内容主题通常以词语表示，通过建立社会化标签之间的关联，例如，同一网络文本对应的标签、同一用户使用过的标签可被认为是存在相似关系的。因此，社会化标签及其共现关系是实现基于内容主题的知识聚合的重要数据来源。以社会化标签为客体的知识聚合方法，主要包括标签聚类和标签社会网络分析，其本质上是词语共现分析。① 目前应用广泛的方法主要有改进的LDA主题模型、聚类分析等。LDA主题模型通过基于产生式的三层贝叶斯概率计算，深入挖掘了词汇、主题和文本之间的语义关联问题，能够挖掘大规模文档集或语料库中潜在的主题信息，胡吉明等对LDA主题模型进行了动态化改进，通过利用增量Gibbs抽样估计算法实现文本内容主题的准确挖掘，并在主题相似度和强度度量的基础上进行了描述内容主题的时间演化趋势，② 关鹏

① 陈果. 基于领域概念关联的网络社区知识聚合研究[D]. 武汉：武汉大学，2015.

② 胡吉明，陈果. 基于动态LDA主题模型的内容主题挖掘与演化[J]. 图书情报工作，2014，58(2)：5.

等利用主题相似度度量潜在主题之间的差异，同时结合困惑度提出一种确定LDA最优主题数目的方法，能够确定LDA主题模型的最优主题数目。在文本聚类分析上，文本聚类技术的算法也得到广泛的研究，例如，基于划分的K-means算法、基于层次划分的CURE(Clustering Using RE Presentatives)算法，基于密度的DBSCAN算法、OPTICS算法等。

面对多领域语料时，LDA基本能够划分出清晰的主题类团。① 然而，在应用于单一领域(特别是细分领域)语料时，LDA分析结果效果难以保障，典型的问题是所得主题的可读性②和可解释性③较差。其原因是，LDA所得主题均由词语组成，一些主题内部词语间相关度较低，导致可解释性较差；而多个主题间可能同时包含某些高频词，使得主题间区分度不够，导致可读性较差。这一问题在单一或细分领域中表现更为显著。从选词角度入手优化LDA在领域语料中的效果则是一种相对直接的方案。在细分领域中，能对主题起到区分作用的主要是领域概念或领域实体。在对特定领域语料进行主题分析时，一些研究者不约而同地采用领域术语进行LDA分析。④ 研究发现以领域术语作为选词方案所得到的LDA主题可解释性、可读性更好。⑤

2.2.2 网络社区中的多元知识关联

网络社区中的知识关联围绕用户、文本与词语三个重要元素展开，包括同类和异类知识单元间多元关联，主要依据各元素在网络社区中的共现、归属与交互等基本关系转化和计算。

---

① 裴超，肖诗斌，江敏. 基于改进的LDA主题模型的微博用户聚类研究[J]. 情报理论与实践，2016，39(3)：135-139；唐晓波，向坤. 基于LDA模型和微博热度的热点挖掘[J]. 图书情报工作，2014，58(5)：58-63.

② 梁珊，邱明涛，马静. 基于LDA-WO混合模型的微博话题有序特征抽取研究[J]. 情报科学，2017(7)：44-49.

③ 邱明涛，马静，张磊，等. 基于可扩展LDA模型的微博话题特征抽取研究[J]. 情报科学，2017(4)：22-26.

④ 范云满，马建霞. 利用LDA的领域新兴主题探测技术综述[J]. 现代图书情报技术，2012(12)：58-65；方小飞，黄孝喜，王荣波，等. 基于LDA模型的移动投诉文本热点话题识别[J]. 数据分析与知识发现，2017，1(2)：19-27；宫小翠，安新颖. 基于LDA模型的医学领域主题分裂融合探测[J]. 图书情报工作，2017，61(18)：76-83.

⑤ 陈果，吴微. 细分领域LDA主题分析中选词方案的效果对比研究[J]. 情报理论与实践，2019，42(06)：138-143.

词间关联：词语间主要通过共现来建立关联，其关键问题是相似性计算。以标签为例，Xu 等总结了 8 种基于共现的标签相似度计算方法，并以 del.icio.us 数据为例进行实验，发现基于 cosine 系数的标签相似度算法效果最好。① 基于共现的词语关联缺点是语义模糊稀疏，无法有效揭示词语间的内在关联。②

文本关联：网络社区中的文本资源缺少外部属性和内容标注，因此难以基于标注项间关系建立丰富、多维的文本间关联；同时，文本的碎片化分布导致其在用户交流中难以被定位，因而没有出现类似文献的引证、共引等关系。当前，网络社区可利用的文本关系还停留在相似度上，其相似度计算仍依托于词语关联③和用户关联。

用户关联：包括两种，一种是直接交互关系，指用户有意识地主动与其他用户建立关联，例如，通过"转发""评论""点赞"与"提及"等交互行为构建用户关联网络。④ 另一种是间接关系，指用户之间存在某方面共同点，例如共同关注某一话题或人物、具有共同的粉丝。这两类用户关系通常被综合利用。⑤

"用户—文本""用户—词语"关联：用户获取与利用文本的可能性是确定网络社区用户与文本之间是否存在关联关系的依据，可能性大小直接决定了关联程度强弱。网络社区中用户与文本关联主要是利用关系和相关关系。利用关系是直接关联，表现为用户对文本的发布、点击、阅读、评论等行为，常被应用于用户兴趣发现之上。相关关系是间接关联，表明用户对文本可能感兴趣，其获取方式有两种：一是计算待分析文本与用户直接关联文本(或感兴趣主题)的相似度，这类间接关联常被用于资源搜索的查询扩展与资源推荐；二是基于群体协同过滤建立关联，⑥ 提取与目标用户相关用户群体的直接关联文

---

① Xu K, Chen Y, Jiang Y, et al. A comparative study of correlation measurements for searching similar tags[C]// International Conference on Advanced Data Mining and Applications. Springer-Verlag, 2008: 709-716.

② 杨萌，张云中，徐宝祥. 社会化标注系统资源聚合与导航研究综述[J]. 情报理论与实践, 2014, (3): 140-144.

③ 詹志建，杨小平. 一种基于复杂网络的短文本语义相似度计算[J]. 中文信息学报, 2016, 30(4): 71-80.

④ 田博，凡玲玲. 基于交互行为的在线社会网络社区发现方法研究[J]. 情报杂志, 2016, 35(11): 183-188.

⑤ 刘冰玉，王翠荣，王聪，等. 基于动态主题模型融合多维数据的微博社区发现算法[J]. 软件学报, 2017, 28(2): 246-261.

⑥ 石伟杰，徐雅斌. 微博用户兴趣发现研究[J]. 现代图书情报技术, 2015, 31(1): 52-58.

本，视为目标用户的间接关联文本。“用户—词语”关联与“用户—文本”关联类似，只是关系的对象改为标签或者相关文本中的词语，故此处不再赘述。

“文本—主题—词语”：文本主题抽取是“文本—主题—词语”关联挖掘的基础。网络社区中常见的“文本—主题—词语”是文本与标签的包含关系，这类关联简单易得，但标签较为主观，且很多文本没有用户标签，因此需要从文本中自动提取主题。LDA 主题模型使用较为广泛,① 该模型的优势在于：可适应网络社区文本用词不规范、包含较多未登陆词等现状，且可扩展性强，将用户关联信息、文本发布时间等信息加入模型中，可提高主题抽取的准确率。② 但主题的自动标注存在不确定性，导致“文本—主题—词语”关联在实践中主要用于揭示多个词语或多个文本归属于同一主题，而转化为文本关联和词语关联。

2.3 网络社区知识聚合基本方法

当前，知识聚合是图情学科的研究热点。“聚合”一词与英文“Aggregation”相对应，是指由异类成分组成的聚合，或多个细小单元组合形成的整体。③ 具体应用层面，较为典型的是化学领域中的“聚合反应”，指单体小分子通过相互连接形成新的高分子材料。④ 在信息科学及其相关领域，以知识、数据、信息、资源为对象，又有“聚合”“融合”“集成/整合”等概念。李亚婷对相关概念进行了辨析和界定：聚合侧重于挖掘对象间多种关联并建立相应体系；融合强调对象经处理后产生的新变化；集成、整合则关注利用对象间的共性规则对其进行综合管理。⑤ 知识聚合是在信息资源快速增长导致有价值的知识资源高度分散和无序分布的背景下，通过发现“知识碎片”间的关联来

---

① Blei D M, Ng A Y, Jordan M I, et al. Latent dirichlet allocation[J]. Journal of Machine Learning Research, 2003, 3(1): 993-1022.

② 张培晶，宋蕾. 基于 LDA 的微博文本主题建模方法研究述评[J]. 图书情报工作, 2012, 56(24): 120-126.

③ Thompson D. 牛津现代英汉双解词典[M]. 北京：外语教学与研究出版社, 2003: 38.

④ Clayden J, Greeves N, Warren S G. Organic Chemistry[M]. Oxford, UK: Oxford University Press, 2001: 2-10.

⑤ 李亚婷. 知识聚合研究述评[J]. 图书情报工作, 2016, 60(21): 128-136.

对知识资源进行多维组合,① 以向用户提供体系化的、既可横向扩散又可纵向深入的知识内容。与数据集成、信息整合相比，知识聚合在聚合强度、聚合粒度上都有质的提升。知识聚合是实现基于用户需求的多元化、深层次、开放性知识组织和利用的前提。

2.3.1 基于类聚的知识聚合方法

近年来，国内图书情报领域以“聚合”为题的研究较多，因而也涌现出一大批成果。关于知识聚合项目和研究成果，大多以学术资源(以馆藏资源为典型代表)为对象。② 而关于知识聚合模式的研究，大多侧重从聚合所依据的知识关联来区分。例如，贺德方等将基于语义的馆藏资源深度聚合方式归纳为基于概念关联、引证关系和科研本体三类;③ 赵蓉英等将馆藏资源聚合模式归纳为传统聚合模式和深度聚合模式，前者包括基于编目和基于元数据的模式；后者包括基于本体、基于关联数据、基于主题模型和基于计量分析的知识聚合模式。④ 此后关于知识聚合的研究，也大多可纳入这些类型。值得一提的是，曹树金等在梳理信息聚合的概念、构成后，提出的信息聚合模式不仅包括基于关系的聚合、粒度聚合，还包括基于情景的聚合。⑤

知识聚合方法与资源形态相关，网络社区知识聚合的关键问题是资源的语义缺失。因此，不同于学术资源聚合中侧重于利用何种知识关联开展聚合(例如基于关联数据、基于本体、基于计量的聚合方法)，网络社区知识聚合方法间的差别主要体现在语义利用程度上，随着语义层次的深入，可将其归纳为基于类聚的知识聚合方法、基于语义视角的知识聚合方法和多维知识聚合方法。

---

① 赵雪芹. 知识聚合与服务研究现状及未来研究建议[J]. 情报理论与实践, 2015, 38(2): 132-135.

② 贺德方, 曾建勋. 基于语义的馆藏资源深度聚合研究[J]. 中国图书馆学报, 2012, 38(4): 79-87; 毕强, 尹长余, 滕广青, 等. 数字资源聚合的理论基础及其方法体系建构[J]. 情报科学, 2015(1): 9-14.

③ 贺德方, 曾建勋. 基于语义的馆藏资源深度聚合研究[J]. 中国图书馆学报, 2012, 38(4): 79-87.

④ 赵蓉英, 王嵩, 董克. 国内馆藏资源聚合模式研究综述[J]. 图书情报工作, 2014, 58(18): 138-143.

⑤ 曹树金, 马翠嫦. 信息聚合概念的构成与聚合模式研究[J]. 中国图书馆学报, 2016, 42(3): 4-19.

在化学领域，根据参与聚合的单体类型是否一致(即聚合作用力是否单一)，可将聚合反应分为均聚反应和共聚反应两种模式：均聚反应是指同类单体分子按同一作用力形成聚合物，而共聚反应是指多种类型的单体分子按不同作用力形成聚合物。相应地，在知识聚合中也存在类似的模式差别：如果不考虑知识单元的类型差异，将其关联简化为单一的"相关关系"(典型的如相似度)，以此为依据的聚合称为知识类聚；如果考虑知识单元的类型差异，以知识单元差异视角下形成的细粒度知识关联为依据，开展的聚合称为知识共聚。

知识类聚是最原始、直接且应用最普遍的知识聚合模式，由于在聚合中不考虑知识单元类型差异，因此"相关关系"的量化计算是核心。常见的知识单元相关关系有共现关系和相似性关系。共现关系是指知识单元在相同时间、空间或知识场景中出现，其量化方法有邻近指数、等价系数、基于改进的TF-IDF算法等。相似性关系的量化主要包括以下三类：一是以个体共现关系为基础进行的相似度计算；二是依据一定的语义知识库将个体的语义关联转化为相似度；三是融合前两种相似度结果，称为语义相似度计算。①

基于类聚的知识聚合实现方法主要有两种：一种是将知识单元放置于相应的特征空间内，依据其距离划分类团，典型的方法有标签聚类、文本聚类等；另一种是将知识单元及其关联表示为网络，再划分网络子群，典型的有共词网络类团划分、用户网络群体划分等。基于此，可将基于类聚的知识聚合方法划分为基于用户标签的知识聚合与基于用户关联的知识聚合两类。

(1)基于用户标签的知识聚合

标签聚类研究的开展较早，Begelman等利用共现信息计算标签相似度并构建标签的无向带权图，利用谱平分法和模块度实现标签聚类；② 顾晓雪等提出标注内容与用户属性结合的标签聚类方法；③ 李慧宗对比了基于共同共现群体相似度、基于LDA模型、融合内容与链接分析的标签聚类方法，发现它们

---

① 刘萍，陈烨. 词汇相似度研究进展综述[J]. 现代图书情报技术，2012，28(7)：82-89.

② Begelman G, Keller P, Smadja F. Automated tag clustering: Improving search and exploration in the tag space[C]//Collaborative Web Tagging Workshop at WWW2006, Edinburgh, Scotland. 2006: 15-33.

③ 顾晓雪，章成志. 标注内容与用户属性结合的标签聚类研究[J]. 现代图书情报技术，2015，31(10)：30-39.

在各自的领域范围内能够获取更好的聚类结果。①

分众分类由用户标注资源语义内容，标注过程依赖用户知识结构，不强调层级关系，根据标注结果可实现语义层面的资源分类。这种以用户为中心的分类方法对数量巨大、碎片化程度高的网络资源有较高适用性，是网络资源组织与聚合研究中常用数据源。标签是分众分类的重要元素，为资源语义描述与关联挖掘提供数据基础，相关研究大多以其为研究对象，主要包括：标签语义关联研究；基于标签网络的研究；基于标签的资源聚合研究。具体如表 2-1 所示。

表 2-1 基于用户标签的知识聚合研究特点

方法	研究子内容	研究特点
分众分类	标签语义关联研究	主要利用关联标签与标签网络进行标签语义计算
	基于标签网络的研究	主要利用网络中心性等指标对标签网络开展定量分析
	基于标签的资源聚合研究	主要利用标签云与社会网络分析技术开展聚合研究

①标签语义关联研究。黄微等利用共现原理设计关联标签语义距离计算算法，通过逐层统计目标标签与关联标签共现关系，定量衡量标签语义关联。②标签云是分众分类视角下资源聚合与聚合结果展示的常用形式，③ 通过变换标签形态、色彩可以直观展示单个标签在主题表征、资源描述等方面的差异，但在标签关联表征方面效果有限，毕强等将关联标签思想引入标签云，通过对用户标签网络定量分析，挖掘网络子群，构建具有表征语义关联能力的标签云。④ 程秀峰等综合利用标签与社会网络分析技术改进计算舞蹈类非物质文化遗产资源关系强度，挖掘资源潜在关联。⑤

① 李慧宗. 社会化标注环境下的标签聚类方法研究[D]. 合肥：合肥工业大学，2016.

② 黄微，高俊峰，李瑞，等. Folksonomy 中 Tag 语义距离测度与可视化研究[J]. 现代图书情报技术，2014(7/8)：64-70.

③ 毕强，尹长余，滕广青，等. 数字资源聚合的理论基础及其方法体系建构[J]. 情报科学，2015，33(1)：9-14，24.

④ 毕强，周姗姗，马志强，等. 面向知识关联的标签云优化机理研究[J]. 现代图书情报技术，2014(5)：33-40.

⑤ 程秀峰，毕崇武，李成龙. 基于 SNA 的舞蹈类非物质文化遗产隐性知识关联研究[J]. 图书情报工作，2016，60(2)：30-36.

②基于标签网络的研究。滕广青等利用复杂网络中心性指标研究用户标签网络紧密性。① 夏立新等通过对非遗图片关联标签与共标签网络中心性与群聚性分析，挖掘资源主题特征。②

③基于标签的资源聚合研究。毕强等综合运用标签云与社会网络分析对社会化标注系统进行资源聚合研究，并引入本体与主题词表描述标签语义与层级关联。③ 孙中秋等则对标签云与社会网络分析在社会化标注系统资源聚合上开展对比研究，认为后者有更好的聚合效果。④

(2)基于用户关联的知识聚合

用户聚类主要依据用户自身的属性特征、用户行为和对标签或资源的标注信息，Dam 等采集了 Facebook 上关注某一足球俱乐部的用户属性信息和兴趣，并利用一种融合同质分析和 K-means 的聚类算法将用户聚成 4 类；⑤ Zhao 等提出一种适用于网络社区的用户聚类方法，该方法考虑用户随时间而变化的主题分布情况，因此其实验效果优于 K-means、LDA、用户-主题模型等常见算法。⑥ 网络社区文本类聚对象以短文本为主，Rangrej 等比较了 K-means、奇异值分解、AP 算法在短文本聚类中的效果，发现 AP 算法更优；⑦ 但 Yin 等指出，AP 算法复杂度高而不适应大规模短文本聚类，他们提出一种狄利克雷多项式混合模型(GSDMM)，其效果显著优于 K-means 和层次聚类方法，且能自

---

① 滕广青，毕达天，任晶，等. Folksonomy 中用户标签的语义紧密性研究[J]. 现代图书情报技术，2013(12)：48-54.

② 夏立新，白阳，孙晶琼. 基于关联标签的非遗图片资源主题发现研究[J]. 图书情报工作，2016，60(2)：22-29.

③ 毕强，赵夷平，孙中秋. 社会化标注系统资源聚合的实证分析[J]. 情报资料工作，2015(5)：30-37.

④ 孙中秋，陈晓美，周姗姗. 基于 SNA 的社会化标注系统标签资源聚合研究[J]. 图书馆学研究，2014(13)：53-61，94.

⑤ Van Dam J W, Van de Velden M. Online profiling and clustering of Facebook users[J]. Decision Support Systems, 2015, 70: 60-72.

⑥ Zhao Y, Liang S, Ren Z, et al. Explainable user clustering in short text streams[C]// Proceedings of the 39th International ACM SIGIR conference on Research and Development in Information Retrieval. ACM, 2016: 155-164.

⑦ A Rangrej, S Kulkarni, A V Tendulkar. Comparative study of clustering techniques for short text documents[C]// International Conference Companion on World Wide Web. ACM, 2011: 111-112.

动得到较优的聚类数和各簇的代表词。①

用户关联主要用于网络社区资源，通过对用户行为与关系分析，获取知识认知与利用规律，实现知识利用角度的资源聚合。由于加入了用户因素，该类聚合有助于资源潜在关联挖掘。相关研究主要集中在：用户行为与关系研究；知识服务与共享研究。具体如表 2-2 所示。

表 2-2　基于用户关联的知识聚合研究总结

方法	研究子内容	研究特点
用户	用户行为与关系研究	利用结构方程模型对用户行为进行分析； 分析用户标签的使用行为及其表征用户兴趣的能力
	知识服务与共享研究	知识服务方面主要分析用户满意度与使用意向； 知识共享方面主要基于信任开展研究

①用户行为与关系研究。胡昌平等利用结构方程模型对高校图书馆信息共享空间的用户交互学习行为②与虚拟知识社区中用户关系对知识共享行为的影响③进行分析，前者运用了扩展技术接受模型，后者构建了包含个人、情境、知识及成员行为四个维度的影响因素模型。林鑫等分析用户认知对标签使用的影响，实证得出认知难度与认知风格都会对标签使用行为产生显著影响。④ 胡潜等对比社会化标注系统中基于用户标签与基于用户行为两种兴趣建模方式，认为基于行为的传统兴趣建模效果优于基于标签的建模。⑤

① Yin J, Wang J. A dirichlet multinomial mixture model-based approach for short text clustering[C]// ACM SIGKGG International Conference on Knowledge Discovery & Data Mining, 2014: 233-242.

② 胡昌平，胡媛. 高校图书馆信息共享空间用户交互学习行为分析[J]. 中国图书馆学报，2014，40(4)：16-29.

③ 胡昌平，万莉. 虚拟知识社区用户关系及其对知识共享行为的影响[J]. 情报理论与实践，2015，38(6)：71-76.

④ 林鑫，周知. 用户认知对标签使用行为的影响分析——基于电影社会化标注数据的实证分析[J]. 情报理论与实践，2015，38(10)：85-88.

⑤ 胡潜，林鑫. 社会化标注系统中基于标签和项目的兴趣建模比较研究[J]. 情报学报，2015，34(12)：1296-1303.

②知识服务与共享研究。知识服务方面，相关研究主要集中在用户满意度①与使用意向②上。除此之外，王鹏程等将社交网络服务融入图书馆信息服务平台中，构建包含图书评价与学科建设交流模块在内的系统架构。③ 胡昌平等基于技术接受模型与“感知交互性”设计了可用于社会化推荐服务的用户体验模型。④ 考虑到现有网络社区服务主要集中在资源层面，胡昌平等引入概念图，实现知识层面的网络社区服务。⑤

知识共享方面，张敏等与程莉等分别对微信中知识共享行为与威客中知识共享模式进行分析。⑥ 信任对于知识共享行为有重要影响，针对虚拟学术社区刘海鹏等分析其知识共享信任形成机制；⑦ 张敏等从博弈论角度研究信任对知识共享策略的影响。⑧

2.3.2 基于语义视角的知识聚合方法

基于语义视角的知识聚合可从不同粒度表征知识语义关系，在标签聚合中，为避免标签语义关联度低，规范性和结构性差的影响，可引入概念关联作为辅助。例如，Angeletou 等验证了使用在线本体向用户标签系统提供语义关

---

① 胡昌平，胡媛，严炜炜. 高校数字图书馆服务的用户满意度实证研究[J]. 国家图书馆学刊，2013(6)：23-32；张雨婷，胡昌平. 数字图书馆社区知识交流与交互服务用户满意评价[J]. 图书馆论坛，2014(12)：89-93，130.

② 胡昌平，吕美娇. 图书馆知识社区服务的用户使用意向调查分析[J]. 图书馆学研究，2015(5)：54-64，77；高灵，胡昌平. 网络知识社区服务中的用户持续使用行为影响分析[J]. 现代情报，2014，34(1)：14-17.

③ 王鹏程，胡媛. 基于 SNS 的高校图书馆信息服务平台模型构建[J]. 情报科学，2013，31(4)：16-19，27.

④ 胡昌平，张晓颖. 社会化推荐服务中的用户体验模型构建[J]. 情报杂志，2014，33(9)：181-186.

⑤ 胡昌平，严炜炜. 基于概念图的个人数字图书馆知识服务拓展[J]. 情报理论与实践，2013，36(6)：37-40.

⑥ 张敏，向阳，陆宇洋. 社会关系强度对大学生微信知识共享行为的影响分析[J]. 图书情报工作，2015，59(23)：50，64-71；程莉，张敏. 基于知识需求聚合的威客共享模式研究[J]. 情报理论与实践，2012，35(12)：106-110.

⑦ 刘海鹏，郑伟伟，张敏. 虚拟学术社区知识共享信任关系动态形成机制研究[J]. 图书馆，2015(8)：73-75，105.

⑧ 张敏，郑伟伟，石光莲. 虚拟学术社区知识共享主体博弈分析——基于信任的视角[J]. 情报科学，2016，34(2)：55-58.

联的有效性。① 在文本聚合中，语义增强技术被广泛应用于短文本特征扩展：一类是挖掘文本内部语义信息，马慧芳等以词共现挖掘为基础扩展文本词集，② 唐晓波等挖掘文本的依存关系扩展文本语义信息，以增强特征词集表征文本内容能力；③ 另一类是引入外部信息，赵辉等利用维基百科中的概念及其关联结构补充短文本语义信息，实现更有效的聚类分析，④ 李湘东等综合利用词频统计与概念主题模型提取领域关键词，构建用于短文本扩展的领域关键词集。⑤ 目前该视角下知识聚合方法包括两类：基于领域本体的知识聚合与基于关联数据的知识聚合。

(1)基于领域本体的知识聚合

领域本体是某一领域内被广泛认可的、唯一的、有明确定义的概念与概念关联的集合，⑥ 具有从语义层面结构化表征领域知识的能力，可辅助资源语义化描述、语义相似度计算、潜在关联挖掘等。相关研究主要集中在：概念抽取与概念关联挖掘、概念关联网络分析、领域本体构建、基于领域本体的资源语义化与聚合策略设计，具体如表 2-3 所示。

①概念抽取与概念关联挖掘。概念本身具有不同粒度，关键词对于学科知识的表征能力较强，是组成学科知识结构的基本单元，⑦ 也是相关研究中常用粒度。概念抽取方面，胡昌平等采用定量方法⑧论证共词分析中仅利用词频抽

---

① Angeletou S. Semantic Enrichment of Folksonomy Tagspaces[C]//International Semantic Web Conference. Springer, Berlin, Heidelberg, 2008: 889-894.

② 马慧芳，曾宪桃，李晓红，等. 改进的频繁词集短文本特征扩展方法[J]. 计算机工程，2016，42(10)：213-218.

③ 唐晓波，肖璐. 基于依存句法分析的微博主题挖掘模型研究[J]. 情报科学，2015，33(9)：61-65.

④ 赵辉，刘怀亮. 面向用户生成内容的短文本聚类算法研究[J]. 现代图书情报技术，2013，29(9)：88-92.

⑤ 李湘东，曹环，丁丛，等. 利用《知网》和领域关键词集扩展方法的短文本分类研究[J]. 现代图书情报技术，2015，31(2)：31-38.

⑥ 杜小勇，李曼，王珊. 本体学习研究综述[J]. 软件学报，2006，17(9)：1837-1847.

⑦ 王昊，邓三鸿，苏新宁. 我国图书情报学科知识结构的建立及其演化分析[J]. 情报学报，2015，34(2)：115-128.

⑧ 胡昌平，陈果. 科技论文关键词特征及其对共词分析的影响[J]. 情报学报，2014，33(1)：23-32.

表 2-3 基于领域本体的知识聚合研究总结

方法	研究子内容	研究特点
领域本体	概念抽取与概念关联挖掘	除了改进传统基于规则与统计方法外，提出融入学科背景与上下文的概念抽取思路及基于文本结构与论文-关键词矩阵的概念关联挖掘思路
	概念关联网络分析	利用社会网络分析方法对概念关联网络进行宏观与微观层面分析
	领域本体构建	提出计量本体与资源本体概念
	基于领域本体的资源语义化与聚合策略	基于领域本体的聚合策略研究成果较少，更多研究集中在基于领域本体的资源语义化

取的关键词难以全面表征领域知识。基于此，胡昌平等与陈果等考虑将分析领域融进更大的背景学科中，分别提出采用词语贡献度与领域度、热度指标抽取特征。① 蒋婷等综合利用语言学与统计学方法，先利用语言学知识挖掘语术词性组合模板，并采用支持向量回归机构建术语概率预测模型。② 余凡等基于概念相关性、上下文与领域特性设计三层递进概念筛选流程，从文本与叙词表中提取领域概念。③ 颜端武等提出利用 N-gram 复合分词抽取领域概念。④

概念关联挖掘方面，王昊等采用形式概念分析抽取术语层次关系。⑤ 蒋婷

① 胡昌平，陈果. 共词分析中的词语贡献度特征选择研究[J]. 现代图书情报技术，2013(7/8)：89-93；陈果，肖璐，赵雪芹. 领域知识分析中的关键词选择方法研究——一种以学科为背景的全局视角[J]. 情报学报，2014，33(9)：959-968.

② 蒋婷，孙建军. 基于 SVR 模型的中文领域术语自动抽取研究——面向图书情报领域[J]. 情报理论与实践，2016，39(1)：24-31，15.

③ 余凡，楼雯. 领域概念的三层递进筛选方法研究[J]. 现代图书情报技术，2015(4)：26-33.

④ 颜端武，李兰彬，曲美娟. 基于 N-gram 复合分词的领域概念自动获取方法研究[J]. 情报理论与实践，2014，37(2)：122-126.

⑤ 王昊，朱惠，邓三鸿. 基于形式概念分析的学科术语层次关系构建研究[J]. 情报学报，2015，34(6)：616-627；王昊，苏新宁，朱惠. 中文医学专业术语的层次结构生成研究[J]. 情报学报，2014，33(6)：594-604.

等根据文献结构特点挖掘概念非等级关系。① 夏立新等利用叙词表改进词间关联度计算算法。② 余凡等分别采用改进的相似度计算方法③与自定义语法规则、改进关联规则④进行文本等级关系与非等级关系抽取。

②概念关联网络分析。陈果等以“数字图书馆”“信息服务”与“知识管理”三个领域为例，分析科研领域关键词网络的整体结构与节点特征。⑤ 胡昌平等利用社会网络分析中的 K-core 值对知识网络进行层次划分，实现知识网络微观层次分析。⑥

③领域本体构建。领域本体构建研究开展较早，资源聚合相关研究中较少直接涉及。但针对馆藏资源语义化与聚合，学者提出计量本体⑦与资源本体⑧概念，解决领域本体仅涉及某一领域内概念，无法满足馆藏资源多学科聚合需求。邱均平等以情报学核心期刊文献为数据源，综合运用语义相似度、共现分析等技术构建情报学资源本体。⑨ 除此之外，张玉峰等利用本体工程与叙词表技术，复用已有本体，构建软件企业领域本体。⑩ 张晗等以图书馆服务性资源

① 蒋婷，孙建军. 学术资源本体非等级关系抽取研究[J]. 图书情报工作，2016，60(20)：112-122.

② 夏立新，程秀峰，叶光辉. 基于词词关联矩阵改进的模糊检索研究(二)——叙词表控制下词间关联度的改进算法[J]. 情报学报，2013，32(3)：270-280.

③ 余凡，程虹，楼雯. 基于改进相似度算法的文本等级关系提取方法研究[J]. 情报理论与实践，2014，37(5)：97-101，135.

④ 余凡，程虹，楼雯. 语法规则和改进关联规则的中文文本非等级关系提取研究[J]. 图书情报工作，2013，57(22)：126-131，147.

⑤ 陈果，胡昌平. 科研领域关键词网络的结构特征与启示——基于图情学科的实证研究[J]. 现代图书情报技术，2014(7/8)：84-91.

⑥ 胡昌平，陈果. 领域知识网络的层次结构与微观形态探证——基于 k-core 层次划分的共词分析方法[J]. 情报学报，2014，33(2)：130-139；胡昌平，陈果. 层次视角下概念知识网络的三元关系形态研究[J]. 图书情报工作，2014，58(4)：11-16.

⑦ 邱均平，王菲菲. 数字文献资源语义化计量本体的提出与构建[J]. 情报学报，2014，33(10)：1012-1021.

⑧ 邱均平，楼雯，余凡，等. 基于资源本体的馆藏资源语义化研究[J]. 图书馆论坛，2013，33(6)：1-7；张洋，江小敏. 基于资源本体的馆藏资源语义体系构建研究[J]. 图书情报知识，2016(5)：73-83.

⑨ 邱均平，楼雯. 基于 CSSCI 的情报学资源本体构建[J]. 情报资料工作，2013(3)：57-63.

⑩ 张玉峰，周磊，王志芳，等. 领域本体构建与可视化展示研究[J]. 情报理论与实践，2012，35(10)：95-98，128.

为对象构建服务本体,① 彭佳等则利用元数据进行本体构建。②

④基于领域本体的资源语义化与聚合策略。资源语义化方面，徐坤等利用本体对科学数据进行语义化描述与组织，提高数据的机器可读性与可理解性。③ 鲍玉来等利用领域本体对分散、异构的开放存取资源进行语义集成检索。④ 王丽伟等分析美国国家生物医学本体中心的本体映射原理及方法,⑤ 为多个领域本体集成、语义互联及协同利用提供支持。聚合策略方面，何超等与李劲等分别基于本体与集成本体开展了馆藏资源深度语义聚合研究。⑥

(2)基于关联数据的知识聚合

关联数据是一种由国际互联网协会推荐的用于发布关联网络资源的规范，该规范通过 HTTP 与 URI 方式进行资源的交换。⑦ 由于采用 RDF 对资源本身及其关联进行描述，在一定程度上实现资源及其关联的语义化，有学者认为可将关联数据当成高度规范的“本体”。⑧ 相关研究主要集中在：关联数据创建、发布与本体映射；基于关联数据的资源聚合策略，具体如表 2-4 所示。

①关联数据创建、发布与本体映射。传统粗粒度对象关联数据创建与发布研究较为成熟，资源聚合研究中主要针对细粒度对象开展。王忠义等分别对

---

① 张晗，孙翌，郑巧英. 图书馆服务性资源组织与管理的本体模型研究[J]. 图书馆论坛，2016，36(4)：13-19.

② 彭佳，郑巧英，张晗，等. 基于元数据本体的特色资源深度聚合研究[J]. 图书馆杂志，2016，35(11)：82-89.

③ 徐坤，蔚晓慧，毕强. 基于数据本体的科学数据语义化组织研究[J]. 图书情报工作，2015，59(17)：120-126.

④ 鲍玉来，毕强. 基于领域本体的开放存取资源语义检索引擎设计与实现[J]. 情报理论与实践，2014，37(5)：87-91.

⑤ 王丽伟，牟冬梅，王伟. NCBO 领域本体映射项目及应用[J]. 现代图书情报技术，2013(10)：15-19.

⑥ 何超，张玉峰. 基于本体的馆藏数字资源语义聚合与可视化研究[J]. 情报理论与实践，2013，36(10)：73-76，39；李劲，程秀峰，宋红文. 基于语义的馆藏资源深度聚合方法研究[J]. 情报科学，2013，31(11)：100-103.

⑦ 刘炜. 关联数据：概念、技术及应用展望[J]. 大学图书馆学报，2011(2)：5-12.

⑧ 贯君，毕强，赵夷平. 基于关联数据的知识聚合与发现研究进展[J]. 情报资料工作，2015(3)：15-21.

表 2-4 基于关联数据的知识聚合研究总结

方法	研究子内容	研究特点
关联数据	关联数据创建、发布与本体映射	主要考虑中深层及数据集内部关联数据的创建与发布
	基于关联数据的资源聚合策略	针对不同数据类型，如网络信息资源、政府信息资源等设计对应聚合策略

数字图书中层①与深层②关联数据创建与发布开展分析，前者以目录数据为对象，综合利用主题词映射、文本匹配等技术进行资源结构化表示与关联挖掘；后者基于分布式人类计算构建对应架构与平台，促进不同地域的专家协同工作。此外，针对数据集关联数据创建主要考虑数据集之间关联而忽略数据集内部关联，王忠义等提出利用推导传递法挖掘内部关联，该方法对于多类型关联挖掘有较高适用性。③

基于关联数据的数据集常利用本体进行数据描述，导致数据集之间异构严重，关联表征受到影响，潘有能等考虑采用本体映射技术④解决该问题，提出以 WordNet 为外部知识库辅助计算概念相似度，并通过设定阈值完成概念到本体的映射。⑤

②基于关联数据的资源聚合策略。贯君等阐述关联数据与知识聚合及知识发现之间内在关联，分析基于关联数据的知识聚合与发现过程，总结研究趋势。⑥ 牟冬梅等总结关联数据在数字资源多维度、多层次及深度聚合上的优

① 王忠义，夏立新，石义金，等. 数字图书馆中层关联数据的创建与发布[J]. 现代图书情报技术，2013(5)：28-33.

② 王忠义，夏立新，石义金，等. 基于 DHC 的数字图书馆深层关联数据创建与发布研究[J]. 情报科学，2015，33(5)：106-110.

③ 王忠义，夏立新，郑路，等. 数据集内关联数据自动创建方法研究[J]. 情报杂志，2014，33(1)：152-156.

④ 潘有能，刘朝霞. 本体映射技术在关联数据中的应用研究[J]. 情报科学，2015，33(1)：54-56，62.

⑤ 潘有能，刘朝霞. 基于 WordNet 的关联数据本体映射研究[J]. 情报杂志，2013，32(2)：99-102.

⑥ 贯君，毕强，赵夷平. 基于关联数据的知识聚合与发现研究进展[J]. 情报资料工作，2015(3)：15-21.

势，提出包含系统内外资源、多粒度资源等在内的资源聚合策略。① 赵夷平等通过潜在语义分析与向量空间模型进行学术资源网文献相似度计算，构建学术资源网文献关联数据，实现对应资源聚合检索。② 夏立新等将关联数据集抽象为分析单元，构建对应网络，采用复杂网络理论分析其网络结构以提高关联数据利用效率。③ 孙建军等在对关联数据应用于学科网络资源深度聚合可行性分析的基础上，提出具体聚合框架，设计关联数据发布流程。④ 丁楠等基于关联数据，构建了包含数据层、聚合层与应用层在内的政府信息聚合模型，以美国政府关联数据集为基础进行验证实验。⑤

2.3.3 多维知识聚合方法

网络社区的资源领域性和用户目的性要求其知识聚合应深入领域细粒度知识关联层面，在多维知识关联的基础上开展资源组织和用户需求的引导，仅仅依靠知识单元的类聚和语义增强是不够的。在馆藏资源知识聚合中，由于元数据、关联数据、计量分析、领域本体的利用，聚合模式已向多维聚合发展。网络社区也已具备多维知识聚合的基础，已有研究指出，基于“用户—资源—标签”三个维度能有效地对知识资源进行划分，实现资源的多维度导航和热门推荐。毕强等提出，可通过对各类知识组织体系的组合应用，将数字资源进行多维关联和聚合。⑥ 杨萌等针对当前社会化标注系统资源聚合的维度不完善等问题，提出多维度聚合的基本思路、模型和一般实施步骤。⑦ 陈果等提出，利用

---

① 牟冬梅，王萍，张艳侠. 基于关联数据的数字资源语义聚合策略[J]. 情报资料工作，2015(5)：18-23.

② 赵夷平，毕强. 关联数据在学术资源网相似文献发现中的应用研究[J]. 现代图书情报技术，2016(3)：41-49.

③ 夏立新，谭荧. LOD 的网络结构分析与可视化[J]. 现代图书情报技术，2016(1)：65-72.

④ 孙建军，徐芳. 基于关联数据的学科网络信息深度聚合框架构建[J]. 图书馆，2015(7)：50-54.

⑤ 丁楠，王钰，潘有能. 基于关联数据的政府信息聚合研究[J]. 情报理论与实践，2015，38(7)：76-79.

⑥ 毕强，王传清，李洁. 基于语义的数字资源超网络聚合研究[J]. 情报科学，2015，33(3)：8-12.

⑦ 杨萌，张云中，徐宝祥. 社会化标注系统资源多维度聚合机理研究[J]. 图书情报工作，2013，57(15)：126-131.

Wiki 信息框抽取领域概念及其细粒度关联，以形成基于分面式导航体系的网络社区知识聚合。① 周珊珊提出基于复杂网络分析的分众分类法模式下数字资源多维度聚合的思想。②

2.4 网络社区知识聚合发展要求

尽管网络社区有与其他数字资源相对应的知识聚合基本方法，但是其资源和用户特性将决定其知识聚合有不同的深入方向。根据网络社区中用户的重要性、内容的语义稀缺性、多种元素的交互影响三个特性，笔者建议未来对其知识聚合研究重点考察以下几个方面。

2.4.1 “基于用户”与“面向用户”的知识聚合

网络社区中，用户的重要性在于其不仅是知识利用者，还是知识的创造者和组织者；前者要求网络社区知识聚合应“面向用户”，后者要求网络社区知识聚合应“基于用户”。

“基于用户”是指在知识聚合过程中，应重视用户这一特有元素，充分利用用户的交互关系、群体作用、行为数据、知识标注等，以更全面地获取知识聚合的依据。除传统的基于用户关系和群体作用的用户和资源聚类、协同推荐外，还应充分利用用户行为数据和知识标注开展知识聚合。在这方面，新兴的计量分析方法如 Usage Metrics、Altmetrics 将发挥先天优势，而如何将它们与已有的知识聚合方法相融合，是今后的一个重要方向。

“面向用户”是指知识聚合的开展应以符合用户知识探索行为、满足用户知识需求为标准。用户知识需求存在模糊性，需要在知识探索过程中根据反馈结果不断显化和细化；因而知识聚合不仅是对资源的组织，还应承担用户需求引导的作用。当前常用的知识聚合方法因缺少领域知识指导而不得不利用“相关性”来建立知识关联，以推测用户需求转化的方向，并不能有效地实现用户需求引导及其与知识资源的匹配。“面向用户”的知识聚合要求建立可交互式、

---

① 陈果，肖璐，孙建军. 面向网络社区的分面式导航体系构建：以丁香园心血管论坛为例[J]. 情报理论与实践，2017，40(10)：112-116.

② 周姗姗. 基于 Folksonomy 模式的数字资源多维度聚合研究[D]. 长春：吉林大学，2014.

渐进式的导航体系，使用户知识需求在领域知识空间下有针对性地横向扩展和纵向细化。①

2.4.2 深入到概念关联的细粒度知识聚合

网络社区中知识分布的无序化和碎片化较之学术资源更甚，UGC 内容的非实体性导致基于文本的粗粒度聚合效果欠佳，因而对资源内容的细粒度语义关联揭示和利用提出了更高要求。因此，充分依托网络社区相应的领域背景知识，揭示和利用 UGC 内容中的概念关联，是网络社区知识聚合发展的重要且必要的方向。尽管这一方面可参考学术资源聚合已有成果，但也有一些新的问题有待解决，例如：用户非正式用语与概念单元的映射问题是制约聚合依据发现的重要因素、融合概念关联类型及其动态强度以更好引导用户等。此外，基于概念关联的网络社区知识聚合形式更加丰富，因此后续研究的侧重点应从“依托什么开展聚合”转移到“聚合成何种形式”上来，在网络社区中开展诸如知识元链接体系、分面导航体系、多维知识推荐等多种形式的知识聚合。②

知识单元间的关系包括等同关系、层次关系和相关关系，通用性的知识组织系统基于这些关系构建。例如，汉语主题词表中的用、代、属、分、参等关系与等同、层次、相关关系对应。但是，特定领域知识组织更关注具体化和差异化的“相关关系”，其原因是：不同领域对同一概念的众多特征各有侧重，例如，“水”这一概念，在化学、物理学、生物学、环境科学等领域所被关注的本质特征差异明显。③ 相应地，引入领域背景知识后，通用层面粗略的“相关关系”可被区分为丰富多样的细粒度概念关联，例如方法与应用关系、疾病与症状关系。领域概念关联相对于一般性的概念关联而言，有两个明显的特征：概念的内涵具有明确定义，且概念关联的类型是具体、细化和多样化的。④

作为知识关联本质层面的领域概念关联是实现细粒度、多维化知识共聚的

---

① 陈果，肖璐，孙建军. 面向网络社区的分面式导航体系构建：以丁香园心血管论坛为例[J]. 情报理论与实践，2017，40(10)：112-116.

② 陈果. 基于领域概念关联的网络社区知识聚合研究[D]. 武汉：武汉大学，2015.

③ 国家质量技术监督局. 术语工作原则与方法：GB/T10112-1999 [S]. 北京：中国标准出版社，1999：1-6.

④ 陈果. 基于领域概念关联的网络社区知识聚合研究[D]. 武汉：武汉大学，2015.

基础。在知识共聚模式中，领域概念关联的作用可概括为：保障知识资源组织结构与用户知识需求结构间的一致性，即已有资源中知识单元及其关联的识别和利用应以领域概念关联体系为参照，用户需求的转化、扩展和细化也在领域概念关联体系对应的空间内引导完成。

在现有的资源系统中，知识内容的组织结构与用户需求结构并不一致。用户知识需求往往围绕特定任务的解决而产生，这就决定了其目标知识具有一定的领域性，即其所需知识受任务对应领域内知识结构(如概念、概念关联)的约束。由于对目标知识的未知，用户需求又是潜在、模糊的，其知识搜寻行为是一个根据结果不断学习、优化和反馈的迭代过程。然而，现有的资源系统中，知识内容以“词语”为代表分散在不同文档中，因此，在缺少领域知识为参考时，现有资源系统不得不基于“相关性”来建立知识关联，以推测用户需求转化的方向。但这种方式并不能有效地实现用户需求引导及其与知识资源的匹配。研究表明，缺乏领域知识指导时，概念关联的挖掘会存在较多无意义的结果，难以满足用户的特定需求。①

实质上，无论用户需求如何模糊，无论知识资源如何分布，两者之间在领域知识背景下都具有一致性。在领域知识场景下，知识资源中的知识单元以不同形式的关联共同构成解决特定问题的知识共聚体。领域概念关联体系中所包含的明确的、丰富的概念类型和细粒度概念关联，是揭示词语、文档等知识单元间多维知识关联的有效依据，由此对知识单元进行多维、细粒度聚合，可交互式、渐进式地引导用户，使其知识需求在领域知识空间下有针对性地横向扩展和纵向细化，以有效地获取和利用知识。

2.4.3 多元素、多关联整体分析视角下的知识聚合

网络社区用户在面向问题解决时会寻求包括用户、文档、主题在内的多种资源，因此需要整体利用多种粒度资源关联，形成一个多元化、关联化的知识聚合体系。在缺乏结构化属性和内容标注的网络社区中，如何综合利用这些基本元素的相互作用以支撑知识聚合的深入，是有待解决的重要问题。当前的重要任务是引入更多的复杂网络模型和分析方法，例如多维关系网络、多模网络、超网络、异构信息网络等。

---

① 梁凯强，陆菊康. 基于领域本体与概念格的关联规则挖掘[J]. 计算机工程与设计，2007，28(13)：3033-3035.

2.5 领域知识驱动的网络社区知识聚合方案

多维关系网络包含一类元素间多种关系；多模网络包含多类元素多种关系；异构信息网络也是多模网络，但其更加强调节点间的交互作用并挖掘其中的语义内容，且更侧重微观结构的解读；① 超网络是由多种类型网络组成的网络(例如融合信息网络、物流网络、资金网络形成的大规模网络)，有研究者针对学术资源构建了人际网络、知识网络和载体网络及三个子网络间的映射关系，以实现基于超网络的数字资源聚合。② 这几种网络模型可对应网络社区多元素、多关联聚合的几种主要场景，由此决定了网络社区知识聚合方案的形成。

2.5.1 知识聚合的基础：领域概念关联

在知识生产、交流和利用中，用户需求和知识内容通常具有领域性，因此知识组织需要以领域知识为背景开展。领域知识(Domain Knowledge)与通用知识(如常识、逻辑规则和数学运算知识)相对应，是指特定领域内重要概念及它们之间的关联。③ 在信息服务和情报工作中，仅仅追求信息组织方式的优化而忽略知识的领域特性，会导致“重形式轻内容”的问题。④ 因此，情报学研究方法中产生了经典的“领域知识分析范式”，其核心思想是立足于特定知识领域来审视人类信息活动行为。⑤ 实际上，领域知识分析中知识元素的组织仍然依托于传统的通用知识组织手段，只是在其中引入一些特定的技术、方法，使之更符合面向特定领域的知识组织和知识服务目标。

面向特定领域进行知识组织时，以领域知识分析范式指导的知识组织体系

---

① 田鹏伟，张娴，胡正银，等. 异构信息网络融合方法研究综述[J]. 图书情报工作，2017，61(7)：137-144.

② 王传清. 超网络视域下数字资源聚合研究[D]. 长春：吉林大学，2015.

③ 景丽萍，恽佳丽，于剑. 领域知识在文本聚类应用中的机遇和挑战[J]. 计算机工程与科学，2010，32(6)：88-91.

④ 王琳. 领域分析范式视角下知识组织中若干问题研究[J]. 图书情报工作，2011，55(4)：90-105.

⑤ Hjørland B，Albrechtsen H. Toward a new horizon in information science：Domain analysis[J]. Journal of the Association for Information Science and Technology，1995，46(6)：400-425.

可取得更好的效果。Buckland 等的研究表明，依据特定领域专业语言编制的索引相比综合索引可带来明显的检索效果优化。① 领域知识构成的基础单元是概念，因此 Vickery 等认为生成领域性专门词表是领域分析的一个重要目标；②而概念关联又是领域知识关联的本质层面，因此，领域知识分析的一个关键目标是针对特定领域识别其概念和概念间的细粒度语义关联，即建立领域概念关联体系。③

2.5.2 领域知识驱动的网络社区知识聚合模型

基于前文论述，可知领域知识在网络知识聚合中起到关键作用，特别是在网络社区 UGC 内容组织方面具有明显优势，其核心作用机制是促进传统基于文本挖掘的内容关联体系向融合语义关联的知识体系转变。因此，实现网络社区知识聚合的前提是建立一个既符合社区资源特征又包含细粒度语义信息的领域知识库。

因此，领域知识的网络社区知识聚合模型应围绕两个问题展开：一是构建兼具“全面”和“精准”特点的、深入领域概念层面的细分领域知识库；二是如何利用该细分领域知识库开展后续的网络社区知识聚合。

(1)领域知识库构建机制

该问题在当前自然语言处理技术条件下，即是领域知识图谱构建问题。近年来，人工智能(AI)技术研究与应用的快速发展，促使人们加大了对知识图谱构建的关注与投入。人们用“如果知识是人类进步的阶梯，知识图谱就是 AI 进步的阶梯”来表明知识图谱的重要作用。Gartner 于 2018 年 8 月发布的信息技术周期中就包含了知识图谱，并将其定位于“预计将在 5~10 年内达到高峰期的技术”。除此之外，伴随着人工智能在各领域的深入应用，通用型知识图谱已不能很好地满足需要。鉴于此，科技部在 2018 年 10 月发布的《科技创新 2030——“新一代人工智能”重大项目 2018 年度项目申报指南》中，明确将“可泛化的领域知识学习与计算引擎”作为“面向重大需求的关键共性技术”大类的第一项任务，提出要“形成概念识别、实体发现、属性预测、协同推理、知识

---

① Buckland M K, Chen A, Gebbie M, et al. Variation by subdomain in indexes to knowledge organization systems [C]//Proceedings of the 6th International ISKO Conference. Wuerzburg, Germany: Ergon Verlag, 2000: 48-53.

② Vickery B C. Faceted classification: A guide to construction and use of special schemes [J]. Library Quarterly Information Community Policy, 1960(3): 289.

③ 陈果. 基于领域概念关联的网络社区知识聚合研究[D]. 武汉：武汉大学，2015.

演化和关系挖掘等能力，实现知识持续增长的自动化获取，形成从数据到知识、从知识到服务的自主归纳和学习能力”。

领域知识图谱构建的包含关键性的基础任务如下：一是领域实体识别；二是领域实体关系抽取。两者构成知识图谱中的基本节点和边。在通用层面上，实体识别和实体关系抽取已取得较好效果；在一些已有人工语料标注的领域，领域实体识别和实体关系抽取也有较多研究和实践开展。然而，在更多领域场景下，制约现有实体识别和关系识别技术泛化应用的关键因素是缺乏可靠的标注语料。相应地，在网络社区知识聚合任务下，需要有效利用当前广受关注的低资源领域知识挖掘技术，在尽量降低人工标注语料依赖的前提下开展网络社区用户交流内容中的领域知识发现，实现可泛化的领域知识图谱自动构建。

(2)领域知识库在网络社区知识聚合中的作用

该问题主要考虑领域背景知识在网络社区知识组织的作用机制。在实际应用中，领域背景知识在知识组织个体层面的作用主要体现为：领域知识是表示各种知识单元的语义特征的基本单元。在网络社区中，无论是用户本身，还是其发表的文本(帖子)、交流的主题，都具有一定的领域知识特性。例如，某一个用户所贡献和关注的领域知识点可以构成其基本画像，用户所发表文本的知识内容主要由其包含的领域知识点构成，一个交流主题则由一系列领域知识点及其间关系构成。由此看来，网络社区中的任何一个待组织的知识单元，其知识内容的组成与界定必然依赖于大量与之相关联的领域知识点，这些领域知识点及其各种关联实际上构成该知识单元的内涵；脱离了领域知识的支撑，会导致该知识单元的内涵缺失，以至于只剩下外在的符号形式。

因此，在领域知识库的支撑下，可以更深入地揭示“文本、用户、主题、词语”间的多粒度、多元关联关，从而将网络社区中大量、异质性的知识节点按一定的方式进行组织，系统全面地将网络社区中的多种知识单元有效地聚合起来。由此可以替代传统以分类法、目录为基础的导航体系，更有针对性地实施网络社区 UGC 的组织。

(3)领域知识驱动的网络知识聚合模型构建

基于以上论述，本书提出领域知识驱动的网络社区知识聚合模型，如图 2-5 所示。

首先，从网络社区用户交流内容文本中开展领域知识单元语义挖掘。主要目标是识别出网络社区中包含的领域实体，并对领域实体进行语义表示。主要过程包括中文切分词，以及在切分词后语料上开展的词汇语义表示学习，基于预训练模型的领域实体识别，基于“预训练+微调”模式的领域实体语义表示

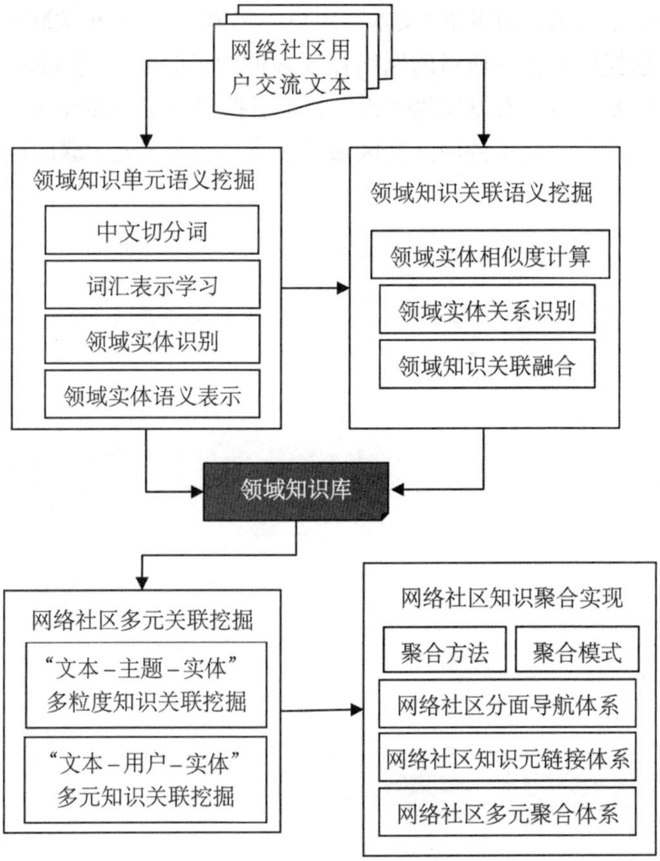

图 2-5　领域知识驱动的网络知识聚合模型

学习。

其次，以上述领域实体为基本知识单元，从网络社区用户交流内容文本中挖掘其知识关联。领域实体的知识关联主要有两类：实体相似度和实体间的细粒度领域概念关联(即领域实体关系)。前者可通过领域实体表示学习所得向量开展计算；后者则依赖于人工标注语料开展模型训练，笔者在此部分采取小规模知识库下的词嵌入类比关系识别方案，以降低领域实体识别模型对标注语料依赖的问题。上述两类知识关联计算和识别后，需要在关联强度、关联类型上开展关联融合。

再次，以上述识别所得的领域知识单元和知识关联构成的领域知识库为基础，进一步将网络社区中的文本、主题、用户纳入知识关联挖掘工作中。从知识单元粒度上切入，可开展“文本—主题—实体”多粒度知识关联挖掘；从知识单元异质性上切入，可开展“文本—用户—实体”多元知识关联挖掘。

最后，依托以上挖掘所得的网络社区多种知识关联，实现网络知识聚合。从知识聚合的基本方法和基本模式出发，重点探讨基于分面导航的网络社区知识聚合、基于知识元链接的网络社区知识聚合、融合多元关联的网络社区知识聚合。

3 网络社区中的领域知识单元语义挖掘

领域知识单元是揭示网络社区中领域知识内容的基本对象，对其进行语义挖掘是开展知识聚合的前提。词汇层面的知识单元有多种，其领域语义表征能力差别较大。因此，首先，本章提出“词汇语义链”理论框架以界定网络社区中不同级别的词汇知识单元。其次，对词汇语义表示方法进行了论述。在此基础上，聚焦“领域实体”这一细粒度知识单元，论述了网络社区中领域实体识别方法，并开展了基于预训练的细分领域实体识别实验。最后，为了解决细分领域网络社区语料不足导致的实体语义表示不充分问题，本章提出并实现了基于“预训练+微调”的网络社区领域实体语义表示。

3.1 网络社区中的领域词汇语义链

针对具有不同语义表征能力的词汇，目前相关的表述主要有：“关键词”“特征词”“主题词”“术语”“实体”“概念”“知识元”等。这些词汇对象的定义不易清晰界定，有的至今没有公认的定义，有的则兼有各种性质。因此，按照目前普遍认可的理解，可对词汇对象的定义进行如下基本梳理。

3.1.1 网络社区中的领域词汇及其语义关联

网络社区中的领域词汇以多种形式存在于用户的交互内容之中，不仅涉及不同形式的词汇形成，而且反映了术语概念、实体和知识元关联关系。

(1)关键词、特征词、主题词

关键词是可以表述资源关键性内容、具有实质性意义的词汇，① 而人工标

① 徐坤，毕强. 关键词分类判定及领域热点特征分析[J]. 情报理论与实践，2019，42(4)：96-100.

引关键词(如论文的作者关键词)是人们基于知识背景对资源内容进行的精炼标引，因而具有较好的语义表征能力。关键词标引中词汇来源不受预先控制，因而导致其存在一定的随意性。主题词则是经过预先规范化处理，以基本概念组配来表达资源主题内容的词汇。① 特征词使用较广但缺少明确的定义，往往在资源内容挖掘任务中使用，其本质内涵在于对给定资源独有性质的揭示，即能将该资源区分于其他资源的词汇。

(2)术语、概念

ISO 国际标准定义中，术语是表示专业概念的词和词组，而概念是从客体中经过概念化的提炼而形成的，三者的关系如图 3-1 所示。② 通过概念化的抽象过程，客体被分类成思维的单元，这种思维的单元叫作概念。概念通过指称化成为术语，用以形式化表示专业领域中的知识。在实践中，术语一词的使用主要突出其领域专业性，即能够表征所在领域专业知识的、具有领域区分度的词汇；概念一词的使用则突出其内涵性，即某个词汇背后所包容的、错综复杂的领域背景知识，这些知识内涵往往可以通过领域术语间的关联形式化揭示。③

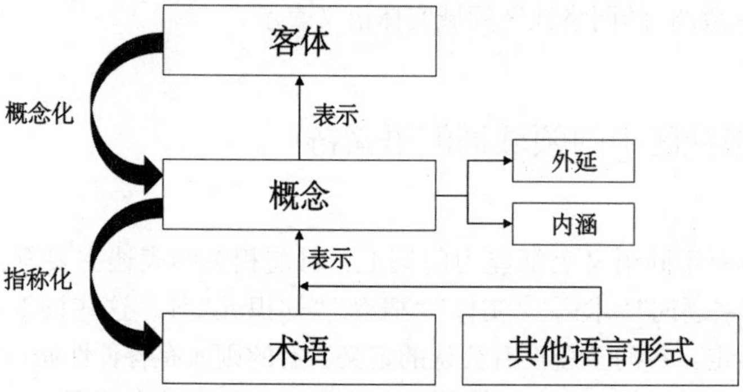

图 3-1 术语与概念的理论关系

(3)实体

实体的哲学含义是指能够独立存在的、作为一切属性的基础和万物本原的

① 曾伟忠. 信息组织[M]. 北京：人民邮电出版社，2013：353.

② 揭春雨，冯志伟. 基于知识本体的术语定义(上)[J]. 术语标准化与信息技术，2009(2)：4-8.

③ 朱惠，王昊，苏新宁，等. 汉语领域术语非分类关系抽取方法研究[J]. 情报学报，2018，37(12)：1193-1203.

东西。在数据库场景中，实体是现实世界中客观存在的、可以相互区分的对象或事物的集合，实体有其属性，实体及其关联可以描述概念世界、建立概念模型。在自然语言处理场景中，实体一般指命名实体(Named Entity，NE)，尽管研究者已根据实际需求对其类别进行定义和细分，① 但目前仍无公认的定义。Marrero 等对与实体相关的研究进行总结，最终认为“实践需求是实体划分的唯一标准”②。因此，领域实体可定义为在特定的领域下，按照实际需求划分的有特定意义或者指代性强的实体。

(4)知识元

知识元是一个更为复杂的概念。目前关于知识元的概念、粒度、类型、语义描述、模型的认识还不统一。戎军涛等对知识元的基本理论问题进行了梳理，并说明鉴定知识元需要从完备性、独立性和颗粒度三个方面考虑。③ 也就是说，知识元是完整的语义单元，具有语义表达的完备性，具有内容上的相对独立的封装性，同时具有语义逻辑上的不可再分性。知识元的结构由语义元和语义键结合组成，语义元是组成知识元内容的概念实体对象，语义键是指语义元之间的关联关系。

从不同词汇对象的定义中，不难发现它们之间存在一定程度的包含和递进关系。例如，术语可以用来表示概念，而概念实体及其关系构成的语义元和语义键组成了知识元等。而在实践中，从普通词语到知识元，其转化路径可简要梳理如下：

①术语抽取：术语可以通过语言学或统计学方法从普通词汇中抽取，也可以从关键词特征词中过滤得到，或在某些情况下直接使用关键词代替术语。④

②概念获取与转化:术语可以用来表示概念,一些研究者将术语直接当作概念⑤

---

① Sekine S, Nobata C. Definition, Dictionaries and Tagger for Extended Named Entity Hierarchy[C]//LREC. Lisbon, Portugal, 2004: 1977-1980.

② Marrero M, Urbano J, Sánchez-Cuadrado S, et al. Named Entity Recognition: Fallacies, Challenges and Opportunities[J]. Computer Standards & Interfaces, Elsevier, 2013, 35(5): 482-489.

③ 戎军涛, 李兰. 知识元的本质、结构与运动机制研究[J]. 情报理论与实践, 2020, 43(01): 42-46.

④ 袁劲松, 张小明, 李舟军. 术语自动抽取方法研究综述[J]. 计算机科学, 2015, 42(8): 7-12.

⑤ Ochoa J L, Valencia-García R, Perez-soltero A, et al. A semantic role labelling-based framework for learning ontologies from Spanish documents[J]. Expert Systems with Applications, Elsevier, 2013, 40(6): 2058-2068.

或者将过滤后的术语作为概念。① 也有研究者将学术论文中的关键词直接作为领域概念②或者通过一些辅助资源从文本中直接抽取概念。

③实体获取与转化：实体可以通过统计、机器学习等方法从文本中抽取获得。从文本中抽取出的实体可以用作本体学习，③ 实体及其关系可构建知识图谱。④

④本体获取与转化：本体可以从文本中挖掘，也可以通过本体合并技术将已有本体重组为新的目标本体。⑤ 本体可以用于知识元的构建，基于知识元本体理论，⑥ 一些研究者构建了多元组的领域知识元本体。⑦

3.1.2 领域词汇对象关系分析

总体而言，词汇对象间的关系可以由图 3-2 所示，图中实线表示由概念或公认的定义支撑的关系，虚线表示定义中不存在或不明显但实际研究中存在的关系。值得注意的是，图中仅列举部分典型研究中的关系，实际研究中所涉及的不同词汇表达之间的关系可能更为复杂。

这些转化关系在一定程度上影响着研究者的思路，从而间接导致语义挖掘的研究对象复杂易混淆、方法分散。实际上，这些关系的背后蕴含着语义的深入。正如 Stock 所说，知识表示离不开概念和语义关系理论的明确，⑧ 不充

---

① Jiang X, Tan A-H. Crctol: A semantic-based domain ontology learning system [J]. Journal of the American Society for Information Science and Technology, Wiley Online Library, 2010, 61(1): 150-168.

② Ren F. A cheap domain ontology construction method based on graph generation and conversion method[J]. Journal of Information & Computational Science, 2012, 9(18): 5823-5830.

③ Nadeau D, Sekine S. A survey of named entity recognition and classification [J]. Lingvisticae Investigationes, John Benjamins, 2007, 30(1): 3-26.

④ 周园春，王卫军，乔子越，等. 科技大数据知识图谱构建方法及应用研究综述[J]. 中国科学：信息科学，2020，50(07)：957-987.

⑤ Fernández-Breis J T, Chiba H, Del Carmen Legaz-García M, et. al. The orthology ontology: Development and applications [J]. Journal of Biomedical Semantics, BioMed Central, 2016, 7(1): 1-11.

⑥ Chang X, Zheng Q. Knowledge element extraction for knowledge-based learning resources organization[C]//International Conference on Web-Based Learning. Springer, 2007: 102-113.

⑦ 姜一洲，朱世范. 基于本体的人机工程学知识分类与知识表示研究[D]. 哈尔滨：哈尔滨工程大学，2014.

⑧ Stock W G. Concepts and semantic relations in information science[J]. Journal of the American Society for Information Science and Technology, Wiley Online Library, 2010, 61(10): 1951-1969.

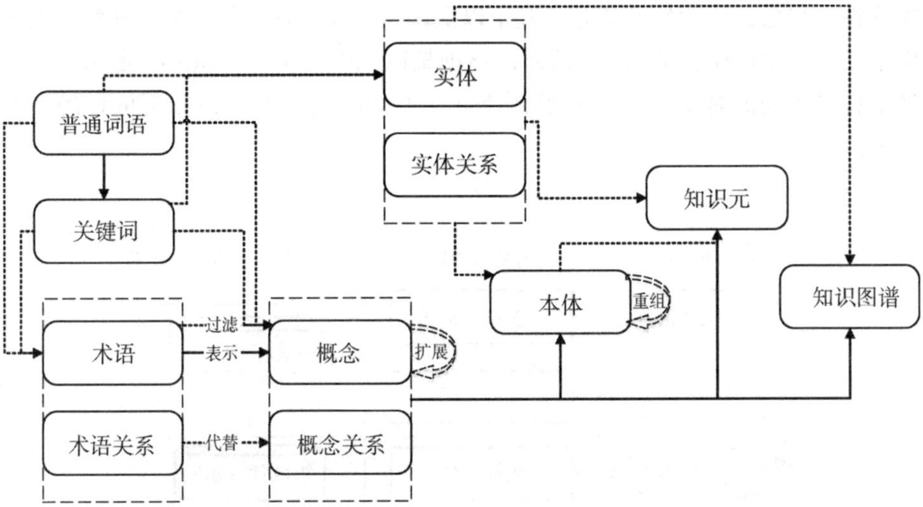

图 3-2 不同词汇对象间的关系

分考虑概念理论和关系理论就会导致知识系统的模糊性。梳理概念的理论结构，就是在寻找知识系统构建的方法思路。而构建面向词汇的理论框架的基础，就是明确各种词语对象及其获取方法，从而指导词汇语义挖掘工作的顺利开展。

上述词汇对象的定义和转化关系表明，只有厘清各种词汇对象的语义深入层次，才能体系化地梳理词语的语义挖掘工作。然而，此方面的现有研究多是对词汇语义挖掘方法的分类，缺少整体体系的总结和语义层次上的划分。因此，本书从语义状态差异出发，对不同词汇对象进行界定并梳理其层次关系，提出词汇语义链理论框架。

下面论述词汇在语义链各层次的基本状态和语义层次提升方式。首先，原始词语的语义程度最低。词语中既包含具有可表征领域知识的词，也包含通用词、无用词甚至噪声词，因此其特点是数量多、范围广、不具有领域针对性。对词语的基本利用，在没有领域资源的辅助时，主要是依托其分布信息开展统计分析，例如词频统计、词语共现关系统计、tf-idf 权重计算等。进一步地，明确词语所在领域并辅助以相应领域背景语料，即可获得其对给定领域的表征能力，部分词语因而实现语义层次的提升，成为领域术语。辅助以领域背景知识(如知识规则、已有知识库、人工标注知识)，领域术语进一步获得其所属领域知识单元类型，即其在所属领域内“是什么”，成为领域实体。领域实体仅包含个体层面的语义知识，在进一步补充其与领域内其他实体间错综复杂的关联性知识后，成为领域概念。基于以上论述，我们提出领域分析视角下的词汇语义链理论框架，如图 3-3 所示。该框架以词汇语义链为核心，揭示了语义链中各层次词汇对象所蕴含的语义特点、语义层次提升路径和所依托的资源要求。

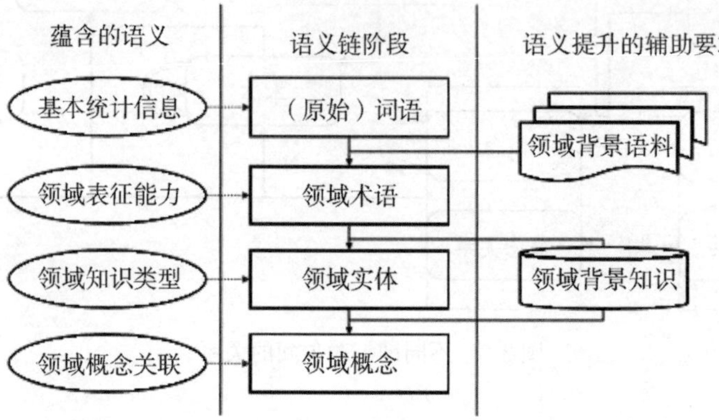

图 3-3 领域分析视角下的词汇语义链

词汇语义链的基本理论总结如下：

①词语处于最原始的语义形态，与之伴随的是其基本统计信息；

②基于领域背景语料，词语可获得对给定领域的表征能力，从而实现“从词语到领域术语”的转变；

③原始词语和领域术语所蕴含的均为信息性的语义，主要起差异区分的作用，而非知识性的语义；

④融合领域背景知识，领域术语可获得其在所属领域的语义类型，从而实现“从领域术语到领域实体”的转变；

⑤原始词语、领域术语、领域实体所蕴含的语义，都属于词汇个体层面的语义，缺少关联性语义；

⑥依托领域背景知识，领域实体可与其他领域概念建立联接，同时兼具自身个体层面的语义和由其他相关实体所共同表征的关联语义，由此实现“从领域实体到领域概念”的转变；

⑦领域概念是词汇最高层次的语义形态。

3.2 网络社区中的词汇语义表示

词汇是具有明确语义的基本语言单元，如何将词汇表示成适合机器处理的形式，是词汇语义挖掘的核心问题。多年来，自然语言处理领域最常用的词汇表示方式是独热表示(One-hot Representation)。然而，独热编码的词向量两两正交，无法表达词汇间的语义关系。所以现在在自然语言处理领域，很多研究人员选择使用低维实向量进行词汇表示，这种表示又称为词汇的分布式表示，它的优点是可以直接计算语义相关度，并具有一定的泛化能力。从早期的隐式语义分析，到最近的神经网络模型，研究人员提出了各式各样的模型来学习单词的分布式表示。纵观现有的词汇表示学习方式，主要分为基于共现矩阵的统计或基于神经网络的预测。

基于共现统计的表示学习的基本思想，是通过构建词-上下文共现矩阵，将词汇映射为语义空间的一个点。由于共现矩阵的高维稀疏，又利用降维方式，以求得该矩阵的低维表示。基于神经网络的方法采用预测的方式，将词向量作为参数来训练。通常选择目标词及其上下文作为训练样本，可以由目标词预测上下文，或者相反。无论是基于共现统计还是基于神经网络的预测，以上两类方法的本质都是通过词汇与所在上下文的相关性来捕捉词汇语义，不同的是，前者通常使用文档作为上下文，后者通常使用滑动窗口内的词作为上下文。基于共现统计的方法可解释性比较好，而基于神经网络的预测方法则具有强大的拟合能力。

3.2.1 词汇的传统语义表示方法

在自然语言处理中，词汇是最基本的语义单元，而传统的机器学习特征表示中，词语是非数值属性，因此采用独热向量表示(One-hot Representation)，这种方式无法保留词汇的语义信息。词汇语义表示式，通常采用 Vector Space Models (向量空间模型)，以大量词汇为特征维度，将词语表示成在一个连续空间向量中的向量集合。其理论基础是 1945 年 Harris 提出的分布式假设(Distributional Hypothesis)：如果两个词汇具有相同的上下文语境，那么它们在语义上存在一定的相似性。①

① Harris Z. Distributional structure[J]. Word, 1954(10): 146-162.

相应地，词汇的语义由与其在一定语义单元(如同一段落、属性字段、句子，或特定长度句子窗口)的共现词语决定，语义更加相近的词汇被映射的数据点就会更加接近，比如“国王”和“王后”，“北京”和“天津”。向量间的距离是否更加接近取决于我们用来训练的上下文。分布式表示是一种相对更优的词向量表示方式：一个词语的分布式表示形式实质上是一个稠密、低维的实值向量。分布式表示中的每一维表示词语的一个潜在特征，该特征捕获了有用的句法和语义特性。可见，分布式表示中的“分布式”一词体现了词向量这样一个特点：将词语的不同句法和语义特征分布到它的每一个维度去表示。

词向量具有良好的语义特性，是表示词语特征的常用方式。词向量每一维的值代表一个具有一定的语义和语法上解释的特征。所以，可以将词向量的每一维称为一个词语特征。词向量具有多种形式，最初的方式是基于计数的分布式表示，其中，原始词向量表示模型会形成维度巨大的词共现矩阵，其主要缺陷是面临矩阵极度稀疏性、向量维数随着词典大小线性增长等问题，常见的解决方案是采用基于语义分析的方法(例如 LDA、SVD)进行降维，其基本思路是：计算某词汇与其邻近词汇在一个大型语料库中共同出现的频率及其他统计量，然后将这些统计量映射到一个语义向量中，其计算量较大。经典的 LSA 方法就是利用“词-文档”矩阵，以 tf-idf 为矩阵元素值，再使用奇异值分解方法得到低维的词向量表示。

3.2.2 基于神经网络的词汇语义表示方法

近年来，随着神经网络相关研究的快速发展，词语语义也产生了基于神经网络的分布式表示方法，一般称为词嵌入(Word Embedding)向量，其优点是充分发挥神经网络的优势，有效应对 n-gram 语言模型带来的维度灾难问题，从而很好地应对复杂的上下文。这一优势也使得词嵌入向量由早期神经网络训练的副产品发展为目前自然语言处理的基础模型。基于神经网络的词汇表示实际上就是对词汇的多维语义进行降维，形成低维、稠密的词向量。与基于计数的方法不同，基于神经网络的词汇表示中各维度是不可解释的，具体维度一般不能对应为特定的概念。

(1)神经网络语言模型(NNLM)

2003 年，Bengio 等发表了一篇开创性的文章：A Neural Probabilistic

Language Model。① 在这篇文章里，他们总结出了一套用神经网络建立统计语言模型的框架(Neural Network Language Model，以下简称 NNLM)，并首次提出了 Word Embedding 的概念，从而奠定了包括 Word2vec 在内后续研究词语表示学习的基础。该模型在学习语言模型的同时，也得到了词向量，其基本思想可以概括如下：

①假定词表中的每一个 Word 都对应着一个连续的特征向量；

②假定一个连续平滑的概率模型，输入一段词向量的序列，可以输出这段序列的联合概率；

③同时学习词向量的权重和概率模型里的参数。

在该模型中，Bengio 等采用了一个简单的前向反馈神经网络 f(wt-n+1,…，wt)来拟合一个词序列的条件概率 p(wt | w1，w2,…，wt-1)。整个模型的网络结构如图 3-4 所示。

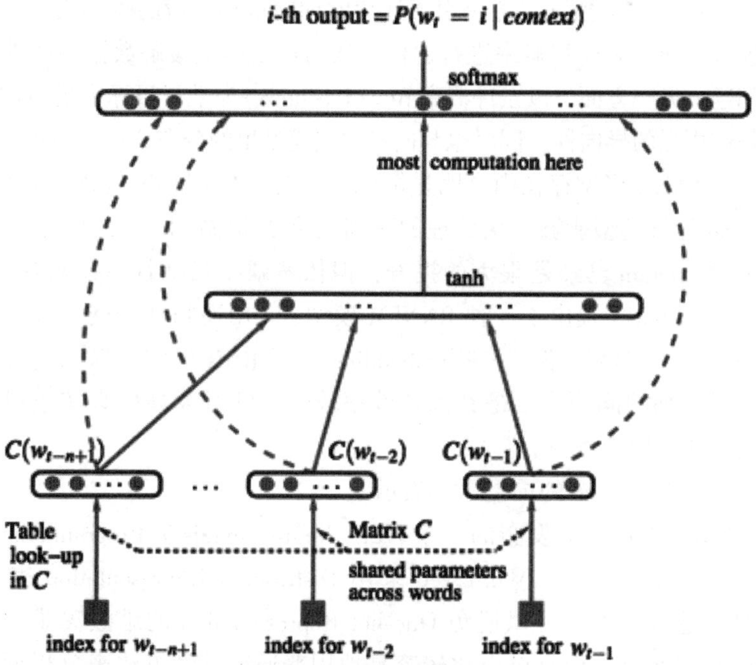

图 3-4 NNLM 模型

---

① Bengio Y, Ducharme R, Vincent P, Janvin C. A neural probabilistic language model [J]. The Journal of Machine Learning Research, 2003(3): 1137-1155.

该模型包括两个基本部分：

①首先是一个线性的Embedding层。它将输入的N-1个One-hot词向量，通过一个共享的D×V的矩阵C，映射为N-1个分布式的词向量(Distributed Vector)。其中，V是词典的大小，D是词嵌入向量的维度(一个先验参数)。C矩阵里存储了要学习的词向量。

②其次是一个简单的前向反馈神经网络g。它由一个tanh隐层和一个softmax输出层组成。通过将embedding层输出的N-1个词向量映射为一个长度为V的概率分布向量，从而对词典中的词语在输入的上下文环境下的条件概率做出预估：

$$\begin{aligned} p(wi \mid w1, w2, \ldots, wt-1) &\approx f(wi, wt-1, \ldots, wt-n+1) \\ &= g(wi, C(wt-n+1), \ldots, C(wt-1)) \end{aligned}$$

可以发现，该模型可同时解决两个问题：一是统计语言模型里关注的条件概率p(wt | context)的计算；二是向量空间模型里关注的词向量的表达。而这两个问题本质上并不独立。通过引入连续的词向量和平滑的概率模型，就可以在一个连续空间里对序列概率进行建模，从而从根本上缓解数据稀疏性和维度灾难的问题。另一方面，以条件概率p(wt | context)为学习目标去更新词向量的权重，具有更强的导向性，同时也与向量空间模型里的分布式假设不谋而合。

然而，NNLM模型存在两个明显缺陷。一是该模型只能处理定长的序列。尽管Bengio等将模型能够一次处理的序列长度N提高到了5，相比n-gram中的bigram和trigram已经是很大的提升，但依然缺少灵活性。针对这一问题，Mikolov等在2010年提出了一种RNNLM模型,① 用递归神经网络代替原始模型里的前向反馈神经网络，并将embedding层与RNN里的隐藏层合并，从而解决了变长序列的问题。二是其训练效率较低。针对大规模真实语料库训练NNLM模型耗时极为漫长。

(2)基于Word2vec的词汇语义表示

Word2vec是Google发布的一个NLP(Neuro-Linguistic Programming，神经语言程序学)开源工具。Word2vec采用Distributed Representation表示词向量，这种表达方式不仅可以避免One-hot Representation的维数灾难问题，使词向量的维度变小，而且可以比较容易地用普通统计学方法来分析词与词之

① Mikolov T, Karafiát M, Burget L, Cernocký J. Recurrent neural network based language model[C]//Interspeech, 2010, 2(3): 1045-1048.

间的关系。① 文献②发现 Word2vec 词向量间具有语义上的联系，即词向量的加减存在明显的语义关系，并在 SemEval 2012 task 上取得超过 Turian 词向量的结果，证明了 Word2vec 的高可用性。

Word2vec 模型使用 CBOW（Continuous Bag-of-words）和 Skip-gram③ 两种结构作为学习模型。CBOW 模型使用上下文来预测目标词，而 Skip-gram 模型的思路是使用特定的词去预测对应的上下文。这两种方法都需要利用神经网络对大规模语料进行语言模型训练，同时能够得到描述语义和句法关系的词矢量。CBOW 模型使用上下文来预测目标词，会因为窗口大小的限制丢失短文本训练语料集中的相关语义信息；而 Skip-gram 模型使用当前词来预测目标上下文可避免该问题，能够高效进行词矢量的训练，所以文中选用 Word2vec 的 Skip-gram 模型。④

Word2vec 中的 CBOW 和 Skip-gram 模型。Mikolov 等在 2013 年的文献⑤中，同时提出了 CBOW（Continuous Bag-of-Words）和 Skip-gram 模型。他们设计两个模型的主要目的是希望用更高效的方法获取词向量。因此，他们根据前人在 NNLM、RNNLM 和 C&W 模型上的经验，简化现有模型，保留核心部分，得到了这两个模型。在此基础上，Mikolov 等开源了一款词向量计算工具——Word2vec，并在大量研究、实践中取得较好的效果。该算法具有高度的可扩展性，允许在数小时内在超过数十亿字的文本上训练出庞大的词汇表的词向量。

CBOW 模型的基本思路如图 3-5 所示。该模型一方面根据 C&W 模型的经验，使用一段文本的中间词作为目标词；另一方面，又以 NNLM 作为蓝本，并在其基础上做了两个简化。其一，CBOW 没有隐藏层，去掉隐藏层之后，

---

① 孟涛，王诚. 基于扩展短文本词特征向量的分类研究[J]. 计算机技术与发展，2019，29(4)：57-62.

② Mikolov T，Sutskever I，Chen K，et al. Distributed representations of words and phrases and their compositionality[C]// Proceedings of the 26th International Conference on Neural Information Processing Systems. Lake Tahoe，Nevada，USA：Curran Associates Inc.，2013：3111-3119.

③ Mikolov T，Sutskever I，Chen K，et al. Distributed representations of words and phrases and their compositionality[C]// Proceedings of the 26th International Conference on Neural Information Processing Systems. Lake Tahoe，Nevada，USA：Curran Associates Inc.，2013：3111-3119.

④ 孟涛，王诚. 基于扩展短文本词特征向量的分类研究[J]. 计算机技术与发展，2019，29(4)：57-62.

⑤ 王亚坤. 网络表示学习发展综述[J]. 福建质量管理，2019(17)：216.

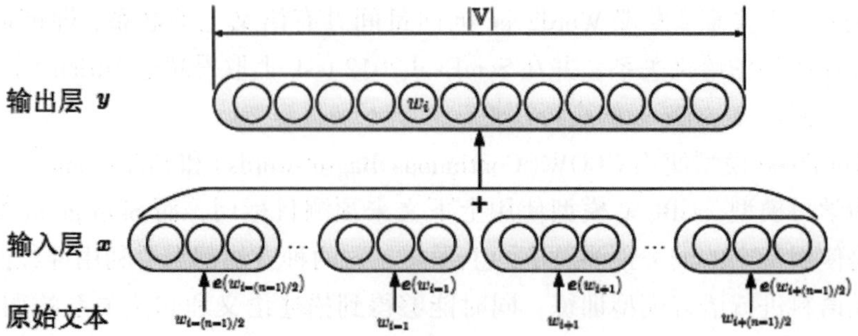

图 3-5 CBoW 模型

模型从神经网络结构直接转化为 log 线性结构，与 Logistic 回归一致。log 线性结构比三层神经网络结构少了一个矩阵运算，大幅度地提升了模型的训练速度。其二，CBOW 去除了上下文各词的词序信息，使用上下文各词词向量的平均值，代替神经网络语言模型使用的上文各词词向量的拼接，这一特点也决定 CBOW 模型可以应对不定长的上下文。

CBOW 模型根据上下文的表示，直接对目标词进行预测：

$$P(w \mid c) = \frac{\exp(e'(w)^{\mathrm{T}}x)}{\sum_{\omega' \in V}\exp(e'(w')^{\mathrm{T}}x)}$$

对于整个语料而言，与神经网络语言模型类似，CBOW 的优化目标为最大化：

$$\sum_{(w,\ c) \in D} \log P(w \mid c)$$

Skip-gram 模型的结构如图 3-6 所示，与 CBOW 模型一样，Skip-gram 模型中也没有隐藏层。不同的是，Skip-gram 模型每次从目标词 w 的上下文 c 中选

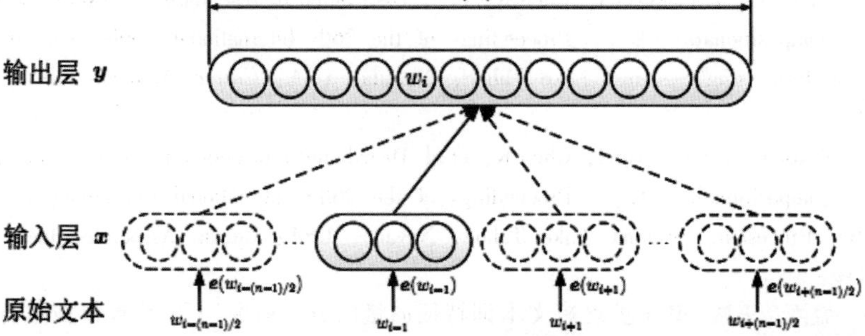

图 3-6 Skip-gram 模型

择一个词，将其词向量作为模型的输入 x，也就是上下文的表示。Skip-gram 模型同样通过上下文预测目标词。

Skip-gram 模型对于整个语料的优化目标为最大化：

$$\sum_{(w,\ c)\in D}\sum_{w_j\in c}\log P(w\mid w_j)$$

其中：

$$P(w\mid w_j)=\frac{\exp(e'(w)^{\mathrm{T}}e(w_j))}{\sum_{\omega'\in V}\exp(e'(w')^{\mathrm{T}}e(w_j))}$$

因此，Skip-gram 模型的本质是计算输入词语的 input vector 与目标词语的 output vector 之间的余弦相似度，并进行 softmax 归一化，要学习的模型参数正是这两类词向量。虽然 Skip-gram 模型在上下文元素间引入了强大的独立性假设，但其在实践中非常有效，且较为常用。

在 Word2vec 在词汇语义表示学习中的基本问题分析中，鉴于已有研究表明 Word2vec 算法在低维语义空间中可提供较好的向量表示，① 并且在词嵌入向量类比上效果较好。② 因此，利用 Word2vec 算法训练语料中词汇的词嵌入向量。在此过程中，需要考虑以下核心问题：

①训练语料的选择。词嵌入训练语料的选择是优先考虑规模还是领域针对性(纯度)？一般来讲，基于神经网络的词向量训练对语料库规模有一定要求，而针对特定领域构建语料库时普遍面临的一个问题是语料规模相对较小，有研究表明，在语义类比任务上训练语料的领域更为重要，十分之一乃至百分之一量级的小规模领域语料就能达到甚至超过大规模通用语料所得的效果。③ 因此，在细分领域实体关系发现研究中也应以语料纯度优先，有必要专门构建相应的领域语料集用于词嵌入训练任务。

②训练单元的确定。由于后续词嵌入类比、词嵌入相似度计算均以领域术语为基本对象，因此词嵌入训练也需要依托领域术语为基本单元，而不宜采用单字作为训练基本单元。领域语料术语基本单元的划分，可通过在切分词过程

---

① Naili M, Chaibi A H, Ben Ghezala H H. Comparative study of word embedding methods in topic segmentation[J]. Procedia Computer Science, 2017, 112: 340-349.

② Fu R, Guo J, Qin B, et al. Learning semantic hierarchies via word embeddings[C]// Proceedings of the 52nd Annual Meeting of the Association for Computational Linguistics (Volume 1: Long Papers), 2014: 1199-1209.

③ Lai S, Liu K, Hes, et al. How to generate a good word embedding[J]. IEEE Intelligent Systems, 2016, 31(6): 5-14.

中加入领域术语集实现。领域新词发现的问题应交由领域术语集构建环节解决，因此本环节不作探讨。

③ 词汇上下文选择问题。在 Word2vec 算法中，词汇的向量结果以及词汇间语义计算在很大程度上受训练时词汇上下文选择策略的影响。总体而言，词汇上下文选择方法有固定大小滑动窗口、句子(或段落、篇章)、句法窗口等。

滑动窗口：滑动窗口是最为常见的词汇上下文范畴，通常以待训练向量的词汇为“焦点词”，一起前后两侧各 m 个词为上下文。显然，滑动窗口的大小对词向量结果有很大的影响，有研究表明：窗口较大易于产生更大的主题相似性(即相关关系，如某种疾病与其症状、诊断手段等)，而较小的窗口易于产生更多的句法相似性(即词汇功能替代关系，如同类型的疾病)。这是由于窗口过小时，词汇的上下文更多是其功能句法相关的词汇(如某些虚词、修饰词)；只有加大窗口，与词汇主题相关的实词才有更大的概率进入其上下文。

此外，在 Word2vec 中，焦点词上下文的距离被忽略，即两侧 m 距离内的词汇同等重要。因此，可以在实际应用中进一步优化，将上下文词汇的位置信息作为一个向量和该上下文词汇向量进行拼接，左侧的位置为负值，右侧的位置为正值。相应地，如果加入窗口位置信息，则词向量结果更有利于识别句法相似性，特别是寻找词性相同且语义功能有一定相似性的词语。有研究表明，加入窗口位置向量后训练所得的词向量在词性标注、依存句法分析等任务上效果更优。

在 Word2vec 的默认设置中，窗口大小是随机设置的，Mikolov 认为离预测单词近的词语比那些远的单词更相关，所以采用了随机窗口大小的方式来选取，每次在区间[1, window]随机一个数值 K，然后在预测单词的前后各选取 k 个单词作为输入；其中 window 是可选参数大小，window 增大可以使向量学习更充分，但同时也增加了训练的复杂度。

句子窗口：除了以一定距离来界定的滑动窗口外，还可以界定整个句子(或者类似地，整个段落、整篇文档)为上下文范围，即将焦点词同句子(段落、文档)内的所有其他词语都当作其上下文。这种做法极大地扩充了词汇的上下文范围，因此训练计算量也很大。以句子(段落、文档)为上下文窗口相对于滑动窗口而言更擅长发现词语间的主题相关度，而非句法功能相似性。

句法窗口：滑动窗口、句子窗口都是线性上下文，在一些研究和实践中，为了突出词汇的功能性语义(例如句子特定位置空白填补任务),将词汇的上下文视为句法解析树中临近的词以及与之相关的句法关系。①

④ Word2vec 算法超参数的选择。Word2vec 算法超参数主要包括 CBOW 和 Skip-gram 算法、窗口大小的选择。大量研究表明,CBOW 算法侧重"语法功能相似度",Skip-gram 算法侧重"语义主题相似度"。② 此外,如果滑动窗口设置太小,由于仅学习到焦点词附近的词语,导致偏重"语法功能相似度",不利于语义关系发现;如果滑动窗口过大,则计算量太大。鉴于实体关系发现研究侧重语义,应当采用 Skip-gram 作为词嵌入训练算法。同时,可以考虑过滤文本中虚词,仅保留实词,一方面可弱化语法功能相似度,另一方面通过缩短实词间窗口距离可提升语义主题相似度。

3.2.3 基于预训练的词表示学习方法

在细分领域上开展知识关联挖掘的首要障碍,是可用的领域语料规模太小,导致语义挖掘不充分,难以得到可靠的结果。尤其是当前普遍采用基于神经网络的词表示学习(典型的如 Word2vec)技术获得词语向量,③ 这类技术对语料规模要求较高,④ 通用词向量往往在千万乃至亿级别的文本语料上学习得到;而细分领域语料规模远低于此(通常是千、万级别)。此外,细分领域中需要学习的核心词汇大多是相对生僻的领域术语,在小规模语料上难以有效学得其词向量。实际上,这一问题是通用技术模型应用于细分领域时普遍面临的。近两年兴起的"预训练(Pre-training)+微调(Fine Tuning)"模式在解决这一问题上取得了显著效果。⑤ 其基本思路是:利用大规模通用语料训练得到一个通用模型,在此基础上加入相对有限的领域语料进一步学习以解决领域特定问

① Omer Levy, Yoav Goldberg. Dependency-based word embeddings[C]//Proceedings of the 52nd Annual Meeting of the Association for Computational Linguistics (Volume 2: Short Papers), 2014: 302-308.

② 张剑, 屈丹, 李真. 基于词向量特征的循环神经网络语言模型[J]. 模式识别与人工智能, 2015, 28(04): 299-305.

③ Mikolov T, Chen K, Corrado G, et al. Efficient estimationof word representations in vectorspace[C]//International Conference on LearningRepresentations. Scottsdale: ICLR, 2013: 1-12.

④ Lai S, Liu K, Hes, et al. How to generate a good word embedding[J]. IEEE Intelligent Systems, 2016, 31(6): 5-14.

⑤ Zhou Ming. The Bright Future of ACL/NLP[EB/OL]. [2019-8-20]. https://www.msra.cn/wp-content/uploads/2019/08/ACL-MingZhou.pdf.

题。类比言之，欲使一个人成为领域专家，先对其进行大量的通识教育，再让其在细分专业方向上有针对性地学习。

(1)预训练模型及其发展

近两年来，自然语言处理领域发生了巨大变化，各种预训练语言模型层出不穷。语言模型预训练可以极大地提升一系列自然语言处理任务的性能，它根据单词的上下文语境预测单词来学习单词的上下文表示，具体使用流程往往为先在大型语料上预训练，再将输出的特征或整个模型迁移到下游任务上，实践中根据任务效果、计算资源和时间成本等决定预训练语言模型层是否冻结。

预训练语言模型按基本网络结构可分为两种。其一，基于 LSTM，主要有 ELMo。ELMo 本质上是单向语言模型，它利用了双向 LSTM，但每个方向都是一个单向语言模型。① 其二，基于 Transformer，归根结底，谷歌提出的 Transformer② 成为预训练语言模型产生的序曲。Transformer 完全基于自注意力机制，表示序列内词与词之间的关系，它最早是用于翻译任务，因此是一个 Seq2Seq 架构，分为 Encoder 和 Decoder 两部分。GPT、BERT、ERNIE、MASS、UNILM 都是基于 Transformer，其中 GPT 只利用了 Transformer 的 Decoder 部分，BERT、ERNIE 只利用了 Transformer 的 Encoder 部分，MASS 利用了 Transformer Encoder-Decoder，UNILM 利用了 Transformer 的一半，但通过调节 Self-attention Mask，使这一半的 Transformer 既可用作 Encoder，又可用作 Decoder，还可用作 Encoder-Decoder。

基于 Transformer 的众多模型中，应用最为广泛的是 BERT 预训练语言模型，BERT 模型框架基于 Transformer 的 Encoder 部分搭建。③ 由于它是一个双向语言模型，可挖掘到更多的文本语义信息，不少学者将其应用到命名实体识别任务上。孔玲玲结合 BERT-CRF 和主动学习方法，基于少量标注语料进行

---

① Peters M E, Neumann M, et al. Deep contextualized word representations [C]// Proceedings of the 2018 Conference of the North American Chapter of the Association for Computational Linguistics: Human Language Technologies (Volume 1: Long Papers), 2018: 2227-2237.

② Vaswani A, Shazeer N, et al. Attention is all you need [C]//Advances in Neural Information Processing Systems, 2017: 6000-6010.

③ Devlin J, Chang M W, et al. BERT: Pre-training of deep bidirectional transformersfor language understanding[C]//Proceedings of the 2019 Conference of the North American Chapter of the Association for Computational Linguistics, 2019: 4171-4186.

中文命名实体识别，既降低了标注成本，又通过实验发现在人名、地名、机构名实体识别任务上明显优于 Bi-LSTM-CRF 模型。① 杨飘等使用 BERT-BiGRU-CRF 模型在 MSRA 语料上进行中文命名实体识别，F1 值最高达 95.43%，优于目前中文命名实体识别上最优的 Lattice-LSTM 模型。② 在通用领域，王子牛等使用基于 BERT 的神经网络模型得到的命名识别结果准确率和召回率均近 95%。③ 在医学领域，祖木然提古丽·库尔班使用 BERT 微调模型对电子病历进行命名实体识别，最终发现相较于多种神经网络模型，BERT 的效果最佳。④ 百度也提出了 ERNIE 预训练模型，在同等语料条件下，对快递单中的实体抽取效果 F1 值高达 99%，远超 LSTM-CRF 模型。

由以上学者研究结果可知，基于预训练语言模型的方法较基于通用神经网络的方法普遍效果更好。同时，由于 BERT 是在大规模语料上预训练所得，已获得丰富的文本语义信息，在进行命名实体识别时可在模型下游接入较简单的通用神经网络模型进行微调，即使在少量标注语料上训练仍可取得满意的效果。但由于 BERT 模型庞大且超参数众多，在微调的同时如果训练 BERT 超参数，对计算资源和时间成本有较高要求。

(2)常见的预训练词向量及通用语料训练效果

目前已可开源获取大量通用性预训练好的词向量，典型的有：

① Google 预训练的英文词向量：https://code.google.com/archive/p/word2vec.

② 斯坦福预训练的英文词向量：https://nlp.stanford.edu/projects/glove.

③ Polyglot 项目预训练的多语言词向量：http://polyglot.readthedocs.org.

④ 北师大和人大开源的中文词向量；⑤ https://github.com/Embedding/Chinese-Word-Vectors.

---

① 孔玲玲. 面向少量标注数据的中文命名实体识别技术研究[D]. 杭州：浙江大学，2019.

② 杨飘，董文永. 基于 BERT 嵌入的中文命名实体识别方法[J/OL]. 计算机工程. [2019-11-11]，https://doi.org/10.19678/j.issn.1000-3428.0054272.

③ 王子牛，姜猛，高建瓴，陈娅先. 基于 BERT 的中文命名实体识别方法[J]. 计算机科学，2019，46(S2)：138-142.

④ 祖木然提古丽·库尔班. 基于神经网络的电子病历实体识别[D]. 乌鲁木齐：新疆大学，2019.

⑤ Li S，Zhao Z，Hu R，et al. Analogical Reasoning on Chinese Morphological and Semantic Relations[C]//Proceedings of the 56th Annual Meeting of the Association for Computational Linguistics (Volume 2：Short Papers)，2018：138-143.

这些开源词向量的好处是使用简单，无需重新训练，且来源于大规模语料集，因此在通用问题解决上具有明显优势。但在词汇语义表示上，训练机制和底层语料库的差异对最终的表示有很大的影响，因此开源的通用型预训练词向量通常不是特定领域应用中的最佳选择。

然而，针对特定领域构建语料库时普遍面临的一个问题是语料规模相对较小，远远达不到通用语料库亿级别的文字规模，而基于神经网络的词向量训练对语料库规模有一定要求。鉴于此，有研究者专门对比了小规模领域语料集上训练所得的词向量、大规模通用语料集上训练所得的词向量两者在不同应用上的效果，结果如表 3-1 所示。

表 3-1　不同规模通用语料集和领域语料集的词向量任务表现①

Corpus	syn	sem	ws	tfl	avg	ner	cnn	pos
$NYT_{1.2B}$	93	52	90	98	50	76	85	96
100M	76	30	88	93	46	77	83	86
$Wiki_{1.6B}$	92	100	100	93	51	100	86	94
100M	74	65	98	93	47	88	90	83
$W\&N_{2.8B}$	100	89	95	93	50	97	91	100
1B	98	87	95	100	48	98	90	98
100M	79	63	97	96	51	85	92	86
10M	29	27	76	60	42	49	77	42
$IMDB_{13M}$	32	21	55	82	100	26	100	−13

表中，列为语料库和语料规模，其中：NYT 为 New York Times 语料库，Wiki 为 Wikipedia 语料库，W&N 为前两者合并语料库，IMDB 为电影评论语料库；每一行都为特定评价任务，其中：syn 和 sem 为词向量语义类比任务（Analogy Task）②的评分，ws 为对 WordSim353 set 评测集上 353 个词对语义相

① Lai S，Liu K，et al. How to generate a good word embedding［J］. IEEE Intelligent Systems，2016，31(6)：5-14.

② Mikolov T，Chen K，Corrado G，et al. Efficient estimation of word representations in vector space［J］. arXiv preprint arXiv：1301. 3781，2013.

关度任务的评分,① tfl 为托福考试②中 80 个多选同义词判定任务打分；avg 为对 IMDB 中文本分类任务的打分，ner 为对 CoNLL03 公开数据集的命名实体识别 F1 值打分；cnn 为基于相应词向量利用 CNN 方法对斯坦福情感树库进行句子情感分类的打分，pos 基于相应词向量为对华尔街杂志语料进行词性标注的打分。③ 这 8 个指标中，syn、sem、ws、tfl 主要是衡量词向量用于表示词语语义的效果，avg 和 ner 主要是衡量词向量作为其他任务的特征时效果如何，cnn 和 pos 则是用于衡量词向量作为其他任务初始输入值时效果如何。

该研究表明，尽管过往不少研究发现语料越大越好，但语料的领域更为重要。选定合适的领域语料，可能只需要十分之一乃至百分之一量级的小规模语料就能达到甚至超过大规模语料所得的效果。例如在上表中，avg 和 cnn 两个任务最终是在 IMDB 数据集上开展的，因此应用同领域小规模数据集进行词向量训练效果远好于大规模通用语料集的效果。语料选择错误时，甚至可能带来副作用，其效果比随机词向量还要差。总体而言，是语料“越纯越好”，在保障语料领域适用性的前提下，再考虑扩大语料规模。

3.3 网络社区中的领域实体识别

在网络社区领域实体识别中，一是注重基本的识别方法，二是进行基本问题的解决。

3.3.1 领域实体识别的基本方法

随着计算机技术的发展，自然语言理解和文本挖掘研究的不断深入，新兴

① Finkelstein L, Gabrilovich E, Matias Y, et al. Placing search in context: The concept revisited[C]//Proceedings of the 10th International Conference on World Wide Web. 2001: 406-414.

② Landauer T K, Dumais S T. A solution to Plato's problem: The latent semantic analysis theory of acquisition, induction, and representation of knowledge[J]. Psychological Review, 1997, 104(2): 211-240.

③ Toutanova K, Klein D, Manning C D, Singer Y. Feature-rich part-of-speech tagging with a cyclic dependency network [C]//Proceedings of the 2003 Human Language Technology Conference of the North American Chapter of the Association for Computational Linguistics. Edmonton, 2003: 252-259.

的研究领域如语义分析、自动问答、意见挖掘、事件抽取、知识图谱、机器翻译等均需要丰富的语义知识作为支撑，而领域实体作为文本中重要的语义知识，其识别和分类已成为一项重要的基础性研究问题。① 按照领域实体识别技术发展历程，其识别方法可分为以下四种，特点如表 3-2 所示。

表 3-2　领域实体识别典型方法及其特点

领域实体识别方法种类	优势	劣势
基于规则的方法	简单 准确性高	缺乏鲁棒性、可移植性 需要大量人力与专业知识
基于统计机器学习的方法	减少人力 可移植性更强	对特征选取要求很高 难以形成通用特征模板
基于通用神经网络的方法	可自动提取特征 效果较好	可解释性低 需要大量标注训练语料
基于预训练语言模型的方法	效果好 可适用于小规模标注语料	消耗大量计算资源

(1)基于规则的方法

早期研究多采用人工构造规则的方式进行领域实体识别，尤其是 MUC 会议前后时间段的命名实体识别研究，大多通过模式匹配或字符串匹配来开展实验探究。但这种方式大多适用于限定领域、限定场景，人工设计的比重很大，如张小衡等通过人工设计规则的方式，对中国高校机构名进行实体识别研究，但很难应用于多领域。②

尽管是传统基于规则的方法，仍有不少研究者意识到人工构造规则模板方法的不便捷性，而试图自动构建规则以展开命名实体识别研究。其中，最具代表性的为 Collins 等基于预先设定的种子规则词集，继而对语料进行无监督地迭代训练以获取更多规则，将最终的规则集应用于人名、地名、机构名的实体

① 刘浏，王东波. 命名实体识别研究综述[J]. 情报学报，2018，37(3)：329-340.

② 张小衡，王玲玲. 中文机构名称的识别与分析[J]. 中文信息学报，1997，11(4)：21-32.

识别任务，准确率超91%，并命名此方法为DL-CoTrain。① 实现流程为：先进行种子规则集的预定义，再根据语料对该集合进行无监督训练迭代发现新规则，最终将规则集用于命名实体的分类。与此具有类似思想还有Booststrapping方法，同样进行规则的自动生成，用以扩展种子规则模板集。② 此外，Mikheev等在规则的基础上引入了统计模型，结果显示，不使用词典仍可很好地识别出地名，从而证实了规则和统计模型相结合思路的可行性。③

可见，尽管基于规则的方法思想简单，在特定语料上可取得较高的准确性，但专家学者明显也发现了它的劣势，即需要大量人力和专业知识构建规则，而人工随时构建这些规则模板的可行性太低。同时，规则对领域依赖性极大，缺乏可移植性，每面对一个全新的领域，不得不重新制定新的规则。尽管一些研究学者通过构建有限规则并结合半自动化方式生成越来越多的模板，但这种方式愈显笨拙，且需要人工进行大量后期处理，仍严重影响执行效率和时间成本。因此，一些新的研究思路如基于统计机器学习的方法逐步兴起。

(2)基于统计机器学习的方法

基于统计机器学习的方法本质是一种监督学习分类方法：给定预定义实体种类，构建相应的特征模板，利用训练好的模型在非结构化文本中抽取和分类。其分类思路可分为以下两种：

①判定实体边界并进行分类的方法。首先对实体边界进行二分类，即判断是否为实体开始或结束位置，再次对实体类型进行分类。如Collins等利用拼写和上下文特征各训练一个分类器，再利用AdaBoost进行整合，该方法对通用领域无标签语料中人名、地名、机构名的分类准确率均超91%。④ 但该实体

---

① Collins M, Singer Y. Unsupervised models for named entity classification [C]// Proceedings of the Joint SIGDAT Conference on Empirical Methods in Natural Language Processing and Very Large Corpora, 1999: 100-110.

② Cucerzan S, Yarowsky D. Language independent named entity recognition combining morphological and contextual evidence[C]// Proceedings of the 1999 Joint SIGDAT Conference on EMNLP and VLC, 1999: 90-99.

③ Mikheev A, Moens M, Grover C. Named entity recognition without gazetteers [C]// Proceedings of the Ninth Conference on European Chapter of the Association for Computational Linguistics. Stroudsburg: Association for Computational Linguistics, 1999: 1-8.

④ Collins M, Singer Y. Unsupervised models for named entity classification [C]// Proceedings of the Joint SIGDAT Conference on Empirical Methods in Natural Language Processing and Very Large Corpora, 1999: 100-110.

识别思路忽略了实体内及上下文字与字或词与词之间的序列信息，在大量实际研究中效果一般，逐渐被第二种思路完全替代。

②基于序列化标注思想的方法。文本中的每个字或词都有若干候选标签，这些标签对应命名实体所在文本中的位置。因此，此时命名实体识别的任务即对文本中每个字或词进行分类标注，有意义标签的组合即可得到命名实体及其类别。序列化标注也是目前最有效和最普遍的方法，常用的基于统计机器学习的方法有：支持向量机①、隐马尔科夫模型②、最大熵模型③和条件随机场④等。其中，支持向量机将输入的特征向量矩阵映射到高维空间，构建可区分类型的超平面，用于判定序列化实体标签类型。隐马尔科夫模型考虑了文本序列上下文信息，较传统分类算法可构建最优马尔科夫链，得到的是全局最优解。不足之处在于该算法基于观测独立性假设，限定了特征的选择。最大熵马尔科夫模型突破了观测独立性假设，丰富了给定观测变量下潜在变量的条件概率，从而将马尔科夫模型由一种生成模型变为了判别式模型，但同时也带来了标记偏置问题。条件随机场算法利用的特征为转移特征和状态特征，关键在于将最大熵马尔科夫模型中的条件概率变为特征函数形式，从而从全局角度获得最优解。总的来说，不同方法各有特点，且都曾在命名实体识别任务上取得过较好的效果。

薛征山等人针对旅游领域，采用隐马尔可夫算法(HMM)选取句子各态顺序遍历模型，结合领域特征实现旅游景点实体识别。⑤ 崔婷婷将英文地名这类实体的识别问题转化为词序列标注问题，利用条件随机场模型(CRF)针对英文地名类实体固有的构成随意、类型复杂等特点进行特征函数权重调整，最终取

---

① Isozaki H, Kazawa H. Efficient support vector classifiers for named entity recognition [C]// Proceedings of the 19th International Conference on Computational Linguistics. Stroudsburg: Association for Computational Linguistics-Volume 1, 2002: 7.

② Bikel D M, Schwartz R, Weischedel R M. An algorithm that learns what's in a name[J]. Machine Learning, 1999, 34(1-3): 211-231.

③ Borthwick A E. A maximum entropy approach to named entity recognition[M]. New York University, 1999: 1-10.

④ Lafferty J D, Mccallum A, et al. Conditional random fields: Probabilistic models for segmenting and labeling sequence data[C]//International Conference on Machine Learning, 2001: 282-289.

⑤ 薛征山，郭剑毅，余正涛，张志坤，姚贤明. 基于 HMM 的中文旅游景点的识别[J]. 昆明理工大学学报(理工版)，2009，34(06)：44-48.

得95.55%的准确率。① 黄菡等采用主动学习与条件随机场模型(CRF)相结合的方法对法律术语进行自动识别，将聚类后的语料以分层抽样的方式选出主动学习样本，多次迭代学习后使得AL-CRF模型的准确率和召回率提升至90%以上。② 祝继锋将中文机构名称识别问题转化为二分类问题，通过机构名称的构词特点，把该类型实体分为机构名称后缀词和前缀词，并利用SVM模型和HMM模型相结合的方法，最终在开放测试中F1值最高达到85.61%。③ 由此可见，在领域性的命名识别任务中，采用规则和统计机器学习相结合的方法往往能够取得更好的效果。

基于统计机器学习的方法在一定程度上减少了人力支出，使方法的通用性、可移植性有所增强。但对特征的选取要求很高，且对不同领域很难构建一套通用的特征去进行命名实体识别任务。鉴于这一局限性，神经网络的应运而生正好解决了特征构建这一难题。

(3)基于通用神经网络的方法

循环神经网络(RNN)是一种拥有强大记忆功能的神经网络，适用于序列数据的建模，在网络训练期间可以记住大量历史信息，在序列问题上拥有强大的学习能力。④ 该网络本质上是形成一条数据通路，使分布在同一层级的神经元之间产生直接性关联，可以传输出序列前后的关系。其循环是指所有神经元的计算都是按时间顺序展开并依次进行，前一时间段的神经元与后一时间段的神经元前后有连接关系，由一条数据链连接，前一时刻的神经元输出即可直接加入后一时刻神经元的计算中。⑤ 图3-7为循环神经网络(RNN)示意图，前后序列之间的关联是一个复合函数，通过复合函数求导构成乘积，其因子个数与句子长度相关。

然而传统的循环神经网络(RNN)模型在训练中会遇到梯度爆炸和梯度消失等问题，从而难以进行训练。所谓的梯度爆炸和梯度消失是指通过反向传播训练计算时，梯度倾向于在每一时刻递增或者递减，经过一段时间后梯度就会

---

① 崔婷婷. 基于CRF模型的地名识别方法研究和应用[J]. 电脑编程技巧与维护，2017(15)：71-73.

② 黄菡，王宏宇，王晓光. 结合主动学习的条件随机场模型用于法律术语的自动识别[J]. 数据分析与知识发现，2019(6)：66-74.

③ 祝继锋. 基于SVM和HMM算法的中文机构名称识别[D]. 长春：吉林大学，2017.

④ 刘礼文，俞弦. 循环神经网络(RNN)及应用研究[J]. 科技视界，2019(32)：54-55.

⑤ 张俊遥. 基于深度学习的中文命名实体识别研究[D]. 北京：北京邮电大学，2019.

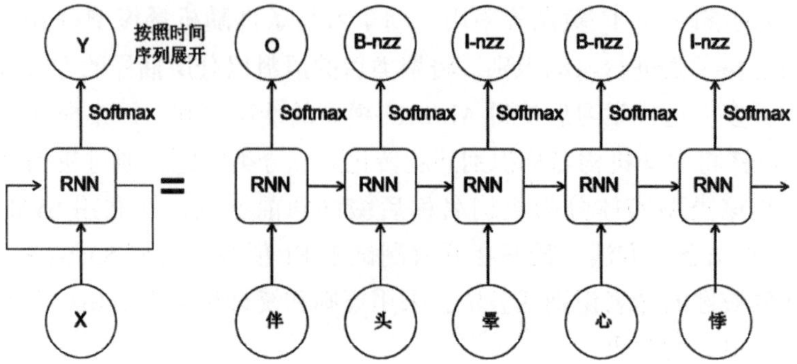

图 3-7　循环神经网络(RNN)示意图

发散到上限或是衰减到零。① 对于梯度发散问题一般可以通过设定阈值来解决，但是对于梯度消失问题，简单的循环神经网络(RNN)模型就无法解决。在命名实体识别这一类的序列标注问题中，梯度消失就表现为网络难以联接到较远的神经单元，从而降低最终训练出模型的实体识别能力。

实际上，命名实体对应的序列标签与前向信息和后向信息都有很大的关联，在命名实体识别这一序列问题中，实体对应的标签应能够被与当前字段距离较远的信息所影响。例如，“诊断为急性缺血性心肌梗死”“各项指标显示冠脉再通”“同时伴有明显胸痛”，在这些句段中，“诊断”“指标”“伴有”“指标”等词语虽本不属于命名实体，但是对于命名实体的识别起到了相当重要的作用。在人类通过阅读方式识别出领域实体的过程中，往往借助该实体前文的信息和后文的信息。正因如此，对于命名实体识别问题，一个更佳的选择构建是向前和向后两个循环神经网络框架，这时便引出了另一个模型：长短期记忆网络(LSTM)。其模型的神经单元通过门机制控制，重要的信息会被一直保存，不重要的信息则会被遗忘门丢弃，从而能“记住”整个周期内的信息。同时模型中的误差可以被重新抽取计算，也解决了循环神经网络(RNN)在模型训练时易出现的梯度消失问题。

长短期记忆网络(LSTM)是循环神经网络(RNN)的改良版，除善于对序列问题建模这一优点外，其还有着易于求解，能够长久储存信息等优点。图 3-8 为长短期记忆网络(LSTM)模型的结构图。长短期记忆网络(LSTM)是一种含有 LSTM 区块(Blocks)的类神经网络，可以将之理解为智能网络单元，这一网络可以记忆不确定时间长度的数值，区块中存在一个 Gate 能够决定 Input 的信

---

① Hochreiter S, Jürgen Schmidhuber. Flat minima[J]. Neural Computation, 1997, 9(1): 1-42.

息是否重要到能被记住及能不能被输出到 Output。最左边函数依情况可能成为区块的 Input，右边的三个函数会经过 Gate 决定 Input 是否能传入区块中，左边第二个单元为 Input Gate，如果这里的产出结果近似于零，将把这一步的值挡住，不会进入下一层。左边第三个单元则是 Forget Gate，当这产生值近似于零，将把区块里记住的值忘掉。第四个单元也就是最右边的 Input 为 Output Gate，此处可以决定在区块记忆中的 Input 是否能够输出 。

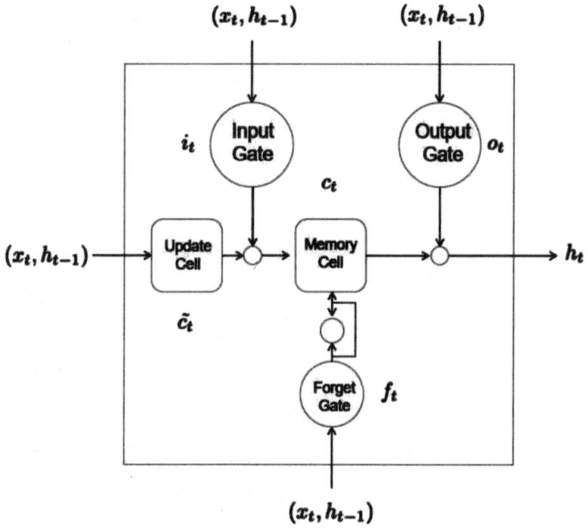

图 3-8　长短期记忆网络(LSTM)模型结构图①

在序列标注模块中最常用的方法之一是条件随机场(CRF)模型。② CRF 将输出层面的关联性分离出来，在预测标签时可以充分考虑上下文关联，更重要的是条件随机场(CRF)模型的求解维特比算法是利用动态规划的方法求出概率最大的路径，这更加契合命名实体识别的任务，可以避免结果中的标签顺序发生错误。条件随机场模型相较于传统分类模型而言，不仅关注个体标签的分类，还非常关注句子级别的信息。图 3-9 为链式条件随机场(Chain-structured

① 张小彬. 序列标注任务，如何从快递单中抽取关键信息[EB/OL]. [2019-08-20], https://aistudio.baidu.com/aistudio/projectdetail/131360.

② Lafferty J, McCallum A, Pereira F C N. Conditional random fields: Probabilistic models for segmenting and labeling sequence data[C]//Proceedings of the 18th International Conference on Machine Learning, 2001, 6: 282-289.

CRF)模型结构图，上方横向分布的点之间表示 y1 至 yn 之间的相关性，纵向上一一对应的点之间关联表示出 x 与 y 之间的相关性。CRF 层可以通过训练语料学习得到一些基于全局的约束信息，能够明确地识别疾病名称、器官名称、药物名称等标签之间的边界，因此非常适合作为神经网络模型的输出层。

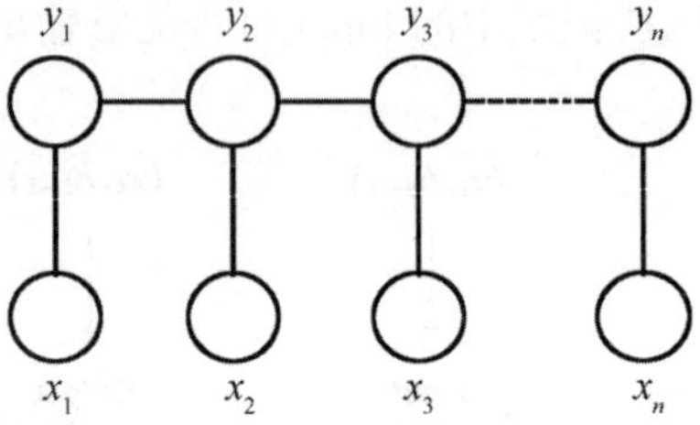

图 3-9　链式条件随机场(Chain-structured CRF)模型结构图①

双向长短期记忆网络(Bi-LSTM)是长短期记忆网络(LSTM)模型的一个改进版本。② 双向 RNN 可以同时利用反向信息，让模型从 Forward(前馈)和 Backward(后馈)进行双向学习，这也体现了人类语言本身所蕴含的"构词遣句"思想，语句所要表达的含义由词语的不同组合搭配而产生差异。命名实体所对应的标签之间具有较强的依赖关系，Bi-LSTM 能够实现同时利用当前时刻之前和之后的信息，更加匹配命名实体识别任务的需求。③ 实验表明 Bi-LSTM 往往比 LSTM 有着更好的表现，特别是在序列标注问题上，模型可以同时学习过去的序列和未来的序列的信息，在命名实体识别任务中有着更好的效果。④ LSTM 与 CRF 两种模型相结合则可以充分发挥两者的优势，也是目前比较流行的序列标注模型。⑤ 图 3-10 为 Bi-LSTM-CRF 模型的结构示意图。

---

① 张小彬. 序列标注任务，如何从快递单中抽取关键信息[EB/OL]. [2019-08-20], https://aistudio.baidu.com/aistudio/projectdetail/131360.

② Graves A, Jürgen Schmidhuber. Framewise phoneme classification with bidirectional LSTM and other neural network architectures[J]. Neural Networks, 2005, 18(5-6): 602-610.

③ 杨红梅, 李琳, 杨日东. 基于双向 LSTM 神经网络电子病历命名实体的识别模型[J]. 中国组织工程研究, 2018, v. 22; No. 841(20): 127-132.

④ Huang Z, Xu W, Yu K. Bidirectional LSTM-CRF models for sequence tagging[J]. arXiv preprint arXiv: 1508. 01991, 2015.

⑤ Huang Z, Xu W, Yu K. Bidirectional LSTM-CRF model for sequence tagging[J]. arXiv preprint arXiv: 1508. 01991, 2015.

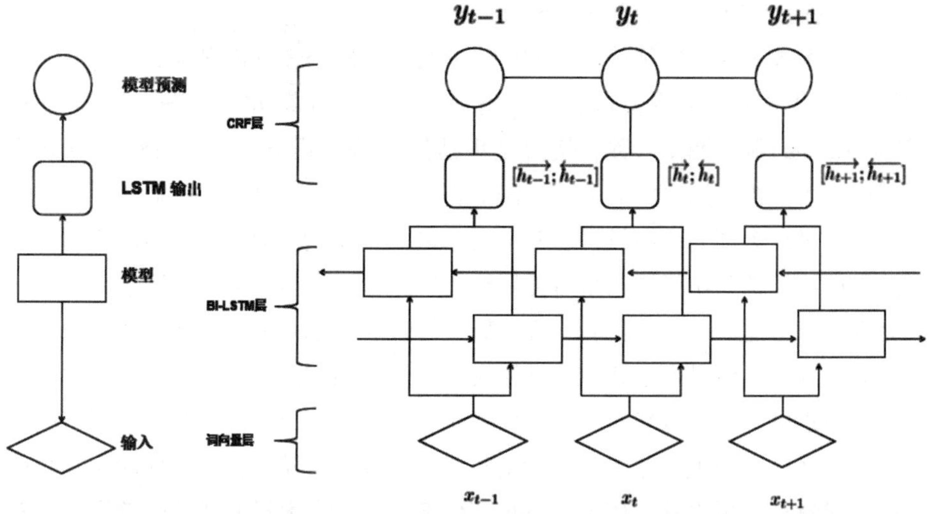

图 3-10 Bi-LSTM-CRF 模型结构图①

以"心血管疾病"领域实体识别问题为例，通过图 3-11 可以清楚地看出整个 Bi-LSTM-CRF 模型的运行机制。即将领域文本生成字嵌入向量作为特征输入到神经网络中，让模型从 Forward(前馈)和 Backward(后馈)两个方向进行充分的学习，得到模型的输出后再通过条件随机场(CRF)这一层计算每个对应预测标签的概率，并且避免出现不合常理的结构输出，最终反馈每个字所对应的 Best-tag(最佳标签)。

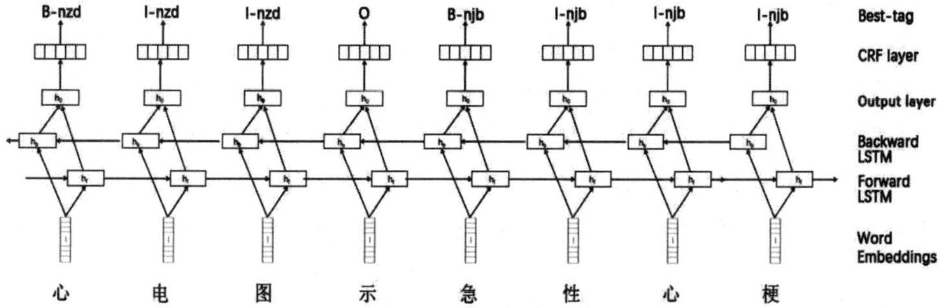

图 3-11 心血管疾病领域命名实体识别的 Bi-LSTM-CRF 模型

① 张小彬. 序列标注任务，如何从快递单中抽取关键信息[EB/OL]. [2019-08-20]，https://aistudio.baidu.com/aistudio/projectdetail/131360.

(4)基于预训练语言模型的方法

预训练技术在图像领域已经被广泛采用，如使用计算机视觉数据库进行预训练来初始化网络结构参数，并在下游任务的少量数据集上进行微调过程(Fine-Tuning)调整网络参数，使模型更适用于特定任务。而在自然语言处理领域中，为了衡量词之间的关系，需要将词表示成计算机可以理解的形式即词向量，通过两个词的词向量可以衡量两个词的相关性。词向量是预训练的初步形式，前期通常利用浅层网络对无标注语料进行训练得到词向量用于后续任务的处理。① 在自然语言处理中，虽然基于词向量的方法在一定单词级别任务中性能有所提升，但是由于缺少对整体文本句子关系和语言结构的表达能力，使得对需要理解语义的自然语言处理任务提升并不大。因此，借鉴图像领域的做法，在自然语言处理任务中使用大量数据预训练语言模型，充分提取海量数据中的语义特征，再将其应用于下游垂直任务中，可大大提升任务的效果。针对这个问题，在 2018 年 Devlin 等提出了 BERT 预训练语言模型。②

BERT 模型的全称是 Bidirectional Encoder Representations from Transformers，其结构如图 3-12 所示，为了融合字左右两侧的上下文，BERT 采用双向 Transformer 作为编码器；该模型还极具创新性地提出了“Masked 语言模型”和“下一个句子预测”两个任务，分别捕捉词级别和句子级别的表示，并进行联合训练。③

“Masked 语言模型”是为了训练深度双向语言表示向量，该方法采用了一个非常直接的方式，遮住句子里的某些单词，让编码器预测这个单词的原始词汇。作者随机遮住 15%的单词作为训练样本。①其中 80%用 Masked Token 来代替。②10%用随机的一个词来替换。③10%保持这个词不变。“下一个句子预测”是指预训练一个二分类的模型来学习句子之间的关系。当前众多自然语言处理任务比如自动问答和自然语言推理都需要对两个句子之间的关系进行理解，而语言模型不能很好地直接产生理解。为了理解句子关系，该方法同时预训练了一个“下一个句子预测”的任务。具体做法是随机替换一些句子，然后利

① 祖木然提古丽·库尔班. 基于神经网络的电子病历实体识别[D]. 乌鲁木齐：新疆大学，2019.

② Devlin J，Chang M W，Lee K，et al. Bert：Pre-training of deep bidirectional transformers for language understanding[J]. arXiv preprint arXiv：1810.04805，2018.

③ 王子牛，姜猛，高建瓴，陈娅先. 基于 BERT 的中文命名实体识别方法[J]. 计算机科学，2019，46(S2)：138-142.

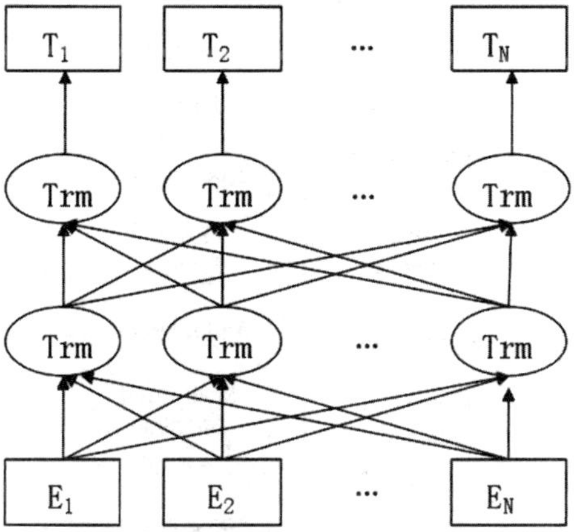

图 3-12 BERT 预训练语言模型①

用上一句进行 IsNext/NotNext 的预测。双向 Transformer 编码结构是 BERT 模型最重要的创新之处，在舍弃了 RNN 的循环网络结构后，完全基于注意力机制来对一段文本进行建模。Transformer 编码单元如图 3-13 所示。

Transformer 模型是可以替代传统 RNN 和 CNN 的一种新的架构，无论是 RNN 还是 CNN，在处理 NLP 任务时都会有缺陷。CNN 是其先天的卷积操作不适合于序列标注的文本，RNN 是其没有并行化从而很容易超出内存限制(比如 50Tokens 长度的句子就会占据很大的内存)。Transformer 编码单元最主要的模块是自注意力部分，其核心思想是关注一句话中词与词之间的相互关系，利用这些相互关系来调整每个词的权重从而获得新的表达。该表达不但蕴含了该词本身含义，也同时蕴含了其他词与这个词的关系，因此和单纯的词向量相比是一个更加全局的表达。为了扩展模型专注于不同位置的能力，增大注意力单元的“表示子空间”，Transformer 采用了“多头”模式，此外，为了解决深度学习中的退化问题，Transformer 编码单元中加入了残差网络和层次归一化。在自然语言处理中一个很重要的特征是时序特征，针对自注意力机制无法抽取时序特征的问题，Transformer 采用了位置嵌入的方式来添加时序信息。

BERT 的输入可以是单一的一个句子或者是句子对，实际的输入值包括了

① 祖木然提古丽·库尔班. 基于神经网络的电子病历实体识别[D]. 乌鲁木齐：新疆大学，2019.

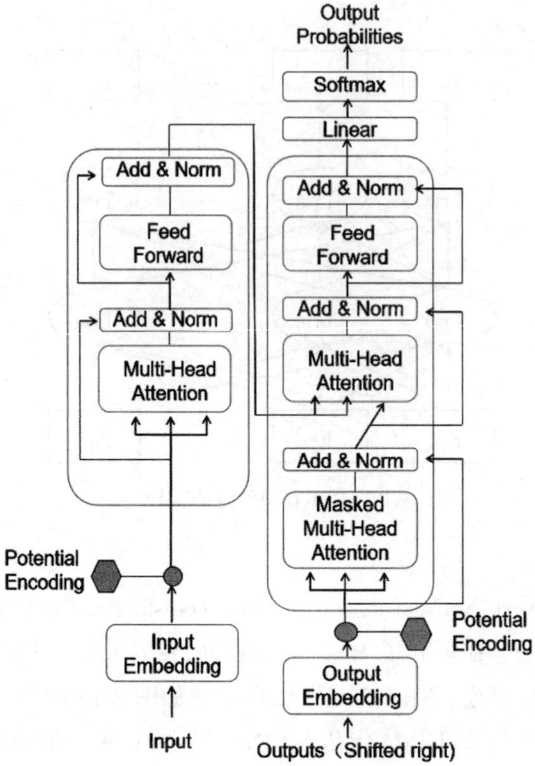

图 3-13　Transformer 模型编码单元

三个部分，分别是 Token Embedding 词向量、Segment Embedding 句向量(每个句子有个句子整体的 Embedding 项对应给每个单词)以及 Position Embedding 位置向量，这三个部分相加形成了最终的 BERT 输入向量。① 与其他语言模型相比，具备更强大的泛化能力，可以充分利用词左右两边的信息，获得更好的词分布式表示。在针对中文的命名实体识别研究中，已有不少研究者尝试使用 BERT 并取得了极佳的效果，远超在同类语料上应用的其他神经网络模型。②③ 因此本书选择利用 BERT 的预训练模型针对“心血管疾病”领域中文命名实体

① BERT 原理详解[EB/OL].[2021-11-22]，https://blog.csdn.net/u012526436/article/details/87637150.

② 杨飘，董文永. 基于 BERT 嵌入的中文命名实体识别方法[J]. 计算机工程，2020，46(4)：40-45.

③ 王月，王孟轩，张胜，杜淏. 基于 BERT 的警情文本命名实体识别[J]. 计算机应用，2020，40(2)：535-540.

识别任务进行微调。

3.3.2 网络社区领域实体识别的基本技术框架

术语与实体有着紧密的联系，针对特定学科领域，术语可作为表述概念称谓的集合。术语的抽取在学科领域的分析与利用方面存在显著价值，化柏林等针对中文文献情报学方法术语抽取任务，基于词表和规则相结合的方法，最终准确率和召回率均高达92%。① 同时，朱惠等以社会情报学舆情领域为研究对象，综合使用词典和模板的方式，针对舆情问题和方法技术的术语抽取F1值结果为90.91%，取得很好的实验效果。② 这些方法的采用决定了围绕识别问题的技术构架。

(1)细分领域实体识别的基本问题

尽管基于专业型网络社区的命名实体识别较通用层面上的研究较少，但已有学者在细分领域实体识别任务上取得了不错的研究成果，且较多地体现在领域术语的识别和抽取上。

有学者指出，科技文献中实体的识别有助于提升文献的碎片化效果，有利于充分发掘和利用其中蕴含的知识内容。③ 近年来，深度学习技术得到了迅猛发展，在科技文献的命名实体识别任务上有很大的发挥空间，但为保证效果需要较大规模的标注语料。④ 尹力基于命名实体识别技术构建术语识别方案，使用Bi-LSTM的同时引入迁移学习策略，在专利文献语料上进行技术术语的抽取任务，结果表明迁移学习策略能够解决科技文献标注较少的问题。⑤ 此外，Beltagy在BERT模型框架和预训练参数的基础上，利用生物医学和计算机领域共1.14M篇文章上进一步预训练得到SCIBERT，在计算机领域文献语料NER实验表明，较BERT-Base在F1值上提升约3%，在一定程度上降低了对

---

① 化柏林. 针对中文学术文献的情报方法术语抽取[J]. 现代图书情报技术，2013(6)：68-75.

② 朱惠，王昊，章成志. 基于“过程-问题”视角的情报学方法技术研究——以社会情报学舆情领域为例[J]. 数据分析与知识发现，2019，3(10)：2-11.

③ 罗威，武帅，田昌海. 数据驱动的技术预测之研究评析——以FUSE项目为例[J]. 情报理论与实践，2019，42(07)：15-19，34.

④ 曾文，李辉，等. 深度学习技术在科技文献数据分析中的应用研究[J]. 情报理论与实践，2018，41(05)：110-113.

⑤ 尹力. 基于深度迁移学习的数控系统领域技术术语识别[D]. 武汉：华中科技大学，2019.

大规模标注语料的依赖性。①

相较于通用领域的实体识别任务，细分领域实体识别最大的问题是缺乏标注完善的大规模语料。当前的机器学习算法应用到细分领域中，都需要针对现有领域语料的不同特点进而采取相应的策略。比如，针对无标注语料，规则模板匹配是一种常用的实体识别方法。鉴于细分领域的知识通常具有自身的语言特点，例如在医学领域，多种疾病实体就以[器官+“炎、症、病”]的构词模板来命名，多类药物实体一般出现在“服用”之后和“毫克”之前；在军事领域，多种武器实体就以“××式步枪、××式战斗机”等组词形式来命名；在快递信息识别中，也可基于“××省、××市、××镇”等地名特征来识别地址。因此基于规则匹配的方法本身是可取的，但每种信息都需要手写模板，则会严重影响效率，且领域泛化能力过低。

然而值得注意的是，细分领域通常已在多年的发展中形成了一定的知识库(如主题词表、本体、词典、百科词条等)，并且这些知识库可通过较低成本的采集手段获取。利用现有的知识可以实现辅助标注，降低人工标注的成本，从而形成小规模的高质量标注语料，便于开展下一步的深度学习实验。再加之目前深度学习技术已较为成熟，在多种 NLP 研究中均能够取得较好的效果。本章旨在探究一种领域泛化能力较好的细分领域实体识别方案，以“心血管疾病”领域为例，以丁香园心血管疾病讨论模块的用户交流帖子和“39 健康网”的“心血管内科疾病百科知识”以及 CMeSH 词表为研究数据，实现“心血管疾病”领域实体的自动识别。

(2)网络社区领域实体识别思路与技术框架

本节以“心血管疾病”领域为研究对象，这一细分领域经过现代医学的多年发展已较为成熟，有可利用的词典、百科知识等领域知识辅助标注。鉴于大量的医院电子病历信息难以获取且会涉及病人隐私等问题，本书将研究语料转为该领域的 UGC 文本。通过调研发现，丁香园医学论坛中有大量的专业医生交流帖，针对心血管疾病有专门的讨论区，讨论内容为半结构化形式，既包含了患者去隐私化后的基本信息、简要病史、病人主诉、体格检查结果、临床诊断信息和治疗手段，也包含了医生之间就疾病治疗上的疑问展开的专业讨论。这些语料是优质的领域文本集，涉及广泛的领域知识层次，每一条帖子都是医生的实战经验之谈，从中可以挖掘出巨大的价值。因此，如对此类文本加以利用，首先关

① Beltagy I, Cohan A, Lo K. SCIBERT: Pretrained contextualized embeddings for scientific text[J]. arXiv preprint arXiv, 1903.10676, 2019.

键的一步即为识别出语料中的领域实体，换言之，这是一个命名实体识别任务。

针对本章标注语料规模较小这一情况，笔者采用目前已被广泛使用的多种神经网络模型(RNN、LSTM、LSTM-CRF、Bi-LSTM-CRF)进行训练，并利用最新的预训练语言模型 BERT 进行微调(Fine-tune)。预训练模型已充分提取海量数据中的语义特征，再将其应用于 NER 任务中来提升识别的效果。本节以“心血管疾病”领域数据为例，仅利用少量标注语料，借助现有的深度学习技术，即可取得较好的实体识别效果。图 3-14 为本章节实体识别研究技术框架图。

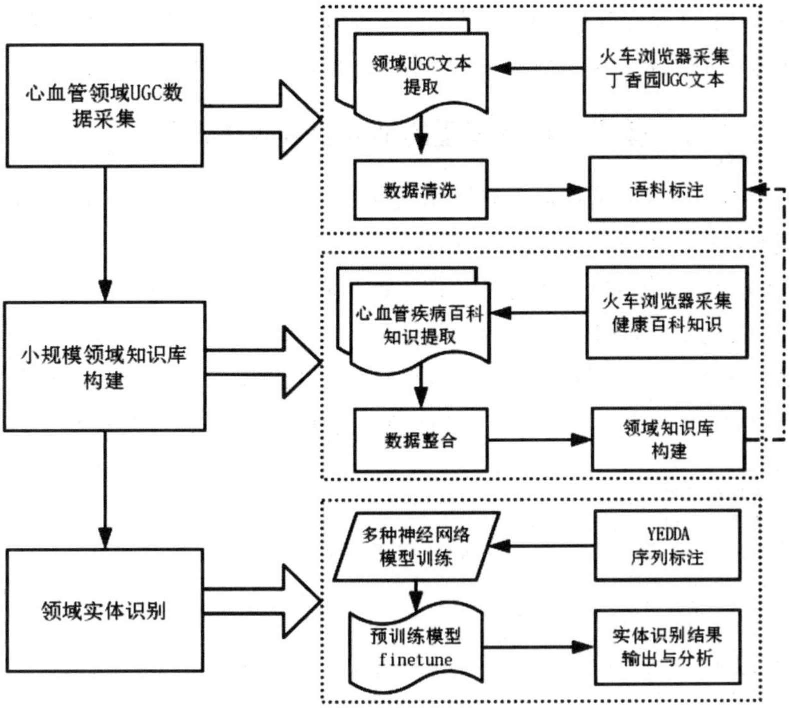

图 3-14 细分领域实体识别研究技术框架图

(3)领域实体识别结果测评方法

命名实体识别可被视为一种序列标注任务，研究者需要先对训练语料中的领域实体进行序列化标注。本章在此处采用“B I O”的标注格式，其中“B”表示实体名称的开始，如果一个实体词由多个字符(大于等于 2)构成，则用“I”来表示实体的内部和实体的结束标注；而如果一个实体仅仅只由一个字符构成，则只需要用“B”来标注；“O”代表训练语料中的非实体序列。将机器在测试集上预测的标注结果与人工标注的结果进行对比，常用的测评指标有 P、R、$F1$。P、R、$F1$ 的计算公式如下：

P = 正确识别出的实体数/识别出的总实体数

R = 识别出的总实体数/实际总实体数

$$F1 = 2 * P * R/(P+R)$$

其中，P 为识别的精确率(Precision)，表示正确识别出的实体数与识别出的实体总数的比值；R 为召回率(Recall)，表示正确识别出的实体数与语料中实际存在的实体总数的比值。但是，精确率与召回率之间呈负相关关系，这时需要引入 $F1$ 值进行调和运算。因此，针对多种神经网络模型和 Bert 预训练模型的实体识别结果，本书使用 $F1$ 值来综合衡量多种实体识别模型的性能。

3.3.3 实验：基于预训练模型的细分领域实体识别

由于本书实验对应的心血管医学领域的专业性较强，笔者选择利用医生群体交流的病例内容来构建领域语料库。丁香园社区是以医生以及在校医学生用户为主的医学讨论社区，因此适合作为该领域实体关系挖掘的数据来源。

(1)领域文本集构建

笔者对丁香园论坛讨论区—心血管板块内的多条论坛帖文进行采集，截止时间为 2019 年 3 月。其中主帖 65364 条，对应的回帖有 455366 条，并将主帖

患者性别： 女
患者年龄： 52 岁
简要病史： 患者主要因反复高热（40℃）1 月余入院，这一个月来反复出现高热伴心悸，外院血培养提示革兰阳性菌，后合并尿路感染和肺部感染，给了利奈唑安联合泰能抗感染治疗仍反复发热，为求进一步治疗来我院。既往有风湿性心脏病行二尖瓣置换术，术后长期口服华法林抗凝治疗。
体格检查： 神志清楚，贫血貌，全身皮肤巩膜无黄染，皮肤和甲床未见出血点，颈静脉怒张，双肺可闻及湿性啰音，心律不齐，第一心音强弱不等，二尖瓣区可闻及机械瓣杂音。双下肢轻度水肿。
辅助检查： 血常规 18×10*9/L，NEUT% 89%，HGB 71g/L, PLT 125×10*9/L, ALB 28g/L, Cr 129umol/L. 凝血提示 INR 1.26，PCT 0.97ng/ml. 心脏彩超提示二尖瓣人工瓣架固定在位，瓣周未见明显反流，双房右室大，EF 68%。心电图提示是快室律房颤。
临床诊断： 1. 脓毒血症 2. 风湿性心脏病 二尖瓣置换术后 心房颤动 双房右室大 心功 III 级 3. 感染性心内膜炎
治疗经过： 入院后予以完善血培养，给予万古霉素联合新特灭抗感染，患者仍间断发热，体温最高达 38℃，中间发作两次室颤，均予以除颤后恢复自主心率，其中有一次在发作之前抓到心电图是频发的室性早搏（后来才发现是明显的 R onT），然后室颤之前是尖端扭转型室速。心内科考虑是房颤伴发间歇性 III 度。

图 3-15 丁香园论坛采集内容示例

与其对应的回帖进行内容合并，组成实验的全量文本语料。图 3-15 为在丁香园论坛心血管内科讨论区随机点击的一个网页链接，邀请专家判断认为其内容接近于结构化的电子病历。该类文本描述完整，语义结构丰富，是优质的实验语料素材。相较于非公开的医院病历，此类语料更易获取，并且已经过脱敏处理，适合开展相关研究。

笔者使用可视化信息采集工具——火车浏览器(如图 3-16 所示)，对心血管板块内帖子进行抓取并存储在文档中，每篇文档的名称与帖子的主题名保持一致(如图 3-17 所示)。此类语料的特点明确，记录了医治过程中患者的就诊全过程并且去除了病人隐私信息。每篇帖子基本包含了患者年龄、性别、基本病史、检查手段与结果、诊断结果和治疗经过等字段。通过此类

[病案讨论]16岁女生、高血压3级、一侧...	2018/8/10 11:36	TXT 文件	1 KB
[病案讨论]18岁女孩的病情-心血管专业...	2018/8/10 14:18	TXT 文件	2 KB
[病案讨论]22岁高血压患者-心血管专业...	2018/8/10 13:55	TXT 文件	4 KB
[病案讨论]25岁，急性心肌梗死？-丁香...	2018/8/10 11:08	TXT 文件	1 KB
[病案讨论]28岁女性心肌梗死？？[现在...	2018/8/10 11:09	TXT 文件	1 KB
[病案讨论]29岁男性，胸痛发热1周，心...	2018/8/10 12:08	TXT 文件	1 KB
[病案讨论]40岁女性，活动后胸闷气短2...	2018/8/10 12:13	TXT 文件	2 KB
[病案讨论]48岁男性，冠脉介入术后腹痛...	2018/8/10 11:29	TXT 文件	2 KB
[病案讨论]62岁女性，阵发性心悸胸闷伴...	2018/8/10 11:50	TXT 文件	3 KB
[病案讨论]63岁男性，阵发胸部紧缩感5...	2018/8/10 11:29	TXT 文件	2 KB
[病案讨论]75岁女性，活动时气短6天。-...	2018/8/10 12:09	TXT 文件	2 KB
[病案讨论]93岁老人肺炎合并心衰 - 用药...	2018/8/10 11:46	TXT 文件	5 KB
[病案讨论]bentall术治疗马凡氏综合征术...	2018/8/10 13:48	TXT 文件	10 KB
[病案讨论]brugada综合征？请各位高手...	2018/8/10 13:25	TXT 文件	1 KB
[病案讨论]ECG示前壁心梗，造影左冠却...	2018/8/10 11:34	TXT 文件	1 KB
[病案讨论]PCI术后腹膜后血肿-心血管专...	2018/8/10 12:51	TXT 文件	3 KB
[病案讨论]RFCA多旁道PSVT一例，大家...	2018/8/10 13:24	TXT 文件	1 KB
[病案讨论]瓣膜病合并肺脓肿如何治疗-...	2018/8/10 13:50	TXT 文件	1 KB
[病案讨论]帮朋友发4张疑难心电图~-心...	2018/8/10 14:19	TXT 文件	1 KB
[病案讨论]闭塞性动脉粥样硬化-心血管...	2018/8/10 12:48	TXT 文件	2 KB
[病案讨论]变异性心绞痛的治疗求助-心...	2018/8/10 13:55	TXT 文件	1 KB
[病案讨论]病例讨论及心电图分析！！-...	2018/8/10 13:18	TXT 文件	2 KB
[病案讨论]不明原因低血压、低氧血症-...	2018/8/10 12:40	TXT 文件	2 KB
[病案讨论]不明原因呼吸困难-心血管专...	2018/8/10 12:09	TXT 文件	2 KB
[病案讨论]不明原因夜间阵发性呼吸困难...	2018/8/10 11:31	TXT 文件	1 KB

图 3-16 火车浏览器内容采集界面截图

UGC 语料能够挖掘出一些与心血管领域疾病紧密联系的相关医疗实体知识，比如"胸痛多日，查心电图显示"，其中"胸痛"为症状实体，"心电图"是诊断方式实体。

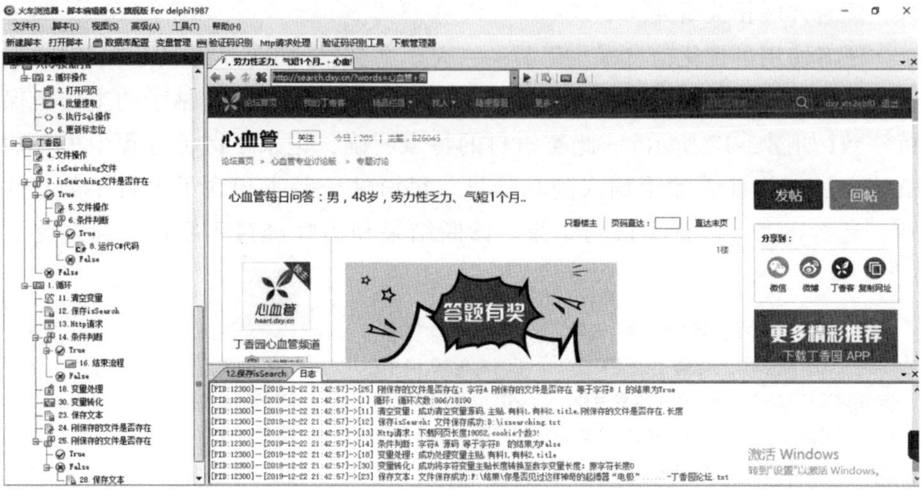

图 3-17　采集后的文本列表结果展示

(2)领域语料标注

领域语料标注包括领域语料集构建和序列语料资源标注。

①领域术语集构建。考虑到本书的命名实体识别实验实则为序列标注任务，需要对实验文本进行分词、词性标注、序列标注等处理。相较于通用领域的实体识别任务，在特定领域在语料预处理中可利用现有的小规模知识库提升语料标注的效率，降低人力成本。笔者以"39 健康网"中的"疾病百科"作为数据源构建初始领域术语库。以图 3-18 为例，利用火车采集器提取该网站中心血管各类疾病及其对应的发病部位、典型症状、并发症和诊断方法等术语并同时存储其对应的实体类型，最终得到相应的领域概念术语 2272 个。

由于该网站中对于药物、治疗方法这一块的介绍数量过少，可采集的实体数量不足以开展研究，因此笔者提取了 Cmesh 词表中关于心血管领域相关疾病的药物和治疗方法实体共 925 个。最终实验中构造领域词表用到的各类实体数量统计如表 3-2 所示。

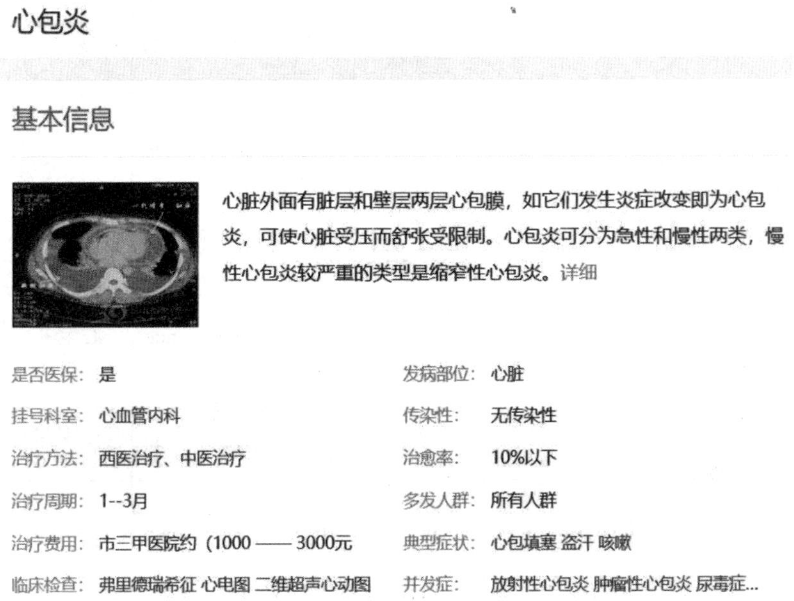

心包炎
基本信息
心脏外面有脏层和壁层两层心包膜，如它们发生炎症改变即为心包炎，可使心脏受压而舒张受限制。心包炎可分为急性和慢性两类，慢性心包炎较严重的类型是缩窄性心包炎。详细
是否医保：是
发病部位：心脏
挂号科室：心血管内科
传染性：无传染性
治疗方法：西医治疗、中医治疗
治愈率：10%以下
治疗周期：1--3月
多发人群：所有人群
治疗费用：市三甲医院约（1000——3000元
典型症状：心包填塞 盗汗 咳嗽
临床检查：弗里德瑞希征 心电图 二维超声心动图
并发症：放射性心包炎 肿瘤性心包炎 尿毒症...

图 3-18　心血管领域疾病健康百科数据抓取示例图

表 3-2　基于领域知识抽取的心血管领域实体数量统计

实体类型	疾病	器官	症状	诊断方法	药物/治疗方法
数量	1186	146	651	289	925

基于小规模知识库构造的领域词表既包含实体，也包含每个实体对应的词性。由于篇幅有限，表 3-3 只展示部分领域词表内容。

表 3-3　基于小知识库构造的领域词表部分展示

疾病实体	词性	症状实体	词性	诊断方式实体	词性	器官	词性	药物/治疗	词性
心力衰竭	njb	心悸	nzz	心电图	nzd	窦房结	nqg	心安胶囊	nyw
心律失常	njb	胸闷	nzz	动态心电图	nzd	二尖瓣	nqg	心安口服液	nyw
猝死	njb	呼吸困难	nzz	多普勒超声心动图	nzd	房间隔	nqg	心安宁胶囊	nyw

续表

疾病实体	词性	症状实体	词性	诊断方式实体	词性	器官	词性	药物/治疗	词性
心绞痛	njb	心动过速	nzz	胸部平片	nzd	房室管心内膜垫	nqg	心安宁片	nyw
心源性休克	njb	头晕	nzz	二维超声心动图	nzd	房室结	nqg	心安软胶囊	nyw
心肌梗死	njb	胸痛	nzz	经食管超声心动图	nzd	房室束	nqg	心宝丸	nyw
晕厥	njb	乏力	nzz	血常规	nzd	房水-血屏障	nqg	心达康滴丸	nyw
感染性心内膜炎	njb	血压高	nzz	心脏血管超声检查	nzd	冠状血管	nqg	华法林	nyw
休克	njb	咳嗽	nzz	M 型超声心动图	nzd	血管	nqg	心达康胶囊	nyw
阿-斯综征	njb	头痛	nzz	心血管造影	nzd	心肌	nqg	硝酸甘油	nyw
充血性心力衰竭	njb	气短	nzz	CT 检查	nzd	心脏	nqg	心脉安片	nyw
低血压	njb	收缩期杂音	nzz	冠状动脉造影	nzd	静脉	nqg	利尿剂	nyw
心肌病	njb	心脏杂音	nzz	胸部透视	nzd	卵圆孔	nqg	心复康胶囊	nyw
心内膜炎	njb	端坐呼吸	nzz	尿常规	nzd	内皮血管	nqg	心肝宝胶囊	nyw
动脉栓塞	njb	发烧	nzz	血液电解质检查	nzd	气血屏障	nqg	心肌康颗粒	nyw
冠心病	njb	心前区隐痛	nzz	动脉血气分析	nzd	三尖瓣	nqg	氯吡格雷	nyw
肺水肿	njb	心音异常	nzz	胸部 CT 检查	nzd	室间隔	nqg	心可宁胶囊	nyw
肺炎	njb	发绀	nzz	血糖	nzd	AV 结	nqg	阿司匹林	nyw

续表

疾病实体	词性	症状实体	词性	诊断方式实体	词性	器官	词性	药物/治疗	词性
肝硬化	njb	疲劳	nzz	胸部 MRI	nzd	希氏束	nqg	心脉隆浸膏	nyw
高血压	njb	头昏	nzz	动态血压监测	nzd	心包	nqg	心可舒颗粒	nyw
缩窄性心包炎	njb	心慌	nzz	核磁共振成像	nzd	心耳	nqg	降压	nyw
肺栓塞	njb	抽搐	nzz	肾功能检查	nzd	心房	nqg	心可舒丸	nyw
高血压脑病	njb	传导阻滞	nzz	血管造影	nzd	心房附件	nqg	心力丸	nyw
急性心肌梗死	njb	疲乏	nzz	血压测量	nzd	心间隔	nqg	心灵丸	nyw
心房颤动	njb	气急	nzz	心音图检查	nzd	心内膜	nqg	心律宁片	nyw

②序列标注语料构建。本书从采集到的全量语料中随机抽取 1000 篇文本，总计 19586 个完整句子，对其进行字粒度序列标注。为降低标注成本，预先利用上文中构造的领域词表对文本进行粗标。首先对 1000 篇语料利用 python 代码调用 jieba 对领域文本集进行分词和词性标注，分词前已将领域术语集导入用户词表中。按照 jieba 词性定义规则，心血管疾病领域实体的词性标识均以 n 开头：疾病实体、症状实体、诊断方法实体、发病器官和药物/治疗实体的词性分别标记为“njb”“nzz”“nzd”“nqg”和“nyw”。随后再将文本处理成如图3-19所示的形式，仅保留五类实体的标记格式，其余词语去除词性标记。

本部分由一位接受过基础医学教育的研究生对语料进行标注，对于文中没有被自建词表识别出的领域术语，标注者在 YEDDA 自动标注平台中进行选中，再点击代表相应实体类型的字母(A：疾病实体，B：症状实体，C：诊断方式实体，D：发病部位实体，E：药物或治疗手段实体)，即可将其标注成相关实体。YEDDA 的可视化标注效果极佳，并且其自带的推荐识别系统可大大减少标注时间，相同术语均会被系统识别出，同一实体全文只需标注一次。在经过精细标注后，词表中未涉及的实体均被标识出来，模型训练语料从而变得更加丰富。YEDDA 自动标注平台的另一强大功能是可自动导出序列标注结果，

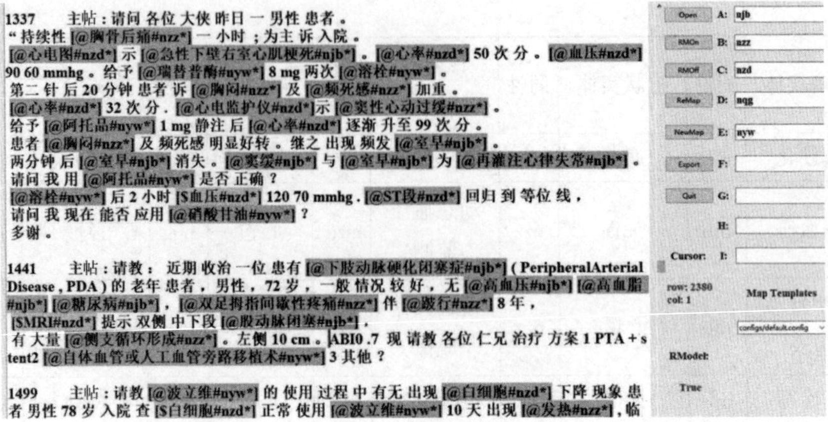

图 3-19 YEDDA 自动标注平台使用界面

如图 3-20 所示。但由于该系统以空格作为分隔，未以空格隔开的术语在导出后

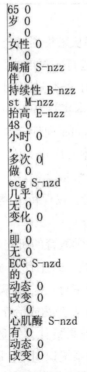

```
65 0
岁 0
, 0
女性 0
, 0
胸痛 S-nzz
伴 0
持续性 B-nzz
st M-nzz
抬高 E-nzz
48 0
小时 0
, 0
多次 0
做 0
ecg S-nzd
几乎 0
无 0
变化 0
, 0
即 0
无 0
ECG S-nzd
的 0
动态 0
改变 0
, 0
心肌酶 S-nzd
有 0
动态 0
改变 0
```

图 3-20 YEDDA 自动标注平台序列标注结果自动导出

则默认以“S”作为序列标注的开始标签，意味着该术语被系统误判为单一字段实体。

鉴于神经网络模型和预训练模型的输入和输出都是序列，本部分实验中以字为单位，输入序列和输出序列是一一对应的，这里输出序列用的是“BIO”标注体系。在特征模型构建中使用 3 词位的标注集 A = {B, I, O}，其中 B 代表实体起始字，I 表示实体中间字和结尾字，O 表示实体之外的词语，如图 3-21 所示。

```
65 O
岁 O
, O
女 O
性 O
, O
胸 B-nzz
痛 E-nzz
伴 O
持 B-nzd
续 I-nzd
性 I-nzd
st I-nzd
抬 I-nzd
高 E-nzd
48 O
小 O
时 O
, O
) O
多 O
次 O
做 O
ecg B-nzd
几 O
乎 O
无 O
变 O
化 O
, O
即 O
无 O
ECG B-nzd
的 O
动 O
```

图 3-21　格式转化后的字序列标注结果

从 1000 篇标注语料随机抽取 800 篇作为训练集，100 篇作为验证集，100 篇作为测试集。最终的模型输入语料如图 3-22 所示。

text_a→label↓
15主帖：65岁，女性，胸痛伴持续性ST抬高48小时并有QS（v1 v6，）多次做ecg几乎无变化，即无ECG的动态改变，心肌酶有动态改变，ck：1000多，
一直胸痛48小时的心梗多见吗，ECG无动态变化如何解释，目前最关键的治疗是什么？→ 0 0 nzz-B nzz-I 0 0 0 0 0 njb-B njb-I 0 0 0 0 nzd-B 0 0 0 0 0 0 0 0 0 0 0 0 0 0 0 0 0 0
持续抬高48余小时的心梗多见吗，室壁瘤除外。→ 0 0 0 0 0 0 0 0 0 0 njb-B njb-I 0 0 0 0 njb-B njb-I njb-I 0 0 0↓
17主帖：34岁女性，反复心慌发作4年，呈突发突止型，每次发作约20分钟后能自行缓解，以上心电图均为2导联，同一时间纪录。→ 0 0 0 0 0 0 0 0 0 0 0
20主帖：1例19岁男性因被砖块击中左颞部面收入创伤科，颅内血肿待除外。→0 0 0 0 0 0 0 0 0 0 0 0 0 0 0 0 0 0 0 nqg-B nqg-I nqg-I 0 0 0 0 0 0 0 nzz-B nzz-I nzz-I nzz-I 0 0 0 0↓
48小时后心电图（ECG）显示Ⅱ Ⅲ FT段抬高，伴V6ST段压低，V3～V5导联T波倒置，QT间期明显延长，就像急性心肌缺血的心电图改变。→ 0 0 0 0 0 nzd
但一系列心肌酶测定和超声心动图均正常。→ 0 0 0 0 nzd-B nzd-I nzd-I nzd-I nzd-I 0 nzd-B nzd-I nzd-I nzd-I nzd-I 0 0 0 0↓
次日早晨，ECG显示ST段改变减轻。→ 0 0 0 0 0 nzd-B 0 0 nzd-B nzd-I nzd-I nzd-I nzd-I nzd-I 0↓
这一病例说明颅内出血的病人偶尔可见到明显的ECG改变，并可能导致误诊为急性缺血性心肌梗死。→ 0 0 0 0 0 0 nzz-B nzz-I nzz-I nzz-I 0 0 0 0 0 0 0 0 0 0 0 0 nzd-B 0 0
33主帖：（夜班）患者男，42岁，因心前区疼痛2小时入院。→0 0 0 0 0 0 0 0 0 0 0 0 0 0 0 0 0 0 nzz-B nzz-I nzz-I nzz-I nzz-I 0 0 0 0 0 0↓
既往健康。→0 0 0 0 0↓
入院时T：36度，CRP：100次分，CRP：20次分，Bp：110 60 mmHg。→ 0 0 0 0 0 0 0 0 0 0 0 0 0 0 0 0 0 0 0 0 0 0 0 0 0 0 0 0 0 0↓
除面色苍白外，无其它阳性体征。→ 0 nzz-B nzz-I nzz-I nzz-I 0 0 0 0 0 nzd-B nzd-I 0 0 0↓
心电图为典型。→ nzd-B nzd-I nzd-I 0 0 0 0↓
入院5分钟时发生室颤。→0 0 0 0 0 0 0 0 nzz-B nzz-I 0↓
立即给予心肺复苏，电除颤共2次，室颤终止，10分钟后患者神志转清。→0 0 0 0 nzd-B nzd-I nzd-I nzd-I 0 nyw-B nyw-I nyw-I 0 0 0 0 nzz-B nzz-I 0 0 0 0 0 0 0 0 0 0 0 0 0 0 0↓
在家属同意后，给150万单位尿激酶静脉溶栓。→ 0 0 0 0 0 0 0 0 0 0 0 0 nyw-B nyw-I nyw-I nqg-B nqg-I nyw-B nyw-I 0↓
溶栓后患者无出血，各项指标显示冠脉再通。→ nyw-B nyw-I 0 0 0 0 nzz-B nzz-I 0 0 0 0 0 0 0 nzd-B nzd-I nzd-I nzd-I 0↓
早上交班本以为主任会表扬值班医生，没想到却受到了主任的严厉批评，说医生违反相关规定，心肺复苏后不能溶栓。→ 0 0 0 0 0 0 0 0 0 0 0 0 0 0 0 0 0 0 0 0 0 0 0 0 0
医生感到困惑，通过我把帖子发在这里，请各位老师指点一下，心梗心肺复苏后能否溶栓？→0 0 0 0 0 0 0 0 0 0 0 0 0 0 0 0 0 0 0 0 0 0 0 0 0 0 0 0 0 0 0 njb-B njb-I nyw-B nyw-I nyw-I
能或不能的根据是什么？→ 0 0 0 0 0 0 0 0 0 0 0↓
先谢谢各位老师。→0 0 0 0 0 0 0 0↓
34主帖：（因该病人是另外一医生所管，俺昨日值班觉得这个病人比较特殊，故将此病例发到讨论版，请老师们指点。→ 0 0 0 0 0 0 0 0 0 0 0 0 0 0 0 0 0 0 0 0 0 0 0 0 0
）老年男性，离休干部，84岁，因突发呼吸困难并咳嗽咳痰2小时入院。→0 0 0 0 0 0 0 0 0 0 0 0 0 0 0 0 0 0 0 nzz-B nzz-I nzz-I nzz-I 0 nzz-B nzz-I nzz-B nzz-I 0 0 0 0 0 0↓
患者今晨3时左右突然呼吸困难，不能平卧，喘息明显，严重时呈点头样呼吸，家属诉可听到明显的哮鸣音，端坐位后患者诉气促略有改善，同时伴有明显的
既往史：患者是那种脾气极端之人，遵医行为极差，向来我行我素。→ 0 0 0 0 0 0 0 0 0 0 0 0 0 0 0 0 0 0 0 0 0 0 0 0 0 0 0 0 0 0 0 0 0 0↓
冠心病10余年（长期有心律失常，以室性早搏为主，有阵发性房颤，基本上是窦律，自服步长稳心颗粒能控制，心率维持在80左右，平时生活能自理，平路
个人史：曾经南征北战，受伤无数，但未留下残疾。→ 0 0 0 0 0 0 0 0 0 0 0 0 0 0 0 0 0 0 0 0 0 0 0 0 0↓
对烟酒无兴趣。→ 0 0 0 0 0 0 0↓
体查：BP150 80 mmHgR30bpmP102bpm，端坐位，重病容，精神差，唇发绀，咽红，扁桃腺不大，颈静脉充盈，气管居中，呼吸急促表浅，双肺可闻及明显哮鸣音及粗
急诊检查：ECG示：窦性心动过速，STT改变示心肌缺血。→ 0 0 0 0 0 nzd-B 0 0 nzz-B nzz-I nzz-I nzz-I nzz-I nzz-I 0 nzd-B nzd-I nzd-I 0 njb-B njb-I njb-I njb-I 0↓
电解质：K3.94 mmol lNa132.6 mmol lCl96mmol lCa1.24 mmol l二氧化碳结合力18，肾功能示BUN34.4 mmol lUA864.3 umol lCr786mmol l，肝功能示ALT56U LAST138U L余胆红素均正常，胴

图3-22　序列标注模型输入文本样例

(3)多种神经网络模型的网络社区领域实体识别结果分析

本节中的RNN、LSTM和LSTM-CRF这三个模型的实验使用百度AI Studio的PaddleNLP完成，实验硬件环境为GPU：Tesla V100. Video Mem：16GB。该平台算力强大，通过复刻已有的中文命名实体识别项目，将数据集增加到平台中，即可快速实现任务。

Bi-LSTM-CRF模型实验：

①实验硬件服务器配置环境：Inter(R)i5-8500处理器，16GB服务器运行内存，GPU为GTX1070Ti。

②实验软件环境：python 3.7版本以及TensorFlow 1.13.1。

③模型参数：Bath-size为64；Epoch值为20；Hidden-dim为300；Optimizer为Adam；Lr为0.001；Dropout为0.5；Embedding-dim为300。

最终4个模型的实验结果如表3-3所示，相比较而言，RNN模型的在测试集上的识别效果较差，召回率不及70%，最终F1值仅有70.93%。鉴于RNN模型本身在训练时容易出现梯度消失的问题，自身网络难以联接到较远的神经单元，对实体识别的效果不太理想是可以预计的。LSTM模型的识别结果中，准确率和召回率均有明显提升，最终F1值在80%左右。而LSTM-CRF模型则结合了两种神经网络模型的优势，F1值提升了3%，准确率也有较大提升。相较于前三种神经网络模型，Bi-LSTM-CRF的效果呈现稳步优化的特点，当该模型在训练20轮之后结果便不再有提升，此时模型的F1值达到了85.42%，准确率为 86.21%。

表 3-3 心血管疾病领域各类实体识别效果对比

模型/评估指标	Precision	Recall	F1
RNN	0.7413	0.6802	0.7093
LSTM	0.8065	0.7939	0.8002
LSTM-CRF	0.8462	0.8157	0.8307
Bi-LSTM-CRF	0.8621	0.8464	0.8542

(4)基于 BERT 预训练模型的网络社区领域实体识别结果分析

实验硬件服务器配置环境：Inter(R)i5-8500 处理器，16GB 服务器运行内存，GPU 为 GTX1070Ti。实验软件环境：python 3.7 版本以及 TensorFlow1.13.1/bert-base0.0.9。

本次实验首先获取谷歌开源的 BERT 源码和 BERT Chinese 中文版的预训练模型，这里需要对源码中自带的 vocab. txt 进行修改。vocab. txt 是训练时中文文本采用的字典，通过观察本节的实验语料发现：实验中的心血管疾病语料包含较多由英文字母组成的英文缩写，例如“ECG(心电图)”“ST(心电图的一种波段)”“mmHg(计量单位)”“BNP(心衰敏感指标)”“QRS(QRS 波群)”等。这些英文缩写如果不在默认字典中，则将会被切分成多个字符，并被标记为[unk](未知字符)，严重影响到其他实体标签的对齐，从而导致模型识别实体的准确率、召回率严重降低。因此，需要将人工提取实验语料中的近 300 个英文缩写加入 vocab. txt 中。

由于实验数据和实验环境较为有限，本次 BERT 实验选择使用 BERT-BASE 版本，对参数的调整如表 3-4 所示。

表 3-4 BERT 模型参数

BERT 模型参数	默认参数	本文调整后的参数
Train-epoch	30	40
batch_ size	32	128
lr	5e-e	默认
max_ seq_ len	128	256

将参数中的最大句长改为256是因为实际语料的句段大多较长，使用默认参数会造成部分信息丢失，影响模型的学习效果。最终基于BERT模型在心血管疾病领域各类实体识别的效果如表3-5所示，该模型对“器官”类实体的识别准确率高达96.50%，但召回率却较低，一种可能的原因是器官类型的实体在文中出现的数量较少，容易出现漏查现象；实体识别表现最佳的类别为“诊断方式”，不论是准确率还是召回率均在90%以上，可能是由于诊断方式实体的出现位置最为明显，通常在上下文中有较明显的提示词，如“下降”“上升”“结果为”“显示”等，因此这类实体易于识别；“疾病”类型实体在该模型中有着相当高的召回率，但准确率却没有达到90%，可能是部分疾病的名称较长，机器在判断时容易丢弃头尾字符，但从总体来看，该类实体识别的效果较佳。

表3-5　心血管疾病领域各类实体识别效果(基于BERT)

模型	实体类别	P	R	F1
BERT	疾病	0.8924	0.9307	0.9111
	症状	0.8582	0.8839	0.8708
	器官	0.9650	0.7557	0.8476
	诊断方式	0.9259	0.9105	0.9181
	药物	0.8651	0.8752	0.8701
	总体	0.9013	0.8712	0.88352

最终将BERT在5类实体的识别结果上进行求平均，该模型总体准确率为90.13%，召回率为87.12%，综合衡量得出F1值为88.35%。相较于前面所提及的4个神经网络模型，BERT模型在总体上有相对较大的效果提升。5种模型在相同测试集上识别结果的准确率、召回率、F1值对比分别如图3-23～图3-25所示。可以清楚地看出，BERT预训练模型具有压倒性的优势，在实体识别任务的性能上更加强大。

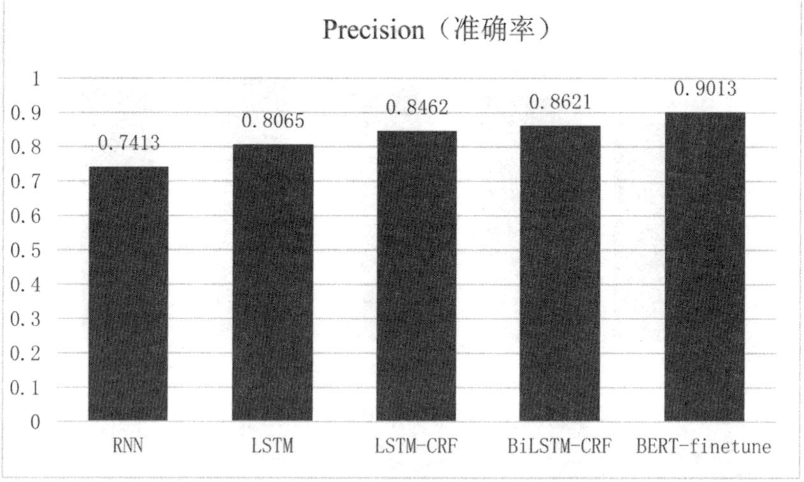

图 3-23　五种模型实体识别结果准确率对比

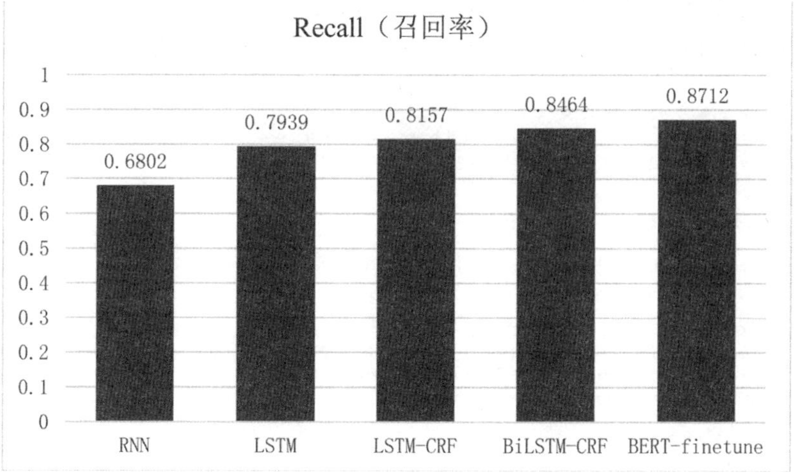

图 3-24　五种模型实体识别结果召回率对比

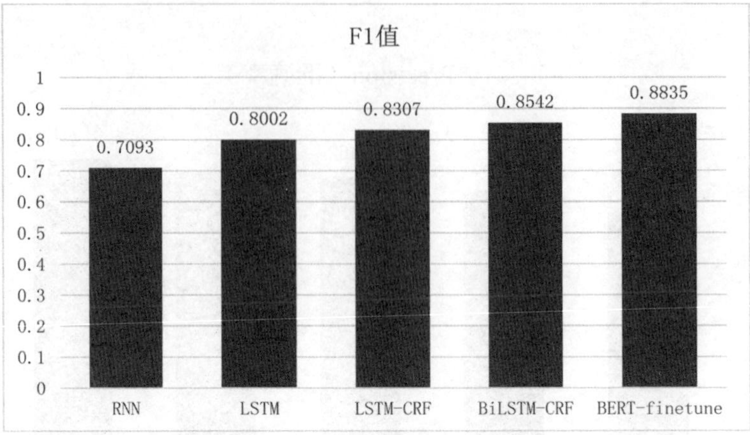

图 3-25　五种模型实体识别结果 F1 值对比

(5) BERT 模型在全量语料上的实体识别应用

以下选择 5 种模型中实体识别效果最好的 BERT 预训练模型，对丁香园论坛心血管疾病讨论专区的 60000 余篇全量语料进行实体识别，从中识别出疾病、症状、诊断方式、器官、治疗方式(包含药物)这五类实体。图 3-26 为命名实体识别的部分结果，可以清楚地看出这一模型在该领域具备较好的实体识

```
或 由 于 患 者 疼 痛 导 致 痛 性 休 克 （ 血 压 下 降 ）↓
0 0 0 0 0 B-nzz I-nzz 0 0 B-nzz I-nzz I-nzz I-nzz 0 B-nzd I-nzd 0 0 0↓
再 加 上 患 者 有 房 颤 、 心 功 能 不 全 等↓
0 0 0 0 0 0 B-njb I-njb 0 B-njb I-njb I-njb I-njb I-njb 0 ↓
冠 脉 灌 注 不 足↓
B-nqg I-nqg B-nyw I-nyw 0 0↓
导 致 胸 痛 、 心 电 图 改 变↓
0 0 B-nzz I-nzz 0 B-nzd I-nzd I-nzd 0 0↓
然 后 止 痛 后 缓 解↓
0 0 B-nyw I-nyw 0 0 0↓
其 他 的 导 致 血 压 下 降 的 原 因 （ 如 血 容 量 不 足 、 失 血 性 、 过 敏 性 、 感 染 性 ）↓
0 0 0 0 0 B-nzd I-nzd 0 0 0 0 0 0 0 B-nzz I-nzz I-nzz I-nzz I-nzz 0 B-nzz I-nzz 0 0 0 0 0 0 0 0 0↓
临 床 上 分 为 机 械 性 肠 梗 阻 、 动 力 性 肠 梗 阻 、 血 运 性 肠 梗 阻↓
0 0 0 0 0 B-njb I-njb I-njb I-njb I-njb I-njb 0 B-njb I-njb I-njb I-njb I-njb I-njb 0 B-njb I-njb I-njb I-njb I-njb
第 一 种 情 况 和 第 二 种 情 况 似 乎 不 像↓
0 0 0 0 0 0 0 0 0 0 0 0 0 0 0↓
血 运 性 肠 梗 阻 的 可 能 性 大↓
B-njb I-njb I-njb I-njb I-njb 0 0 0 0 0 0↓
冠 心 病 的 病 人↓
B-njb I-njb I-njb 0 0 0↓
除 了 冠 状 动 脉 有 粥 样 硬 化 改 变↓
0 0 B-nqg I-nqg I-nqg I-nqg 0 B-nzz I-nzz I-nzz I-nzz 0 0↓
肠 系 膜 动 脉 也 不 同 程 度 的 有 动 脉 粥 样 硬 化 的 改 变↓
B-nqg I-nqg I-nqg I-nqg I-nqg 0 0 0 0 0 0 0 B-nzz I-nzz I-nzz I-nzz I-nzz I-nzz 0 0 0↓
患 者 由 于 心 梗 后 心 衰↓
0 0 0 0 B-njb I-njb 0 B-njb I-njb↓
```

图 3-26　基于 BERT 的命名实体识别结果部分截图

别能力。以该文段为例，“疾病”实体包括“房颤”“心功能不全”“心梗”“心衰”等；“症状”实体包括“疼痛”“胸痛”“痛性休克”等；“诊断方式”实体包括“心电图”“血压”等；“器官”实体包括“冠状动脉”“冠脉”等；“治疗”方式实体有“止痛”“灌注”等。即使在该类语料中，一些实体的表达方式较为口语化，甚至是简称，该模型也能够将其准确识别出。

最终在全量语料上识别出的实体总量为 1348370 个，在各类实体的识别数量上均超过 200000 个，其中诊断方式类型的实体数量最多，为 301933 个。具体的各类型数量统计如表 3-6 所示。

表 3-6　心血管疾病领域全量语料各类实体识别数量

模型	实体类别	数量
BERT	疾病	298867
	症状	207786
	器官	277476
	诊断方式	301933
	药物/治疗方法	262308
	总计	1348370

在已有实体识别结果的基础上，本书将识别结果进行了实体提取并统计出每个实体的出现频次。由于医学疾病领域疾病简称的特殊性，经常出现同一疾病实体中一个语义对应多个实体的问题，本书针对此问题进行实体消歧处理，即同义词合并处理。

具体实现过程为：先将语义相同的实体识别出来，并在同一语义的实体中确定一个主词，对剩下副词进行一对多的配对。其中，主词的设定，参照实体词的含义和词频。如图 3-27 所示，主词根据常识和词频设定为“心梗”后，余下所有副词都汇总到“心梗”上，形成一对多的关系，在此基础上进行实体替换，将副词全部替换为主词，并将实体识别结果做去重处理，得到实体消歧后新的实体识别结果。

为整体考量模型在全量语料上的实体识别真实效果，对每种类型中实体的出现频次在前 100 名的结果进行输出，如表 3-7 所示。“疾病”实体出现频次最高的前五名为“高血压”“房颤”“心衰”“冠心病”“心律失常”；“症状”实体出现频次最高的前五名为“胸闷”“胸痛”“死亡”“出血”“疼痛”；“诊断方式”实

89	心梗	心肌梗死
90	心梗	心肌梗塞型
91	心梗	心肌梗塞
92	心梗	心机梗死
93	心梗	心机梗塞
94	心梗	心梗死
95	心梗	心梗塞
96	心梗	心梗病

图 3-27 实体消歧的同义词替换实例

体出现频次最高的前五名为“心电图”“血压”“导联”“心率”“彩超”；“器官”实体出现频次最高的前五名为“心脏”“血管”“静脉”“心血管”“心肌”；“治疗方式、药物”实体出现频次最高的前四名为“支架”“阿司匹林”“利尿剂”“抗凝”。以上结果完全符合该领域的特征，心血管疾病最相关、最典型的一些病症、发病部位、诊断方式以及治疗方式均被包含其中。再通过观察剩下的实体，可以发现，除个别词语如“心脏疾病”“心血管疾病”“导管”被误判为领域实体，其他均是该领域本身存在的实体。因此，本次实体识别的效果是可信的。

表 3-7 心血管疾病领域各类实体识别频次 TOP100 结果

序号	疾病实体	频次	发病部位实体	频次	治疗方式/药物实体	频次	诊断方式实体	频次	症状实体	频次
1	高血压	41358	心脏	63393	支架	15238	心电图	81502	死亡	19604
2	房颤	32628	血管	25659	抗凝	12276	血压	55675	胸痛	17516
3	冠心病	25047	静脉	23053	利尿剂	11003	心率	33861	胸闷	14547
4	心律失常	23299	心肌	17275	起搏器	10828	导联	29232	心动过速	9723
5	心梗	22049	左室	16225	阿司匹林	10621	P 波	14276	晕厥	9119
6	心肌梗死	17848	主动脉	13298	降压	10076	超声	13464	心悸	8644
7	糖尿病	16166	心室	12836	胺碘酮	9794	彩超	13246	疼痛	8253
8	心力衰竭	10682	冠脉	12521	溶栓	8688	心律	12804	出血	7368
9	室早	9565	右室	11305	硝酸甘油	6826	T 波	12068	猝死	7267
10	心脏病	8300	心房	10817	利尿	6433	心功能	11777	水肿	6736

续表

序号	疾病实体	频次	发病部位实体	频次	治疗方式/药物实体	频次	诊断方式实体	频次	症状实体	频次
11	急性心肌梗死	7437	心血管	10426	体阻滞剂	6127	窦性心律	10594	发热	6321
12	室颤	7092	肺动脉	8672	华法林	5989	心室率	9313	杂音	6315
13	心肌缺血	7090	肺	8500	介入	5837	冠脉造影	8139	呼吸困难	6185
14	肺栓塞	6821	心	8165	多巴胺	5805	心肌酶	8090	咳嗽	5791
15	心肌病	6462	二尖瓣	7480	降压药	5573	肌钙蛋白	8069	头晕	5231
16	室上速	6277	冠状动脉	7007	倍他乐克	4629	造影	7814	呕吐	5026
17	低血压	5986	动脉	6166	洋地黄	4596	血糖	7687	心包积液	4683
18	肺动脉高压	5832	左心室	6098	抗血小板	4161	胸片	7395	气促	3845
19	心功能不全	5454	主动脉瓣	5726	起搏	4131	电解质	6723	腹痛	3411
20	主动脉夹层	5388	腹部	5534	氯吡格雷	4001	超声心动图	5804	气短	3396
21	心肌炎	5079	左房	5517	介入治疗	3901	肾功能	5608	乏力	3371
22	心血管疾病	4745	胸部	5396	西地兰	3850	血脂	5435	坏死	3121
23	室性早搏	4437	双肺	5275	复律	3728	R 波	5418	心慌	3092
24	房早	4320	双下肢	5117	地高辛	3644	血流动力学	5392	休克	3021
25	肿瘤	4187	心包	5065	硝普钠	3412	电轴	4324	肥胖	3011
26	早搏	4065	室间隔	5047	溶栓治疗	3349	血常规	4271	浮肿	3007
27	房室传导阻滞	3955	瓣膜	4937	电复律	3149	收缩压	4174	缺血	2964
28	急性心梗	3943	降支	4650	补液	3095	心音	4018	窦性心动过速	2684
29	心血管病	3806	三尖瓣	4410	抗剂	3053	心超	3982	压痛	2431

续表

序号	疾病实体	频次	发病部位实体	频次	治疗方式/药物实体	频次	诊断方式实体	频次	症状实体	频次
30	心肌梗塞	3504	下肢	4407	射频消融	3049	B超	3832	中毒	2349
31	室性心律失常	3138	全身	4390	速尿	3032	血钾	3796	恶心	2319
32	心房颤	2961	右冠	4336	抗生素	2955	动态心电图	3591	胸腔积液	2195
33	器质性心脏病	2770	窦房	4045	受体阻滞剂	2737	心电监护	3458	心动过缓	2111
34	急性左心衰	2682	胸	3889	激素	2660	心跳	3353	窦性心动过缓	2063
35	右束支阻滞	2399	肺部	3793	可达龙	2653	心电	3308	紫绀	1980
36	预激综合征	2379	肾脏	3751	低分子肝素	2527	呼吸音	3290	心源性休克	1778
37	肺心病	2244	胸骨	3617	阿托品	2470	T波倒置	3139	栓塞	1756
38	先天性心脏病	2129	肝	3149	补钾	2331	射血分数	3129	出汗	1720
39	贫血	2018	右心室	3139	硝酸酯	2272	体温	3047	昏迷	1679
40	阵发性房颤	1992	右房	3076	抗凝药	2252	舒张压	2959	积液	1671
41	肾功能不全	1915	血	3013	吸氧	2245	肌力	2942	咳痰	1624
42	肺部感染	1884	左主干	2775	美托洛尔	2200	胸导联	2770	大汗	1577
43	急性冠脉综合征	1871	脾	2719	吗啡	2002	胆固醇	2756	腹水	1562
44	二尖瓣狭窄	1838	肝脏	2583	利多卡因	1986	心肌酶谱	2756	血栓形	1524

续表

序号	疾病实体	频次	发病部位实体	频次	治疗方式/药物实体	频次	诊断方式实体	频次	症状实体	频次
45	右束支传导阻滞	1802	心尖部	2547	心肺复苏	1951	尿量	2754	房室分离	1521
46	室上性心动过速	1764	四肢	2494	扩血管	1949	冠状动脉造影	2601	钙化	1411
47	急性心衰	1649	肺静脉	2459	心律平	1877	心界	2339	罗音	1381
48	左束支阻滞	1642	腹	2431	抗感染	1754	血浆	2339	电解质紊乱	1352
49	心包炎	1588	上肢	2281	卡托普利	1677	肌酐	2272	收缩期杂音	1304
50	高血压病	1560	左心房	2175	多巴酚丁胺	1639	电压	1988	抽搐	1303
51	三度房室传导阻滞	1531	心前区	2134	维拉帕米	1611	D 二聚体	1847	咯血	1251
52	风心病	1511	气管	2069	他汀	1598	血气分析	1662	血栓形成	1219
53	先心病	1466	胃肠	1972	华法令	1565	血清	1618	腹胀	1200
54	交界性逸搏	1464	头颅	1769	硝苯地平	1548	甲状腺功能	1594	双下肢水肿	1156
55	扩张型心肌病	1451	肺动脉瓣	1750	维生素	1503	回声	1553	气喘	1136
56	室壁瘤	1425	口唇	1716	降脂	1222	肝功能	1550	血压升高	1115
57	感冒	1422	颈静脉	1609	透析	1196	血红蛋白	1499	发绀	1033
58	肺炎	1407	肾上腺	1487	氨氯地平	1156	二联律	1482	反跳痛	1006
59	左束支传导阻滞	1397	颈部	1404	螺内酯	1131	白细胞	1473	动脉粥样硬化	991
60	急性心肌梗塞	1394	胸腔	1384	嗜铬细胞瘤	1101	尿常规	1420	心前区疼痛	960

续表

序号	疾病实体	频次	发病部位实体	频次	治疗方式/药物实体	频次	诊断方式实体	频次	症状实体	频次
61	高钾血症	1362	背部	1354	氨茶碱	1040	红细胞	1412	酸中毒	948
62	病毒性心肌炎	1343	肾	1344	抗血小板药	1027	血管造影	1402	颈静脉怒张	947
63	低钾血症	1334	股动脉	1321	离子	1019	生化	1375	病理性Q波	928
64	脑梗塞	1322	房间隔	1285	钙拮抗剂	977	血气	1342	头昏	918
65	缺血性心肌病	1254	右心房	1280	异丙肾上腺素	958	心肌酶学	1285	意识丧失	911
66	高脂血症	1229	右冠状动脉	1188	普罗帕酮	934	肝肾功能	1267	腹软	871
67	心肌损	1229	心尖	1160	利尿药	927	脉搏	1264	恶化	862
68	感染性心内膜炎	1198	胃	1142	呼吸机	923	血液动力学	1221	心跳骤停	856
69	肥厚性心肌病	1169	肾动脉	1064	强心	915	血沉	1099	震颤	833
70	主动脉瓣狭窄	1135	淋巴结	952	抗炎	908	白蛋白	1095	下肢水肿	826
71	低氧血症	1121	房室	933	呋塞米	895	血培养	1022	心痛	817
72	慢性心衰	1097	头部	932	支架植入	882	尿蛋白	1008	哮鸣音	770
73	结核	1096	心静脉	881	阿托伐他汀	878	冠造	984	病理性杂音	743
74	风湿性心脏病	1081	甲状腺	784	升压	862	电位	981	大汗淋漓	728
75	房室阻滞	1059	神经	783	茶酚胺	837	收缩功能	958	房性早搏	708
76	完全性右束支传导阻滞	1058	锁骨	755	抗栓	825	胰岛素	944	神清	703

续表

序号	疾病实体	频次	发病部位实体	频次	治疗方式/药物实体	频次	诊断方式实体	频次	症状实体	频次
77	主动脉瘤	1042	右冠脉	747	噻嗪类	807	电生理	920	兴奋	703
78	继发性高血压	1039	剑突	737	普通肝素	804	凝血功能	917	心源性猝死	672
79	心房纤颤	1021	锁骨下动脉	683	氢氯噻嗪	801	窦性心率	916	眩晕	663
80	心绞痛	1010	食管	661	卡维地洛	774	肌细胞	913	折返性心动过速	649
81	心包填塞	985	左室后壁	634	复苏	754	心影	896	心室肥	645
82	心衰竭	984	头肌	599	阿替洛尔	737	胃镜	894	消瘦	610
83	心源性	974	腔静脉	568	异搏定	729	肌红蛋白	890	意识障碍	606
84	束支阻滞	956	左心	549	钙拮	723	紧张素	890	气急	597
85	扩心病	948	心肺	536	血管扩张剂	687	心脏杂音	858	干湿罗音	588
86	慢性心力衰竭	947	胰	534	钙离子拮抗剂	676	血运	856	呼吸急促	566
87	缺血性心脏病	941	左冠状动脉	530	比索洛尔	675	血氧饱和度	842	血尿	553
88	肾衰	938	右心	512	硝酸酯类	675	心电轴	838	怀孕	552
89	扩张性心肌病	916	心血	502	抗栓治疗	668	甘油三酯	821	传导阻滞	539
90	原发性高血压	912	上腹部	498	硝酸异山梨酯	661	运动试验	774	粘液	527
91	急性肺水肿	894	房室结	494	抗凝剂	659	血象	771	低热	526
92	变异性心绞痛	892	心尖区	453	胸外按压	635	脉压	767	纳差	526
93	动脉瘤	846	胸膜	448	氯化钾	608	心脏功能	762	端坐呼吸	521
94	阵发性室上性心动过速	846	神经系统	447	电除颤	607	肺功能	742	凹陷性水肿	511

续表

序号	疾病实体	频次	发病部位实体	频次	治疗方式/药物实体	频次	诊断方式实体	频次	症状实体	频次
95	消化道出血	843	胸壁	409	溶液	602	血容	742	血肿	502
96	完全性左束支传导阻滞	826	肺脏	392	降糖	599	逸搏	730	平软	494
97	肝硬化	809	颈动脉	386	B 受体阻滞剂	598	低密度脂蛋白	691	面色苍白	479
98	冠脉痉挛	801	双下肺	380	体阻	570	肌酸激酶	686	湿啰音	471
99	急性心包炎	799	窦房结	365	缬沙坦	563	室率	651	啰音	468
100	肺气肿	788	颈	353	除颤	551	心电学	649	外伤	435

3.4 领域实体的“预训练+微调”语义表示

领域实体往往由多个基本词素构成，因而在完成实体识别后，需要将其作为一个整体语义单元，开展语义表示学习。除此之外，领域文本语料往往规模较小，以至于大量领域实体因频次较低而难以充分学习其语义向量。这一问题的解决方法是采用“预训练+微调”方式，在大规模通用语料预训练所得的词汇语义结果中，调用领域实体所含词素的基本语义向量，拼接后形成领域实体的初始语义向量，再在小规模领域语料上进一步学习调优该向量。

3.4.1 “预训练+微调”语义表示方法

常用词表示学习算法如 Word2vec 等，在生成词语语义向量上优势明显。① 但表示学习算法中，词语向量是由初始随机生成后，基于语料迭代优化所得。②

---

① Naili M, Chaibi A H, Ben Ghezala H H. Comparative study of word embedding methods in topic segmentation[J]. Procedia Computer Science, 2017, 112: 340-349.

② Mikolov T, Chen K, Corrado G, et al. Efficient estimationof word representations in vectorspace[C]//International Conference on Learning Representations. Scottsdale: ICLR, 2013: 1-12.

这一机制决定了在小语料上难以充分学习到可靠的词向量。而细分领域可供学习的语料规模小，需要借用大规模通用语料上预训练生成的通用词向量，具体利用方式为基于通用词向量构造细分领域语料中词语的初始向量，使之在开展学习前就达到相对可靠的状态，再利用细分语料库进行词向量的优化学习。鉴于已有研究证明初始词向量对于最终词向量影响较大，① 这种方式可充分利用大规模通用预训练词向量的基准性和小规模领域语料的针对性，得到更可靠的词向量结果。

该部分的核心问题是，大量领域实体不会出现在通用预训练词向量的词表中，我们称之为“领域未登录词”。其向量无法直接从预训练通用向量中获得，如何有效构造它们的初始向量？这是细分领域知识挖掘普遍面临的天然问题，将严重影响到最终词汇语义挖掘效果。相应的解决步骤为：

首先，基于领域实体集对细分领域语料开展切分词。根据词语是否包含在领域实体集、通用预训练词向量的内置词表中，可将其划分为三类：通用词（如“医院”“治疗”）、通用领域词（如“心脏病”“高血压”）、领域未登录词（如“老年人甲亢性心脏病”）。

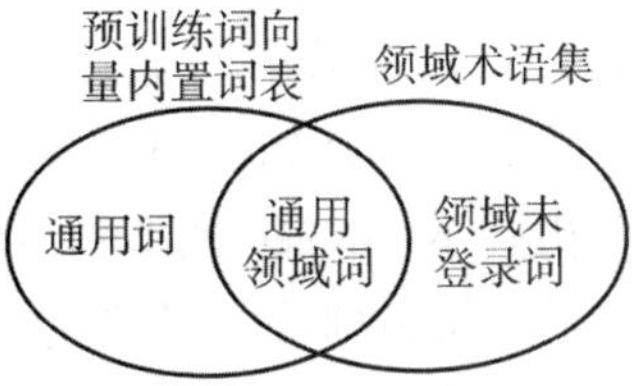

图 3-28　细分领域语料中的三种词语

其次，针对上述三种词语，采用不同的方式生成其初始向量。通用词、通用领域词已出现在预训练词向量中，因此可以直接读取。领域未登录词大量存在于细分领域中，通用预训练词向量中无法直接获取相应向量，但领域实体都是由一定的词素（即通用性的字、词）组合形成，② 各细分领域中的构词方法存在相应规律。典型的如医学领域中的疾病术语，通常由人群、性状、器官、

① Lai S, Liu K, Hes, et al. How to generate a good word embedding[J]. IEEE Intelligent Systems, 2016, 31(6): 5-14.

② 俞琰，赵乃瑄. 基于通用词与术语部件的专利术语抽取[J]. 情报学报，2018，37(7)：742-752.

“病/症/炎等”词素组成(如“老年人甲亢性心脏病”)。另一方面，大规模预训练词向量中，通过字拼接形成词向量的有效性已被广泛验证。因此，可采用对领域未登录术语进行词素切分，从通用预训练词向量中获取这些词素的向量，进行向量相加作为该术语的初始训练向量。以“老年人甲亢性心脏病”为例，思路如图 3-29 所示。

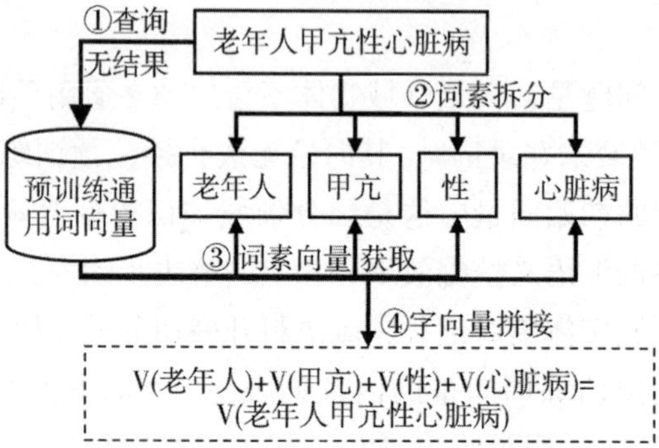

图 3-29 基于词素向量组合的领域未登录词初始向量生成

最后，基于上述初始向量，在领域语料上开展表示 Word2vec 学习训练。基本方法为：先将上述生成的所有词初始向量写成 Word2vec 的词向量文本格式，以其为输入，生成一个初始 Word2vec 模型；再将领域语料作为该初始模型的输入内容，开展训练；最后将新训练后得到的词向量模型导出存储。需要注意的是，Word2vec 算法包括 CBOW 与 Skip-gram 两类模型，已有研究证明，CBOW 模型适用于“语法功能相似度”计算，而 Skip-gram 模型适用于“语义主题相似度”计算。① 考虑到本书关联挖掘更侧重于语义挖掘，宜选择 Skip-gram 模型进行领域词向量训练。

3.4.2 基于“预训练+微调”的网络社区领域实体语义表示实现

根据 3.3.4 节中细分领域实体语义向量的表示学习方案，我们首先采用 python 环境下的 jieba 工具包，导入心血管领域知识库中领域实体作为用户词典，对丁香园心血管帖子文本进行切词。为便于后续区分术语类型和关系类

① 陈果，许天祥. 小规模知识库指导下的细分领域实体关系发现研究[J]. 情报学报，2019，38(11)：1200-1211；张剑，屈丹，李真. 基于词向量特征的循环神经网络语言模型[J]. 模式识别与人工智能，2015，28(4)：299-305.

型，疾病、器官、诊断、症状、治疗手段五种词语分别用/njb、/nzz、/nzd、/nqg、/nzl 五种词性标识。

如 3.4.1 节所述，本书准备了三种数据集，分两种采用不同数据集进行模型训练的方式：

①选用基于百度百科与维基百科训练好的通用词向量与领域语料训练出普通词向量基础上的领域向量模型(下文称模型 1)；

②选用基于中文医学生物词向量与领域语料训练出医学词向量基础上的领域词向量模型(下文称模型 2)。为了得出哪种训练方式更好，我们将采取控制变量的方法，将用两种训练好的模型进行近似词计算，以此来判断模型 1 和模型 2 的实际效果的不同。代码方面引入 Gensim 里的 Word2vec 模型，利用训练好的词向量模型计算余弦相似度，在保证参数一致的情况下(TopN 相同)，计算与“冠心病”最相关的词，并按照余弦相似度得分从高到低打印出来，具体结果如图 3-30 所示。

图中左侧为模型 1 的计算结果，右侧为模型 2 的计算结果，很明显可以看出，模型 2 中有关心血管内科领域的实体词数量明显比模型 1 中的结果多，这显示在细分领域进行相似度计算，模型 2 具有更好的领域集中性，简而言之，

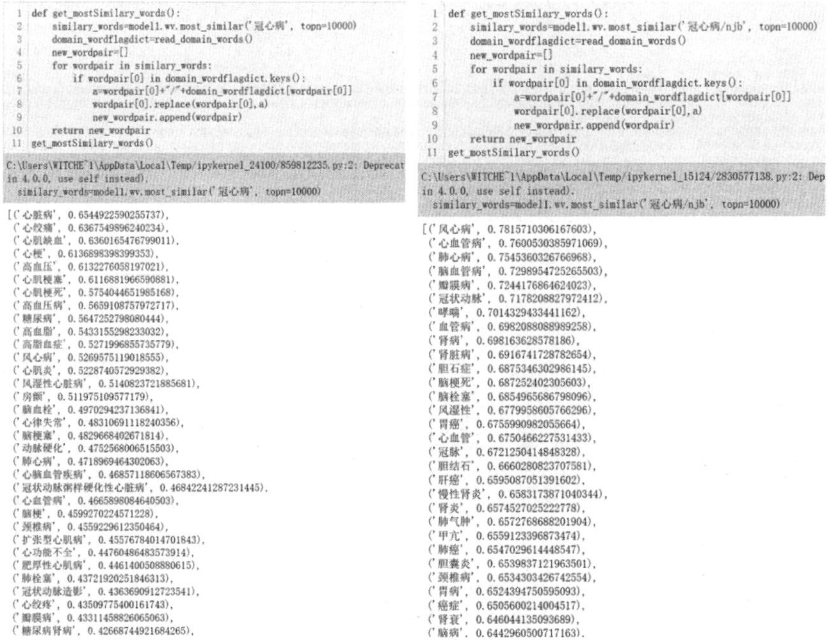

图 3-30 两种训练方式结果对比图

模型 2 可以更好地将领域内实体与实体间的关系表达出来。

根据实验结果来看，模型 1 与模型 2 最大的不同在于模型 2 是以一个有 278256 个词、512 维的词向量模型为基础，此词向量模型不仅仅包含部分的通用词向量，例如老人、急、性等，还包含了如额叶、阿莫西林、头孢克洛等专业医学领域的词汇，这也是导致最终结果更优的原因，以下实验也都选择了模型 2 作为实验进行的模型，因此笔者认为，在进行词向量预训练时，选择与所研究领域相关的通用词向量进行优于选择普通词向量。

融合通用预训练词向量和领域文本训练的具体方法为：首先，将心血管领域知识库中的 9710 个术语与通用词向量进行对比，将通用模型有的向量直接写入保存；其次，将不在通用词向量里的领域实体进行词素的划分，将词素再次，与通用词向量进行对比，利用 3. 3. 4 节中图 3-29 所示生成原理进行新的词向量生成并与上述词向量合并；再次，利用 Gensim 中的 Word2vec 类载入补充了通用词向量，建立新的训练模型；最后，导入分词后未标注的心血管内科领域帖子文本，继续学习，提出词频 5 以下的低频词汇，得到最终模型。该模型生成词向量表容量为 134067，并且为了方便后期进行分类的相似度计算，又根据分词此表对领域实体词进行词性标注，部分结果如图 3-31 所示。从图 3-31 中可见，学习到的词向量包含了房颤/njb、导联/nzd、血管/nqg、支架/

XXG_word2vec(加标签).txt - 记事本
文件(F) 编辑(E) 格式(O) 查看(V) 帮助(H)
0.00015588682 0.00084398006 1.1640077e-05 -0.00074811303 -0.00073712337 -0.00079369603 -0.0005524629 -4.6249047e-06 -0.0009569263 -0.00027648712 0.00062135013 -0.
0.0009544287 -7.5630774e-06 -0.00022812159 0.0001263119 -0.00085435703 9.7947224e-05 -0.00074090634 6.3788924e-05 -0.00013125624 -0.00057531835 -0.0006552034 -0.0
.0007528932 -0.00067015167 -0.0005993671 -3.5081e-05
作用 0.0009363009 -0.00040727097 -0.00039561876 -0.00021586049 -0.00015243275 -0.00080640265 0.0008069349 -0.00051955384 -0.0006429804 -0.00054502435 -0.000488444
4e-05 -0.0008042004 0.0002040991 -0.0005228969 0.0008711674 0.00073966925 0.0007877644 0.00082301773 -0.000830883 0.0006074704 -0.0007580061 -0.00049200177 0.000
6 -0.0004917559 -0.00086435606 -0.0007613604 0.00024819566 0.00080990087 -0.00045223933 0.0005967744 -0.0005699974 -0.00044844052 0.00011862664 -1.9108842e-05 -0.
.0006545565 6.267324e-05 0.0006000508 -0.0008496114 -0.000859784 0.00030927558 -0.0009415706 0.00048580224 0.0007649911 -0.00045146458 -0.00032193345 -0.00056473
0017817874 -0.00085416675 0.00037925862 -7.732308e-05 0.0005052067 -0.00029807218 -0.0007488929 -0.0009373262 0.0003671101 0.00040812587 -0.0001571406 -0.0009665
5 -0.00029883938 0.000555443 -0.0007096 -0.00021851073 0.00029554206 -0.00094868336 -0.00025894525 -0.00082834193 -0.00022924412 -0.0005932696 -0.0003928947 -1.024
357 7.270504e-05 -0.0007771838 3.4192042e-05 -0.00071113877 0.00083475973 -0.00033514513 -0.0006534818 -0.00022843042 -0.00039797992 -0.0004245308 0.0006486071 0.
6383 -0.00031858985
P 0.8846541 0.1445691 1.3179736 1.3157732 0.768402 -1.2261189 0.97713673 -1.1911305 -1.5010214 -0.1300025 -0.27042907 1.0532259 0.5482316 -0.85135055 0.48255548 -0.42
85391515 -0.03088981 0.05247928 -1.3617532 0.44777516 -1.806985 0.7415829 0.5209646 0.13753544 1.420563 0.6815961 0.33564284 -0.20000854 0.49132025 -0.98320615 -1.25
.2708618 -0.1687402 0.06421631 0.94547874 1.4956771 -0.21791938 0.85053796 1.8417555 0.46030897 -1.30027 -0.74982077 1.042826 0.6530245 0.29610258 0.799335 0.7354258
0.14387211 -0.09946898 0.85172105 -0.01838993 0.01978516 0.13086249 0.21431185 0.24539785 -0.1732137 -0.7012547 0.709086 0.63474375 -0.07670282 0.75169826 -0.525339
145 -0.1835767 1.4388677 -0.02373988 0.59703916 -0.3721205 1.2660604 -0.052809 0.21068816 1.89661 0.5343116 -0.5758638 -0.4918236 0.2681519 0.15728521 -0.19006155 0.2
.47589457 1.1057847 -0.8824565 0.02157919 0.39776495 1.152173 -0.2290484 -0.89307266 1.2026719 -1.3712463 -0.35340324 -0.35515007 -1.3338693 -0.06432682 -1.5107139 0.
房颤/njb 0.07506397 -1.1866654 0.19257426 -0.24363694 0.71974313 0.08588655 -1.1109048 -0.10031187 -1.2167233 0.86311525 -0.17748256 -0.7594721 -0.49687707 -0.2827641
224764 0.25401226 -1.7619888 -1.4875436 -0.81884754 0.13766146 -0.63141716 -1.5950606 -0.24076132 1.1315448 1.2768365 -0.7118951 0.0118252 -1.4064174 0.9481367 -0.01
0.65395 -0.47888768 -1.7415648 0.59826255 -1.0359575 -1.4002075 -0.30541644 0.04260109 -0.61373633 -0.06791681 1.4086505 -0.21633367 0.7094504 0.82051796 -1.159891 -0
0.8499371 -0.8870189 -0.24988475 -0.4007265 -0.56877035 -0.14357542 1.532097 -0.79705566 -0.2321908 0.41672552 -0.31057018 -0.6039152 -0.08444399 -0.33721113 -0.18917
-1.1674191 1.551655 -0.9975853 -0.48515573 -1.1943841 -0.01473125 -0.24406497 -0.7261452 -1.4741168 0.99064857 0.9109809 0.5058896 -0.7305952 0.17702961 -0.63834614 -
-0.8968705 -0.43698344 0.43695846 0.2533603 0.27792102 -0.8215544 0.13576521 -0.76056826 0.95904404 -0.11714797 -1.7296112 -1.5426661 -1.0365728 0.5192204 -0.2916149
好 -0.0006497735 -0.00019725027 -0.00071259553 -0.00079288223 0.00020348192 -0.00071977533 -0.00044264953 0.00037158374 4.543995e-05 -0.0008669717 -3.3825316e-05
35 0.00013265033 -0.00020490495 5.778774e-06 -8.80544e-05 0.0008297354 -0.0008579298 -0.0004863834 0.00057957723 0.00045499537 -0.00069362525 0.0006950561 -0.0003
09107884 5.310422e-05 -3.8303027e-05 -0.00011212051 0.0004705631 0.00068841595 -0.00023337075 -0.00035487988 -0.00023906011 -0.0005036724 0.0007823977 -0.0003093
007990556 0.0005823042 0.00054829987 0.00093214907 -0.0003938685 0.00078606413 7.508075e-05 -0.0004207277 -0.00086081604 0.00085450546 0.0007712256 -0.00089310
038392917 -6.964001e-05 -0.00043249113 -0.00071849383 0.00022979059 0.00064469205 0.00095805933 -0.000489957 -0.00045576645 -0.00032787406 0.00045955542 -0.00090
00751785 -0.0009336164 0.00054231967 -4.896668e-05 -0.00039834148 -0.00017435338 -0.00020695686 0.0005842542 -0.00093677035 0.0004054875 -0.00058739935 -0.000124
e-05 0.00062949193 0.00034793039 -0.00077339483 0.0006378592 0.00073946227 -0.00036549612 0.0007533383 -3.0380435e-05 0.00035051964 0.00034654114 -0.00070972694
3462094 -0.00062767364 0.00038536932
10 -0.000794542 -0.0008648008 -0.0006092831 -0.00047017442 -0.0009538502 -0.0001644373 0.00056873745 0.00080795935 0.0008458266 -0.0008829973 -0.00060256856 -0.00
362 -0.00028283437 0.00094529893 0.0008323414 -0.0005121466 -0.000704645 -0.00085575116 -0.00033157752 -0.000289185 -0.00010263597 0.0002518683 -0.00056392356 0.0
.00014680572 -0.00060817023 3.950039e-05 -0.000105268184 -0.00034849663 -0.0008771221 -0.00014021747 -0.00044959062 -0.00028062143 0.00020508328 -0.00043749425 -
.252154e-05 0.00016385362 0.0008914219 0.00049335556 -0.00020559563 0.00012951938 -0.00077175844 0.0005301812 -0.00056085363 0.00067202473 0.00036146547 0.00025
7782163 -8.2971776e-05 -0.00097142777 -0.0007218097 -4.01607e-05 -0.0008243793 -0.00043160564 0.00039076287 -0.00011420568 -0.00089164544 0.0006313373 -0.00019343
1 -0.0009340292 -0.00023841448 -0.0005474533 -0.00046164362 0.0005400523 0.00070488616 -0.0007783672 0.0006284298 -0.0007600614 0.0003168475 0.0008603526 -0.00056
63 4.196772e-05 -0.0008533341 -0.00038705816 0.00028090784 -0.00014243953 -0.0006657592 0.00023636747 -0.0009556865 3.6396166e-05 -0.00031296595 -0.00086652173 0.
071985053

图 3-31 融合预训练通用词向量+细分领域语料微调所得的词向量结果(部分)

nyw 等领域实体词。

为了将上述训练结果与直接利用领域知识库进行训练得到的词向量进行对比，直接使用知识库进行训练，以下为两点对比：

(1)训练时间成本对比

由图 3-32 可知，右侧的训练时间要远远长于左侧，而右侧是直接使用领域知识库进行的词向量模型训练，由此可见，若直接用领域知识库的文本进行训练，所花费的时间成本则成倍增加，这也反映出采用“预训练+微调”训练模式的优势。

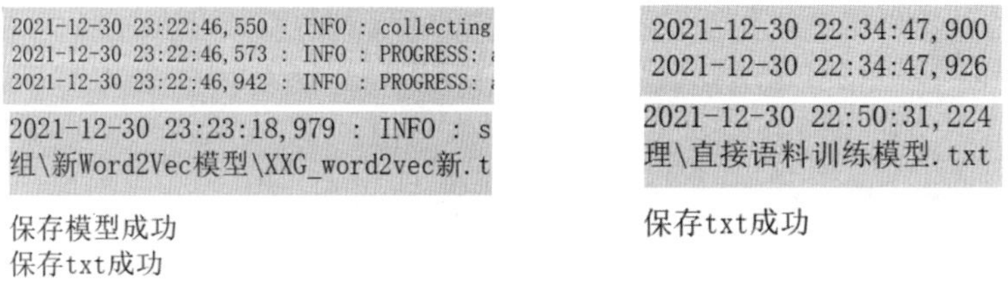

图 3-32　两种训练方式时间成本对比

(2)词向量训练结果对比

图 3-33 展示了“冠心病”这类心血管领域最常见疾病最相关的疾病、症状、诊断、器官术语的降维可视化结果，降维方法为使用 PCA 算法将这些术语的

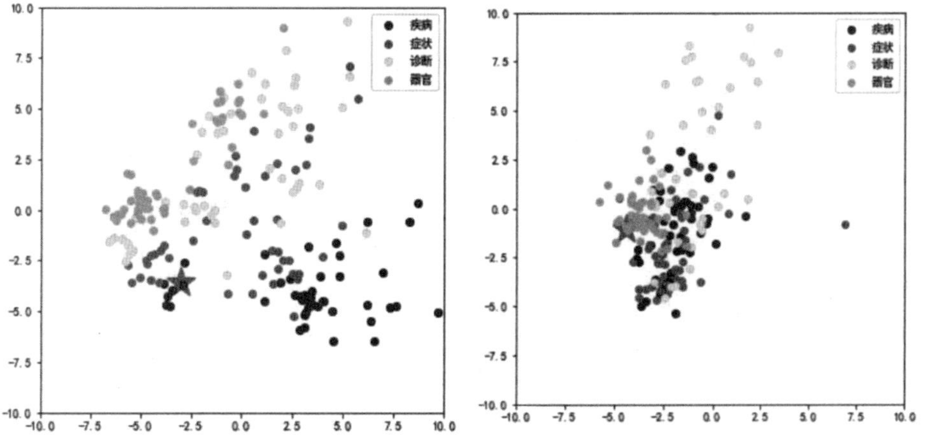

图 3-33　单独采用领域语料训练(左侧)和融合通用词向量后开展领域语料训练(右侧)的词向量结果可视化对比

向量降到二维空间，其中左侧为先进行预训练再进行微调训练的结果，右侧为只采用心血管知识库语料文本开展的 Word2vec 训练的结果。相比而言，左侧的方案不仅解决了某些不包含在语料库文中的领域实体词汇的录入问题，还能更好的区分各类术语。举例说明，左侧少量相关疾病与“冠心病”距离紧密，其他大量疾病与其距离较远，区分度明显要优于右侧，将更有利于实体关系的挖掘。

4 网络社区中的领域语义知识关联挖掘

网络社区中的知识关联有多种形式，既包括领域词汇知识单元间的语义型知识关联，又包括词汇与主题、文档、用户间的多粒度和多元关联，前者是揭示领域知识结构的基础。因此，本章聚焦于挖掘网络社区中领域实体间的语义关联，包括实体间基本的相似度，以及实体间具有明确语义类型的实体关系。除了论述和实现网络社区中领域实体关系的有监督识别外，本章重点提出在缺乏细分领域人工标注语料情景下，利用小规模知识库和词嵌入类比技术实现实体关系识别的方法。最后，本章论述了实体间语义相似度和实体关系融合的方法。

4.1 基于表示学习的网络社区领域实体相似度计算

领域知识关联中的实体对象相似度计算在于明确实体间的关联关系和客观上的内容联系，其中基于表示学习的领域实体相关分析具有普遍性。

4.1.1 实体相似度计算

概念间相关性的计算方法与数据挖掘中的相关性计算方法一致，常用的算法有 Pearson 相关系数、Euclidean 距离、Jaccard 系数、Cosine 系数(即空间向量模型)等。Leydesdorff 等通过实验比较指出，上述相关性计算方法在应用于词间关系计算时差异较小。① 在共现分析的相关实践中，Cosine 系数和 Pearson 系数是应用最广泛的两种相关性计算方法。

---

① Leydesdorff L. Similarity, author cocitation analysis, and information theory [J]. Journal of the American Society for Information Science and Technology, 2005, 56(7): 769-772.

其中 Cosine 系数相关性计算方法，是将文本作为一个多维空间的向量，计算两个文本的相识度即计算判断两个向量在这个多维空间中的方向是否是一样。而这个多维空间的构成是通过将文本进行分词，每个分词代表空间的一个维度。获得词向量后，可根据以下词向量余弦的公式计算出相似度值。

$$similarity = \cos(\theta) = \frac{A \cdot B}{\| A \| \ \| B \|} = \frac{\sum_{i=0}^{n} A_i \times B_i}{\sqrt{\sum_{i=0}^{n} (A_i)\ 2} \times \sqrt{\sum_{i=0}^{n} (B_i)\ 2}}$$

4.1.2　实验：丁香园心血管论坛中领域实体相似度计算

本次实验，分为三部分：

①统计语料库中实体词的分布情况，选择合适的实体词进行实验；

②利用 Word2vec 语义向量进行概念相似度计算；

③将相似度转化为实体关联的边强度，构建领域实体相似度关联网络。

对与心血管领域内实体词进行词频统计，按词频从大到小排列，选择 Top500 的实体词，结果如下：疾病，129；器官，82；诊断，107；症状，85；治疗手段，97。总体来看，覆盖程度较为全面，可用于进行两两相似度计算，得到对应的相似度得分结果。

计算余弦相似度得分，得到图 4-1 中的相似度得分结果，可根据结果定性判断相关性的强弱，一般以 0～0.2、0.2～0.4、0.4～0.6、0.6～0.8、0.8～

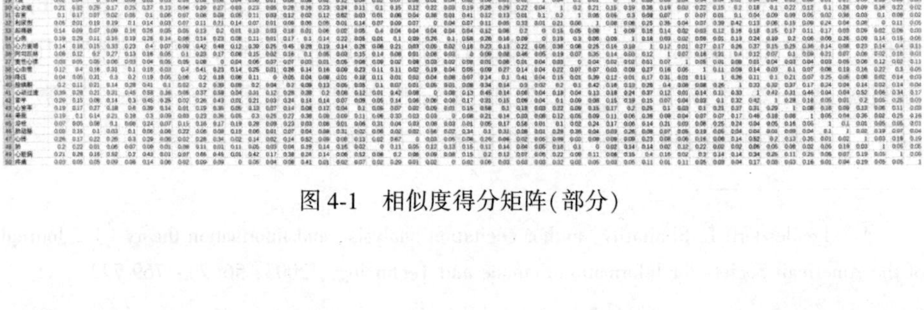

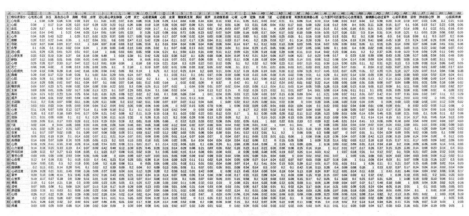

图 4-1　相似度得分矩阵(部分)

1.05 个区间来表示不相关、弱相关、中相关、较强相关、极强相关。这种依据余弦相似度得分进而定性划分相关性强度的做法，有利于后续构建领域概念共现网络时输入概念关联边强度。余弦相似度、相关性强度和概念节点边强度对应如表 4-1 所示。

表 4-1 余弦相似度、相关性强度和概念相似度节点边强度

余弦相似度	相关性强度判定	概念节点边强度
[0, 0.2)	不相关	0
[0.2, 0.4)	弱相关	1
[0.4, 0.6)	中相关	2
[0.6, 0.8)	较强相关	3
[0.8, 1.0]	极强相关	4

经过上述流程，领域概念单元间的关联已从余弦相似度转化为相似关系，可进行下一步实验。

根据表 4-1，可将相似度得分矩阵转化为概念关联的边强度，如图 4-2 所示。根据相似度得分转化后的概念关联边强度，可构建领域概念相似度关联网络，其可视化结果如图 4-3 所示。

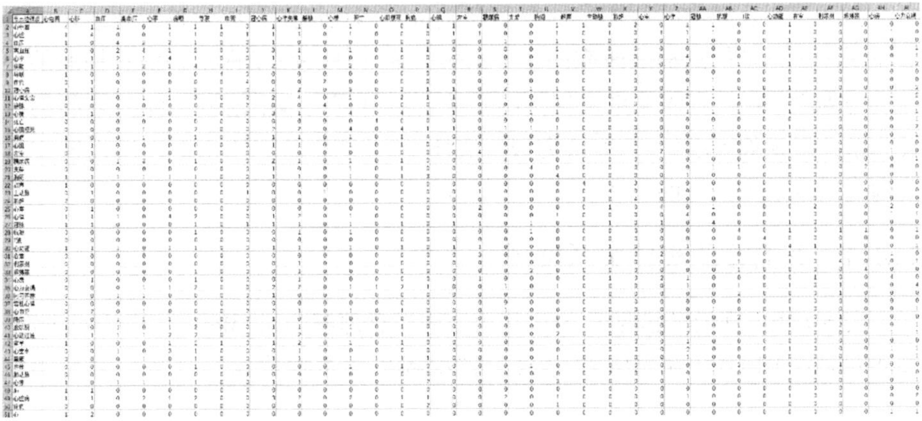

图 4-2 相似度得分转化为网络边强度的结果(部分)

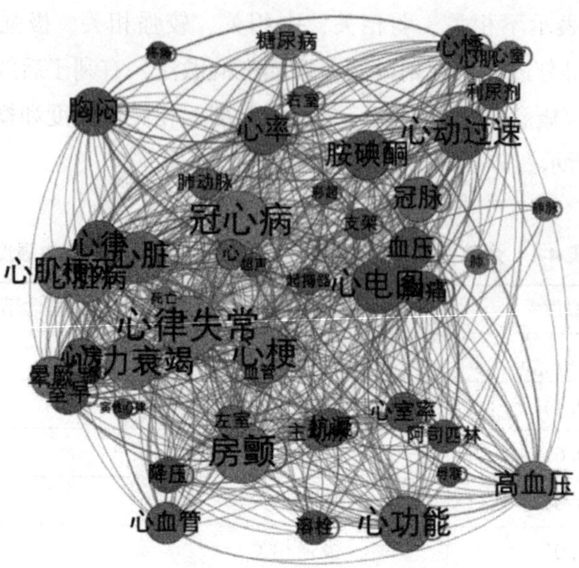

图 4-3　部分概念的关联网络可视化

4.2　网络社区中的领域实体关系识别

随着网络资源爆炸式增长，大量半结构化甚至非结构化文本层出不穷，面对这些繁杂的数据资源，用户明显无法充分利用。如何低成本地从规模巨大、模态多样、冗余异构的数据中抽取出高质量结构化信息，成为越来越迫切的关键问题。这也是信息抽取研究的主要内容，而实体关系发现正是信息抽取的关键子任务之一。① 实体关系发现指的是从自然语言文本中挖掘实体对之间的语义关系，形式如<实体 1，关系类型，实体 2>，是命名实体识别之后面向文本结构化任务最为关键的一步。

4.2.1　有监督的实体关系发现

实体关系发现最早起源于 1998 年第七届信息理解会议（Message Understanding Conference，MUC），在 MUC-7 会议上首次提出关系抽取这一任务，并使用模

① 武文雅，陈钰枫，等. 中文实体关系抽取研究综述[J]. 计算机与现代化，2018，276(08)：25-31.

板关系进行描述，同时明确设计出任务评测体系。① 评测语料来源于《纽约时报》，内容主要关于飞机事故和航天发射等新闻报导。之后，美国国家标准技术研究所(National Institute of Standards and Technology, NIST)组织的自动内容抽取(Automatic Content Extraction, ACE)评测会议将实体关系发现作为一项重要的评测任务，并对实体关系抽取任务的语料进行了完善与丰富，② 于2008年将实体关系识别测评任务正式细分为七种类型。③ 2009年，ACE会议并入文本分析会议(Text Analysis Conference, TAC)并成为其重要组成部分，而实体关系抽取经后期的TAC会议、语义评估会议(Semantic Evaluation, SemEval)的推动和发展，增加了通用名词及其短语系列间的实体语义关系，并逐渐将测评任务中实体关系种类扩充到了10种。④ 最终，在MUC、ACE、TAC和SemEval等会议的推进下，实体关系发现技术不断获得突破，由最初的简单模型应用、浅层或深层解析器逐步发展为NLP领域中的复杂机器学习方法和深度学习方法应用，性能也得到了质的提升。⑤

实体关系发现在诸多领域都有重要的应用价值，例如语义理解、知识图谱、自动问答、推荐检索、机器翻译等。如果说实体识别在这些领域是基础性研究工作，那么实体关系发现则是这些领域面向应用前一阶段的进阶性研究内容。实体关系发现按照对标注数据的依赖性可分为有监督、半监督、无监督和面向开放域的实体关系发现。

在有监督的方式中，实体关系发现实质为分类任务，可再细分为基于规则的方法和基于机器学习的方法，甚至是基于神经网络的方法。

基于规则的实体关系发现需要领域专家定义相应的关系模式，利用处理过的语言模式进行匹配以实现关系抽取，其关键就在于关系模式的确立。由于人工参与构造词语、词性以及语义等关系模型，使得这种方法费事费力，且无法

---

① Chinchor N, Marsh E. Muc-7 information extraction task definition[C]// Proceedings of the 7th Message Understanding Conference (MUC-7). 1998: 359-367.

② Linguistic Data Consortium. The Automatic Content Extraction (ACE) Projects [EB/OL]. [2019-11-12], http://www.Ldc.upenn.edu/Projects/ACE/.

③ 谢德鹏，常青. 关系抽取综述[J]. 计算机应用研究，2020，37(07)：1921-1924.

④ Hendrickx I, Kim S N, et al. Semeval-2010 task 8: Multi-way classification of semantic relation between pairs of nominal [C]// Proc of Korkshop on Semantic Evaluations: Recent Achievements and Future Directions. 2009: 94-99.

⑤ 徐健，张智雄，吴振新. 实体关系抽取的技术方法综述[J]. 现代图书情报技术，2008(8)：18-23.

穷举所有关系模式，领域泛化能力极差。针对此问题，周诗咏提出融合语义的实体关系抽取模型，并结合相似密度方法展开实验，结果表明该方法可从文本中高效地提取关系模式集，并最终将其命名为 SPM-REM 模型。① Yangarber 等提出的关系抽取模式方法充分利用样本泛化信息，在一定程度上提升了领域泛化时关系模式的构建能力，并将抽取系统展示在 MUC-7 会议中。②

基于机器学习的方法中 Giuliano 等使用 SVM 模型，利用实体上下文、距离等特征，在 SemEval-2007 评测集上取得 71.8%的 F 值。③ Tratz 等基于 SemEval-2010 评测集，利用最大熵模型 F 值达到 77.57%。④ 机器学习的方法关键在于构建特征向量，Chan 等在考虑词、词性、词聚类、实体类型及句法树等特征的基础上，使用支持向量机模型对候选关系进行分类，取得了不错的效果。⑤ 朱姗首先使用支持向量机模型对单一关系进行抽取，再利用本体将其融合为关系网络，利用本体的推理功能进一步挖掘实体关系，将 SVM 模型和本体的优势相结合，解决了复杂关系的抽取问题。⑥ 深度学习技术也被广泛应用到实体关系的发现中。Lin 等在神经网络模型使用基于句子级别的注意力机制，有效地降低噪音对实体对应的影响，使得模型能够学习全部的有效句子，提高关系抽取任务的质量。⑦ 关鹏举等针对临床医学文本采用 Bi-LSTM 提取句子级语义

---

① 周诗咏. Web 环境下基于语义模式匹配的实体关系提取方法的研究[D]. 沈阳：东北大学，2009.

② Yangarber R, Grishman R. NYU：Description of the Proteus / PET system as used for MUC-7 ST[C]// Proceedings of the 7th Message Understanding Conference. 1998：1-7.

③ Giuliano C, Lavelli A, et al. FBK-IRST：Kernel methods for semantic relation extraction [C]// Proc of the 4th International Workshop on Semantic Evaluations. Stroudsburg, PA：Association for Computational Linguistics, 2007：141-144.

④ Tratz S, Hovy E. Isi：Automatic classification of relations between nominals using a maximum entropy classifier[C]// Proc of the 5th International Workshop on Semantic Evaluation. Stroudsburg, PA：Association for Computational Linguistics, 2010：222-225.

⑤ Chan Y, Roth D. Exploiting syntactico-semantic structures for relation extraction [C]// Proceedings of the 49th Annual Meeting of the Association for Computational Linguistics：Human Language Technologies, 2011：551-560.

⑥ 朱姗. 基于本体的电子产品实体关系抽取研究[D]. 西安：西安电子科技大学，2011.

⑦ Lin Yankai, Liu Zhiyua, Sun Maosong. Neural relation extraction with selective attention over instances[C]// Proceedings of the 54th Annual Meeting of the Association for Computational Linguistics. 2016：2124-2133.

特征，避免了由专家来制定大量特征，达到更好的实体关系抽取效果。①

随着神经网络技术的兴起，词嵌入式向量逐步应用进来，词嵌入类比技术亦成为实体关系挖掘的一个重要方法。因此，相关学者采用词嵌入类比算法来进行实体关系挖掘。其主要思路为：首先对词向量进行相减操作，在一定程度上用以表征实体潜在语义关系，例如“v[国王]-v[男人] ≈ v[王后]-v[女人]”，然后再利用机器学习模型对向量差进行学习和分类，从而得到实体关系标签。哈工大发布的“大词林”系统就应用了此思路，结果表明，此思路可以很好地发现实体间的层次关系。② 同时，陈果等以心血管领域为研究对象，在小规模知识库指导下使用词嵌入关系类比，在发现实体层次、症状表征、并发症、诊断以及受影响部位关系任务上，取得了很好的研究成果。③ 此外，也有学者将 CNN④ 和 Bi-LSTM⑤ 应用于实体关系抽取，在各自数据集上 F1 值分别为 86.52%、83.9%，效果较好。

有监督的实体关系发现能够充分利用先验知识，在实体关系发现任务上效果显著。此外，随着神经网络技术的高速发展，基于深度学习的方法逐渐成为主流技术，具有很好地应用前景。但不足之处在于，其中基于机器学习和基于深度学习的方法由于需要训练模型超参数，对大量标注语料的依赖必不可少，且对算力要求较高，同时模型权重的初始化往往会对结果产生较大影响。

4.2.2 半监督的实体关系发现

半监督的实体关系发现较监督的方式在一定程度上降低了对标注语料的依赖性，人工筛选出种子实体关系对，通过模型不断迭代学习，以获得最终的实体关系集。常用的方式有 Bootstrapping、协同训练、标注传播等。其中 Bootstrapping 为主流方式，由 Brin 首先作为半监督方法应用于实体关系发现中，以高质量<书名，作者名>关系对为种子词集，在文本中抽取新的实例集

---

① 关鹏举，曹春萍. 基于 BLSTM 的临床文本实体关系抽取[J]. 软件，2019，40(5)：159-162.

② 秦兵.《大词林》中实体类型获取及层次化构建方法[EB/OL].[2019-11-11]. http://www.cipsc.org.cn/kg3/qb.html.

③ 陈果，许天祥. 小规模知识库指导下的细分领域实体关系发现研究[J]. 情报学报，2019，38(11)：1200-1211.

④ 宋睿，陈鑫，等. 基于卷积循环神经网络的关系抽取[J]. 中文信息学报，2019，33(10)：64-72.

⑤ 李卫疆，李涛，漆芳. 基于多特征自注意力 BLSTM 的中文实体关系抽取[J]. 中文信息学报，2019，33(10)：47-56.

进行标注并抽取模板，再利用模板发现新的实体关系对进行扩充，如此迭代训练得到语料全量关系模式集和实体关系集。① 协同训练思想由 Zhang 提出进行语料半监督语义分类，并命名为 BootProject 方法。② 该方法事先确定具有代表性的关系种子集，在迭代中不断进行种子集扩展，初始种子集的选择至关重要，通常与最终结果的准确率成正相关关系。BootProject 算法的实践思路为：随机从大的特征集合中划分出一定数目的子特征集窗口，每个窗口又可利用相同策略得到更多的子窗口，然后以其中部分种子集合训练模型并测试，从而确定关键性关系实例，进而进一步进行种子集扩展。

为解决人工标注数据不足的问题，Mintz 等提出了远程监督学习方法。通过使用远程监督学习技术，将 Freebase 库中的文本和知识进行实体对齐，生成大量标注数据，大大降低了人工标注的成本。李煜甫等人采用 Word2vec 模型和 FPGrowth 算法相结合的方法，针对大量未经过标注的军事语料进行分析以挖掘其中的潜在信息，首先，从关联分析角度进行实体关系描述词提取，其次，从语义相似角度进行关系词扩充，最后，构建出一种浅层关系分类矩阵，对军事文本的关系进行分类。在医学领域，李昊迪针对单示例表示的文档级关系抽取样例缺失问题，提出了一种基于循环神经网络的多示例弱监督模型，克服了有监督模型仅能分析最短文本片段的不足，提高医学文档中实体关系抽取的性能。

而标注传播则是一种基于图的半监督学习方法，图节点表示样本，节点间权重表示样本距离，以自动识别出半结构化和非结构化文本中的实体对关系为目的。其特点在于将实体关系发现任务转化为构建基于图的满足全局一致性假设的标注函数，从而利用基于图的策略构建实体关系发现模型，为实体关系发现任务的解决开辟了一条全新的途径。有研究指出，当标注数据匮乏时，标注传播方法综合利用样本周围有标签和无标签的实例信息，平滑了无标签样本的标签信息，进而对无标签样本实际标签种类进行识别，准确率通常优于有监督方式。③

---

① Brin S. Extracting patterns and relations from the world wide web[C]//International Workshop on the World Wide Web and Databases. Springer, Berlin, Heidelberg, 1998, 172-183.

② Zhang Zhu. Weakly-supervised relation classification for information extraction[C]//Proceedings of the 13th ACM International Conference on Information and Knowledge Management, 2004: 581-588.

③ 罗斌，唐红艳，等. 基于图的微博广告文本识别[J]. 厦门大学学报(自然科学版)，2017，56(5)：724-728.

总体来看，半监督的方式适用于缺乏大量完全标注语料的情况，在一定程度上可以降低人工标注成本，但是这对初始种子集质量要求较高，除此之外，在迭代学习过程中，如何降低噪音和错误累积也是需要关注的问题。

4.2.3 无监督实体关系发现

无监督的方式则是一种自底向上的聚类任务。具体为将实体对基于相似度进行聚类，每类取代表性词语来标记关系。

无监督的方式首次被使用即展现在 ACL 会议上，Hasegawa 等将共现次数超过一定阈值的实体对作为潜在关系，并基于相似度进行聚类，最后基于人工知识和经验对实体集命名恰当的关系类型，可在识别公司实体对关系任务上 F 值达到 75%。① 孙勇亮面向中文语料进行无监督的实体关系发现研究，一方面利用相邻原则、核心词原则和特征过滤原则提高了实体对的召回率，另一方面以密度为标准开展聚类实验，增大计算效率的同时提升关系抽取的准确率，最终结果表明密度算法的优化在提升无监督方式实体关系发现整体性能上效果显著。② 此外，施琦利用弹性上下文窗口替换固定窗口的方式获取特征词，基于互信息计算特征词权重并改进 K-means 方法，在开放 Web 语料上显示 F 值最高可达 77.08%，验证了无监督聚类方法在实体关系发现任务上的可行性，这些改进措施都能够达到使关系抽取效果提升的目的。③ Takaaki 将文本中同一实体上下文作为语义特征，采用聚类的方法从文本中提取出命名实体之间的语义关系，④ 在《纽约时报》语料上取得了较好的效果。Rink 等在医学领域中利用产生式模型构建了无监督实体关系抽取框架，实现了医学实体关系的有效抽取，促进了关系抽取向产业化迈进。⑤ 黄济民基于矩阵分解构建无监督实体关

---

① Hasegawa T, Sekine S, Grishman R. Discovering relations among named entities from large corpora[C]// Proceedings of the 42nd Annual Meeting on Association for Computational Linguistics. 2004: Article No. 415.

② 孙勇亮. 开放领域的中文实体无监督关系抽取[D]. 上海：华东师范大学，2014.

③ 施琦. 无监督中文实体关系抽取研究[D]. 北京：中国地质大学(北京)，2015.

④ Hasegawa T, Sekine S, Grishman R. Discovering relations among named entities from large corpora [C]//Proceedings of the 42nd Annual Meeting on Association for Computational Linguistics. Barcelona, Spain: Association for Computational Linguistics, 2004: 415-423.

⑤ Rink B, Harabagiu S. A generative model for unsupervised discovery of relations and argument classes from clinical texts[C]// Proceedings of the 2011 Conference on Empirical Methods in Natural Language Processing, 2011: 519-528.

系提取模型，降低了模型复杂度并引入新的文本语义信息，提高了模型的训练效率和效果。①

无监督的实体关系发现方式无需进行人工标注，在处理大规模未标注语料上具有明显的优势，且不需预先设定关系类型，但需要人工后续处理并基于已有知识和经验给定。由于聚类算法种类繁多且各有特点，故难点在于聚类方法的选择和优化，同时聚类阈值的判定也是非常值得探究的问题。此外，目前对聚类效果缺乏可靠的客观评价标准也是无监督方法的不足之处。

4.2.4 面向开放域的实体关系发现

面向开放域的方式无需人工标注，亦不需预先设定实体关系类型，目的在于抽取出自然语言中的事实性命题，形式为实体关系三元组，并采用句中的特定词汇来描述。如从“吴京执导的电影《战狼》大卖”中抽取出(《战狼》，导演，吴京)，常借助外部领域知识库进行实体关系对齐来实现，此方法对构建事理知识图谱帮助甚大。目前已有不少专家学者面向开放域开展实体关系发现研究，如秦兵等先后利用实体对间距离和指示词位置特征、基于规则的方法以及句式等信息，实现了在大规模中文开放领域语料上无监督的实体关系抽取任务，研究成果对文本知识库的丰富有着重要的价值。② 此外，郭喜跃采用弱监督的方法，借助百科知识库对实体关系对进行筛选和合并，使初始语料的质量得到提升，并从中获得较高质量的命题三元组，最终 F 值为 79.27%。③ 类似地，李颖等同样利用百科知识库，利用依存句法获得实体关系，并获得 81% 的准确率。④

面向开放域的方式不需标注可有效降低工作量，由于工作常借助百科等知识库展开，故适用于大规模网络语料。但数据来源不一，复杂句子的统一性处理仍是难点，导致可能严重存在召回率不高的问题。同样地，也缺乏可靠的客观评价标准。

① 黄济民. 基于矩阵分解的无监督实体关系提取方法研究[D]. 武汉：武汉大学，2017.

② 秦兵，刘安安，刘挺. 无指导的中文开放式实体关系抽取[J]. 计算机研究与发展，2015，52(5)：1029-1035.

③ 郭喜跃. 面向开放领域文本的实体关系抽取[D]. 武汉：华中师范大学，2016.

④ 李颖，郝晓燕，王勇. 中文开放式多元实体关系抽取[J]. 计算机科学，2017，44(S1)：80-83.

4.2.5 实验：基于有监督学习的丁香园网络社区领域实体关系识别

在基于有监督学习的社区领域知识实体关系识别和关联知识发现中，我们在丁香园网络社区中针对心血管领域实体进行了实验。以此出发，进行了整体上的归纳。

(1)实验数据集的构建

识别实体关系在需要知识库描述的高度完备性的同时，通常还会考虑同一类型关系中的两个对应实体。在心血管领域知识库的构建中，以下使用 39 健康网基于心血管疾病的医学名词百科进行逐条抽取，将每种疾病及其并发症、别名和症状以实体对的形式保存。最终抽取的关系对共 11614 个，在每种类型上的数量分布如表 4-2 所示。

表 4-2　基于心血管领域实体关系类型及数量

关系类型构成	数量
疾病—别名	586
疾病—症状	6216
疾病—并发症	1524
疾病—检查	3288

在训练集、测试集合验证集的构建中，本次实验采用的语料来自丁香园社区基于心血管领域的用户讨论帖。实验过程从初始化语料信息开始，具体如下：

①首先使用 python 对大量文本信息进行数据筛选。去除用户 ID、网页标签词和特殊符号等，对句子进行合并跨行，输出 65365 份文本文档。

②根据心血管领域知识库中的实体进行分类整合得出分词词表，利用该词表对本书信息中的句子进行关键词识别并提取，去除未包含分词词表中的句子，最终得到 490378 个包含关键词的句子。图 4-4 是部分包含分词词表中关键词的句子。

③自定义用户词典，根据心血管领域中的实体关系类型，自定义出实体及其关系类型，词典格式为<词语，词性>，例如<心悸，nzz>、<心室间隔缺损，njb>、<充血性心力衰竭，nbfz>等，一共标明四种词性，njb(疾病)、nzz(症状)、nbfz(并发症)、njc(检查)，提取心血管领域知识库中的这四类实体，组成用户自定义词典。

④使用 jieba 分词载入用户自定义词典，对近 50 万条文本数据进行词性标注，部分结果图如图 4-5 所示。

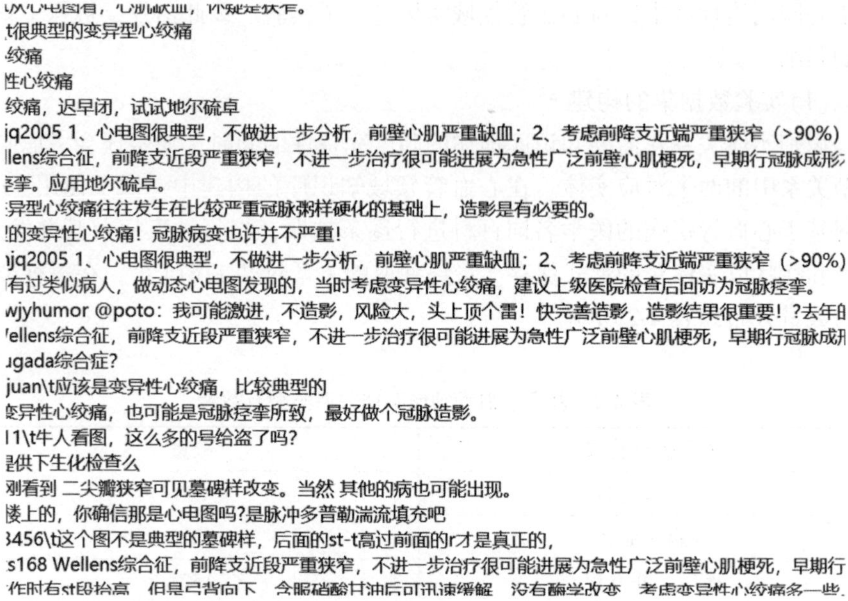
t很典型的变异型心绞痛
绞痛
性心绞痛
绞痛，迟早闭，试试地尔硫卓
jq2005 1、心电图很典型，不做进一步分析，前壁心肌严重缺血；2、考虑前降支近端严重狭窄（>90%）
llens综合征，前降支近段严重狭窄，不进一步治疗很可能进展为急性广泛前壁心肌梗死，早期行冠脉成形
挛。应用地尔硫卓。
异型心绞痛往往发生在比较严重冠脉粥样硬化的基础上，造影是有必要的。
的变异性心绞痛！冠脉病变也许并不严重！
jq2005 1、心电图很典型，不做进一步分析，前壁心肌严重缺血；2、考虑前降支近端严重狭窄（>90%）
有过类似病人，做动态心电图发现的，当时考虑变异性心绞痛，建议上级医院检查后回访为冠脉痉挛。
wjyhumor @poto：我可能激进，不造影，风险大，头上顶个雷！快完善造影，造影结果很重要！?去年
ellens综合征，前降支近段严重狭窄，不进一步治疗很可能进展为急性广泛前壁心肌梗死，早期行冠脉成
gada综合症?
juan\t应该是变异性心绞痛，比较典型的
异性心绞痛，也可能是冠脉痉挛所致，最好做个冠脉造影。
1\t牛人看图，这么多的号给盗了吗?
供下生化检查么
刚看到 二尖瓣狭窄可见墓碑样改变。当然 其他的病也可能出现。
楼上的，你确信那是心电图吗?是脉冲多普勒湍流填充吧
456\t这个图不是典型的墓碑样，后面的st-t高过前面的r才是真正的，
s168 Wellens综合征，前降支近段严重狭窄，不进一步治疗很可能进展为急性广泛前壁心肌梗死，早期行

图 4-4 包含关键词信息的部分文本

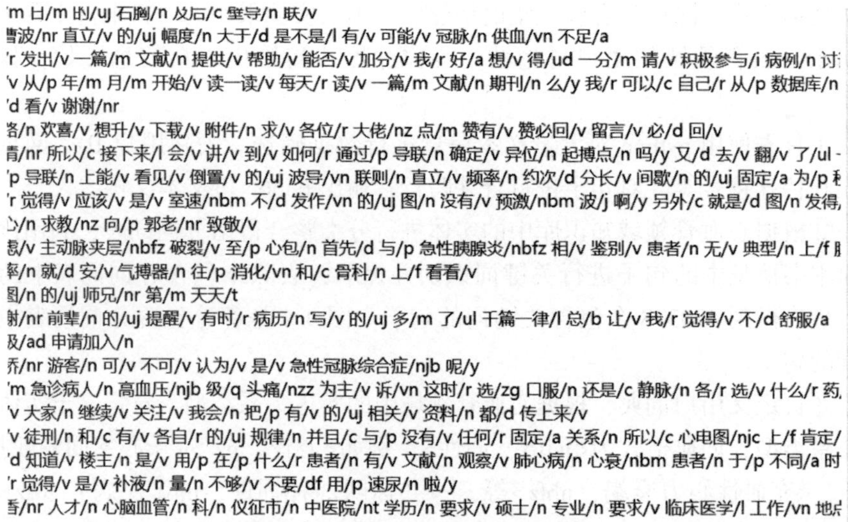
波/nr 直立/v 的/uj 幅度/n 大于/d 是不是/l 有/v 可能/v 冠脉/n 供血/vn 不足/a
r 发出/v 一篇/m 文献/n 提供/v 帮助/v 能否/v 加分/v 我/r 好/a 想/v 得/ud 一分/m 请/v 积极参与/i 病例/n
v 从/p 年/m 月/m 开始/v 读一读/v 每天/r 读/v 一篇/m 文献/n 期刊/n 么/y 我/r 可以/c 自己/r 从/p 数据库/n
d 看/v 谢谢/nr
/n 欢喜/v 想升/v 下载/v 附件/n 求/v 各位/r 大佬/nz 点/m 赞有/v 赞必回/v 留言/v 必/d 回/v
/nr 所以/c 接下来/l 会/v 讲/v 到/v 如何/r 通过/p 导联/n 确定/v 异位/n 起搏点/n 吗/y 又/d 去/v 翻/v 了/ul
p 导联/n 上能/v 看见/v 倒置/v 的/uj 波导/vn 联则/n 直立/v 频率/n 约次/d 分长/v 间歇/n 的/uj 固定/a 为/p
r 觉得/v 应该/v 是/v 室速/nbm 不/d 发作/vn 的/uj 图/n 没有/v 预激/nbm 波/j 啊/y 另外/c 就是/d 图/n 发得,
/n 求教/nz 向/p 郭老/nr 致敬/v
/v 主动脉夹层/nbfz 破裂/v 至/p 心包/n 首先/d 与/p 急性胰腺炎/nbfz 相/v 鉴别/v 患者/n 无/v 典型/n 上/f
/n 就/d 安/v 气搏器/n 往/p 消化/vn 和/c 骨科/n 上/f 看看/v
/n 的/uj 师兄/nr 第/m 天天/t
/nr 前辈/n 的/uj 提醒/v 有时/r 病历/n 写/v 的/uj 多/m 了/ul 千篇一律/l 总/b 让/v 我/r 觉得/v 不/d 舒服/a
及/ad 申请加入/n
/nr 游客/n 可/v 不可/v 认为/v 是/v 急性冠脉综合症/njb 呢/y
m 急诊病人/n 高血压/njb 级/q 头痛/nzz 为主/v 诉/vn 这时/r 选/zg 口服/n 还是/c 静脉/n 各/r 选/v 什么/r 药,
v 大家/n 继续/v 关注/v 我会/n 把/p 有/v 的/uj 相关/v 资料/n 都/d 传上来/v
v 徒刑/n 和/c 有/v 各自/r 的/uj 规律/n 并且/c 与/p 没有/v 任何/r 固定/a 关系/n 所以/c 心电图/njc 上/f 肯定/
d 知道/v 楼主/n 是/v 用/p 在/p 什么/r 患者/n 有/v 文献/n 观察/v 肺心病/n 心衰/nbm 患者/n 于/p 不同/a 时
r 觉得/v 是/v 补液/n 量/n 不够/v 不要/df 用/p 速尿/n 啦/y
/nr 人才/n 心脑血管/n 科/n 仪征市/n 中医院/nt 学历/n 要求/v 硕士/n 专业/n 要求/v 临床医学/l 工作/vn

图 4-5 部分文本数据分词结果

⑤数据二次筛选，实体关系识别操作流程是基于包含两个及以上实体词的句子，上一步操作得出的词性标注后的近 50 万条句子占用内存空间庞大，代码运算周期长，为了提高实体关系识别的效率。进行数据的二次筛选，剔除仅含有一个以下词性标注的句子，最终得出 38173 条文本数据。

⑥根据已有知识库中的实体及实体关系，构建包含实体 1、实体 2 和实体关系三元组，在 python 环境下，读取并筛选包含已知实体对的文本句子 10866 条，如图 4-6 所示，作为模型训练的原始数据集构造训练集、测试集和验证集。按照 relation 对总数据集分类，分别选取实体关系别名，并发症和检查的数据，按照 6∶2∶2 的方式，构造测试集、验证集和训练集。

	A	B	C	D	E	F	G
1	sentence	relation	head	head_offse	tail	tail_offset	
2	一急诊病人	症状	高血压	5	头痛	9	
3	马狐冠心病	并发症	冠心病	2	心肌梗死	56	
4	急性冠状动	并发症	急性心肌梗	75	心肌梗死	77	
5	在现在的抗	症状	房颤	12	心悸	24	
6	霜落长河不	症状	二尖瓣	74	咳嗽	68	
7	值夜班的小	症状	右束支传导	21	传导阻滞	14	
8	值夜班的小	并发症	传导阻滞	14	房室传导阻	12	
9	岁男性患者	症状	心动过速	18	胸闷	7	
10	彭男中年血	检查	高血压	83	舒张压	46	
11	落花有意吗	症状	窦性心动过	38	心动过缓	40	
12	流云芜绝对	检查	房颤	8	心电图	13	
13	由于小小白	别名	心肌梗死	80	心梗	15	
14	由于小小白	别名	急性心肌梗	78	急性心梗	13	
15	由于小小白	并发症	急性心肌梗	78	心肌梗死	80	
16	由于小小白	并发症	急性心梗	13	心肌梗死	80	
17	坏到刚刚好	症状	早搏	118	室性早搏	116	
18	王伟房室分	症状	三度房室传	6	房室分离	2	
19	王伟房室分	并发症	传导阻滞	10	房室传导阻	8	
20	一女医僧同	检查	冠心病	66	心电图	80	
21	心殷给男枫	并发症	心肌梗死	39	心律失常	8	

图 4-6　筛选后的总数据集

(2)实验指标评估

对模型进行评估的常用测评标准有 P、R、$F1$。P、R、$F1$ 的计算公式如下：

$$P = \text{准确鉴别的医学关联/鉴别出的总医学关联}$$

$$R = \text{鉴别出的总医学关联/实际总医学关联}$$

$$F1 = 2 * P * R/(P+R)$$

其中，P 为准确率(Precision)，表示准确鉴别的医学关联与鉴别出的总医学关联的比值；R 为召回率(Recall)，表示出鉴别出的总医学关联与数据集实际总医学关联的比值。准确率和召回率在信息检索和统计分类领域有着广泛的应用。然而，准确率和召回率之间存在负相关，因此有必要引入 $F1$ 值进行调整。$F1$ 是调和平均数，即总体各统计变量倒数的算术平均数的倒数。

(3)模型训练及结果

本实验的模型训练及结果可归纳为表 4-3、图 4-8 和图 4-9 所示的数据。

①初次训练时，模型出现过拟合，在测试集上的准确率和召回率无限接近于 1。过拟合产生有多方因素，例如噪声、测试训练集的数据量不足和模型训练次数过多导致模型复杂化。通过分析推测本次实验过拟合产生的原因可能是实验数据集数目无法比拟模型的层次结构，模型的复杂程度过高而训练数据太少。为了防止模型过拟合，在无法扩展数据集的情况下，需要降低模型的复杂度，可以通过调整参数值来实现。其中 Batch Size 为一次训练从训练集中选取的样本数据量，直接影响模型的训练进程和整合速率，随着值的增大，处理相同的数据量的速度越快。Weight Decay 又称权重衰减，使得训练模型考虑了最小化分类 loss。权重越小，越有利于将其约束在一定范围内，降低模型的复杂度。经过训练集的不断调整，最终具体实现为将 batch_ size 值从 32 改为 64，weight_ decay 由 1e-3 改为 3e-3，测试集的输出如表 4-3 所示。

表 4-3　模型训练结果

Epoch	P	R	F1
10	0. 7500	0. 7471	0. 7485
20	0. 7479	0. 7265	0. 7366
30	0. 7500	0. 7412	0. 7455

②训练集在 epoch = 10 的 loss 结果如图 4-7 所示。

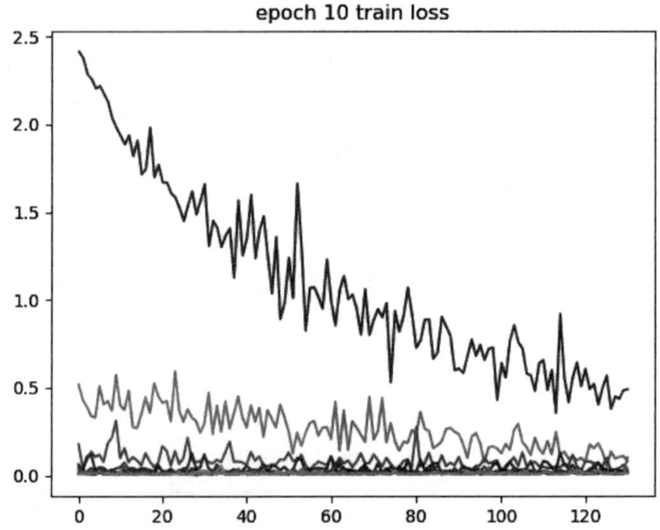

图 4-7 epoch = 10 的 loss 结果图

③训练集和验证集的 loss 对比如图 4-8 所示。

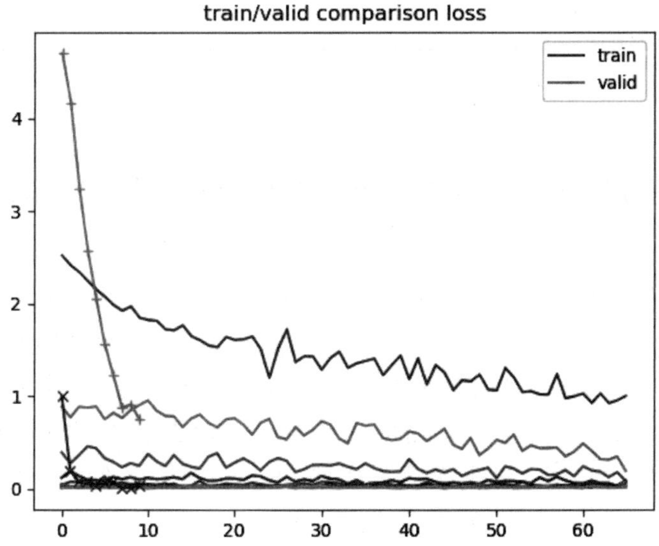

图 4-8 训练集和验证集的 loss 对比图

(4)模型应用

对 20695 条新数据进行模型预测，输出结果为关系和置信度，对结果进行初步统计如表 4-4 所示，当置信度大于 0.7 时，认定预模型已经成功预测出的实体之间的关系，其中置信度大于 0.7 的关系占总数的 15.46%。成功识别出的实体关系中，检查占识别总比的 90%以上，而别名关系占比最少，因此对于预训练模型来说，可能是疾病和检查关系之间的实体位置明确，在上下文中有语义提示，并且检查方式中包含“心电图”，如“超声心电图”“动态心电图”等。别名关系识别效果不明显的原因可能是知识库中的实体之间仅存在微小差异，如“老年人新血栓疾病”和“老年新血栓疾病”，模型在识别过程中未能精确化，导致别名关系不易被区分。

表 4-4　模型应用结果

置信度区间	关系计数	百分比
0-0.3	613	0.03%
0.3-0.5	9671	46.73%
0.5-0.7	7212	34.85%
0.7-0.9	3128	15.11%
0.9-1	71	<0.01%

4.3　小规模知识库指导下的网络社区领域实体关系识别

尽管实体关系挖掘方法研究较多，但具体到特定细分领域时其应用又受到诸多阻碍，制约其泛化应用的关键问题是相应领域标注语料的缺乏。即使是近年来快速发展且效果显著的深度学习方法，在领域实体关系识别上也受此问题的制约。① 相应地，已有知识库的指导作用就更加突出。② 然而，通用型知识库对细分领域(特别是专业性较强的领域)的知识覆盖度难以保障，特定领域

① 武文雅，陈钰枫，徐金安，等. 中文实体关系抽取研究综述[J]. 计算机与现代化，2018，276(08)：25-31.

② 漆桂林，高桓，吴天星. 知识图谱研究进展[J]. 情报工程，2017，3(1)：4-25.

的知识库往往又规模较小。总体而言，如何充分发挥小规模、局部性知识库的作用显得尤为重要。

领域实体关系抽取是领域知识图谱构建的一个核心问题。在通用层面上，实体关系抽取已取得较好效果；在一些已有人工语料标注的领域，领域实体关系识别也有较多研究和实践开展。然而，在更多领域场景下，制约实体关系挖掘技术泛化应用的关键因素是缺乏可靠的标注语料。相应地，以细分领域已有的(或可低成本快速构建的)小规模知识库为指导，充分对其中的语义信息进行合理的提取和利用，必然能在一定程度上帮助领域知识图谱的自动构建。①

如何有效地、充分地利用领域小规模知识库？笔者认为，需要有针对性地结合领域知识库"量少质高"和领域未标注语料"规模效应"的特点，充分发掘蕴含于领域知识库中规律性的"领域元知识"，以其为指导开展大规模未标注语料中的知识发现，实现人类知识与机器学习的优势互补。相应地，本节提出一种以"词嵌入类比"为基础的细分领域实体关系发现方案，其思路是发挥领域小规模知识库的"种子来源""规律基准""评测标准"作用。该方案具有领域泛化应用的能力。

4.3.1　词嵌入类比及其在实体关系识别中的应用

当前，以 Word2vec 为代表的词嵌入方法已在大量研究、实践中取得较好的效果。词嵌入依托大量语料，可以根据语境将离散的词语语义化，语义越接近的词语，其词嵌入表示向量越相似；词嵌入已经被证明可以保留语言规则，如词语之间的语法、语义关系。② 因此，词嵌入向量习得后，除可应用于词语相似度计算外，另一种典型的应用是词语类比学习(Word Analogy)，③ 即：具有同类型关系的两个词对，其词嵌入向量相减后得到的结果是相似的。例如"v[国王]-v[男人] ≈ v[王后]-v[女人]"是词语语义关系类比，"v[dancing]-v[dance] ≈ v[predicting]-v[predict]"是词语语法关系类比，

① 韩其琛，赵亚伟，姚郑，等. 基于叙词表的领域知识图谱初始种子集自动生成算法[J]. 中文信息学报，2018，32(08)：1-8.

② 刘凯，符海东，邹玉薇，等. 基于卷积神经网络的中文医疗弱监督关系抽取[J]. 计算机科学，2017，44(10)：249-253.

③ Mikolov T, Sutskever I, Chen K, et al. Distributed representations of words and phrases and their compositionality[J]. Advances in Neural Information Processing Systems, 2013, 26: 3111-3119.

其中“v[国王]”是词语“国王”的词嵌入向量。①

词嵌入类比目前已成为词嵌入学习算法的一个基本评估项，很多研究者将类比特性作为评判词嵌入质量的标准，不断改进词嵌入的生成方法。Mikolov等于2013提出的英文单词类比数据集包含语义、语法类比问题各近万个，并以此为基础评测了Word2vec生成的词嵌入结果。② 另一种典型的词嵌入算法Glove也开展了词类比评估。③ 相应地，已有研究者采用词嵌入类比算法来识别潜在的词语语义关系。面向知识图谱的表示学习算法TransE，正是受到这种类比现象的启发而提出来的。④ Fu等提出一种利用词嵌入类比来发现词汇层级关系的方案，他们发现，上下位词的词嵌入类比向量(即词嵌入向量相减的结果)具有一定的相似聚集效应；且不同类型词语(如动物、植物)的层次关系对应的词嵌入类比向量分布在不同位置，通过训练得到的分类器对未知的词对进行分类，可发现更多的层次关系。⑤ 这一研究成果也已在实践中大规模应用，哈尔滨工程大学发布的“大词林”就是以此研究为基础。⑥

从已有研究来看：第一，词嵌入类比的作用不仅限于已有的层级关系类比，实质上，只要能定义出关系类型，就可以开展相应的学习。第二，词嵌入类比是一种基于实例的学习，一方面，其效果更多取决于少量、高质量的基准比较向量；另一方面，同类关系的词嵌入类比向量具有聚集性，提供一定量的基准向量可避免单个类比向量的偏差。因此，词嵌入类比特别适用于小规模、高质量知识库指导下的语义关系学习；第三，词嵌入类比是基于词嵌入向量开展，而词嵌入向量的学习不需要标注语料，因而可以充分发挥大规模、未标注

---

① Goldberg Y. A primer on neural network models for natural language processing[J]. Journal of Artificial Intelligence Research, 2016, 57: 345-420.

② Mikolov T, Chen K, Corrado G, et al. Efficient estimation of word representations in vector space[J]. arXiv preprint arXiv: 1301. 3781, 2013.

③ Mikolov T, Yih W, Zweig G. Linguistic regularities in continuous space word representations[C]// NAACL-HLT, 2013: 746-751.

④ Pennington J, Socher R, Manning C. Glove: Global vectors for word representation[C]// EMNLP, 2014: 1532-1543.

⑤ Zhang X, Du C, Li P, et al. Knowledge graph completion via local semantic contexts [C]// International Conference on Database Systems for Advanced Applications. Springer, Cham, 2016: 432-446.

⑥ Fu R, Guo J, Qin B, et al. Learning semantic hierarchies via word embeddings[C]// Proceedings of the 52nd Annual Meeting of the Association for Computational Linguistics. 2014, 1: 1199-1209.

领域语料集的作用。

嵌入可保留词语间的语义关系。因此，在基于词嵌入计算的基础上，可构造领域关系词对训练集，进行词嵌入类比计算以及词嵌入类比分类学习，训练得到分类模型以进行最终的细分领域实体关系识别。

①领域关系词对训练集的构造。细分领域实体关系的发现，可转化为一个监督学习任务。因此，需要在不依赖标注语料的前提下，利用领域知识库构造相应的训练集。该训练集包括正例(关系词对列表)和负例(非关系词对列表)，前者即从领域知识库直接提取已有的各关系词对，后者则可按照实体关系约束规则从领域知识库中随机抽取相应类型实体对，并剔除已明确存在关系的词对。例如：根据诊断关系由<疾病，诊断方法>这一规则组成，从知识库中随机抽取若干疾病和若干诊断方法，组成一批<疾病，诊断方法>候选词对，如果抽取到诸如<冠心病，冠脉造影>这种已在关系词对列表的结果，则将其剔除。

进而按照词嵌入类比运算的要求，将训练集中各词对的词嵌入向量进行相减，得到的结果作为分类器的输入特征数据，① 词对间是否存在实体关系作为类别标签。

②词嵌入类比计算与分类学习。为了更好地利用词嵌入向量类比任务中的基准向量，提高领域实体关系识别效果，需考虑两个主要问题：多分类问题下分类器的拆分问题、分类算法的选择问题。

多分类问题下分类器的拆分问题：由于领域实体关系类型较多，故词嵌入类比的分类学习是一个多分类问题。但由于实体对类型已知，因此可根据实体对类型拆分为多个分类器开展训练，以获得更好的学习效果。例如，在医学领域，针对<疾病，疾病>词对可训练一个分类器来识别并发症关系、层次关系、非实体关系，针对<疾病，症状>可另训练一个分类器来识别症状表征关系、非实体关系。

分类算法的选择问题：传统的监督学习分类模型有 Random Forest、KNN、Bayes 和 SVM 等，几种模型各有所长，经大量实践验证，在文本分类任务上均可取得较为不错的效果。② 此外，近年来随着神经网络的兴起，多层神经网

① Fu R, Guo J, Qin B, et al. Learning semantic hierarchies via word embeddings[C]// Proceedings of the 52nd Annual Meeting of the Association for Computational Linguistics. 2014, 1: 1199-1209.

② Hartmann J, Huppertz J, et al. Comparing automated text classification methods[J]. International Journal of Research in Marketing, 2019, 36(1): 20-38.

络、循环神经网络、卷积神经网络等在多种监督学习任务甚至是文本分类任务上有着显著的效果。①

由此可见，从词嵌入类比入手开展特定领域的实体关系识别具有其优势：既可发挥大规模未标注语料的作用，又能充分利用小规模高质量领域知识库的指导作用。鉴于此，本节参考并优化文献②的方法，将其从层级关系发现扩展到领域细粒度实体关系发现上。

4.3.2 小规模知识库指导下的领域实体关系识别方案

基于词嵌入类比技术，可以充分利用少量已有实体关系实例作为基准，在无需人工语料标注的前提下训练领域实体关系分类器，从而实现小规模知识库指导下的细分领域实体识别。

(1)考虑词嵌入类比约束的领域实体识别思路

给定两个领域实体，判定它们是否符合某种类型的实体关系实质上是一个分类的任务。从细分领域实体关系的特点和已有大量关于词嵌入类比研究结果来看，除了传统句法模板的"显式匹配"外，还可以从词嵌入类比入手，通过表4-6所示约束条件来判定。表4-5中，领域大规模未标注语料可用于计算术语的词嵌入向量。而领域知识库不仅可用于生成实体类型约束，还可提供关系类比约束中词嵌入类比的基准向量。理论上讲，少量高精度的实体对即可生成高质量的基准向量，因此小规模领域知识库恰好可以高效地发挥作用。

表4-5 领域实体关系判断的约束条件

判定顺序	约束条件	条件说明	举例	约束特点	约束判断依据
1	实体类型约束	两个领域实体是否满足构成特定关系所要求两种实体类型	症状表征关系必须由<疾病，症状>两类实体组成	规则性约束	领域小规模知识库

① Journal of Artificial Intelligence Research, 2016, 57: 345-420; Young T, Hazarika D, Poria S, et al. Recent trends in deep learning based natural language processing[J]. IEEE Computational Intelligence Magazine, 2018(13), 55-75.

② Zhang X, Du C, Li P, et al. Knowledge graph completion via local semantic contexts[C]// International Conference on Database Systems for Advanced Applications. Springer, Cham, 2016: 432-446.

续表

判定顺序	约束条件	条件说明	举例	约束特点	约束判断依据
2	关系类比约束	计算两个领域实体的词嵌入类比向量，看其是否与已有的这类关系词嵌入类比基准向量相似	vec(冠心病)-vec(冠状动脉造影) ≈ vec(窦性心动过速)-vec(心电图)	半规则半统计性约束	领域小规模知识库、领域大规模未标注语料
3	事实强度约束	实体关系的成立需要一定强度的事实支撑，即两个领域术语有较强的统计相关性	在大量语料中，“冠心病”经常和“冠状动脉造影”一起出现，很少和“腹部CT”同时出现，那么前者比后者更有可能是其诊断方法	统计性约束	领域大规模未标注语料

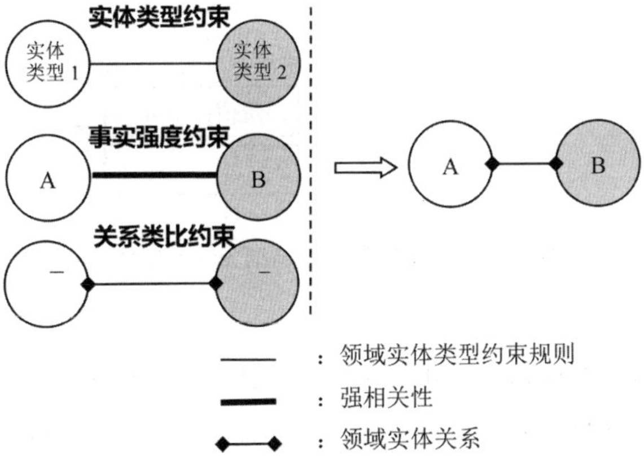

图 4-9 基于词嵌入类比的领域实体关系发现思路

因此，构建如图 4-9 所示的领域实体关系发现思路，需同时满足实体类型约束、事实强度约束和关系类比约束方可判定两个领域实体间满足特定的关系类型。总体而言，这种实体关系发现思路可以充分发挥小规模知识库、大规模未标注语料的各自作用，较大程度上解除对人工标注语料的依赖。

(2)小规模知识库指导下的细分领域实体关系识别方案

基于上述思路，结合当前领域实体关系识别、词嵌入与词嵌入类比的相关技术方法，将细分领域实体关系发现目标拆分为如图 4-10 所示的四个子任务。该流程包括四个关键环节，一是领域小规模知识库的构建和实体类型约束规则的生成；二是基于领域未标注语料的词嵌入计算问题；三是领域实体关系词嵌入向量的类比学习问题；四是细分领域实体关系的发现问题。最终可形成具有一定可靠性的动态知识发现模式。下面针对各环节中的关键问题进行论述，其中的具体技术方法可视实践情况予以选择和调整。

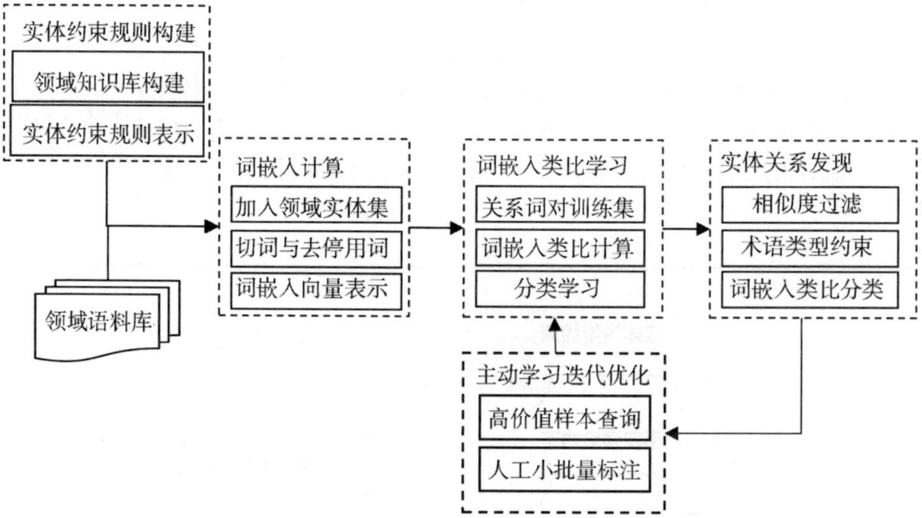

图 4-10　小规模领域知识库指导下的细分领域实体关系发现流程

①实体类型约束规则的构建。领域实体关系的实体类型约束规则包括实体对的各自类型，以及实体关系自身的类型。该约束规则是特定领域内的“元知识”，其特点是高度概括和简练，因此对准确性要求较高。其构建包括两部分工作，一是领域小规模知识库的构建；二是领域实体关系类型的界定及实体约束规则表示。

在特定领域小规模知识库构建中，领域小规模知识库构建对精准度要求较高而不一味求全，因此主要可以采用以下三种方法：一是从已有通用型或领域型知识库(如词典、主题词表、本体)中获取；二是从结构化语料中抽取，典型的有从百科词条的信息框中按照属性项提取领域实体、关系及其各自类型；

三是从非结构化语料中抽取，通常需要一定的规则模板。例如，句子模板(“A的症状有 B，C”)、构词模板(“×××病”)。

领域实体关系类型的界定及实体约束规则表示。需要领域专家一定程度的参与，但相对于传统知识库构建中要求领域专家提供具体的知识关联而言，此方案中领域专家更侧重于对领域知识规律的描述。如此，既可以避免大量穷举式的繁琐工作，又更能体现领域专家隐性知识显化的价值。领域实体关系类型界定中，除了由领域专家“自顶向下”式地列举领域内常见实体关系类型及其实体类型约束外，针对一些知识结构较为复杂的领域，还可利用“自底向上”的方式统计知识库中的实体关联的类型及其组成实体类型，以供领域专家作为约束规则选择和查漏补缺的依据。约束规则可用三元组 <ConceptType1，ConceptType2，RelationType>来形式化表达。

②领域词汇关系的词嵌入类比学习。依据前文所述，词嵌入可保留词语间的语义关系。因此，在基于词嵌入计算的基础上，除领域关系对训练集的构造和词嵌入类比计算与分类学习两部分外，还有细分领域的实体关系发现和词嵌入类比基础上的主动学习优化。

对于细分领域的实体关系发现，在结合小规模领域知识库和语料库的基础上完成词嵌入类比学习任务并构建了实体关系分类器后，可进行细分领域实体关系发现。与表 1 顺序不同，实际应用中，为提高识别效率，可先进行词对相似度判定，以避免在大量弱相关词汇上开展实体关系识别。相应的过程如下：

第一，针对特定领域实体，明确其实体类型及其可构成的实体关系类型；

第二，获取与该词相似度最高的若干领域实体；

第三，根据该词实体类型和约束规则<ConceptTypc1，ConceptType2，RelationType>，逐一将其强相似度实体划分为不同实体类型候选词；

第四，针对各实体关系类型候选词对，选定已训练好的同类型关系分类器进行实体关系识别。可根据后续应用场景的精确性要求，选择是否引入领域专家调整已识别的结果。

在词嵌入类比基础上的主动学习优化中，针对优化初始分类器展开主动学习的流程如下：

第一，使用领域知识库中已有的大量正例样本和随机构造的负例样本作为训练集，开展词嵌入类比学习初始分类器训练；

第二，构造出模拟现实场景的严格测试集，在初始分类器上进行测试，发现模型存在的问题；

第三，利用 Word2vec 计算词语相似度，找出一批相似度最高的实体词对；

第四，将高相似度词对输入初始分类器，得到词对在每种分类标签上的可能性概率；

第五，综合根据测试集混淆矩阵和概率差，找出一批高价值的主动学习样本；

第六，对需要进行的主动学习样本进行标注，分批加入原始训练集，迭代优化分类器。

此处的概率差是选择高价值样本的重要判断标准之一，公式为：概率差=概率(第一高的类)-概率(第二高的类)。当大批的全新相似词对输入到初始分类器中时，分类器在对实体词对关系进行判别时，表现得最为困惑或者说最没有信心的那一小批样本则是最值得研究者关注的样本，这正是分类器最需要完善之处。通常分类器在有信心的情况下给予样本标签时，每一类标签上的概率差异较大，而面对难以区分的情况时，最可能的两个类上概率差则会非常小。在二分类问题上，我们以较高的 A 类概率减去较低的 B 类概率得到的差值为准，例如：P(A)-P(B)。而在三分类问题上，取概率最高的前两个类概率差值即可，不需要考虑排名为第三的概率。概率差越小，代 11 适当增加相应类型的样本数量。

4.3.3 实验：小规模知识库指导的丁香园网络社区领域实体关系识别

为验证本书思路的有效性，我们以“心血管”领域为例开展实验。主要工作包括实验数据集构建、领域实体类型约束规则构建、领域语料词嵌入类比学习、领域实体关系发现应用示例。

(1)实验数据集构建

本次实验数据包括两部分：第一，用于指导实体关系挖掘的心血管领域小规模知识库，通过采集 39 百科心血管类目下百科词条构建；第二，用于提供词汇嵌入并类比学习的领域语料库，通过采集丁香园医学论坛心血管板块中医生发表的病例帖子构建。

①小规模知识库构建。综合考虑网络用户用词习惯、概念术语丰富度和概念类型精准度等因素，我们采用兼顾专业性和开放性的领域网络百科为数据来

源构建该术语集。具体数据源为“39 健康网”中的“疾病百科”,① 按“心血管内科”，筛选得到疾病词条 394 个。以火车头采集器 V8.5 为工具，采集各疾病条目下相对应的疾病别名、发病部位、相关症状、并发疾病、相关检查等字段，采集领域术语 2149 个；并按照疾病和各属性对应关系，构造影响部位、症状表征、并发疾病、诊断方式四种细粒度关系。在此基础上，为了便于后续学习到疾病的层次关系，利用已采集疾病术语的文本包含关系生成部分层次关系(如“急性心脏病”包含“心脏病”，因而是其子类)。最终构造的知识库术语、关系类型及数量如表 4-6 所示。

表 4-6 基于疾病百科词条抽取的心血管领域术语及关系类型统计

术语类型	数量	关系类型	数量
疾病	1066	层次关系	524
		并发症关系	522
器官	143	影响部位关系	257
症状	651	症状表征关系	1716
诊断方法	289	诊断关系	877
总计	2149		3896

②领域语料库构建。由于实验对应的心血管医学领域具有较强的实践性，我们考虑利用医生群体交流的病例内容来构建语料库。丁香园社区是以医生用户为主的医学讨论社区，因此适合作为该领域实体关系挖掘的数据源。以 2018 年 8 月 1 日为截止日期，对心血管板块内帖子进行了采集(在此声明，该内容仅作为科研实验用途，不用于商业活动)。最终采集主帖数量为 58783 条，对应的回帖数量为 259987 条。随后，将回帖与其对应的主帖进行内容合并，作为同一个文本，以便后续开展词嵌入训练。

(2)领域实体类型约束规则构建

心血管领域内实体关系较为简洁，我们参考疾病百科中已有的数据，结合领域专家建议，建立不同实体关系对应的实体类型约束规则如表 4-7 所示。

① 39 疾病百科-心血管内科疾病[EB/OL].[2018-08-01], http://jbk.39.net/bw/xinxueguanneike_t1.

表 4-7 心血管领域实体关系的实体类型约束条件规则

关系类型	实体类型条件		示例
	实体 1 类型	实体 2 类型	
并发症关系	疾病	疾病	<高血压，视网膜病变>
层次关系	疾病	疾病	<高血压，原发性高血压>
症状表征关系	疾病	症状	<高血压，头痛>
诊断关系	疾病	诊断方法	<高血压，检眼镜检查法>
影响部位关系	疾病	器官	<高血压，血管>

(3)领域语料词嵌入类比学习

在领域语料词嵌入训练中，以 jieba 分词工具为基础，首先将领域知识库中术语作为用户词典，以 python 代码调用其分词模块进行切分词，同时去掉无实际意义的停用词(如数字，“的、了”等单字词以及“因此、进而”等语法功能词)。构建用户词典时，需要将领域实体的类型也一并导入，作为切词后词性标注的标签。因此按照 jieba 词性定义规则，将心血管领域主要有的疾病、症状、诊断方法、器官四类实体的词性标识为 njb、nzz、nzd、nqg。最终切词结果示例如图 4-11 所示，其中文字加粗词语是领域内带有明确实体类型的术语。

高血压危象/njb **紧张/nzz** **疲劳/nzz** 寒冷/a 嗜铬细胞/n 瘤/n 阵发性/n **高血压/njb** 发作/vn 突然/ad 停服/v 降压药/n 诱因/n **小动脉/nqg** 发生/v 强烈/a 痉挛/vn 血压/n 急剧/d 上升/v 影响/vn 重要/a 器官/n 血流/n 供应/vn 产生/n 危急/a 症状/n **高血压脑病/njb** 重症/n **高血压/njb** 患者/n 高/a 血压/n 突破/vn 脑/n 血流/n 自动/vn 调节/vn 范围/n 脑组织/n 血流/n 灌注/v 引起/v **脑水肿/nzz** **恶性高血压/njb** **舒张压/nzd** ≥/x 130/m mmHg/eng 伴有/v **头痛/nzz** 视力/n 模糊/a 眼底/t 出血/v 渗出/v 视盘/n **水肿/nzz** 肾脏/n 损害/v 突出/v 持续/vd **蛋白尿/nzz** 血尿/n **管型尿/nzz**

图 4-11 加入领域术语词典后的 UGC 内容切分词结果示例

本书采用 Word2vec 模型训练词嵌入向量，通过 python 调用 gensim 第三方库实现。由于 Skip-gram 模型较 CBOW 在识别词汇间的语义关系方面效果更好，①

① 张琴，郭红梅，张智雄. 融合词嵌入表示特征的实体关系抽取方法研究[J]. 现代图书情报技术，2017，1(9)：8-15.

同时本书因目的为发现细分领域实体关系而聚焦于词语的语义关系，因此笔者采用 Skip-gram 模型。经多轮实验表明，向量维度设为 50，训练窗口设为 5，效果较好。此外，为降低低频词训练结果的影响，我们设置只对频次不低于 5 的词汇进行训练。

从类比学习实现上看，词嵌入类比学习的目的为学习已有关系词对的关系模型，用于指导发现细分领域新的实体关系。根据表 4.8 所示约束规则，将心血管领域实体识别的分类问题拆分为四个独立的分类器，包括：

其一，判定<疾病，器官>是否为影响部位关系；

其二，判定<疾病，诊断方法>是否为诊断关系；

其三，判定<疾病，症状>词对是否为症状表征关系；

其四，判定<疾病，疾病>词对结果为[层次关系，并发症关系，无关系]中一种。

下面根据这一设计，先建立相应的训练集和测试集；再利用多种分类算法开展分类学习。

①训练集与测试集构造。首先提取知识库中已有实体关系词对，按表 4-8 中 5 种关系类型区分，对词对的词嵌入向量进行减法运算，得到各类关系对应的一批词嵌入类比基准向量。为了初步判断词嵌入类比基准向量是否具有区分度，利用 t-SNE 算法①对它们进行降维，以可视化的形式观察其空间分布，结果如图 4-12 所示。其中，由于并发症关系和层次关系都是由<疾病，疾病>词对构成，在后续需要一起训练分类，因此可将两者放到同一空间内。由图 4-12 可知，心血管领域知识库中已有实体关系的词嵌入类比向量存在一定的规律，同类关系的词嵌入类比向量存在聚集效应，不同类型关系的词嵌入类比向量空间分布有明显区分。由此表明，利用领域知识库中已有实体关系的词嵌入类比向量作为基准，开展未知实体关系的类型判定是存在可行性的。

随后，如前所述，从领域知识库中随机构造各类关系的非关系词对。同样地，利用向量减法获取词对的词嵌入类比结果。将各类别的关系词对和非关系词对词嵌入类比结果随机等分为 11 份，取其中 10 份为训练数据，第 11 份为测试数据。为初步判断四种分类器的正例、负例训练数据是否有可分性，将相应数据按 t-SNE 算法降维可视化如图 4-13 所示。可知，总体而言，各类实体关系下的正负例的词嵌入类比向量分布存在着一定的差异性，影响部位关系、

---

① Maaten L V D, Hinton G. Visualizing data using t-SNE[J]. Journal of Machine Learning Research, 2008, 9(11): 2579-2605.

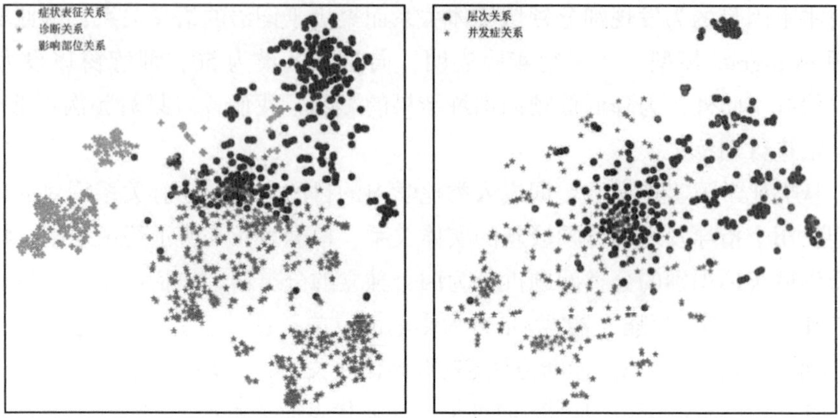

图 4-12 心血管领域概念术语关系对词嵌入类比空间分布情况

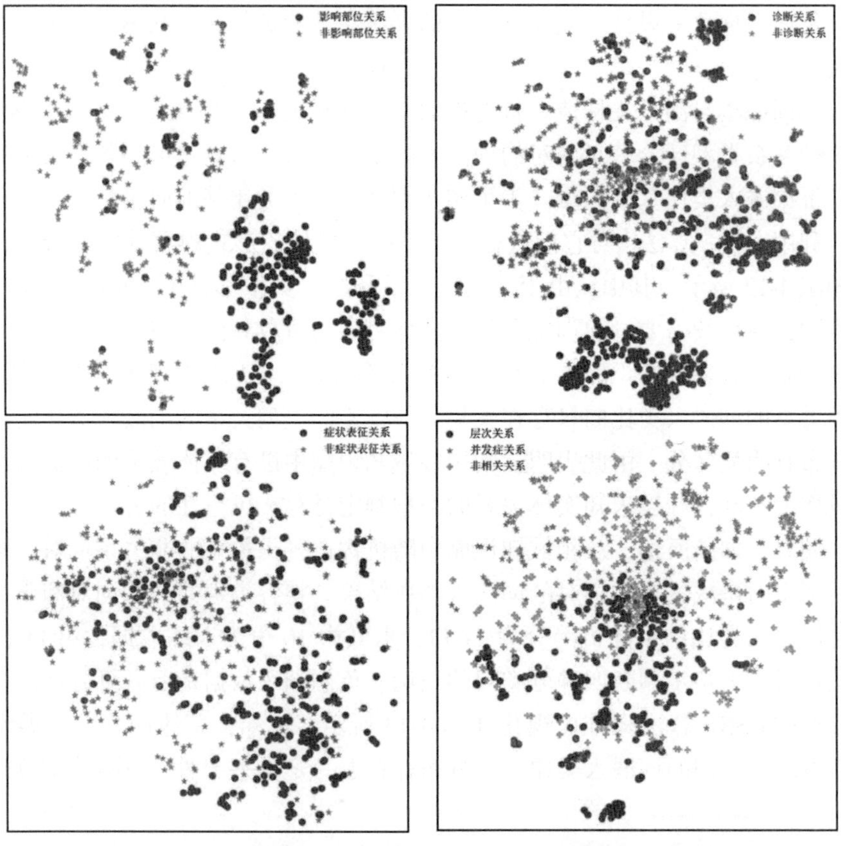

图 4-13 心血管领域词嵌入类比学习各块训练集空间分布图

诊断关系的正负例可划分性较为明显，症状表征关系、疾病三分类关系的样例可划分相对弱一些。

②各类关系的分类训练与测试。针对影响部位关系、诊断关系、症状表征关系、疾病中的层次关系和并发症关系，我们采用图4-13所使用的四部分训练集分别学习，除疾病关系识别为三分类任务外其余均为二分类任务，采用的分类模型有RF(Random Forest)、KNN(K-Nearest Neighbors)、NB(Naive Bayesian)、SVM(Support Vector Machine)以及MLP(Multi-Layer Perception)，方式为十折交叉验证，评价指标为P(Precision)、R(Recall)和F1值。词嵌入向量类比分类的训练结果如表4-8所示，表中数据均为十折交叉验证的平均结果。

表4-8 词嵌入向量类比训练十折交叉验证结果

	疾病关系识别			症状表征关系识别			诊断关系识别			影响部位关系识别		
	P	R	F1	P	R	F1	P	R	F1	P	R	F1
RF	68.55	68.39	68.47	80.60	71.31	75.67	88.37	85.04	86.67	93.54	86.85	90.07
KNN	74.44	72.24	73.32	78.10	84.22	81.04	86.39	90.07	88.19	85.66	88.81	87.21
NB	56.79	56.93	56.86	65.96	68.88	67.39	72.20	79.75	75.79	85.25	83.48	84.36
SVM	68.19	65.43	66.78	82.47	64.58	72.44	86.77	87.00	86.88	86.86	86.36	86.61
MLP	84.96	84.77	84.86	96.44	95.43	95.93	97.96	96.54	97.24	95.72	92.34	94.00

由表4-8可知，五种分类模型在影响部位关系和诊断关系判定任务上均取得较好效果，在疾病关系识别上效果相对较弱，此结果同时印证了图4-13中的数据分布现象。此外，值得注意的是，MLP在四个分类任务上效果远远好于其他分类模型，表明多层神经网络在训练数据上能学习到更多有助于关系识别的关键特征。从整体来看，词嵌入向量类比训练取得了不错的结果，可较好地识别出训练数据的实体关系。

随后，将各模型应用于测试集上，以检测其泛化能力，结果如表4-9所示。可知，MLP在影响部位和诊断关系识别任务上仍保持着很好的泛化能力，SVM和RF尽管对影响部位关系的识别效果最佳，但却获得较差的召回率。另外，MLP在疾病关系、症状表征关系识别训练上存在明显的过拟合现象(验证集结果远优于测试集结果)，应与训练集规模有关。综合各模型特点，对其按照各关系识别效果赋予权重进行软投票集成。可知，在一定程度上能够提升疾病关系识别效果，症状表征关系和影响部位关系识别任务的 F1 值已达最佳。总体来看，诊断关系识别、影响部位关系识别上 F1 值均达到 93%以上，效果已经相当不错；而疾病关系识别、症状表征关系识别在训练集较小的前提下，F1 值也分别达到 70.64%和 78.16%，并且存在扩大训练集以改进效果的空间。

表 4-9 词嵌入向量类比测试结果

	疾病关系识别			症状表征关系识别			诊断关系识别			影响部位关系识别		
	P	R	F1	P	R	F1	P	R	F1	P	R	F1
RF	67.54	67.02	67.28	83.58	71.79	77.24	88.02	91.87	89.91	100.00	87.23	93.18
KNN	70.82	68.07	69.42	72.96	74.36	73.65	85.39	95.00	89.94	89.13	87.23	88.17
NB	60.75	57.89	59.29	65.32	72.44	68.69	72.04	83.75	77.46	87.76	91.49	89.58
SVM	67.77	61.40	64.43	85.37	67.31	75.27	91.46	93.75	92.59	100.00	87.23	93.18
MLP	59.42	60.00	59.71	78.78	70.19	74.24	93.90	96.25	95.06	91.49	91.49	91.49
Voting	71.11	70.18	70.64	83.58	73.40	78.16	92.59	93.75	93.17	95.56	91.49	93.48

由已有研究可知，Wang 等利用共现统计方法在电子病历上抽取疾病和治疗关系，达到 0.91 的 F 值。① Bruijn 等结合半监督和最大熵的方法在 I2B2 2010 医学文本评测数据集上识别预定义的实体关系，F 值达 0.731。② 此外，Rink 等在相同数据集上采用 SVM 得到 0.737 的 F 值。③ Frunza 等在 Medline 摘要数据上识别疾病和治疗间治愈、抑制和副作用关系，F 值分别为 0.9855、

① Wang X, Chused A, Elhadad N, et al, Markatou M. Automated knowledge acquisition from clinical narrative reports[C]//Proceedings of the 2008 AMIA Annual Symposium, 2008: 783-787.

② De Bruijn B, Cherry C, Kiritchenko S, et al. Machine-learned solutions for three stages of clinical information extraction: The state of the art at I2B2 2010[J]. Journal of the American Medical Informatics Association, 2011, 18(5): 557-562.

③ Rink B, Harabagiu S, Roberts K. Automatic extraction of relations between medical concepts in clinical texts[J]. Journal of the American Medical Informatics Association, 2011, 18(5): 594-600.

1.0 和 0.8889。① 与上述研究相比，除疾病关系识别效果稍低外，其他关系识别均取得较好成果。因此，鉴于这是小规模知识库指导下的解决细分领域实体关系类比学习的任务，总体来看效果已经相当不错。

(4)领域实体关系发现应用示例

由于心血管领域词汇较多，为便于后续领域专家评估，笔者以领域中的“心力衰竭”为例展开细分领域实体关系发现应用。如前文所述，构成实体关系的实体需要同时满足三个条件：实体类型约束、事实强度约束和关系类比约束。鉴于不同类型实体在领域语料库中的出现情况不同，采用统一的相似度阈值来筛选强关联词对不尽合理。因此，在实践中取各类型实体中与“心力衰竭”高相似度的前 25 个词汇，进行关系类比识别，结果列举如表 4-10 所示。

表 4-10 “心力衰竭”相关的实体关系识别结果

层次关系	相似度	症状表征关系	相似度
慢性心力衰竭	0.89	劳力性呼吸困难	0.63
充血性心力衰竭	0.87	并发症关系	相似度
老年心力衰竭	0.83	缺血性心脏病	0.78
急性心力衰竭	0.80	慢性肺源性心脏病	0.75
慢性心功能不全	0.80	围生期心肌病	0.74
顽固性心力衰竭	0.79	心性猝死	0.73
舒张性心力衰竭	0.79	糖尿病心肌病	0.72
急性右心衰竭	0.76	冠心病	0.72
高血压肾病	0.75	甲亢性心肌病	0.72
难治性心衰	0.75	诊断关系	相似度
急性心功能不全	0.74	多普勒超声心动图	0.53
心律紊乱	0.73	血浆渗透压	0.50
症状表征关系	相似度	肺功能检查	0.47
心功能失代偿	0.78	肺通气功能	0.45

① Frunza O, Inkpen D. Extraction of disease-treatment semantic relations from biomedical sentences[C]//Proceedings of the 2010 Workshop on Biomedical Natural Language Processing. Stroudsburg, PA, USA: Association for Computational Linguistics, 2010: 91-98.

续表

层次关系	相似度	症状表征关系	相似度
心脏扩大	0.76	全血容量	0.45
右心衰竭	0.74	二维超声心动图	0.44
心脏肥大	0.72	受影响部位关系	相似度
心肌肥厚	0.69	心脏	0.59
右心功能不全	0.67	心肌	0.51
急性呼吸困难	0.67	血管	0.47
电生理异常	0.65	冠状血管	0.45

为判断识别效果，笔者邀请心血管领域医学专家来评估和分析结果。评估角度为“是否可构成该类实体关系”，主要考察小规模知识库指导下的心血管领域中“心力衰竭”相关实体关系发现结果是否成立，按“明确成立、模糊成立、明确不成立”三级标准评判。

值得注意的是，在评估过程中，考虑到医学领域隐性知识的庞杂性(如临床疑难杂症、实验研究等)，专家经验面对潜在实体关系判断并不一定全面，因此为其配备了一名信息分析人员，在评估过程中负责按照评估需求检索相关专业资料，交由专家以及辅助专家进行最终判断。评估结果如表 4-11 所示，表格中每项评估数据列举了关系数量和在该类关系中所占比例。

表 4-11 “心力衰竭”相关实体关系发现结果评估

类型		层次关系	并发症关系	影响部位关系	诊断关系	症状表征关系	全部
关系成立与否	明确成立	8(66%)	5(71%)	4(100%)	4(67%)	4(44%)	25(65.8%)
	模糊成立	2(17%)	0(0%)	0(0%)	2(33%)	4(44%)	8(21.1%)
	明确不成立	2(17%)	2(29%)	0(0%)	0(0%)	1(12%)	5(13.1%)
全部		12	7	4	6	9	38

由表 4-12 可知，明确成立的关系占 65.8%，关系较为模糊但视情况可成立的占 21.1%，明确不成立的占 13.1%。鉴于医学领域疾病相关知识较为复杂，很多并发症、症状表征等关系存在模糊性，本书方法的整体误判率为 13.1%，说明本书方法整体效果可行。

从各类实体关系发现角度看，层次关系、受影响部位关系以及诊断关系明确成立率较高，相应地，明确不成立的误判率也较低。而并发症关系明确不成立和症状表征关系中视情况而成立的实体关系比例较高，其原因是：在医学领域，疾病的并发、症状表征知识较为模糊，除了一些普遍公认的知识外，还存在较多与疑难杂症相关的模糊地带；反之，疾病层次、诊断和受影响部位知识较为明确。可见，实体关系的发现效果受领域知识特点的影响。

在 BadCase 分析中，下面主要对关系明确不成立、模糊成立的词对进行原因解析。

① 关系明确不成立的 5 项 BadCase 中：有 2 项是将并发症关系判断为层次关系(心律紊乱通过知识库间接判断为层次关系；心力衰竭后期血肌甘超标可诱发高血压肾病)；有 3 项是间接关系(心性猝死的众多原因中可包括心力衰竭；围生期心肌病则是在女性妊娠或产后阶段产生的一种心肌病，可能诱发心力衰竭；心功能失代偿是指心功能减退超过其代偿功能时产生的症状，心力衰竭是可能导致该症状的疾病中的一种)。

② 关系较模糊的 8 项 BadCase 中：有 4 种为诱发关系(如心脏肥大、心肌肥厚、心脏扩大、电生理异常可能引发心力衰竭)，与传统意义上的并发症或症状表征关系有差别，但由于本书没有专门开展“引发关系”训练，相比无关系而言，可以认为“引发关系”更接近于并发症，作为并发症或症状提供出来有一定的参考价值，因此均判定为模糊成立。其他 4 项属于尚未达到明确的该类关系的标准[肺功能检查、肺通气功能可为心力衰竭诊断提供一定的参考，但并非其常见的诊断手段；心脏 BMP 水平的明显升高幅度与心衰的严重程度呈正比，这是心力衰竭和慢性(急性)心功能不全的本质区别，但临床症状的心功能不全也会称为心力衰竭，故判定模糊成立]。

(5)基于主动学习的分类器优化

针对上文提及的问题，笔者采用主动学习的方式对初始分类器进行修正，让分类器再次学习新的知识。采用主动学习的方法既可以避免大规模的样本标注工作，也避免使用模板抽取这种传统方式。由于初始分类器在诊断关系上的表现效果虽有轻微下滑，但依然比较令人满意，可以作为真实场景下的分类器来使用，因此接下来仅对“疾病关系”识别、“症状表征关系”识别和“发病部位关系”识别这三个分类器进行优化。

通过混淆矩阵发现，疾病关系类型中更多的是将无关系的实体对错分为并发症关系和层次关系，其中误分为并发症关系的情况更多。发病部位关系和症状表征关系的误分情况相对均衡，应适当增加正例到训练集中。通过计算概率差，找到一批令 RF 分类方法感到最为困惑的关系词对。根据 2：1：1 的比例，形成待标注语料请专家进行词对关系判断。通过观察困惑词对可以发现，机器对现实中非常见的实体词对表现出较大的困惑。随机抽出几例词对，分析如下：

①层次关系：<三度房室传导阻滞/njb 完全性房室传导阻滞/njb>，同属于一种大类疾病：房室传导阻滞，本身并非并发症，在发病的严重程度和发病周期上存在差异。

②并发症关系：<右室心肌梗塞/njb 低血压/njb>，当出现右心梗时，右心室收缩力降低，所以肺循环里的容量减少，在舒张期由肺静脉—左房—左室的回心血量也减少，在收缩期左室泵出去的血量也跟着减少，从而导致外周血压降低；<预激综合征/njb 一度房室传导阻滞/njb>，一度房室传导阻滞本身并无明显的并发症，常作为预激综合征的并发症出现。

③发病部位关系：<心室间隔缺损/njb 肺部/nqg>，心室间隔出现小型缺损时，心肺无明显改变；而在大型缺损时心外形中度以上增大，左、右心室增大，左心房往往也增大，肺动脉段突出明显，肺血管影增粗、搏动强烈。

④症状表征关系：<三度房室传导阻滞/njb 心源性晕厥/nzz>、<不稳定型心绞痛/njb 胸痛/nzz>、<主动脉夹层/njb 休克/nzz>，胸痛、晕厥、休克等是各类心血管疾病最易发生的症状，但每种疾病的症状表现均存在差异，对医学新人来说极易混淆，即使是经验丰富的专家也容易忽视细节继而造成误诊，错失最佳救治时机。

由于实验时间较为仓促，专家标注成本较高，此处先进行 2 轮主动学习。每轮实验中加入 200 个新样本到原始训练集中，并将权重调整到 5。两轮实验结果如表 4-12 和 4-13 所示。

表 4-12　词嵌入类比初始分类器 1 轮主动测试结果

	疾病关系识别			症状表征关系识别			诊断关系识别			影响部位关系识别		
	P	R	F1	P	R	F1	P	R	F1	P	R	F1
RF	35.12	76.26	48.09	80.84	80.56	80.65	95.41	88.14	91.63	75.93	66.09	70.67
KNN	27.84	76.63	40.84	71.16	72.79	71.97	82.35	94.92	88.19	58.81	76.67	66.56
NB	25.47	60.22	35.80	56.28	69.10	62.03	80.70	77.97	79.31	59.28	56.64	57.93
SVM	24.68	74.42	37.07	76.41	77.96	77.18	92.73	86.44	89.47	78.95	64.71	71.12
MLP	30.77	79.85	44.42	63.09	75.72	68.83	85.83	92.37	88.98	77.68	58.13	66.49

表 4-13　词嵌入类比初始分类器 2 轮主动测试结果

	疾病关系识别			症状表征关系识别			诊断关系识别			影响部位关系识别		
	P	R	F1	P	R	F1	P	R	F1	P	R	F1
RF	39.90	76.02	52.33	81.85	79.76	80.79	95.41	88.14	91.63	77.71	68.26	72.68
KNN	29.08	77.38	42.27	71.94	73.05	72.49	82.35	94.92	88.19	59.81	75.98	66.93
NB	26.32	60.35	36.65	55.35	69.08	61.46	80.70	77.97	79.31	60.22	58.07	59.12
SVM	26.38	75.88	39.15	78.20	77.98	78.09	92.73	86.44	89.47	79.46	62.68	70.08
MLP	33.59	79.94	47.30	64.01	76.22	69.58	85.83	92.37	88.98	78.08	58.95	67.18

通过表 4-14、表 4-15、表 4-16 及其对应的折线图可以发现，主动学习是一种较为有效的分类器优化方案。通过两轮实验，三种类型的分类效果均有提升，其中，疾病类型关系识别的效果增加最为明显，可能是因为增加的标注语料数量要远多于其他两种类型关系。症状表征关系分类器在每一轮学习中的 F1 值仅增加不到 1%，但鉴于本身的初始分类效果相较于其他两类已是最好的，所以主动学习效率会相对较低。

表 4-14　疾病关系识别主动学习效果

疾病关系识别	P	R	F1
原始测试	29.62	75.99	42.63
第一轮主动学习	35.12	76.26	48.09
第二轮主动学习	39.90	76.02	52.33

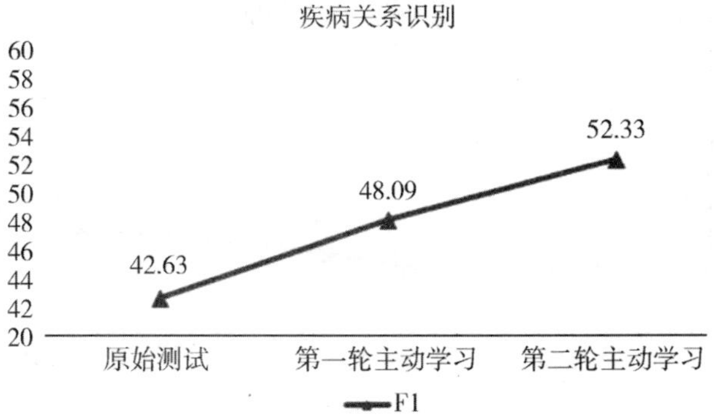

图 4-14　疾病关系识别主动学习效果

表 4-15 症状表征关系识别主动学习效果

症状表征关系识别	P	R	F1
原始测试	83. 20	72. 22	77. 32
第一轮主动学习	80. 84	80. 56	80. 65
第二轮主动学习	81. 85	79. 76	80. 79

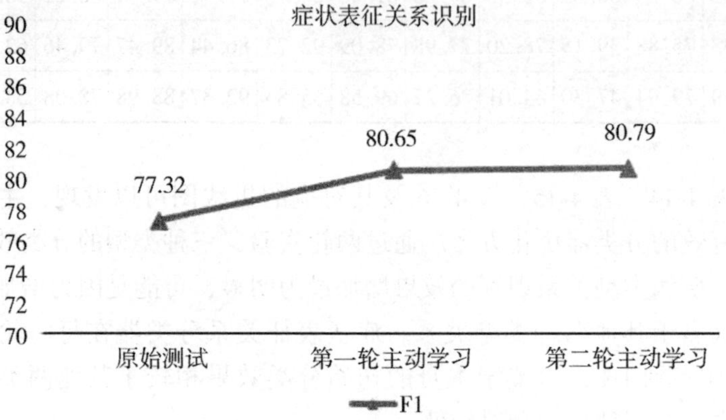

图 4-15 症状表征关系识别主动学习效果

表 4-16 影响部位关系识别主动学习效果

影响部位关系识别	P	R	F1
原始测试	74. 47	62. 50	67. 96
第一轮主动学习	75. 93	66. 09	70. 67
第二轮主动学习	77. 71	68. 26	72. 68

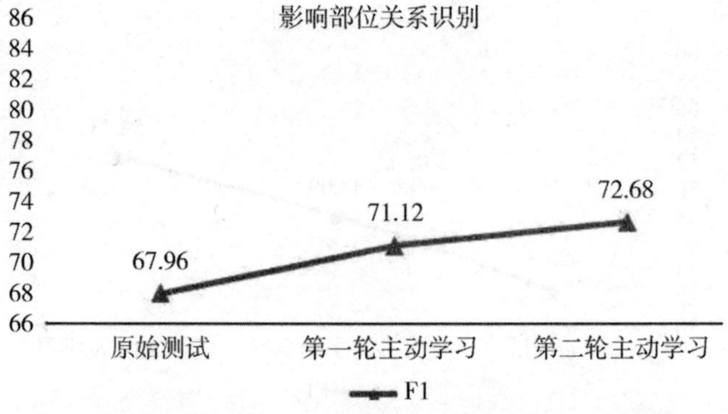

图 4-16 影响部位关系识别主动学习效果

至于为何“疾病关系”识别在严格测试集上表现的如此不理想，笔者经过调研做出如下分析：

①实验中使用的语料来源为“丁香园论坛”疾病讨论帖，主要是专业人员对于工作中有困惑的内容进行交流，因此更偏向于“疑难杂症”。相对于普通病历来说，好处是可以发现更多潜在知识，坏处是容易在造成关系识别的结果与通常评判上有差异。

②这是在极端严格场景下开展的评估，即找出相似度最高的术语对提请模型进行关系识别，这比通用方式中采用随机构造的词对作为测试集要严格得多。

③“疾病关系”本来就相对来说难以判别，特别是“并发症关系”，由于病人自身体质的差异，两个疾病实体之间是否为并发症，在一定程度上即便是领域专家也难以清晰地断定。

虽然在两轮主动学习后，疾病关系的识别效果没有完全达到令人满意的状态，疾病关系的识别效果增长速度也较为缓慢，但可以发现一种趋势：采用主动学习的方法，可以高效地优化分类器，增加分类器在现实场景下的领域泛化能力。如继续进行多轮迭代，可以达到更佳的分类效果。使用知识库中的正样本和随机构造的负样本，可以实现在零标注成本的条件下获取初始分类器，后续采用少量标注样本进行性能修正，是一种可行的方案。

总体而言，由于医学领域知识的复杂性和不确定性，我们在评估和分析中采取了相对严格的标准。但实验结果仍表明小规模知识库指导下的细分领域实体关系发现思路具有可行性。通过此次研究可发现较多与“心力衰竭”在知识库中并不存在的新关系对，如围生期心肌病、甲亢性心肌病、心脏肥厚、电生理异常等。此外，领域专家表示，抽取出的一些间接关系、诱发关系等对心血管领域实体关系库的完善及医疗诊断具有较高的参考价值。经讨论后发现，这些结果的识别与本书实验选取的数据集有很大关系，丁香园论坛中医生交流大多是带有疑问而进行探讨的病例，这些疑似病例的挖掘结果与该领域一些医学研究的关注点相同，挖掘结果也与实验性研究结果相互印证。因此，进一步开展小规模知识库指导下的细分领域实体关系发现研究和结果优化具有重要意义。

4.4 网络社区领域知识关联融合

当前，网络社区已成为用户交流和知识利用的重要场所，知识资源大量积累，有必要对其开展深入组织以促进用户知识交流和利用。网络社区知识内容往往具有领域性，其有效组织需要深入细粒度语义层面，以领域概念及其关联为切入点展开，其前提则是充分融合已有领域知识背景和资源内容挖掘结果。因此，面向网络社区的领域多元概念关联体系的有效融合是决定其知识组织开展的关键因素。

4.4.1 领域多元概念关联体系融合

尽管当前已有较多关于知识组织体系映射、互操作乃至融合利用的研究和实践工作，但它们多以专业性资源（如学术文献）组织为应用场景开展。在网络社区知识这一新场景下，资源分布和用户需求有其特性，知识组织体系融合的要求亦截然不同。因此，有必要对其融合机理（如融合的基本原则、主体选择、融合形式等问题）和关键技术进行多元概念关联融合探索。

(1)领域结构化概念关联体系及其类型

知识组织体系是一切知识组织活动的核心。① 典型的如分类法、主题词表、本体、知识图谱等都有几个共性：其一，概念间关系类型是明确定义的，不会出现关系为“不明”或模糊的；其二，概念关联是基于语义关系确立的；其三，关系的确定是先验性的、不受后续资源表达的影响，而是可以指导资源的组织。因此，它们形态的差异主要是概念单元枚举的数量、概念关联数量和关联类型细化程度，以及知识单元的组织结构（线状、树状和网状）。从本质上讲，它们都是以结构化的形式对明确的语义关系进行组织，因此可统称为“结构化”概念关联体系，相应地可归纳如表4-17所示。

表4-17 结构化知识组织体系的结构类型划分

结构形态	组织基础	典型例子
线性结构	词汇列表	辞典、术语表、同义词表
树状结构	聚类分类	分类法、大众分类法、叙词表
网状结构	概念关联	主题图、语义网、本体、概念图、知识图谱

注：滕广青等将杜威十进分类法和冒号分类法细分为盒状结构和链式结构，本书将它们纳入广义的树状结构。② 另外，尽管叙词表中也存在概念关联，但仍侧重于强调概念间的层级和类别类聚，与典型的网状结构存在明显差异，因此可视为树状结构。

---

① 张晓林. 数字化信息组织的结构与技术(一)[J]. 大学图书馆学报，2001(4)：9-14.

② 滕广青，毕强. 知识组织体系的演进路径及相关研究的发展趋势探析[J]. 中国图书馆学报，2010(5)：49-53.

知识图谱是由 Google 公司在 2012 年提出来的一个新的概念。从学术的角度，我们可以对知识图谱给一个这样的定义："知识图谱本质上是语义网络(Semantic Network)的知识库。"但这有点抽象，所以换个角度，从实际应用的角度出发其实可以简单地把知识图谱理解成多关系图(Multi-relational Graph)。领域知识图谱则是在词领域内构建的一种多关系图，多关系图包含多类型节点与多类型边，对于领域而言，节点是领域内实体的表示形态，边则是实体间关系的表现形式。在细分领域中，领域实体关系是最基础、最常用的结构化概念关联，通过领域实体关系识别可构建领域知识图谱。

(2)概念相似度关联体系

尽管结构化概念关联体系具有结构严谨、语义明确等优点，但其构建成本较高，由于忽略了概念知识在资源中的分布规律而缺乏针对性和灵活性。例如，一些被频繁利用的知识簇局部应更加精细和全面。因此，有必要从资源统计的角度"自底向上"地建立知识组织体系。现实中，这种知识组织体系通常以概念(词语)在资源中的共现为基础构建。典型的方法是共词分析方法，即基于词对在同一语义单元中出现的次数来定量地揭示它们的潜在语义关系，①进而提取资源体系中的概念关系。共现分析方法操作简单但结果粗糙，② 由此形成的知识体系(典型的如标签共现体系、关键词共现体系)可称之为共现型概念关联体系，它能直接反应知识单元在资源中的分布形态和潜在语义关联，在知识组织中具有不可替代的价值。

关于概念相似度计算，当前主流方法是基于预训练+微调的词表示学习，获得更符合相似度计算需要的低维稠密语义向量，具体而言，首先寻找适合的通用词向量，将预训练文本在通用词向量中进行提取，原则上通用词和通用领域词是已经出现在此词向量中，可直接使用，若无法在通用词向量中进行匹配，则拆词素后将向量组合用，构建领域词向量，最后在领域相关的具有一定规模的文本集上进行微调，进一步训练词向量，得到最终的词向量模型，再利用结果模型进行相似度的计算。

4.4.2 面向网络社区的领域多元概念关联体系融合机理

领域实体结构化关系体系和领域实体相似度关联体系在知识组织方面都有

---

① 冯璐，冷伏海. 共词分析方法理论进展[J]. 中国图书馆学报. 2006，32(2)：88-92.

② 胡熠，陆汝占，刘慧. 面向信息检索的概念关系自动构建[J]. 中文信息学报，2007，21(5)：46-50.

其先天优势和缺陷。在应用于网络社区知识组织时，理想的状态是在优势互补的原则上对两者进行融合，以构建一个兼具结构性和灵活性的网络社区知识组织体系。因此，首要问题是，这两者是否具备优势互补的可行性？进一步而言，如果两者可融合，则选择谁为主体谁为辅助，按照何种形式融合？

(1)基于优势互补原则的多元概念关联体系融合可行性

基于"预训练+微调"模式计算结果的实体相似度关联体系源于用户语言，扁平化的网状组织结构、基于内容情景的关系生成等特点使其一方面可以灵活地扩充并高效地应用于相关性层面的知识链接和推荐，另一方面又出现语义缺失、概念关联模糊化和稀疏化，且词语表述缺少控制、分布凌乱的问题。概念层次性的缺失导致可浏览性差，语义关联模糊导致检索效率低下，不利于知识资源的体系化组织。

相应地，实体结构化关系体系在应用于网络社区知识组织时，也有其先天优势和缺陷：其概念单元表述严谨清晰、概念关联明确规范且类型丰富，其组织结构能精炼地归纳领域知识的基本框架且更符合人类认知，因此能够高效地实现知识导航和语义推荐。但其难以快速迭代和自适应更新，且术语表述专业化而不符合用户习惯，难以有效地涵盖用户感兴趣的内容主题。正如滕广青等指出，对"关系结构决定关系内容"理念的推崇，忽视了用户的群体智能性。①

由此可知，相似度关联体系和结构化关系体系存在互补性：前者松散但灵活，后者严谨但固化；前者适用于微观层面的内容潜在关联发现和推荐；后者适用于整体层面的知识体系导航和资源组织。Macgregor 等在分析 Folksonomy 和受控词表优缺点的基础上指出，两者将以优势互补的方式共存于知识资源组织。贾君枝基于优势互补视角指出应在特定领域范畴内，提取用户标签和网络语料中的概念主体，将其与领域性的术语表、受控词表、本体相融合。② 因此，基于优势互补原则的领域多元概念关联体系融合具有可行性。

(2)面向网络社区的多元概念关联体系融合主体选择问题

在确立了优势互补的概念体系融合原则后，首要考虑的是融合主体选择问题，即两种体系在融合中的主次问题：以何种为基础，以何种为补充？

概念体系融合的主体选择方案有三种。第一，以实体概念体系为主体：词

① 滕广青，贺德方，彭洁，赵辉. 基于"用户—标签"关系的社群知识自组织研究[J]. 图书情报工作，2014，58(20)：106.

② 贾君枝. 分众分类法与受控词表的结合研究进展[J]. 中国图书馆学报，2010(5)：96-101.

嵌入向量型概念关联体系中提取概念术语和相关关系，将其补充到实体概念关联体系中，实现后者的自动或半自动扩展。第二，以词嵌入向量概念关联体系为主体：从实体概念关联体系中抽取语义关系，将其补充到词嵌入向量型关联体系以实现深层语义扩展。第三，并列融合方式：不分主次地各取概念单元和关联的一部分进行融合。

总体来讲，两种概念体系的融合方式由其目标决定。贾君枝认为，以标签体系为主进行受控词表映射主要是面向用户端，包括向用户推荐更规范的标签源和实现更好的标签检索效果；而以受控词表为主进行用户词语补充，主要是面向受控词表的自动构建和更新。熊回香等指出，本体对标签的优化主要在于面向用户推荐规范化的高质量标签。①

网络社区知识组织的最终目标不是构建一个自动化的概念知识组织体系，而是面向用户提供语义层面的知识服务。其服务对象为网络用户，所处理的资源也是网络用户贡献的内容。正如 Mathes 认为，由用户参与自组织形成的 Folksonomy 更符合互联网信息组织的发展方向。② 因此，从社区交流内容中获得的主题共现网络是更符合用户习惯的知识组织体系，而已有的实体概念关联体系则是起到补充作用。因此，以词嵌入向量型概念关联体系为主体的概念体系融合更适用于网络社区知识聚合。

以词嵌入限量型概念关联体系为主体的概念体系融合方案已有相应的研究基础，Angeletou 等提出一种基于本体的 Folksonomy 语义扩展方法，其核心是通过已有本体推断标签的语义关联并加入语义富集步骤，最终输出富集后的标签。③ Christiaen 利用本体对标签和分类法进行融合，以表示标签的层级关系。④ 此外，基于主题图的共词分析方法⑤、基于领域本体的共词分析方法⑥，

---

① 熊回香，邓敏，郭思源. 国外社会化标注系统中标签与本体结合研究综述[J]. 情报杂志，2013，(8)：136-141.

② Mathes A. Folksonomies-cooperative classification and communication through shared metadata[J]. Journal of Computer-Mediated Communication, 2004, 47(3): 50-54.

③ Angeletou S, Sabou M, Motta E. Semantically enriching folksonomies with FLOR[C]//Proceedings of the 5th ESWC. Workshop: Collective Intelligence & the Semantic Web, 2008: 65-79.

④ Christiaens S. Metadata mechanisms: From ontology to folksonomy... and back[C]//On the Move to Meaningful Internet Systems 2006: OTM 2006 Workshops. Springer Berlin Heidelberg, 2006: 199-207.

⑤ 李纲，王忠义. 基于语义的共词分析方法研究[J]. 情报杂志，2011(12)：145-149.

⑥ 唐晓波，肖璐. 融合关键词增补与领域本体的共词分析方法研究[J]. 现代图书情报技术，2013，11：60-67.

都可以视为词嵌入向量概念关联体系为主的多元概念体系融合。

(3)多元概念体系融合的形式问题

在确立了主体选择的方案后，以优势互补为原则，概念体系融合的细节问题转化为：如何在保持词嵌入向量型概念关联体系的优势下，针对其劣势，引入实体概念关联体系的相应优点予以改进？在面向网络社区知识组织的应用中，词嵌入向量概念关联体系需要克服的问题是：第一，概念单元和关联缺乏语义类型和内涵界定，导致在应用中与用户认知脱节，出现"知其然而不知其所以然"的境况；第二，概念关联结构无序化，缺少与用户认知和信息搜寻习惯对应逻辑结构，不能展现一个"有机"的体系。因此，融合形式应确立为：在保留词嵌入向量型概念体系的用户术语前提下，将实体概念体系中的概念内涵、关系类型和层次结构赋予词嵌入向量型概念体系，并根据用户群体贡献的内容进行统计挖掘，形成一个既具有明确体系结构，又具有灵活性和可动态挖掘的概念体系，如图 4-17 所示。

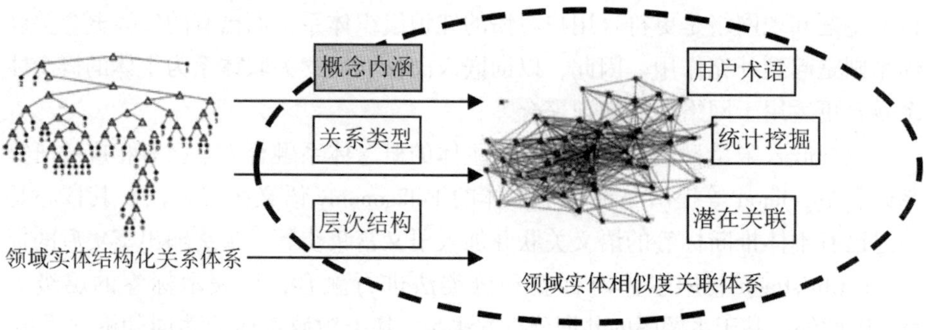

图 4-17 基于优势互补的网络社区多元概念关联体系融合方式

4.4.3 网络社区多元概念体系融合的关键问题

网络概念体系融合方式的关键技术主要是元素映射问题。映射是一种互操作技术，在概念体系融合中，映射表示为对多个体系间术语建立关联，以实现不同体系的自动转换和连接。① 领域实体结构化关系体系和领域实体相似度关联体系由于概念术语来源、概念组织结构、概念关联类型都不同，其映射更侧重于将领域实体结构化关系体系中的语义信息移植到领域实体相似度概念关联

① 陈辰，宋文. 叙词表映射研究综述[J]. 图书情报工作，2012(12)：113-119.

体系中。

语义关联映射主要是将领域实体结构化关系体系中明确、严谨的语义关联补充到领域实体相似度关联体系中。在等同关系、层次关系、相关关系三种概念关联中，等同关系已在概念术语映射与合并中完成，下面重点论述层级关系和相关关系的映射问题。

(1)语义关系映射与发现

等级关系映射遵守传递性规则，即由(A，B)和(B，C)可得(A，C)。具体实现时，可先提取领域实体结构化关系体系中全部具有直接等级或间接等级关系的词对，扫描其在领域实体相似度关联体系中的主术语，将相应的主术语对间标识等级关系。相关关系的映射主要是将领域实体结构化关系体系中的细粒度相关关系(如医学领域中的治疗关系、诊断关系)补充到领域实体相似度关联体系上，由于相关关系不具备传递性，因此其映射只扫描领域实体结构化关系体系中直接相连的词对，将关系类型标识到领域实体相似度关联体系相应的主术语对上。需要注意的是，语义关系映射不以共现型概念关联体系中词对是否直接计算相似度为前提，即：即使词对(A，B)无较高相似度得分，但只要其在领域实体结构化关系体系中有等级(包括间接等级)或细粒度相关关系，则在映射时需要将该关系补充到领域实体相似度体系中去。

(2)语义关系强度融合

语义关系映射完成后的一个重要步骤是关系强度的融合计算。我们将领域实体结构化关系体系和领域实体相似度关联体系中的关系强度称为语义强度和共现强度。概念的语义强度可依据其在领域实体结构化关系体系中的语义距离(如短路径算法、权重链接法等)、信息共享度(如 Lord 算法、Resink 算法等)或混合方法来计算。以最基本的基于语义距离的语义强度计算为：

$$semStrength(A, B)=\frac{1}{shortPath(A, B)+1} \qquad \text{式(4-1)}$$

其中，$shortPath(A, B)$表示术语 A 和 B 在领域实体结构化关系体系中的语义距离来衡量关联强度，分母中加 1 是为了区分直接等级关系和同义关系的强度。

相似度得分则取决于领域实体相似度关联体系中的计算方法，一般以 Cosine 系数相关性计算方法为主，是将文本作为一个多维空间的向量，计算两个文本的相似度，即判断两个向量在这个多维空间中的方向是否一样。相关计算方法为：

$$similarity = \cos(\theta) = \frac{A \cdot B}{\|A\| \ \|B\|} = \frac{\sum_{i=0}^{n} A_i \times B_i}{\sqrt{\sum_{i=0}^{n} (A_i)^2} \times \sqrt{\sum_{i=0}^{n} (B_i)^2}}$$

式(4-2)

4.4.4 案例：丁香园心血管论坛中多元概念关联体系融合实现

丁香园社区是目前国内医学领域规模巨大的社会化媒体平台。与其他主流网络社区类似，该论坛中的 UGC 资源组织缺乏领域知识背景的有效支持，用户的知识获取与知识利用存在障碍。本部分以其心血管子论坛为例，实现相应的领域多元领域概念关联体系融合。

(1)心血管领域多元概念关联体系构建

心血管领域结构化概念体系基于以下关系进行构建：

层次关系。<三度房室传导阻滞/njb 完全性房室传导阻滞/njb>，同属于一种大类疾病：房室传导阻滞，本身并非并发症，在发病的严重程度和发病周期上存在差异。

并发症关系。<预激综合征/njb 一度房室传导阻滞/njb>，一度房室传导阻滞本身并无明显的并发症，常作为预激综合征的并发症出现。

发病部位关系。<心室间隔缺损/njb 肺部/nqg>，心室间隔出现小型缺损时，心肺无明显改变。

症状表征关系。<三度房室传导阻滞/njb 心源性晕厥/nzz>、胸痛、晕厥、休克等是各类心血管疾病最易发生的症状，但每种疾病的症状表现均存在差异，对医学新人来说极易混淆，即使是经验丰富的专家也容易忽视细节从而造成误诊，错失最佳救治时机。

在心血管领域概念相似度关联体系构建中，对与心血管领域内实体词进行词频统计，按词频从大到小排列，选择 Top500 的实体词进行两两相似度计算，可根据结果定性判断相关性的强弱，一般以 0 ~ 0.2、0.2 ~ 0.4、0.4 ~ 0.6、0.6 ~ 0.8、0.8 ~ 1.0 5 个区间来表示不相关、弱相关、中相关、较强相关、极强相关，分别将 5 个区间的节点边强度定义为 0、1、2、3、4，根据相似度得分转化后的关联边强度，构建领域实体相似度关联体系。

(2)心血管领域基于优势互补的多元概念体系融合

如前文所述，该部分工作包括概念术语映射和概念语义关系融合。概念术语映射部分，经过同义词映射后，共现概念关联体系中约 68% 的词语能从结构化概念关联体系中获得术语类型定义(结果统计如表 4-18 所示)。在此基础上，进行随后的概念术语信息合并，示例如图 4-18 所示。

表 4-18 共现型概念关联体系中可实现融合的领域实体及其类型统计

类型	术语数量	比例
疾病	2991	30.80%
器官	493	5.07%
诊断	2217	22.83%
症状	1332	13.72%
治疗手段	2677	27.58
总计	9710	100%

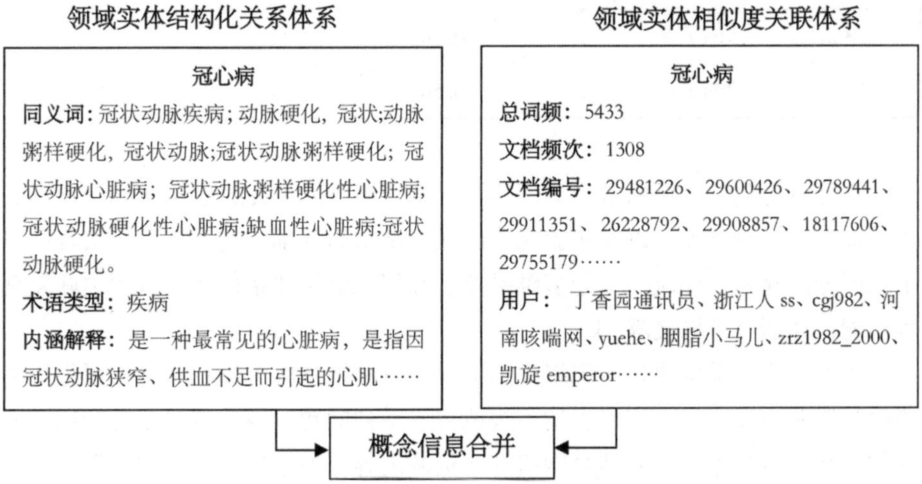
领域实体结构化关系体系
冠心病
同义词：冠状动脉疾病；动脉硬化，冠状;动脉粥样硬化，冠状动脉;冠状动脉粥样硬化；冠状动脉心脏病；冠状动脉粥样硬化性心脏病;冠状动脉硬化性心脏病;缺血性心脏病;冠状动脉硬化。
术语类型：疾病
内涵解释：是一种最常见的心脏病，是指因冠状动脉狭窄、供血不足而引起的心肌……
领域实体相似度关联体系
冠心病
总词频：5433
文档频次：1308
文档编号：29481226、29600426、29789441、29911351、26228792、29908857、18117606、29755179……
用户：丁香园通讯员、浙江人 ss、cgj982、河南哮喘网、yuehe、胭脂小马儿、zrz1982_2000、凯旋 emperor……
概念信息合并

图 4-18 多元概念体系间概念术语的信息合并

在概念术语映射和信息合并的基础上，进行语义关系映射和关系强度融合计算，根据术语对在结构化概念关联体系中的最短路径和公式(4-1)计算得到语义关系强度，再根据公式(4-2)对术语对语义关系强度和共现相似度进行融合计算，其中 α 设为 0.5(表明两个概念体系同等重要，实践中可根据需求设定 α 值)。表 4-19 展示了多元概念关联体系中“冠心病”细粒度等级关系的相似度融合结果。

表 4-19 多元概念关联体系融合中"冠心病"的语义关系类型及其强度

相关概念	关联类型	语义距离	语义关系强度	共现相似度	融合后关系强度
冠状动脉痉挛	层次关系	1	0.50	0.13	0.41
血管疾病	层次关系	2	0.33	0.27	0.30
缺血性心肌病	并发症	1	0.50	0.38	0.44
心肌梗塞	并发症	1	0.50	0.61	0.56
心脏	相关器官	1	0.50	0.29	0.40
血管	相关器官	1	0.50	0.18	0.34
疲乏	相关症状	1	0.50	0.10	0.30
心律失常	相关症状	1	0.50	0.38	0.44
冠脉造影	诊断关系	1	0.50	0.12	0.31
心电图	诊断关系	1	0.50	0.31	0.41

多元概念关联体系的融合为网络社区知识组织的单元粒度深化和聚合形式拓展提供了有力支撑，以本实验完成的融合结果为基础，笔者在后续实现网络了社区分面检索与导航、主题多维推荐、知识元链接体系构建和资源关联发现等功能，详情可参见文献。①

概念关联体系构建是知识组织的前提，以网络社区为场景开展知识组织需要面临资源语义缺失、用户表述不规范等一系列问题。因此需要充分利用已有的领域知识组织体系，并结合网络社区资源内容挖掘结果，以实现既深入语义层面又符合网络社区资源特征和用户需求的知识组织。

面向网络社区的领域多元概念关联体系融合不同于传统面向学术资源的知识组织体系融合，其机理、关键技术有明显差异。本章根据网络社区知识组织场景特点，通过对以往研究的比较归纳和分析论证，得出以下结论：领域概念关联体系主要包括结构化、共现型两类，其在应用于网络社区知识组织时各有

① 陈果，肖璐．网络社区中的知识元链接体系构建研究[J]．现代图书情报技术，2017，1(11)：75-83；陈果，肖璐，孙建军．面向网络社区的分面式导航体系构建——以丁香园心血管论坛为例[J]．情报理论与实践，2017，40(10)：112-116；陈果，吴微，肖璐．知识共聚：领域分析视角下的知识聚合模式[J]．图书情报工作，2018，62(8)：115-122.

优缺点；对这两者基于优势互补原则开展融合具有可行性，融合时应以共现型概念关联体系为主体，从结构化概念关联体系中抽取语义关系，将其补充到共现型关联体系以实现深层语义扩展；融合的关键问题包括概念术语映射和语义关联融合。针对丁香园心血管论坛开展的领域多元概念关联体系融合实证验证了这些结论的有效性。

5 网络社区中的多粒度、多元关联挖掘

构建全局视角下网络社区多元知识关联体系是实现资源多维语义聚合的前提条件，而多元知识关联体系又需要网络社区中多粒度知识单元及其之间多元关系作为内容基础。本章在分析传统网络社区知识单元关系挖掘不足基础上提出网络社区多元关系挖掘模型，主要分为网络社区的“领域实体—主题—文档”多粒度知识关联和“用户—资源—领域实体”多元关联挖掘两部分。

5.1 网络社区的“领域实体—主题—文档”多粒度知识关联

当前，网络社区用户与资源数量迅速积累，已成为用户知识交流和利用的重要场所。然而，网络社区普遍存在资源“碎片化”和知识组织“粗粒度化”的问题，导致大量有重要价值的知识淹没于海量数据中，难以被用户有效获取与利用。网络社区知识组织面临的一个关键问题是，知识单元形式复杂且粒度差异明显，诸如帖子、评论、主题、术语词等都是知识组织中需要涉及的知识单元，对不同粒度的知识单元之间进行分析可以识别网络社区用户关注的主题。①

5.1.1 网络社区中主题和文档之间的关联

在机器学习和自然语言处理中，主题模型是生成一个可以提供概率框架的模型。一份文档往往被视为各种主题的混合体，而“主题”则代表了在文档中出现的隐藏的、有待发现的有关联关系的词语集合，主题建模方法通常用于自动组织、理解、搜索和总结大型电子档案。在网络社区中，常用文本挖掘的方

① 陈果，朱茜凌，肖璐. 面向网络社区的知识聚合：发展、研究基础与展望[J]. 情报杂志，2017，36(12)：193-197，192.

法来提取主题信息，Tobarra 等通过研究学生在学习管理系统(LMS)社区中产生的交互行为模式，刻画了学生喜欢的相关主题和副主题;① Jenders 等运用机器学习模型，使用历史社区数据预测 MOOC 社区问题的最佳答案;② 卢露等利用博客特有的格式，通过主题模型定量计算出博客在特定主题中的影响力。③

LDA 是一种非监督机器学习技术，是关于单词、主题和文档的三层贝叶斯模型，可用来识别大规模文档集或语料库中潜藏的主题信息，其基本思路是将每篇文档视作若干潜在主题的混合 Dirichlet 分布，而每个潜在主题又可视作该文档集中词汇的一个概率分布。LDA 采用词袋的方法将每篇文档视为一个词频向量，从而将文本信息转成易于建模的数字信息。

LDA 主题模型由如图 5-1 所示，文档存在多个主题，同时每个主题下都存在若干相关特征词，LDA 主题模型假设每个特征词都“以一定概率选择某个主题，并从该主题中以一定概率选择某个词语”这个过程来产生。

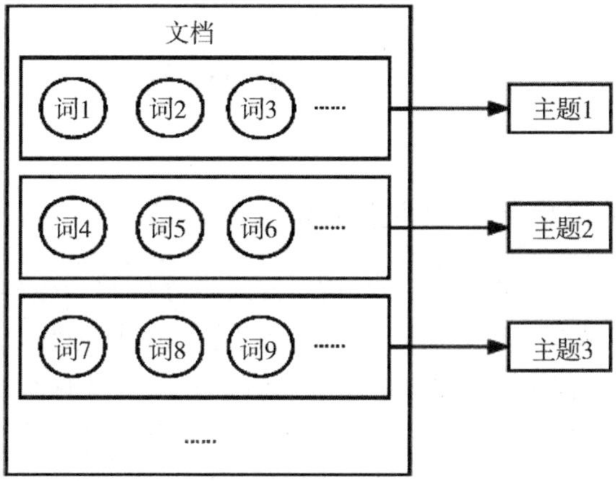

图 5-1 LDA 模型

① Tobarra L, Robles-Gómez, Antonio, Ros S, et al. Analyzing the students' behavior and relevant topics in virtual learning communities[J]. Computers in Human Behavior, 2014, 31: 659-669.

② Jenders M, Krestel R, Naumann F. Which answer is best?: Predicting accepted answers in MOOC forums[C]//Proceedings of the 25th International Conference Companion on World Wide Web. New York: ACM, 2016: 679-684.

③ 卢露, 丁才昌. 社区中最具影响力博客的探测模型[J]. 计算机科学, 2011, 38(B10): 4.

如图 5-2 所示，LDA 模型将语料库中的文档和主题之间建立了关联，然后通过主题可以查找文档之间的关系，以及隐藏在词语之间的隐性关系；与此同时，LDA 属于一种无监督模型，因此无需预先为每个主题人工地进行添加标签的动作，但是通过主题—词语分布矩阵，按照概率降序排列就可以找到最能代表每个主题的词语，此后就完全可以使用这些词语来对其从属的主题进行准确而有效的描述。

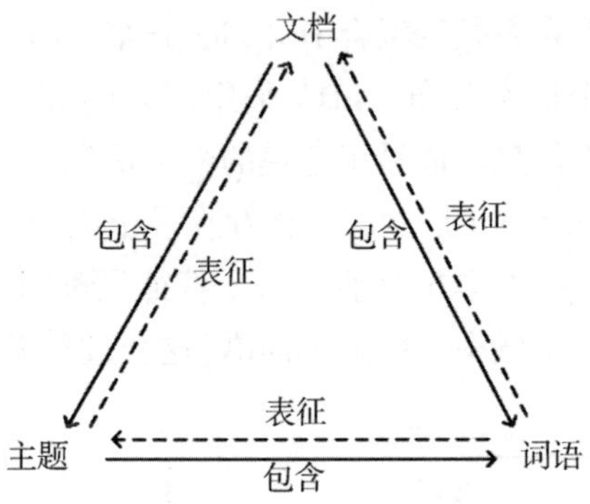

图 5-2 “文档—主题—词语”关联图

5.1.2 不同术语单元上的主题分析

在具体实践中，最常见的 LDA 利用方式是分析其产生的“主题-词语”结果，即利用 LDA 从文档集中抽取出若干个主题，每个主题又由若干个具有代表性的词语组成，后续可通过分析相应词语来解读、归纳各主题。由此看来，选词方案直接影响 LDA 效果。在这一方面，较多研究者依据词性来选择 LDA 实验的词语，并取得了较好的效果：张勇使用“名词、动词、形容词组合”“名词、动词组合”“名词”三种选词方案，对多类新闻语料进行 LDA 主题建模，都取得了较好的性能，其中“名词加动词”的组合方案效果最佳；① 马伯樟等在提取电商评论中产品特征时，仅筛选名词和名词词组进行 LDA 训练，发现干扰信息明显减少。②

---

① 张勇. 基于词性与 LDA 主题模型的文本分类技术研究[D]. 合肥：安徽大学，2016.

② 马柏樟，颜志军. 基于潜在狄利特雷分布模型的网络评论产品特征抽取方法[J]. 计算机集成制造系统，2014，20(1)：96-103.

在细分领域中，对主题能够起到语义区分作用的词语是领域概念，也有一些研究者使用人工或机器抽取的领域术语开展 LDA 分析。① 然而这种做法在效果上是否更优，目前尚缺乏研究支撑。本章将探讨利用领域术语进行 LDA 主题分析时，其效果是否有提升。

领域术语有别于通用词语，它是指在特定领域内专用的词汇。在信息组织、文本挖掘、文本分析等研究和实践中，重视领域概念及其关联可取得更好的效果。在信息服务工作中，若仅追求信息组织方式的优化而忽略知识的领域性质，则会导致"重形式轻内容"的问题。② 面向特定领域进行知识组织时，以领域知识分析范式指导的知识组织体系可取得更好的效果。兰卡斯特认为标引工作应充分考虑用户的兴趣和需求，这也要求文献标引工作者应对文献所属的领域知识和用户群有一定的了解。③ Buckland 等发现区分特定领域专业语言编制的索引和综合索引之间的差距可带来明显的检索效果优化，即使是在同一专业领域内，不同的子领域之间索引也存在差距。④ 同样，在科学分类中，只有全面掌握所研究的学科知识及其发展进程，才能研究出更合理的文献分类方法。⑤ 因此，领域知识本身是十分重要的资源，在前述章节中，我们实现了网络社区中的领域实体识别，其结果可作为 LDA 分析中的基本词汇单元，从而优化主题模型的效果。

---

① 宫小翠，安新颖. 基于 LDA 模型的医学领域主题分裂融合探测[J]. 图书情报工作，2017，61(18)：76-83；方小飞，黄孝喜，王荣波，等. 基于 LDA 模型的移动投诉文本热点话题识别[J]. 数据分析与知识发现，2017，1(2)：19-27；范云满，马建霞. 利用 LDA 的领域新兴主题探测技术综述[J]. 现代图书情报技术，2012(12)：58-65.

② 王琳. 领域分析范式视角下知识组织中若干问题研究[J]. 图书情报工作，2011，55(4)：90-105.

③ Lancaster F W. Indexing and Abstracting in Theory and Practice[M]. London：Facet，2003.

④ Buckland M K，Chen A，Gebbie M，et al. Variation by subdomain in indexes to knowledge organization systems[C]//C Beghtol，L C Howarth，N J Willamson. Dynamism and Stability in Knowledge Organization：Proceedings of the 6th International ISKO Conference. Wuerzburg，Germany：Ergon Verlag，2000：48-53.

⑤ National Information Standards Organization (US). Guidelines for the Construction，Format，and Management of Monolingual Controlled Vocabularies [M]. NISO Press，2005.

5.1.3 基于领域实体的网络社区主题挖掘

本章延续前述章节实验结果，以“心血管医学”这一细分领域为例，选用丁香园网络社区中心血管疾病模块的用户交流内容作为分析语料。开展基于领域实体的网络社区主题挖掘。

(1)数据预处理

本节的领域文本集为前述章节采集的丁香园社区内医生用户交流的心血管病例讨论内容。首先对领域语料进行文本分词和词性标注，利用 python 语言下的 jieba 分词对领域文本集进行分词和词性标注，分词前已将第三章实验中识别出的全部领域实体词，作为用户列表提前导入 jieba 分词中。按照 jieba 分词词性定义规则，心血管疾病领域实体的词性标识均以 n 开头：疾病、症状、诊断方法、发病器官、治疗手段等实体的词性分别标记为 n_jb、n_zz、n_zd、n_qg、n_zl。

再根据词性标注后的语料确定选词方案，进行 LDA 输入语料构建。已有大量研究表明，文本集中的形容词、副词、连词等难以有效反映主题，甚至会影响 LDA 结果的准确性，有必要按照惯例将其剔除。① 其后，按保留“名词+动词”“名词”和“领域实体”三种方案，对标注文本进行词性过滤，得到三种待分析的实验语料。

(2)LDA 运行

本节采用基于 python 语言的机器学习包 Gensim 实现 LDA 主题抽取，② 后续对三组语料进行的主题一致性计算也通过 python 代码实现。考虑到心血管领域为细分领域，子主题数量较少，故无需将主题切分过细。在 LDA 实验中，生成 Topic 的数量分别设置为：5、10、15、20、25、30、35、40、45、50(共 10 种)；每个 Topic 下的词数分别设置为 10 个和 20 个；总计 20 组初始参数设置。每组参数下，LDA 各运行 10 次并存储结果，以便后续对评估指标计算均值和方差，保障结果可靠性。相应地，三种选词方案各 20 组参数，每组运行

---

① 方小飞，黄孝喜，王荣波，等. 基于 LDA 模型的移动投诉文本热点话题识别[J]. 数据分析与知识发现，2017，1(2)：19-27；张勇. 基于词性与 LDA 主题模型的文本分类技术研究[D]. 合肥：安徽大学，2016；马柏樟，颜志军. 基于潜在狄利特雷分布模型的网络评论产品特征抽取方法[J]. 计算机集成制造系统，2014，20(1)：96-103.

② Rehurek R. Gensim 3.5.0. [EB/OL]. [2018-07-23]，https://pypi.org/project/gensim/.

10次，一共得到600组LDA结果。随机选择同一参数值下三种方案LDA所得结果如表5-1、表5-2、表5-3所示。

表5-1 “名词+动词”选词方案所得的一组LDA结果

编号	词　　语
1	患者/n；高血压/n_ jb；病人/n；药物/n；波/n；血压/n；冠心病/n_ jb；心/n；药/n；治疗/v
2	心血管/n；中国/n；指南/n；高血压/n_ jb；会议/n；教授/n；医学/n；版/n；疾病/n；研究/v
3	入院/v；无/v；病人/n；心/n；患者/n；晕厥/n_ jb；血压/n；心悸/n_ zz；心电图/n_ zd；查/v
4	高血压/n_ jb；患者/n；药物/n；药/n；心律失常/n_ jb；糖尿病/n_ jb；发作/v；血压/n；症状/n；心绞痛/n_ jb
5	心律失常/n_ jb；房颤/n_ jb；复律/n；胺/n；转/v；溶栓/n；内径/n；碘/n；患者/n；药物/n
6	差错/n；煎/v；茶/n；西医/n；爷爷/n；芳香/n；心血管/n；分会/n；十二指肠溃疡/n；拜托/v
7	腹泻/v；突发胸闷/n；律/n；胃溃疡/n；三联/n；吞咽/v；食管/n；卫生部/n；名单/n；中药/n
8	高血压/n_ jb；受体阻滞/n；药物/n；药/n；房颤/n_ jb；患者/n；血管/n_ qg；抗/v；溶栓/n；治疗/v
9	头痛/n_ zz；腹泻/v；震颤/n_ zz；卡托普利/n；吸气/v；子宫/n；皮疹/n_ zz；粘膜/n；脊柱/n；癫痫/n_ jb
10	版主/n；留言/n；血压/n；药/n；病人/n；患者/n；药物/n；病历/n；透/v；剂量/n

表 5-2 “名词”选词方案所得的一组 LDA 结果

编号	词 语
1	心电图/n_ zd；胸闷/n_ zz；症状/n；病史/n；静脉/n_ qg；心律/n；甲状腺/n；心脏/n_ qg；心肌/n_ qg；医院/n
2	高手/n；科室/n；血沉/n_ zd；朋友/n；支气管炎/n_ jb；空腹/n；心情/n；血糖/n_ zd；微创/n；生命体/n
3	哮喘病/n；装备/n；正比/n；腹肌/n；内皮素/n_ zd；草木犀/n；频度/n；玉米/n；多糖/n；抗凝/n
4	心血管/n；医学/n；美国/n；指南/n；时间/n；医生/n；医疗/n；水平/n；风险/n；血管/n_ qg
5	病人/n；冠心病/n_ jb；血压/n；医院/n；问题/n；药物/n；病史/n；心电图/n_ zd；医生/n；症状/n
6	异丙/n；吸氧/n；脉搏/n_ zd；综合症/n；口唇发绀/n_ zz；病症/n；战友/n；静脉/n_ qg；禁忌症/n；利多卡因/n
7	丹参/n；胃镜/n；头晕/n_ zz；罗音/n；速效/n；图示/n；乏力/n_ zz；颅脑/n；室性期前收缩/n_ jb；动态心电图/n_ zd
8	隐血/n；银杏/n；特发性窦性心动过速/n_ jb；眼睑/n；胆囊炎/n；胸腔镜/n；下腹/n；午饭/n；优越性/n；隐痛/n
9	血脂/n；高血压/n_ jb；糖尿病/n_ jb；冠心病/n_ jb；水平/n；指南/n；药物/n；关系/n；心血管/n；建议/n
10	药物/n；剂量/n；血管/n_ qg；发生率/n；抑制剂/n；建议/n；作用/n；功能/n；疗效/n；情况/n

表 5-3 “领域实体”选词方案所得的一组 LDA 结果

编号	词语
1	高热/n_ zz；胸闷/n_ zz；病态窦房结综合征/n_ jb；头晕/n_ zz；气短/n_ zz；高血压/n_ jb；疼痛/n_ zz；恶心/n_ zz；；晕厥/n_ jb；昏厥/n_ jb
2	心电图/n_ zd；猝死/n_ jb；心律失常/n_ jb；稳定型心绞痛/n_ jb；心室/n_ qg 心源性猝死/n_ jb；绝经/n_ zz；心肌/n_ qg；心脏性猝死/n_ zz；儿茶酚胺/n_ zd

续表

编号	词语
3	静脉血栓/n_ zz；血管平滑肌/n_ qg；静脉血栓形成/n_ jb；心内膜/n_ qg；血管/n_ qg；肺栓塞/n_ jb；血栓形成/n_ jb；冠心病/n_ jb；尿酸/n_ zd；头痛/n_ zz
4	高脂血症/n_ jb；血脂异常/n_ zz；高血脂/n_ jb；甘油三酯/n_ zd；高血压/n_ jb；糖尿病/n_ jb；胆囊结石/n_ jb；低密度脂蛋白胆固醇/n_ zd；动脉粥样硬化/n_ zz；肥胖/n_ zz
5	阵发性室上性心动过速/n_ jb；室上速/n_ jb；心慌/n_ zz；血管/n_ qg；面色苍白/n_ zz；胸闷/n_ zz；心悸/n_ zz；虚脱/n_ zz；心电图/n_ zd；室速/n_ jb
6	心律失常/n_ jb；心房颤动/n_ jb；房颤/n_ jb；心脏病/n_ jb；房室结/n_ qg；室性期前收缩/n_ jb；心房/n_ qg；心室/n_ qg；猝死/n_ jb；室性心动过速/n_ jb
7	慢性心衰/n_ jb；慢性心力衰竭/n_ jb；收缩期杂音/n_ zz；心脏听诊/n_ zd；血常规/n_ zd；胸痛/n_ zz；心衰/n_ jb；尿潴留/n_ zz；心力衰竭/n_ jb；咳痰/n_ zz
8	高脂血症/n_ jb；低密度脂蛋白胆固醇/n_ zd；动脉粥样硬化/n_ zz；肺动脉高压/n_ jb；C 反应蛋白/n_ zd；先心病/n_ jb；肺栓塞/n_ jb；右心衰竭/n_ zz；高密度脂蛋白胆固醇/n_ zd；血脂异常/n_ zz
9	昏迷/n_ zz；冠心病/n_ jb；心脏病/n_ jb；直接胆红素/n_ zd；胸骨后疼痛/n_ zz；面色苍白/n_ zz；胸闷憋气/n_ zz；动脉炎/n_ jb；心脏/n_ qg；心肌/n_ qg
10	尿酸/n_ zd；脉搏/n_ zd；甘油三酯/n_ zd；血糖/n_ zd；心肌梗塞/n_ jb；糖尿病/n_ jb；蛋白尿/n_ zz；高脂血症/n_ jb；高血压/n_ jb；肥胖/n_ zz

(3)结果分析

在定性分析中，邀请江苏省某三甲医院心血管内科 3 位主治医师阅读实验原始语料，专家表示文本与医院病历在内容和格式上具有相似性，但由于是论坛交流帖，医生间沟通主题多围绕“心血管”领域的具体病症进行，内容涉及病人主诉、诊查方案、治疗手段、药物选择和治疗效果等。因此机器生成的主题词应能够清晰反映出“心血管疾病”这一领域的细分部分。

随机从三种选词方案所得的 LDA 结果中各抽取 10 组，其中主题数为 10

个和20个的结果各占一半，同时保证三类语料的随机抽取结果均为同样的参数设置。为更便于专家阅读，抽取每份结果中前10个主题作为代表(原始参数中主题数为5的结果在此处不做考虑)。将这10组对比样本整理后，邀请专家对其进行打分，即判断机器生成的主题词是否能够反映出一个清晰的“心血管疾病”领域子主题。分数代表了每份结果中符合判断标准的主题个数。从表5-4可看出，基于“领域实体”的LDA结果基本符合专家判断标准，而另外两种语料生成的主题极少是可利用的。

表5-4　专家对10组抽样结果的判断情况

方案＼组号	一	二	三	四	五	六	七	八	九	十	平均分
“名词加动词”	2	1	1	3	1	2	1	2	3	2	1.8
“名词”	3	0	2	2	1	2	4	3	3	3	2.3
“领域实体”	10	8	9	9	10	9	7	6	8	8	8.4

为了进一步探究其中的原因，笔者以随机抽取的一组结果为例，邀请专家解读。在笔者和领域专家的沟通中发现：表5-1和表5-2的共同问题是通用词汇过多，与心血管疾病相关的词太少，因而主题语义不够具体和深入，导致领域专家在阅读这些词汇时难以有效归纳对应到与其知识背景相关的主题上来。表5-3中的主题词大多围绕特定疾病形成主题，结合领域专家背景知识相对易于判读该主题。例如，表5-3的Topic1对应的“病态窦房结综合征”，其症状为“头痛、心悸、胸闷、恶心、眩晕、晕厥等”，而“高血压”则是其主要病因之一；Topic8对应的“高脂血症”更为明显，患有此类疾病的病人血液中“胆固醇”和“甘油三酯”的含量明显高于常人，常见症状为“动脉硬化”“肥胖”，且该疾病与“胆囊结石”“糖尿病”等病症之间关联密切，极易并发。相比之下，以“领域实体”为基本分析对象，所得的LDA主题在可读性和可解释性上均有明显优势。

定量分析针对600轮LDA分析后的主题进行，首先求出每一轮结果的主题一致性，再求出多轮结果的均值和方差。图5-3、图5-4分别展现了主题内词数为10个和20个时，不同主题数下三种选词方案LDA的主题一致性均值。可以看出，在所有初始参数下，以“领域实体”开展LDA分析所得的主题一致性都明显高于另外两种方案。尤其是在主题数为10~35个时，这种优势更为明显，这个主题数区间实际上涵盖了实践中细分领域 LDA 分析的主题数设置。

图 5-5、图 5-6 分别展现了主题词数设置为 10 个和 20 个时，不同主题数下三种选词方案 LDA 的主题一致性方差。可以看出，基于“领域实体”选词方案所得的主题质量更加稳定，多次运行的 LDA 结果差异较小。

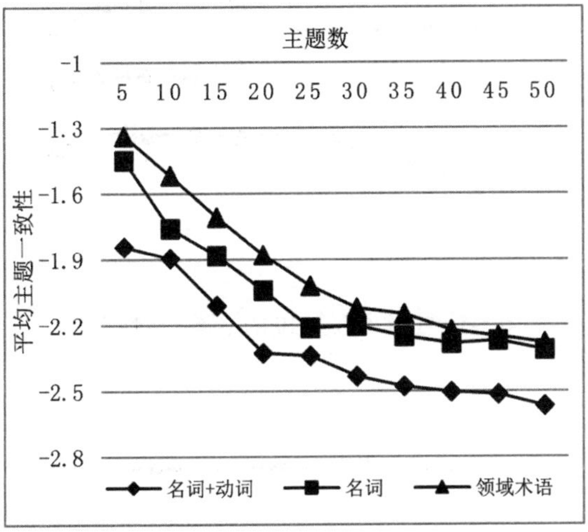

图 5-3　主题词数为 10 的平均主题一致性

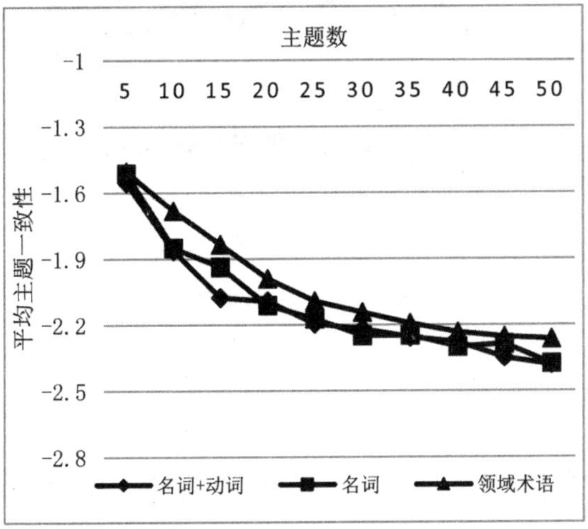

图 5-4　主题词数为 20 的平均主题一致性

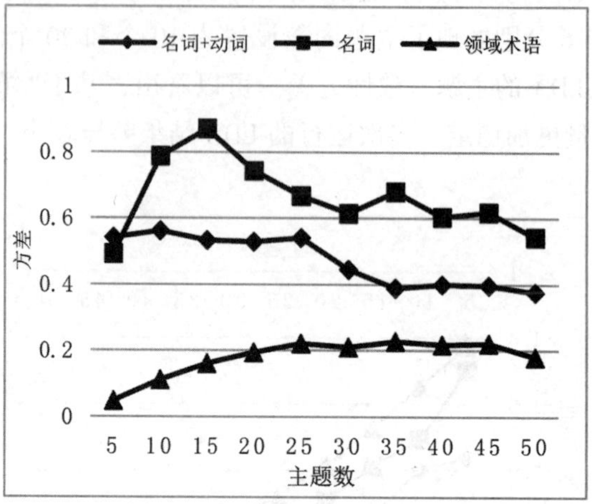

图 5-5 主题词数为 10 的主题一致性方差

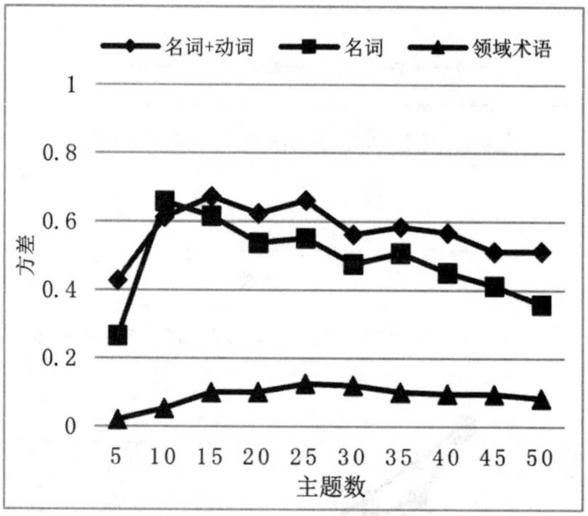

图 5-6 主题词数为 20 的主题一致性方差

5.2 网络社区中“用户—资源—领域实体”多元关联挖掘

网络社区中，除了以领域实体及其关联为代表的领域语义知识外，用户、文本及其关联都是开展知识挖掘可应用的基本对象，这也是面向用户和基于用户的网络社区知识聚合的必然要求。本节讨论如何开展领域实体、用户、文本资源之间多种关联关联挖掘，其难点是在统一的语义空间下对领域实体、用户、文本资源间的关系进行建模，以便于跨单元、多种关系的一致性比较和分析。

5.2.1 网络社区中的多元知识关联挖掘流程

网络社区多元知识关联挖掘，是通过构建网络社区中的"用户—资源—领域实体"关系超网络，再在统一的超网络上开展网络表示学习。而多粒度知识单元识别与多元关系挖掘又是知识超网络构建的基础，因此笔者提出的流程主要包括三部分，具体如图 5-7 所示。值得一提的是流程的第一部分将列举多粒度知识单元的多元关系挖掘方法，在实际应用中可根据网络社区特点确定具体挖掘方式。

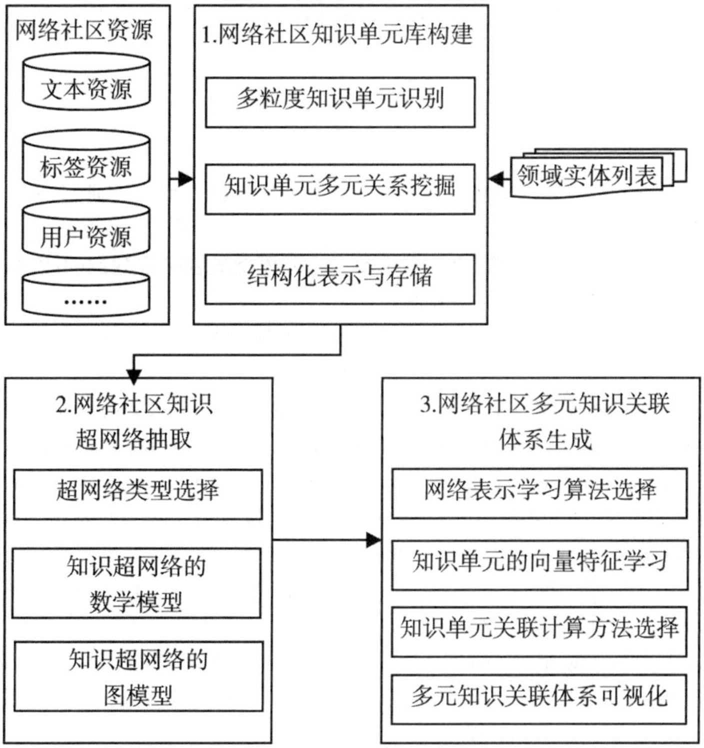

图 5-7 网络社区多元知识关联挖掘流程

网络社区主要包括用户、文本与词语三种粒度的知识单元，同粒度与跨粒度知识单元之间存在多种关系。其中一元关系挖掘包括：

①用户—用户关系。细分为直接关系与间接关系。前者通过分析用户之间的关注、回复等行为得到,① 后者通过分析直接关联得到。②

②文本—文本关系。利用文本相似度衡量，相似度计算中常用扩展源包括：领域本体③、搜索引擎④等。

③词语—词语关系。领域实体是词语关系挖掘重要对象，学者利用社会网络分析⑤、LSA(Latent Semantic Analysis)⑥等方法挖掘领域实体的语义层级关系，弥补语义缺失的不足；除此之外，可利用主题识别或抽取技术从文本中自动识别特征或抽取新特征，并挖掘包括领域实体关系在内的结构化语义关系。⑦

④用户—文本关系。细分为直接关系与间接关系。前者根据用户对文本的发布、分享等行为信息转化得到，关系强度依据行为类型可人工给定阈值。后者通过文本—文本关系或用户—用户关系传递得到，实质是基于文本或用户的协同推荐。⑧

---

① 田博，凡玲玲. 基于交互行为的在线社会网络社区发现方法研究[J]. 情报杂志，2016，35(11)：183-188.

② 刘冰玉，王翠荣，王聪，等. 基于动态主题模型融合多维数据的微博社区发现算法[J]. 软件学报，2017，28(2)：246-261.

③ 宁亚辉，樊兴华，吴渝. 基于领域词语本体的短文本分类[J]. 计算机科学，2009，36(3)：142-145.

④ Sahami M，Heilman T D. Aweb-based kernel function for measuring thesimilarity of short textsnippets[C]//Proceedings of the 15th International Conference on World Wide Web. New York：ACM，2006：377-386；Zelikovitz S，Kogan M. Using web searches on important words to create background sets for LSI classification[C]//Proceedings of the 19th International FLAIRS Conference. Florida：AAAI Press，2006：598-603.

⑤ 黄微，高俊峰，李瑞，等. Folksonomy 中 Tag 语义距离测度与可视化研究[J]. 现代图书情报技术，2014(7/8)：64-70.

⑥ Tsui E，Wang W M，Cheung C F，et al. A concept-relationship acquisition and inference approach for hierarchical taxonomy construction from tags [J]. Information Processing & Management，2010，46 (1)：44-57.

⑦ 陈果. 基于领域概念关联的网络社区知识聚合研究[D]. 武汉：武汉大学，2015.

⑧ 石伟杰，徐雅斌. 微博用户兴趣发现研究[J]. 现代图书情报技术，2015(1)：52-58.

⑤文本—词语关系。从文本信息中提取标签或特征词时，文本—词语关系就已建立。关系强度计算思路主要分为两种：一种是“0，1”，即只统计特征词在文本中出现与否；另一种利用特征权重(如 IF-IDF、信息增益等)进行细粒度衡量。

⑥用户—词语关系挖掘。通过用户—文本关系与文本—词语关系传递得到。

网络社区知识单元库构建包括多粒度知识单元识别、知识单元多种关系挖掘、结构化表示与存储三个部分，具体内容如下：

多粒度知识单元识别。网络社区中知识单元主要包括三类，即用户、文本与词语，文本又可细分为全文本与句子文本。考虑大多网络社区文本长度较短，传统主题句提取方法作用有限，这里不考虑句子文本，下文所述文本均是指全文本。

知识单元多元关系挖掘。用户—用户关系分为直接关系与间接关系，本节中多元关联体系涉及网络社区多粒度知识单元及其关系，用户之间的间接关系可通过分析文本、用户与文本等关系得到，这里只考虑用户通过回复、关注等行为建立的直接关系；词语—词语关系包括两类：一类是包含用户标签的，可通过统计用户标签共现频次得到，另一类缺乏用户标签的网络资源，可采用主题提取技术(如 LDA 等)或基于领域词典的方式从文本中自动提取；用户—文本关系通过分析用户对文本的操作行为得到，关系类型阈值可人工确定，关系强度由类型阈值与行为强度综合决定；文本—词语关系通过分析词语在文本或文本标签中是否出现得到，关系强度计算方式包括两种。一种只统计词语在文本中出现与否，出现认为有关系，否则无关系；另一种利用文本特征权重(如信息增益、互信息等)进行关系强度细粒度计算。用户—词语关系通过用户—文本关系，文本—词语关系的传递得到。

结构化表示与存储。知识单元存储形式为：

knowledge_ unit = <entity, type, description> 式(5-1)

其中，entity 表示知识单元，type 表示知识单元类型，如文本、用户或词语，description 表示对知识单元的描述。

知识单元关系存储形式为：

knowledge_ relationship = <entity1, entity2, relationtype, weight> 式(5-2)

其中，entity1 与 entity2 分别表示有关系的两个知识单元，relationtype 表示关系类型，weight 表示关系强度。

5.2.2 网络社区中“用户—资源—领域实体”的超网络构建

目前，网络社区知识关联发现以一元关系挖掘为主，多元关系挖掘主要利用超网络技术对多个一元关系进行多元描述，各类型关系相互独立，本质是一元关系的多元呈现。尚未真正实现全局视角下的多元关联挖掘，并且网络节点及关系的异构也导致跨粒度多元关系利用困难。

网络社区用户、文本与领域实体之间存在多种关系类型与关系强度计算方式，仅用一个网络来表征容易导致节点混乱、网络结构不清晰等问题。考虑将其细分成两个节点类型单一、但关系类型异构的网络，即用户关系网络与词语关系网络，之后再利用用户—文本关系与文本—词语关系将两个网络联通，形成节点与关系异构的联通网络。考虑传统异构网络技术在多网络联通表征方面作用有限，笔者选择超网络技术进行网络社区异构知识关系网络构建。

美国学者 Nagurney 认为超网络是指高于且又超于现存网络的网络，① 一般由多个网络组成，超网络节点可作为网络的集合，边是集合中网络的结合偏好，可通过对边的增加、删除等操作实现对网络结构的调整。网络社区知识超网络的数学模型与文献中的知识超网络模型类似，只需要将其中句子知识子网络替换成用户知识子网络。知识超网络的图模型如图 5-8 所示。

学者尝试利用超网络技术进行多元关系融合。例如肖璐构建了面向网络社区多粒度知识聚合的知识超网络，该网络包含词语、句子与文本三种粒度知识单元及共现、语法、包含、隶属等多元关系；② 王传清等构建了用于数字资源深度聚合的数字资源超网络，该网络包含文献知识、著作权人、物质载体三种知识单元及引用、共现、耦合等多元关系。③

在保留全局视角的前提下，为屏蔽网络社区跨粒度知识单元和异质关系的干扰，揭示其中蕴含的多元知识关联，笔者提出一种方案：通过构造网络社区知识超网络以保障全局性，再利用网络表示学习将知识单元表示为形式一致的低维稠密向量，各种知识单元间的关联均可基于其向量计算获得。该方案可快

---

① 漆玉虎，郭进利. 超网络研究[J]. 上海理工大学学报，2013，35(3)：227-239.

② 肖璐. 基于知识超网络的网络社区学术资源多粒度聚合研究[J]. 情报杂志，2018，37(12)：182-187，194.

③ 王传清，毕强. 超网络视域下的数字资源深度聚合研究[J]. 情报学报，2015，34(1)：4-13.

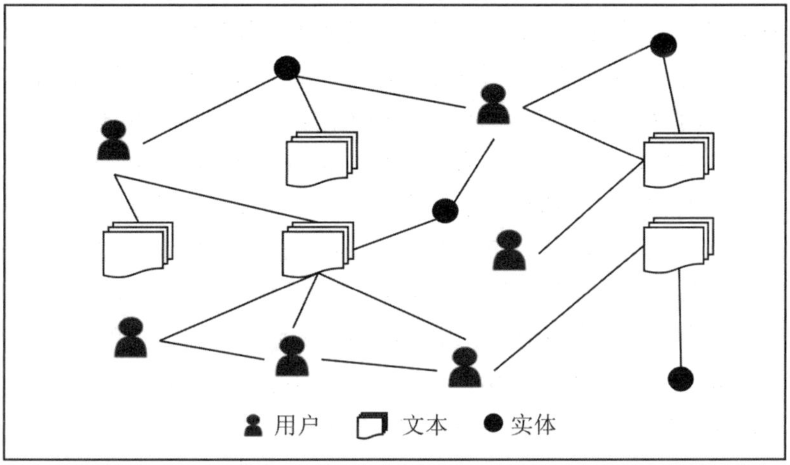

图 5-8 网络社区知识超网络的图模型

速生成网络社区多元知识关联体系，用于指导网络社区知识组织，并以医学网络社区丁香园心血管论坛为对象，验证该方案的可行性与有效性。

5.2.3 基于网络表示学习的网络社区多元知识关联挖掘

网络表示学习(Network Representation Learning，NRL)，也称网络嵌入(Network Embedding，NE)，目的在于用低维紧凑的向量表示网络中的节点，为下一步的任务提供有效的特征表示。让映射出来的向量能够拥有表示和推理的功能，方便下游计算，从而能够使得到的向量表示使用于社交网络中广泛使用的应用场景里去，解决传统网络存储数据稀疏问题。因此，网络表示学习具有相当重大的意义。① 基于网络结构的网络表示学习算法理论上主要包括基于矩阵特征向量计算的方法、基于简单神经网络计算的方法、基于矩阵分解的方法、基于深层神经网络的方法以及保存特殊性质的网络表示学习；结合外部信息的网络表示学习主要包括结合文本信息的方法、半监督的网络表示学习以及结合边上标签信息的网络表示学习。②

① 王亚坤. 网络表示学习发展综述[J]. 福建质量管理，2019(17)：216.

② 涂存超，杨成，刘知远，孙茂松. 网络表示学习综述[J]. 中国科学：信息科学，2017，47(08)：980-996.

基于网络的表示学习研究旨在探索能够更好地研究分析复杂信息网络中的节点间的联系，寻找解决信息网络背景下的各种实际问题的普适方法，有效融合网络结构与节点外部信息，形成更具区分性的网络表示。近年来，网络表示学习问题吸引了大量的研究者的目光，相关的论文工作也层出不穷。① Ahmed 等在 2013 年 WWW 中提出了一种图分解(Graph Factorization)的技术。② 2014 年，Perozzi 等提出了著名的基于深度学习技术的 Deepwalk 算法。③ 2015 年，清华大学唐建等提出了一种适用于大规模的有向带权图的 LINE 算法。④ Cao 等在 2015 年提出了一种能够很好地保留网络拓扑结构的算法 GraRep。⑤ 而后，在 2016 年 Ou 等提出了模型 HOPE，用于捕捉网络的高阶结构信息和保留有向图中节点之间的反对称关系。⑥ 2017 年，Fu 等提出著名的 HIN2Vec 算法。⑦ 2018 年，Toutanova 等提出了一种新颖的 CARE 算法。⑧

---

① 涂存超，杨成，刘知远，孙茂松. 网络表示学习综述[J]. 中国科学：信息科学，2017，47(08)：980-996.

② Ahmed A, Shervashidze N, Narayanamurthy S, et al. Distributed large-scale natural graph factorization[C]//Proceedings of the 22nd international conference on World Wide Web. New York: ACM, 2013: 37-48.

③ Perozzi B, Al-Rfou R, Skiena S. Deepwalk: Online learning of social representations [C]//Proceedings of the 20th ACM SIGKDD International Conference on Knowledge Discovery and Data Mining, 2014: 701-710.

④ Tang J, Qu M, Wang M, et al. LINE: Large-scale information network embedding [C]//Proceedings of the 24th International Conference on World Wide Web. Florence: ACM, 2015: 1067-1077.

⑤ Cao S, Lu W, Xu Q. Grarep: Learning graph representations with global structural information[C]//Proceedings of the 24th ACM International on Conference on Information and Knowledge Management. New York: ACM, 2015: 891-900.

⑥ Ou M, Cui P, Pei J, et al. Asymmetric transitivity preserving graph embedding[C]//Proceedings of the 22nd ACM SIGKDD International Conference on Knowledge Discovery and Data Mining. New York: ACM, 2016: 1105-1114.

⑦ Fu T, Lee W C, Lei Z. Hin2vec: Explore meta-paths in heterogeneous information networks for representation learning [C]//Proceedings of the 2017 ACM on Conference on Information and Knowledge Management. New York: ACM, 2017: 1797-1806.

⑧ Toutanova K, Klein D, Manning C D, et al. Feature-rich part-of-speech tagging with a cyclic dependency network[C]//Proceedings of the 2003 Human Language Technology Conference of the North American Chapter of the Association for Computational Linguistics. Edmonton, 2003: 252-259.

具体实践中，可以选择 Deepwalk①、Node2vec②、SDNE③、LINE④ 这四种典型的网络表示学习算法对关键词进行网络结构表示：

①Deepwalk 是最早提出的基于 Word2vec 的节点向量化模型，是把语言模型的方法用在了社会网络之中，从而可以用深度学习的方法，除了表示节点以外，还可以反映节点间的拓扑关系，即表现出社会网络中的社会关系；

②Node2vec 通过改进随机游走序列生成的方法对 Deepwalk 算法进行了拓展；

③SDNE 是第一个将深度学习应用于网络表示学习中的方法，它是一种半监督的学习模型；

④LINE 的思路就是把一个大规模网络中的所有节点根据其关系的紧密程度映射到向量空间中，表征成为低维向量，联系紧密的节点会被映射到接近的位置，而在网络中衡量两个节点联系紧密程度的重要标准就是这两个节点之间边的权值。⑤

多元知识关联体系是网络社区知识组织细化和知识服务深化的基础。目前，网络社区关系挖掘以一元关系为主，涉及多元关系挖掘的研究主要通过异构网络进行多元关联描述，尚未真正实现全局视角下的多元关联挖掘。网络表示学习是一种以初始网络为基础，将网络节点表征成具有推理能力的低维稠密向量的技术，节点的低维稠密向量表示在保留初始网络信息的同时实现了网络的重构。⑥ 因此，笔者提出的挖掘思路是：首先，利用超网络将多粒度知识单

---

① Bryan P, Rami A R, Steven S. Deepwalk: Online learning of social representations [C]//Proceedings of the 20th ACM SIGKDD International Conference on Knowledge Discovery and Data Mining. New York: ACM, 2014: 701-710.

② Grover A, Leskovec J. Node2vec: Scalable feature learning for networks [C]//Proceedings of the 22nd ACM SIGKDD International Conference on Knowledge Discovery and Data Mining. New York: ACM, 2016: 855-864.

③ Wang D, Cui P, Zhu W. Structural deep network embedding[C]//Proceedings of the 22nd ACM SIGKDD International Conference on Knowledge Discovery and Data Mining. New York: ACM, 2016: 1225-1234.

④ Tang J, Qu M, Wang M, et al. Line: Large-scale information network embedding[C]//Proceedings of the 24th International Conference on World Wide Web. Florence: ACM, 2015: 1067-1077.

⑤ 王亚坤. 网络表示学习发展综述[J]. 福建质量管理, 2019(17): 216.

⑥ 尹赢，吉立新，黄瑞阳，等. 网络表示学习的研究与发展[J]. 网络与信息安全学报, 2019, 5(2): 77-87.

元及其多元关系描述在统一网络中，该网络是利用网络表示学习进行全局视角知识关联挖掘的基础。其次，利用网络表示学习技术将知识单元表征成结构统一的向量集合，一个向量代表一个知识单元，知识单元关联由向量相似度表征。笔者将这种知识单元及其关联集合称为网络社区多元关联体系，该关联体系能被计算机快速处理分析，可作为领域背景知识支持知识的多维组织。具体思路如图 5-9 所示。

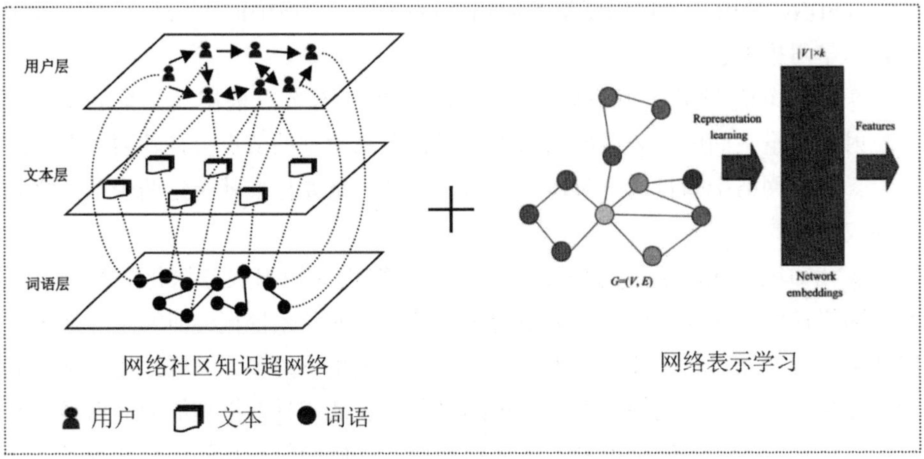

图 5-9 网络社区多元知识关联体系构建思路

网络表示是网络分析的基础，传统表示方法包括基于邻接矩阵与网络图表示两类，前者通过行向量来表征网络节点，容易导致向量维度过高；后者节点间有大量的关联边，使得分析过程倾向采用迭代或组合方式，极大增加算法时间复杂度，最终影响整个分析效果。网络表示学习是一种将网络节点表示到低维空间向量，并利用向量之间距离或相似程度表示节点之间关联的网络表示方式，该方法在极大程度上还原了初始网络整体结构的同时实现网络的重构，联通了表征现实存在网络与网络分析利用之间的鸿沟，在异构网络的分析利用上优势明显。① 笔者利用网络表示学习将网络社区知识超网络中的知识单元表征

① 涂存超，杨成，刘知远，等. 网络表示学习综述[J]. 中国科学：信息科学，2017，47(8)：980-996；周慧，赵中英，李超. 面向异质信息网络的表示学习方法研究综述[J]. 计算机科学与探索，2019，13(7)：1081-1093.

为低维稠密向量，实现全局视角下的知识单元关联发现，同时降低关系异构对知识组织的不利影响。

网络表示学习算法主要分为基于网络结构与结合外部信息两类，前者包括基于矩阵特征向量计算、矩阵分解、浅层神经网络、深层神经网络等分析算法，后者包括结合文本信息、边的标签信息等分析算法。根据分析对象特点，笔者选择基于浅层神经网络的网络表示学习(LINE)算法，进行网络社区知识单元低维稠密向量表征。LINE 算法解决了 Deepwalk 与 Node2vec 算法缺乏针对网络结构优化目标函数的问题，同时保留了网络节点的一阶与二阶相似性，对于任意类型的大规模网络都有较高适用性，且由于一阶与二阶相似性的互补，使得该算法能兼顾网络的局部与全部结构。

知识单元关联强度计算是构建多元知识关联体系的关键。在利用 LINE 算法将网络社区知识单元表征成低维稠密向量，关联计算问题就转化为向量相似度计算。当前常用计算方法有余弦相似度、相关系数、欧氏距离、马氏距离等。由于知识单元已表征成低维向量，选择计算绝对距离的欧氏距离来衡量知识单元的关联强度。

5.2.4 实验：基于超网络表示学习的网络社区多元关联挖掘

本节利用前面的语料开展基于网络表示学习的网络社区多元知识关联挖掘。其中，超网络的节点包括用户、文本(帖子)、领域实体三类，利用这三类知识单元间的包含关系，将其描述在同一网络中，构建超网络；然后，利用网络表示学习技术，在统一的语义空间下表示三类知识单元的语义向量，一个向量代表一个知识单元，以便计算知识单元间的关联强度，知识单元关联由向量相似度表征。

(1)超网络构建

超网络构建包括共现关系抽取、统一编号和超网络构建三个环节：

①共现关系抽取。笔者从 TXT 文档中分别提取用户与发帖的文本信息，结合文本中领域实体识别结果，得到了用户、文本与领域实体三类知识单元，首先提取用户关系网络与词语关系网络，之后再利用用户—文本关系与文本—领域实体关系将两个网络联通，形成节点与关系异构的联通网络，用户—文本关系、文本—领域实体关系、用户—领域实体关系分别如图 5-10 ~ 图 5-12 所示。

```
10000261/nfile;fengjingqian/nuser
10000688/nfile;冬季百合/nuser;chianhuu/nuser
10001042/nfile;liym575/nuser;tdf001/nuser;辽河亮剑/nuser
10001133/nfile;llzwyy/nuser;跑跑卡丁车/nuser;承承/nuser;chenwenzhong/nuser
10002735/nfile;cxy51340/nuser;gingerichccc/nuser;Eisenmenger/nuser
10003169/nfile;天邻/nuser;king3299/nuser;辽河亮剑/nuser;痴心不绝对/nuser;realyang/nuser
10003196/nfile;hcmsh/nuser
10003225/nfile;jzqdg/nuser
10003384/nfile;zfjgjzly/nuser;leizhengqing/nuser;辽河亮剑/nuser;白塔/nuser
10003679/nfile;辽河亮剑/nuser;ruping/nuser
10003828/nfile;黑风/nuser
10004299/nfile;gongchuliang/nuser;霍-燕/nuser;yinian/nuser
10004543/nfile;xulan12315/nuser;星转斗移/nuser;医称国手枉自多/nuser;kongdylan/nuser;悠然
10005959/nfile;街头文人/nuser;雾里看她/nuser
10006042/nfile;Taquilar/nuser
10006287/nfile;亲晨之恋/nuser
10006321/nfile;okhere123/nuser;hzhizhen/nuser;dxy_ybz7don8/nuser
10006417/nfile;春风化雨卢/nuser;doctorcs/nuser;bluefox0771/nuser;lch1990936/nuser
10006638/nfile;chiliangjie/nuser
10006726/nfile;luochangjin/nuser
10007820/nfile;孤竹国/nuser
10007830/nfile;孤竹国/nuser
```

图 5-10 “文本—用户”关系提取

```
10000261/nfile;冠心病/njb;心绞痛/njb
10000688/nfile;降压/nzl;高血压危象/njb;利尿剂/nzl;硝酸甘油/nzl;血压/nzd;扩张血管药/nzl;青光眼/njb;卡托普利/nzl
10001042/nfile;心室肥厚/nzz;发生/nzz;抗凝/nzl;高血压/njb;心房肥大/nzz;血栓/nqg;心功能/nzd;血压/nzd;左房/nqg;冠心病/njb;
10001133/nfile;完全性右束支阻滞/njb;心肌缺血/njb;胸疼痛/nzz;阿乐/nzl;右束支阻滞/njb;心肌酶谱/nzd;心电图/nzd;心率/nzd;
10002735/nfile;氢氯噻嗪/nzl;高血压/njb;安慰剂/nzl;波依定/nzl;起搏器/nzl;心率/nzd;达爽/nzl;培哚普利片/nzl
10003196/nfile;发生/nzz;脂肪细胞/nzd;骨髓基质/nzd;骨髓间质/nzd;高度/njb;体外/nzl;梗死/njb;稳定/nzl;缺血性心脏病/njb;血液,
10003384/nfile;硝苯地平速效胶囊/nzl;心血管/nqg;心输出量/nzd;高度/njb;干扰/nzz;比索洛尔/nzl;心理/nzd;阿替洛尔/nzl;死亡/nz
10003679/nfile;心血管/nqg;心输出量/nzd;高度/njb;干扰/nzz;比索洛尔/nzl;心理/nzd;阿替洛尔/nzl;死亡/nzz;肥厚性心肌病/njb;
10003828/nfile;心律失常/njb;心电/nzd
10004299/nfile;颈/nqg;结核/njb;胸闷/nzz;抗结核/nzl;心包积液/nzz;积液/nzz;疼痛/nzz;拜托/nzd;培养/nzd;感染/nzl;胸腔积液/nz
10004543/nfile;肺癌/njb;心肺/nqg;室间隔/nqg;心血管/nqg;免疫学/nzd;乳腺/nqg;血浆蛋白/nzd;高度/njb;肺间质/njb;心/nqg;乏力/
10005959/nfile;血流/nzd;体阻滞剂/nzl;稳定/nzl;受体阻滞剂/nzl;心/nqg;水钠/nzz;肾/nqg;机理/nzl
10006042/nfile;Ca/nzl;溶液/nzl;乳酸钠/nzl;氯化钾/nzl;酸中毒/nzz;氯化钙/nzl;乳酸钠林/nzl;氯化钠/nzl
10006321/nfile;心脏病/njb;心血管/nqg;心血管病/njb
10006417/nfile;心包/nqg;心包填塞/njb;胸膜腔/nzd;体外循环/nzl;胸腔/nqg;刺激/nzl;游离/nzz;呼吸功能/nzd;气胸/nzz;心脏/nqg;
10006638/nfile;不稳定性心绞痛/njb;心梗/njb;硬化/njb;稳定性心绞痛/njb
10006726/nfile;心肌缺血/njb;体外循环/nzl;心功能/nzd;缺血/nzz;冠状动脉搭桥/njb;溶栓/nzl;代谢障碍/nzz;心肌细胞功能/nzd;
10007830/nfile;缺血性心脏病/njb;高血压/njb
10008444/nfile;代谢综合征/njb;收缩压/nzd;急性脑卒/njb;动脉/nqg;溶栓/nzl;心肌梗死/njb;三种/nzl;心绞痛/njb;噻嗪类利尿剂/nzl
10008840/nfile;介入/nzl;心脏病/njb;心/nqg;胸部/nqg
10009217/nfile;电解质/nzd;右室/nqg;代谢/nzz;左束支传导阻滞/njb;心电图/nzd;早搏/njb;室性早搏/njb;特发性右室/njb;器质性心肌
10009914/nfile;血液/nqg;固性心衰/njb
```

图 5-11 “文本—领域实体”关系提取

```
fengjingqian/nuser;冠心病/njb;心绞痛/njb
冬季百合/nuser;硝酸甘油/nzl;扩张血管药/nzl;高血压危象/njb;青光眼/njb;血压/nzd;扩张血管药/nzl
chianhuu/nuser;青光眼/njb;降压/nzl;利尿剂/nzl;卡托普利/nzl;降压/nzl
tdf001/nuser;心房肥大/nzz
liym575/nuser;左房/nqg;高血压/njb;血压/nzd;B受体阻滞剂/nzl;左房/nqg;左房/nqg;发生/nzz;血栓/nqg;抗凝/nzl
辽河亮剑/nuser;先天性心脏病/njb;心功能/nzd;风湿性心脏病/njb;二尖瓣狭窄/njb;心功能/nzd;瓣膜/nqg;甲亢/njb;抗甲亢/nzl;冠
承承/nuser;心电/nzd;窦性心律/nzd;完全性右束支阻滞/njb;心电图/nzd
chenwenzhong/nuser;右束支阻滞/njb
跑跑卡丁车/nuser;心率/nzd;肺部/nqg;完全性右束支阻滞/njb
跑跑卡丁车/nuser;心率/nzd;肺部/nqg;完全性右束支阻滞/njb
跑跑卡丁车/nuser;心率/nzd;肺部/nqg;完全性右束支阻滞/njb
承承/nuser;心律/nzd;原发性高血压/njb;脑血栓/njb;胸闷/nzz;胸疼/nzz
承承/nuser;地尔硫/nzl;阿乐/nzl;阿司匹林/nzl
llzwyy/nuser;右束支阻滞/njb;心肌/nqg;心脏/nqg;心脏/nqg;超声/nzd;稳定/nzl;心绞痛/njb;完全性右束支阻滞/njb;心电图/nzd;
llzwyy/nuser;右束支阻滞/njb;心肌/nqg;心脏/nqg;心脏/nqg;超声/nzd;稳定/nzl;心绞痛/njb;完全性右束支阻滞/njb;心电图/nzd;
承承/nuser;疼痛/nzz;胸疼痛/nzz;运动/nzd;疼痛/nzz
gingerichccc/nuser;心率/nzd;高血压/njb;起搏器/nzl;达爽/nzl;波依定/nzl;培哚普利片/nzl;氢氯噻嗪/nzl;氢氯噻嗪/nzl;培哚普
cxy51340/nuser;培哚普利片/nzl;波依定/nzl;安慰剂/nzl
gingerichccc/nuser;达爽/nzl;培哚普利片/nzl;波依定/nzl;安慰剂/nzl
hcmsh/nuser;潜能/nzd;细胞/nzd;干细胞/nzd;干细胞/nzd;干细胞/nzd;干细胞/nzd;高度/njb;干细胞/nzd;免疫抑制剂/nzl;干细胞/
hcmsh/nuser;稳定/nzl;干细胞/nzd;血/nqg;干细胞/nzd;心肌/nqg;心功能/nzd;细胞/nzd;缺血/nzz;心肌/nqg
jzqdg/nuser;雷诺嗪/nzl
zfjgjzly/nuser;降压药/nzl;降压/nzl;血压/nzd;糖尿病/njb;血脂/nzd;尿酸/nzz;代谢/nzz;降压药/nzl;降压药/nzl;高血压/njb;降
辽河亮剑/nuser;高血压/njb;高血压/njb;降压治疗/nzl;高度/njb;高血压/njb;冠心病/njb;心力衰竭/njb;心血管/nqg;心血管/nqg;
辽河亮剑/nuser;高血压/njb;高血压/njb;降压治疗/nzl;高度/njb;高血压/njb;冠心病/njb;心力衰竭/njb;心血管/nqg;心血管/nqg;
ruping/nuser;心血管网/nzd;丁香/nzl
黑风/nuser;心律失常/njb;心电/nzd
```

图 5-12 “用户—领域实体”关系

②统一编号。基于用户关系网络与词语关系网络，将其中的每个知识单元用数字统一编号，写入新文件中，如图 5-13 所示，之后再依次对用户—文本关系与文本—领域实体关系编号，如图 5-14～图 5-15 所示。

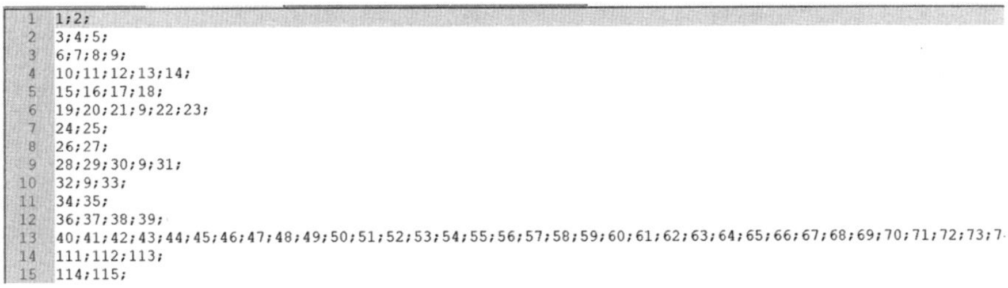

```
1;2;
3;4;5;
6;7;8;9;
10;11;12;13;14;
15;16;17;18;
19;20;21;9;22;23;
24;25;
26;27;
28;29;30;9;31;
32;9;33;
34;35;
36;37;38;39;
40;41;42;43;44;45;46;47;48;49;50;51;52;53;54;55;56;57;58;59;60;61;62;63;64;65;66;67;68;69;70;71;72;73;7
111;112;113;
114;115;
```

图 5-13 “文本—用户”关系 ID 文件

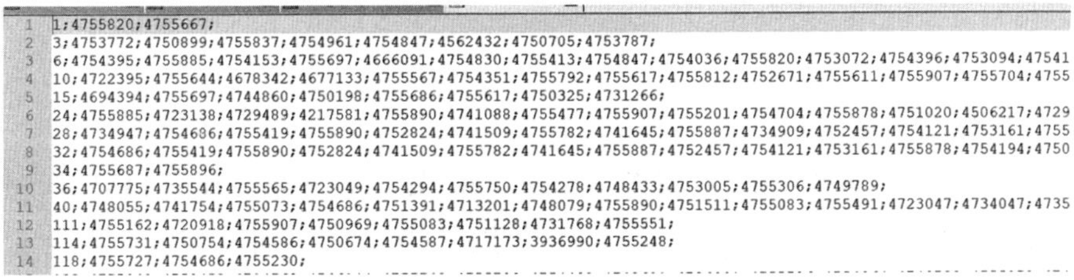

```
1;4755820;4755667;
3;4753772;4750899;4755837;4754961;4754847;4562432;4750705;4753787;
6;4754395;4755885;4754153;4755697;4666091;4754830;4755413;4754847;4754036;4755820;4753072;4754396;4753094;47541
10;4722395;4755644;4678342;4677133;4755567;4754351;4755792;4755617;4755812;4752671;4755611;4755907;4755704;4755
15;4694394;4755697;4744860;4750198;4755686;4755617;4750325;4731266;
24;4755885;4723138;4729489;4217581;4755890;4741088;4755477;4755907;4755201;4754704;4755878;4751020;4506217;4729
28;4734947;4754686;4755419;4755890;4752824;4741509;4755782;4741645;4755887;4734909;4752457;4754121;4753161;4755
32;4754686;4755419;4755890;4752824;4741509;4755782;4741645;4755887;4752457;4754121;4753161;4755878;4754194;4750
34;4755687;4755896;
36;4707775;4735544;4755565;4723049;4754294;4755750;4754278;4748433;4753005;4755306;4749789;
40;4748055;4741754;4755073;4754686;4751391;4713201;4748079;4755890;4751511;4755083;4755491;4723047;4734047;4735
111;4755162;4720918;4755907;4750969;4755083;4751128;4731768;4755551;
114;4755731;4750754;4754586;4750674;4754587;4717173;3936990;4755248;
118;4755727;4754686;4755230;
```

图 5-14 “文本—领域实体”关系 ID 文件

```
2;4755820;
2;4755667;
4;4754961;
4;4562432;
4;4750899;
4;4750705;
4;4754847;
4;4562432;
5;4750705;
5;4753772;
5;4755837;
5;4753787;
5;4753772;
8;4666091;
7;4754036;
```

图 5-15 “用户—领域实体”关系 ID 文件

③超网络构建。基于统一编号后的 ID 文件，统计用户—文本、文本—词语、用户—词语的共现频次，得到用户—文本关系与关系强度、文本—词语关

系与关系强度以及用户—词语关系与关系强度，将结果导入 NetworkX，如图 5-16 所示。

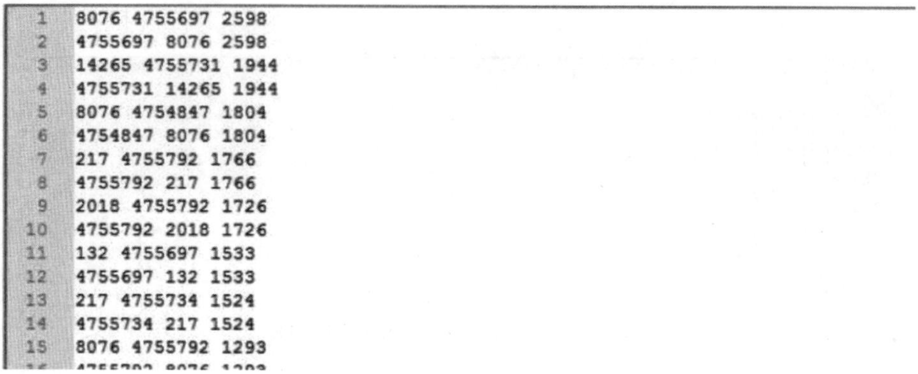
1 8076 4755697 2598
2 4755697 8076 2598
3 14265 4755731 1944
4 4755731 14265 1944
5 8076 4754847 1804
6 4754847 8076 1804
7 217 4755792 1766
8 4755792 217 1766
9 2018 4755792 1726
10 4755792 2018 1726
11 132 4755697 1533
12 4755697 132 1533
13 217 4755734 1524
14 4755734 217 1524
15 8076 4755792 1293

图 5-16　共现网络的边文件

(2)网络表示学习

基于上步构建的"用户—资源—领域实体"知识超网络，利用 LINE 算法对丁香园心血管论坛中知识单元进行低维稠密向量表示，向量维度人工设定为 100，运行参数如图 5-17 所示。

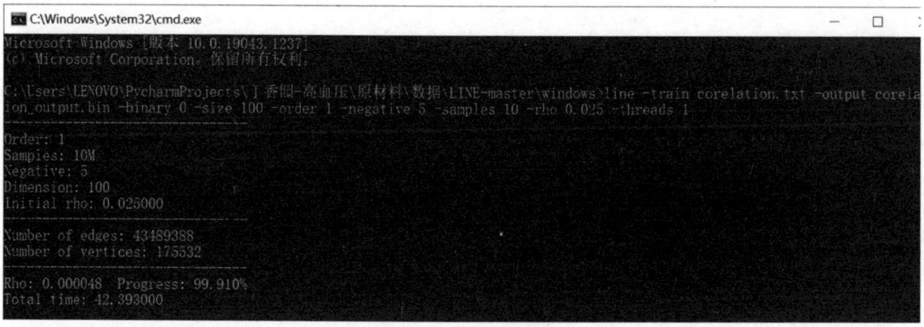

图 5-17　LINE 运行参数设置

运行得到 175532 个知识单元的低维稠密向量(部分结果见图 5-18)。图 5-18 中第一行表示丁香园心血管论坛多元知识关联体系中共有 175532 个知识单元，每个知识单元由 100 维向量来表征，除第一行外的第一列为知识单元在关联体系中的 ID 号，其他列为对应向量值。


```
175532 100
4755792 -0.000007 -0.000038 -0.000056 0.000089 -0.000174 0.000129 0.000156 -0.000051 0.000051 0.000140 0.000
4755786 -0.000036 -0.000019 -0.000005 -0.000007 0.000009 0.000033 -0.000001 0.000006 -0.000049 -0.000008 0.0
4755617 -0.000003 0.000012 -0.000016 0.000004 0.000021 -0.000004 -0.000031 0.000014 -0.000021 0.000024 0.000
4755734 0.004126 -0.000266 -0.001344 -0.000743 -0.002794 0.004541 0.005366 -0.000202 0.003538 0.008969 0.003
4755885 0.000019 -0.000005 -0.000006 -0.000022 -0.000004 0.000020 0.000021 0.000010 0.000012 -0.000026 -0.00
4755697 -0.000037 0.000009 -0.000008 0.000022 0.000022 0.000020 -0.000006 -0.000002 -0.000021 -0.000002 -0.0
4754847 -0.000017 -0.000034 -0.000040 -0.000017 0.000025 -0.000008 -0.000005 -0.000021 -0.000017 -0.000027 -
4754620 -0.000010 -0.000049 0.000009 0.000008 -0.000029 0.000029 0.000036 0.000013 -0.000101 -0.000056 -0.00
4755820 -0.000039 -0.000012 -0.000032 -0.000000 0.000041 0.000049 0.000006 0.000004 -0.000002 -0.000003 -0.0
4755017 0.000028 -0.000046 0.000025 -0.000043 0.000055 0.000026 0.000007 -0.000027 -0.000016 -0.000007 -0.00
4755565 -0.000039 -0.000007 -0.000035 0.000002 -0.000019 0.000062 0.000042 0.000033 -0.000080 -0.000027 -0.0
4755687 0.000008 0.000007 0.000010 -0.000015 -0.000018 0.000004 0.000006 -0.000025 0.000007 0.000029 0.00000
4755766 -0.000015 -0.000067 0.000021 0.000032 -0.000007 -0.000005 0.000005 -0.000008 -0.000043 -0.000039 -0.
4755878 -0.000020 -0.000039 0.000026 0.000038 -0.000039 0.000023 0.000032 -0.000001 -0.000002 0.000038 0.000
4755901 0.000023 -0.000001 0.000027 -0.000020 0.000007 0.000006 0.000025 -0.000048 -0.000023 0.000044 -0.000
4755704 -0.000009 -0.000000 -0.000011 -0.000047 -0.000042 0.000001 0.000003 0.000010 -0.000022 -0.000021 -0.
4755611 0.001286 0.000169 -0.000293 0.000305 -0.000664 0.001194 0.001025 0.000167 0.001570 0.002212 0.001389
4753332 0.000006 -0.000053 -0.000028 0.000005 0.000006 -0.000012 -0.000014 0.000008 -0.000040 -0.000036 0.00
4755413 -0.000015 -0.000011 0.000026 0.000017 0.000005 -0.000005 0.000040 -0.000008 -0.000048 -0.000023 -0.0
4755685 0.000007 0.000064 0.000024 0.000040 0.000094 -0.000017 0.000101 -0.000039 -0.00048 0.000052 -0.0000
```


图 5-18 丁香园心血管论坛多粒度知识单元的向量表示(部分)

(3)丁香园心血管论坛多元知识关联体系生成

基于知识单元的特征向量，选用欧氏距离计算 175532 个知识单元的关联强度，得到丁香园心血管论坛的多元知识关联体系。以疾病“冠心病”为例展示词语知识单元在多元关联体系中的多元关联集合，具体如表 5-5～表 5-6 所示。值得一提的是，笔者在构建术语词典时对术语进行了类型标注，因此多元关联体系中的词语关联除了包含关联强度外还包含关联类型，这种细粒度关联类型是支持网络社区高级知识服务基础。

表 5-5 “冠心病”的多元知识关联集合(部分)

排序	关联文本 ID	欧氏距离	关联用户	欧氏距离	关联疾病	欧氏距离
1	44467	0.022895813	zhouyizmc02	0.001062677	高血压	0.000265287
2	123267	0.023034472	yuhaibo1979	0.004463841	心肌梗死	0.000298998
3	64628	0.023232689	孤竹国	0.004651127	低血压	0.000303717
4	153664	0.023467176	metoprolol	0.006507866	心律失常	0.000306212
5	11966	0.02361689	八旗哥	0.009768454	心梗	0.000308206
6	25332	0.023771877	fixedsoldier	0.010066176	糖尿病	0.000332998

续表

排序	关联文本 ID	欧氏距离	关联用户	欧氏距离	关联疾病	欧氏距离
7	162727	0. 023790447	夏的生辰	0. 010298152	心绞痛	0. 000342678
8	116650	0. 023807324	四叶虫	0. 011319644	心脏病	0. 000376259
9	43025	0. 023843658	yongweiwanzi	0. 012079333	心肌缺血	0. 000376409
10	95936	0. 023847869	霜落长河	0. 012773018	心功能不全	0. 000379604

表 5-6 “冠心病”的多元知识关联集合(部分)

排序	关联器官	欧氏距离	关联症状	欧氏距离	关联诊断	欧氏距离
1	心脏	0. 000244479	死亡	0. 000283998	心率	0. 000269641
2	静脉	0. 000279528	胸闷	0. 000338007	血压	0. 000291988
3	心血管	0. 00030376	晕厥	0. 000350347	超声	0. 000304639
4	心	0. 000316601	心悸	0. 000358854	电解质	0. 000345518
5	血栓	0. 000319615	收缩	0. 000376362	血流动力学	0. 000349893
6	心肌	0. 000326392	胸痛	0. 000379255	心功能	0. 000373628
7	血管	0. 000334666	恶化	0. 000383921	冠脉造影	0. 000377972
8	动脉	0. 000350351	栓塞	0. 000387705	T 段抬高	0. 000385859
9	冠状动脉	0. 000355096	出血	0. 000392991	彩超	0. 000393501
10	左室	0. 000378964	呼吸困难	0. 000393028	肾功能	0. 000403286

为了更好地可视化表示多元知识关联体系，利用 PCA(主成分分析)进行降维处理，然后利用 python 中的 Matplotlib 进行可视化展示。以“冠心病”为例，可视化展示词语知识单元的多元知识关联集合，具体如图 5-19～图 5-20 所示。

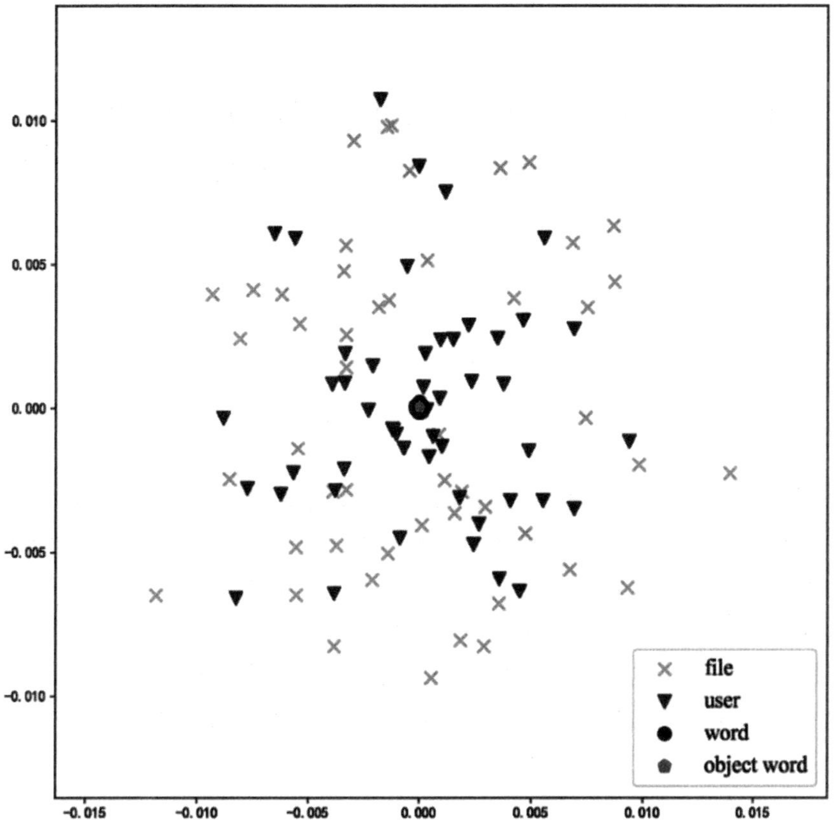

图 5-19 "冠心病"的多元知识关联集合可视化结果(关于"文本"和"用户")

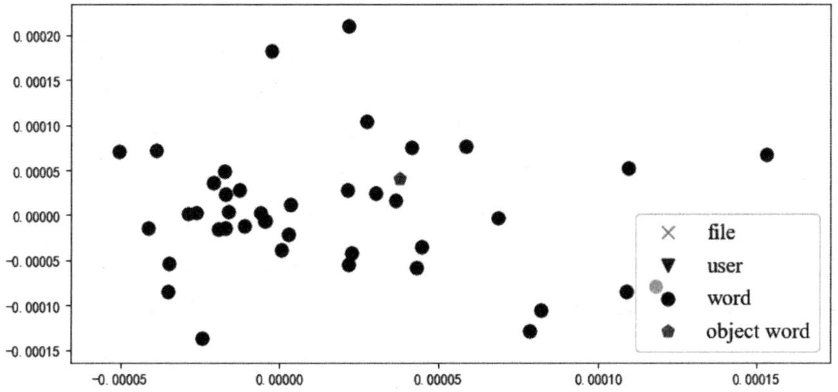

图 5-20 "冠心病"的多元知识关联集合可视化结果(关于"领域实体")

6 领域分析视角下的网络社区知识聚合模式与实现

当前知识聚合实现研究侧重“依据何种知识关联开展知识聚合”，本章将补充性地探索“利用知识关联将知识单元聚合成何种形式”这一后续问题，以完善知识聚合实现与引导实践的深入。解决多元关联体系如何有效利用于知识聚合的问题，需要从聚合的单元粒度、聚合的关联维度以及两者结合三个方面探索知识聚合的基本模式。本章提出了基于分面导航、基于多维概念关联推荐、基于知识元链接、基于资源潜在关联发现四种知识聚合模式，并重点对基于分面导航和基于知识元链接的网络社区知识聚合实现方法进行了论述。

6.1 网络社区知识聚合的基本模式

知识聚合的表现形式与其要素紧密相关，曹树金等将信息聚合要素归纳为“聚合对象粒度、情景、关系”，并以情景分析为基础，以聚合机制解释和聚合应用介绍为主要内容，对信息聚合的模式和相应的表现形式进行了梳理。① 以此为理论基础，知识共聚的基本实现形式如下：

聚合对象粒度：以知识资源系统中的词语(如关键词、标签、主题词、概念术语、知识元等)、文本(如网页、短文本、学术文献等)和用户(发文用户、浏览用户、回复用户等)这三种最基本的知识单元为聚合对象粒度；

聚合情景：以用户知识探索和利用过程中三类知识单元间的转换为聚合情

① 曹树金，马翠嫦. 信息聚合概念的构成与聚合模式研究[J]. 中国图书馆学报，2016，42(3)：4-19.

景。例如，通过关键词获取文章，阅读文章后探索感兴趣术语相关知识等。总体而言，包括从用户到用户、文本到文本、词语到词语、用户到文本、用户到词语、文本到词语六种基本情景。

聚合关系：以包含用户、文本、词语之间多元关联体系为基础，实现对知识资源的多维聚合和对用户有针对性地引导。

相应地，以用户、文本、词语为基本粒度，以用户、文本、词语在用户知识探索和利用中的切换路径为情景，以多元知识关联体系为聚合依据，可将知识共聚的几种基本实现形式归纳如图 6-1 所示。

图 6-1 “用户—词语—文档”体系下知识共聚的基本实现形式

6.1.1 从词语到文档：基于分面导航的知识聚合

根据特定词语寻找相应文档资源是用户最普遍的知识探索路径，按关键词检索文档、按导航词浏览文档都属于这种形式，可将从词语到资源(主要是文档)的引导统称为“导航”。由此看来，导航是知识资源聚合必然需要考虑的重要实现形式。

传统知识服务平台中，普遍存在导航结构扁平化、导航词间语义关联欠缺等问题，难以满足用户持续性、渐进式的知识探索需求。① 因此，不少研究者从知识聚合的视角探索导航优化。李亚婷认为基于知识聚合的导航服务不应仅

① 毕强，周姗姗，马志强，等. 面向知识关联的标签云优化机理研究[J]. 现代图书情报技术，2014(5)：33-40.

仅依赖于严格单一的层次结构，而应注重从内容中提取聚合类别。① 胡媛等提出了基于知识聚合的数字图书馆社区知识导航体系框架。② 张云中等以专家分类法与大众分类法互补融合为思路，提出了 Tax-folk 混合导航模型，实现了树状“干强枝繁叶茂”的资源聚合。③ 在充分利用知识关联结构和资源属性特征的前提下，可构建分面式导航体系。④ 相对传统基于相似度或分类/主题表的导航体系而言，分面式导航体系充分保留了结果文档与导航词汇的多样性关系，同时也更符合用户资源导航习惯。这也是知识共聚模式下的资源导航实现形式。

引入领域概念关联体系后，可对知识系统中原有的导航体系进行分面化改造。具体思路如图 6-2 所示。首先，从原有导航词中筛选出领域概念术语，以排除资源定位效果差的导航词、精简导航方向(如图 6-2 中，剔除了原导航体系的 b、f、g 等词)；其次，基于领域概念类型和细粒度关联设置导航分面(如图 6-2 中所设的 3 个分面)。导航词各代表一个文档集合，由此将已有的大量文

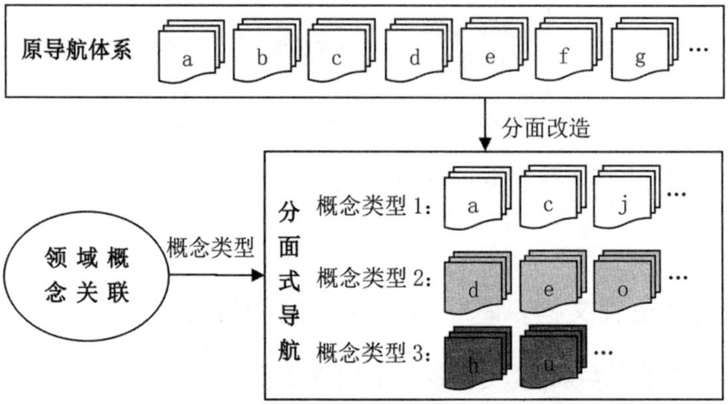

图 6-2　基于分面式导航的知识聚合实现形式

---

① 李亚婷. 知识聚合研究述评[J]. 图书情报工作，2016，60(21)：128-136.

② 胡媛，陈琳，艾文华. 基于知识聚合的数字图书馆社区集成推送服务组织[J]. 图书馆学研究，2017(19)：9-17.

③ 张云中，杨萌. Tax-folk 混合导航：社会化标注系统资源聚合的新模型[J]. 中国图书馆学报，2014(3)：78-89.

④ Hearst M A. Clustering versus faceted categories for information exploration [J]. Communications of the ACM，2006，49(4)：59-61.

档资源按分面导航方式进行聚合组织。基于该思路，笔者以丁香园医学社区中的心血管论坛为例，构建了分面导航体系以实现 UGC 资源的知识共聚，其系统原型如图 6-3 所示。①

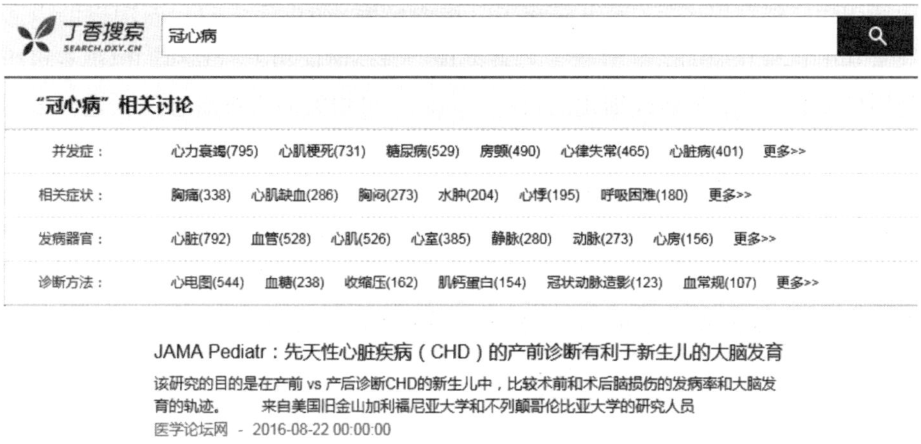

图 6-3 基于分面式导航的心血管领域 UGC 知识聚合示例

6.1.2 从词语到词语：基于多维概念关联推荐的知识聚合

当用户检索或浏览某一词语相关文档时，与该词语相关的其他词语构成其目标知识的一部分。用户知识搜寻和利用行为是一个持续过程，通常需要不断地横向拓展和纵向深入。搜索列表页的查询词推荐、结果内容页的标签推荐等都属于“从词语到词语”的知识引导。因此，知识聚合的有效实现需要充分考虑这一场景。

传统的词语推荐通常依托日志、文档等语料，对词语按相似度计算和排序，② 再以线性方式列举推荐，其语义模糊性导致用户知其有关而不知其何关，不利于用户需求的进一步扩展和细化。因此，有必要加入语义信息，使之更符合用户的知识结构。陆伟等通过实验表明，采用主题分析可以显著提升查

① 陈果，肖璐，孙建军. 面向网络社区的分面式导航体系构建——以丁香园心血管论坛为例[J]. 情报理论与实践，2017，40(10)：112-116.

② 吴思竹. 社会标注系统中标签推荐方法研究进展[J]. 图书馆杂志，2010，29(3)：48-52.

询推荐的精确度。① 洪婕等认为，在领域型知识系统中，依托语义资源库来构建查询推荐体系是一个很好的选择，并通过实验论证了利用领域本体可获得比百度、Google 查询推荐更好的效果。② 靳延安则系统地讨论了基于语义粒度、话题敏感性、用户动机的标签推荐技术。③ 事实上，相关词推荐的核心目标是构造用户后续知识场景(如纵向深入、横向扩展)变化的空间。而词语的内涵通常基于它与其他词语的概念关系来表现，与当前词相关的其他词语极有可能是用户接下来需求扩展或细化的目标。因此，对相关词语按概念关联进行多维聚合以开展相关推荐，是实现"从词语到词语"场景下知识共聚的一种重要方式。

如图 6-4 所示，引入领域概念关联体系后，将用户入口词相关的概念及其细粒度关联引入到词语推荐中，形成具有多维结构的相关词推荐。一方面，可排除与领域知识无关的干扰词；另一方面，通过标明相关词语与入口词的细粒度关联类型(如图 6-4 右侧 a 词的相关词具有不同推荐维度)，用户可以有针对

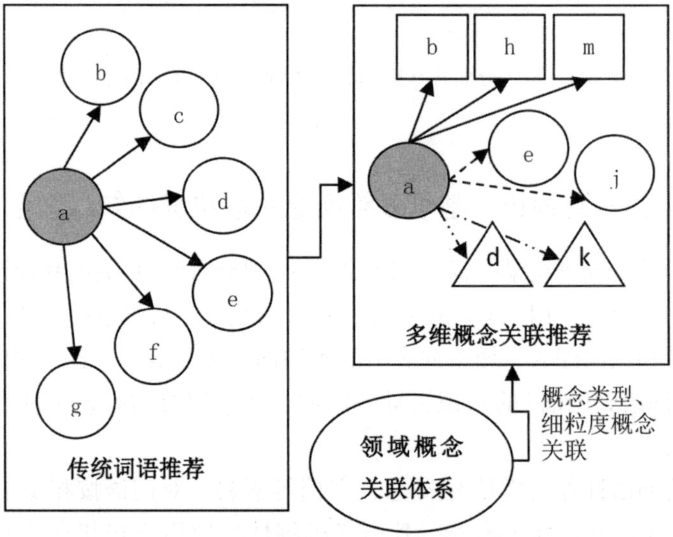

图 6-4 基于多维概念关联推荐的知识聚合

① 陆伟，张晓娟. 基于主题与用户偏好分析的查询推荐研究[J]. 情报学报，2012，31(12)：1252-1258.

② 毕强，周珊珊，马志强，等. 面向知识关联的标签云优化机理研究[J]. 现代图书情报技术，2014(5)：33-40.

③ 靳延安. 社会标签推荐技术与方法研究[D]. 武汉：华中科技大学，2011.

性地选择下一步知识搜寻的方向。由此可实现对知识系统中词语的有效聚合。基于该思路，笔者以丁香园医学社区中的心血管论坛为例，构建了基于概念关联的多维推荐体系以实现 UGC 资源的知识共聚，其系统原型如图 6-5 所示。

图 6-5　基于多维概念关联推荐的心血管领域 UGC 知识聚合示例

6.1.3　从文档到词语：基于知识元链接的知识聚合

文档中具有语义内涵的概念单元可称为知识元，一篇文档的知识价值体现为将多个知识元按若干关联组织起来。用户浏览特定文档时，通常会对其中某些知识元感兴趣。如何以文档中的知识元为载体开展相关内容聚合，是解决知识在文档中“碎片化”分布、实现海量文本聚合向精准化知识聚合的重要途径。

知识元链接体系是在用户文档浏览场景下实施知识共聚的重要形式。曾建勋认为基于知识元链接构建知识网络是知识链接的一个重要方向。① 孙震等提出基于知识元的新型科学计量范式，其核心是以专业问题和学科的知识点作为计量口径和知识基础单元。② 毕崇武等认为将知识元以链接的方式关联起来，可以将最细粒度的知识元聚类为不同粒度的知识集合，并提出了基于知识元的

① 曾建勋. 知识链接的研究现状与发展趋势[J]. 情报理论与实践, 2011(2): 119-123.

② 孙震, 冷伏海. 基于知识元的新型科学计量范式探析[J]. 情报学报, 2017, 36(6): 555-564.

多粒度知识集合组织方式。① 陈果等提出了融合领域知识库和共现分析的网络社区知识元链接体系构建方案，通过构建知识元链接体系，实现网络社区中碎片化知识的深度连通。②

基于知识元链接的知识共聚实现思路如图 6-6 所示。首先，通过参考领域概念关联体系中的概念术语对文档中的领域概念进行知识元标注，将其指引到相应的知识元内容页；其次，构建知识元内容页，其组成一般包括知识元的基本内涵、与该知识元相关的其他知识元、与该知识元相关的文档资源等。通过构建独立的知识元链接体系，可在不改变原有资源组织架构的前提下，在文档内实现相关知识元的内容聚合。基于该思路，笔者以丁香园医学社区中的心血管论坛为例，构建了知识元链接体系以实现知识共聚，③其文档中知识元标注结果如图 6-7 所示，知识元内容页如图 6-8 所示。

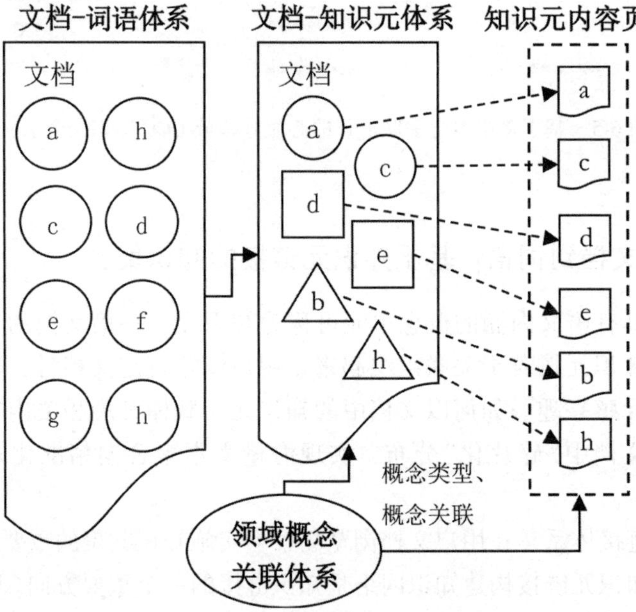

图 6-6 基于知识元链接的知识聚合

① 毕崇武，王忠义，宋红文. 基于知识元的数字图书馆多粒度集成知识服务研究[J]. 图书情报工作，2017，61(4)：115-122.

② 陈果，肖璐. 网络社区中的知识元链接体系构建研究[J]. 数据分析与知识发现，2017，1(11)：75-83.

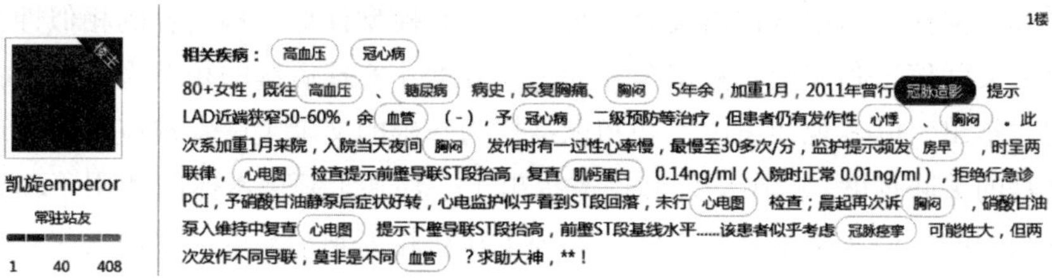
1楼
凯旋emperor
常驻站友
1 40 408
相关疾病：高血压 冠心病
80+女性，既往 高血压 、糖尿病 病史，反复胸痛、胸闷 5年余，加重1月，2011年曾行 冠脉造影 提示LAD近端狭窄50-60%，余 血管 （-），予 冠心病 二级预防等治疗，但患者仍有发作性 心悸 、胸闷 。此次系加重1月来院，入院当天夜间 胸闷 发作时有一过性心率慢，最慢至30多次/分，监护提示频发 房早 ，时呈两联律，心电图 检查提示前壁导联ST段抬高，复查 肌钙蛋白 0.14ng/ml（入院时正常 0.01ng/ml），拒绝行急诊PCI，予硝酸甘油静泵后症状好转，心电监护似乎看到ST段回落，未行 心电图 检查；晨起再次诉 胸闷 ，硝酸甘油泵入维持中复查 心电图 提示下壁导联ST段抬高，前壁ST段基线水平......该患者似乎考虑 冠脉痉挛 可能性大，但两次发作不同导联，莫非是不同 血管 ？求助大神，**！

图 6-7　心血管领域 UGC 资源的知识元标注示例

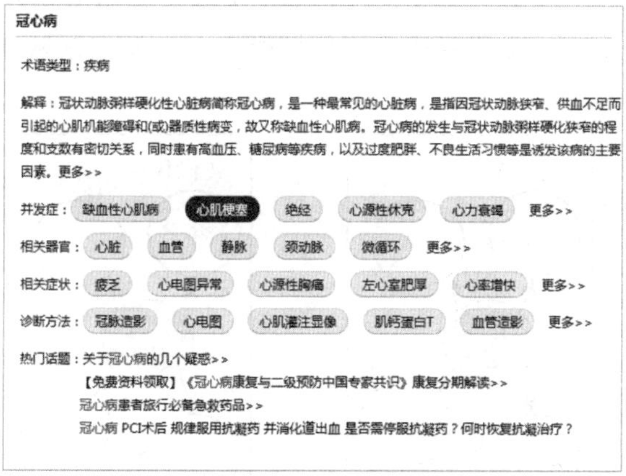

图 6-8　心血管领域知识元内容页中的知识聚合示例

6.1.4　从文档到文档：基于资源潜在关联发现的知识聚合

文档是用户获取知识的最终载体，从文档到文档是知识系统中最直接的聚合形式。常见文本聚合形式是以其外部属性信息或内容标注为特征后计算相似度，再进行文本聚类、分类等工作。这种聚合方式的主要问题是结果冗余度过高，而忽略了文档间的潜在语义关联，因而在解决面向任务的知识需求时存在明显缺陷。例如，用户浏览了关于“高血压”介绍的文档后，可能需要了解与其中某些症状相关的内容，而非更多关于“高血压”介绍的相似文档。

为解决这一问题，研究者从语义层面开展文档资源关联发现研究。陈兰杰和侯鹏娟将数字文献资源关联关系揭示方法划分为挖掘关联关系方法和构建关联关系方法，后者包括语义与本体方法、关联数据方法等，并指出各自的优缺点。① 赵

① 陈兰杰，侯鹏娟. 数字文献资源关联关系揭示方法研究[J]. 图书馆，2015(2)：41-45.

夷平和毕强提出利用潜在语义分析与向量空间模型计算文档内容的相似性，再将语义关联信息和文档元数据合并为关联数据，实现后续的相似文献发现；他们同时指出，以客观知识体系和知识结构为基础的文献关联发现应更能体现相关文献的关联程度。① 洪韵佳和许鑫提出了一种基于领域本体的适用于知识库树状结构的多层次文本聚类方法，实现了从粗粒度到细粒度的多层次聚类。②

在知识共聚模式下，以领域概念关联为依托，可参考非相关文献的知识发现的思路来建立资源关联。③ 即：在两个相对独立但其对应概念存在关联的文献间建立关联，进一步实现文档聚合。基本实现方法如图 6-9 所示。如果文档 A 中出现领域概念 a_1，文档 B 中出现领域概念 a_2，而在领域知识体系中 a_1 和

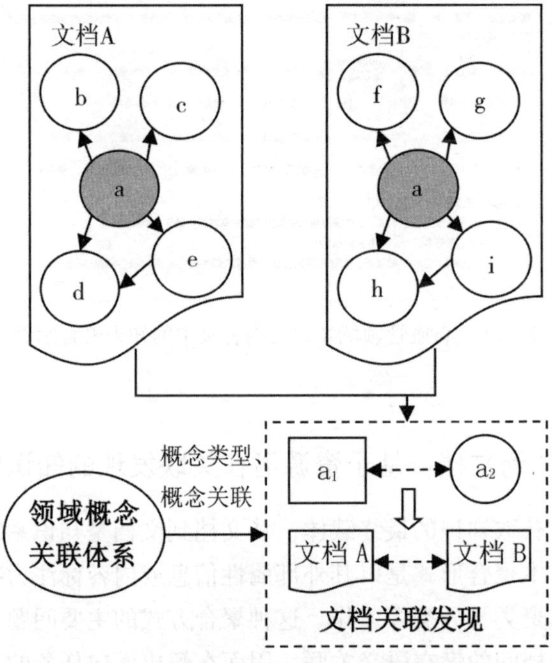

图 6-9　基于资源潜在关联发现的知识聚合

① 赵夷平，毕强. 关联数据在学术资源网相似文献发现中的应用研究[J]. 现代图书情报技术，2016，32(3)：41-49.

② 洪韵佳，许鑫. 基于领域本体的知识库多层次文本聚类研究——以中华烹饪文化知识库为例[J]. 现代图书情报技术，2014(12)：19-26.

③ Swanson D R. Undiscovered public knowledge[J]. Library Quarterly，1986，56(2)：103-118.

a_2存在某种细粒度关系，则可在 A 与 B 之间初步标注这种关联关系；通过对 A 与 B 间更多初步关联的统计可确立其最终关联类型。在具体实践中，笔者针对丁香园医学社区中的心血管论坛开展了基于关联发现的文档聚合实验，以“冠脉造影”为例，只有 61%的讨论帖是通过直接关联与“冠心病”讨论实现聚合，剩下 39%需要依托领域概念关联体系冠脉造影与冠心病的诊断关系来实现聚合，其效果改进可见一斑。

6.2 基于分面导航的网络社区知识聚合实现

学术型网络社区已成为专家学者交流专业问题的重要虚拟空间，虽然专业文本数量增长迅速，专业知识大量累积，但受限于知识组织结构简单，大部分网络社区专业知识沉默于海量信息中，严重制约了知识的流动与利用。学术型网络社区中用户获取知识最重要方式之一的资源导航体系存在维度少、层级浅、静态化和资源覆盖率低等问题。用户需要帮助其逐步明确和细化需求的交互式、渐进式导航体系。分面导航体系具有动态性和交互性特点，可引导用户渐进式、探索式地获取资源。目前提供分面导航功能的学术型网络社区较少，分析其原因主要是缺乏包含多粒度知识单元及其关系的多元知识关联为指导。基于此，本节设计面向学术型网络社区的分面导航体系，该体系基于多元知识关联体系进行导航分面设定和导航词动态生成策略设计。

6.2.1 网络社区中分面式导航体系构建流程

分面导航体系的核心是对用户当前情景下的需求进行细化，从多个维度选定若干导航主题以引导用户进一步筛选资源。相应地，分面导航有两大特点：一是导航结构具有多维语义分类；二是导航结果动态变化，只保留最近查询结果的维度。① 分面导航系统中多维语义分类和导航结果动态变化的基础依据是相应领域中的多类型概念单元及其细粒度关联。因此，在网络社区分面导航体系构建中，领域实体及其实体关系识别是关键。相应地，网络社区分面导航体系构建的关键流程如图 6-10 所示。

① 何超，程学旗，郭嘉丰. 面向分面导航的层次概念格模型及挖掘算法[J]. 计算机学报，2011，34(9)：1589-1602.

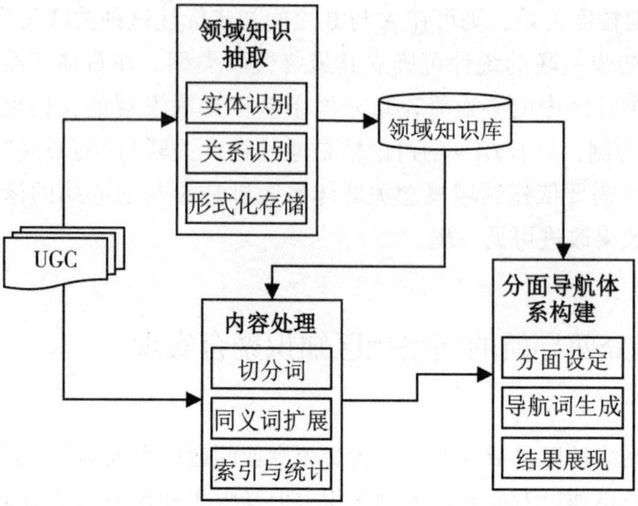

图 6-10　网络社区分面导航体系构建的关键流程

6.2.2　网络社区分面导航的策略设计

以领域概念关联和同义词扩展为基础，可设计网络社区分面导航体系的生成策略。一方面，依据领域实体及其主要关系类型设立导航分面；另一方面，利用扩展同义词后的领域实体对 UGC 资源建立索引，并统计网络社区中各领域实体的出现信息，作为导航词动态生成和命中资源结果展现的依据。相应地，网络社区分面导航体系的策略设计包括以下三个方面。

①导航分面的设立策略：初始的顶层导航界面中，分面维度可依据用户需求调研和领域专家指导在领域若干基本实体类型中选择；后续渐进式的结果导航界面具有动态性，需要统计命中资源中的领域实体频次信息，依据它们与入口导航词间的实体关系类型确定分面。

②各分面下导航词的动态生成策略：在顶层导航界面中，可根据已定分面对应类型的实体在资源中统计信息，选定各分面下文档频次最高的前 N 个领域实体作为导航词。后续结果导航分面下的导航词选择取决于上一级入口导航词，首先检索命中当前导航路径中全部导航词的文档集合，其次对文档集所包含的全部领域实体进行统计，按照领域实体的文档频次排序，各分面选择 N 个相应类型的领域实体作为导航词。

③导航结果的资源展现策略：在导航不断细化后，所得的资源结果也越来越少，每次展现的结果包含从初始导航到当前路径下所有已择导航词的文档。

文档的排序可按检索相关性排序或时效性排序。

丁香园社区是目前国内医学领域规模最大的社会化媒体平台。该论坛提供按常见疾病、按科室分类导航功能，这种简单的导航方式反映了当前网络社区中资源导航的通病：导航维度少、层级浅，导航词非动态生成、资源覆盖率低，难以满足用户交互式、渐进式、探索式的信息搜寻需求。下面，我们以其心血管子论坛为例，构建分面导航体系原型。

6.2.3 实验：丁香园心血管论坛中的分面导航体系构建

根据6.2.2节中分面导航设计策略，我们针对丁香园心血管子论坛内容构建了分面导航体系原型。分面设计中，根据领域实体类型，将初始导航界面设计为常见疾病、常见症状、发病器官、诊断方法四个分面维度，这些领域实体类型是该领域用户需求细化的主要依据；后续的渐进导航界面中，根据上述领域实体的关联类型设定为并发症、相关症状、发病器官、诊断方法四个分面维度。分面导航词的动态生成中，以UGC资源的切词结果为基础建立索引，在每个导航界面下，结合同义词识别结果统计命中资源中各领域实体词频，分类型排序后选定前9个领域实体作为导航词。从已有的实验数据中，得到的顶层分面导航原型界面如图6-11所示；后续结果的导航原型界面如图6-12所示（以点击图6-11中“冠心病”为例）。

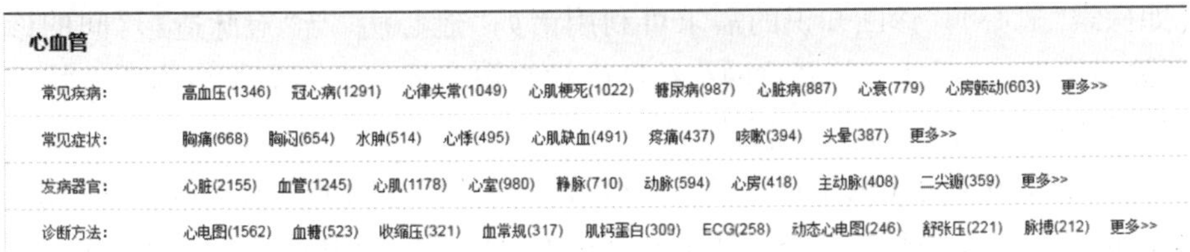

心血管
常见疾病：
高血压(1346) 冠心病(1291) 心律失常(1049) 心肌梗死(1022) 糖尿病(987) 心脏病(887) 心衰(779) 心房颤动(603) 更多>>
常见症状：
胸痛(668) 胸闷(654) 水肿(514) 心悸(495) 心肌缺血(491) 疼痛(437) 咳嗽(394) 头晕(387) 更多>>
发病器官：
心脏(2155) 血管(1245) 心肌(1178) 心室(980) 静脉(710) 动脉(594) 心房(418) 主动脉(408) 二尖瓣(359) 更多>>
诊断方法：
心电图(1562) 血糖(523) 收缩压(321) 血常规(317) 肌钙蛋白(309) ECG(258) 动态心电图(246) 舒张压(221) 脉搏(212) 更多>>

图6-11 丁香园心血管社区顶层分面导航界面(原型)

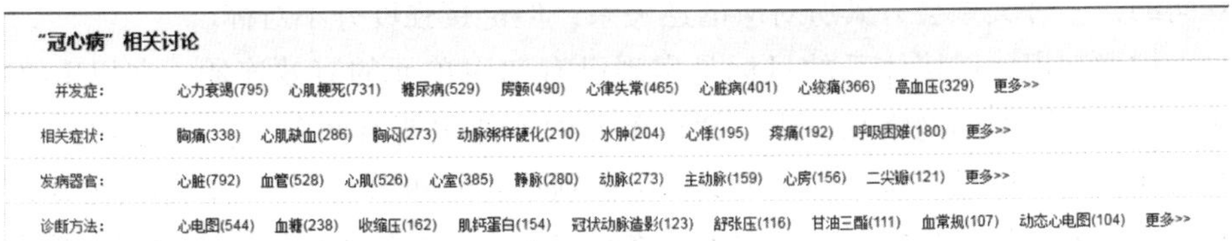

“冠心病” 相关讨论
并发症：
心力衰竭(795) 心肌梗死(731) 糖尿病(529) 房颤(490) 心律失常(465) 心脏病(401) 心绞痛(366) 高血压(329) 更多>>
相关症状：
胸痛(338) 心肌缺血(286) 胸闷(273) 动脉粥样硬化(210) 水肿(204) 心悸(195) 疼痛(192) 呼吸困难(180) 更多>>
发病器官：
心脏(792) 血管(528) 心肌(526) 心室(385) 静脉(280) 动脉(273) 主动脉(159) 心房(156) 二尖瓣(121) 更多>>
诊断方法：
心电图(544) 血糖(238) 收缩压(162) 肌钙蛋白(154) 冠状动脉造影(123) 舒张压(116) 甘油三酯(111) 血常规(107) 动态心电图(104) 更多>>

图6-12 点击“冠心病”后所得的动态分面导航界面(原型)

6.3 基于知识元链接的网络社区知识聚合实现

当前，基于学科专业而形成的学术型网络社区发展迅速。一方面，学术型网络社区中用户的交流方式具有开放性、实时性等特点，因而积累了大量具有专业领域性的知识资源。另一方面，网络社区中的知识内容呈现出“碎片化”特点，大量重复、低价值信息掩盖了对于用户真正有价值的信息。因此，迫切需要有针对性地建立知识关联体系，实现碎片化知识的体系化组织，以促进知识的交流、利用和创新。知识元(以相应领域实体为代表)是用户需求表达和知识探索的重要载体。用户在知识利用过程中，需要先将其目标任务转化为以术语为主要形式的需求。例如，当用户出现心血管方面健康问题而去检索相关信息时，首先可能考虑用“气短”“心脏”“高血压”等领域实体表达其需求；其次后续的知识搜寻也可视作知识元的迁移、细化和扩展过程。因此，学术型网络社区中的知识组织应深入知识元这一本质层面，将多种资源连通并组织为一个有机的整体。

6.3.1 网络社区知识元链接体系的基本结构

网络社区中知识具有专业领域性，用户需求则体现为领域概念间的连通(如探索“冠心病”诊断知识的需求可利用诸如“冠心病”与“冠脉造影”间的诊断关系满足)。因此，笔者将网络社区中的知识元界定为相应领域内具有特定类型和内涵的概念(即“领域实体”)。

以领域实体为知识元时，知识元链接体现为概念间的具有多维、细粒度、明确类型的语义关联。此外，知识元链接不仅要表明知识元间是何种关联，还要表明关联强度，以便于后续的筛选和排序处理。因此，笔者将网络社区中的知识元链接界定为相应领域内具有量化强度的细粒度概念关联。知识元链接是双向的，一种关系会有其所对应的逆关系，但链接强度并不对称。

构建知识元链接体系的目标是实现已有知识单元的有效连通，在以 UGC 文档为主要资源的网络社区中，知识单元的连通主要有两大类：一是 UGC 文档与知识元的连通，包括从给定文档中识别重要的知识元，以及根据给定知识元获取重要的相关文档；二是知识元之间连通，主要是依据知识元间的细粒度领域实体关联和关联强度，实现从给定知识元到更多知识元的横向扩展和纵向深入。因此，知识元链接体系中基本的微观单元如图 6-13 所示。

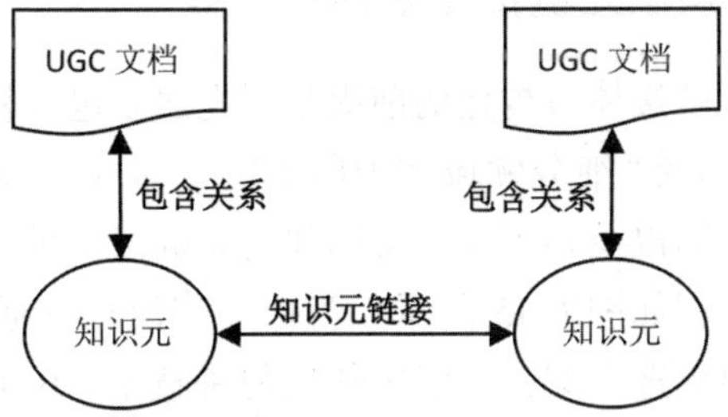

图 6-13 网络社区知识元链接体系的微观单元

以这些基本单元为基础，用户在资源体系中可实现“文档→知识元”“文档→知识元→知识元”“文档→知识元→知识元→文档”等连通路径，文档资源间则通过知识元的细粒度关联实现有针对性的连通。在网络社区中，全部知识元及其链接可构成一个独立的知识元链接层，原有的资源体系通过“文档→知识元”的包含关系映射到知识元链接层上，实现有效连通。相应的知识元链接体系宏观结构如图 6-14 所示。

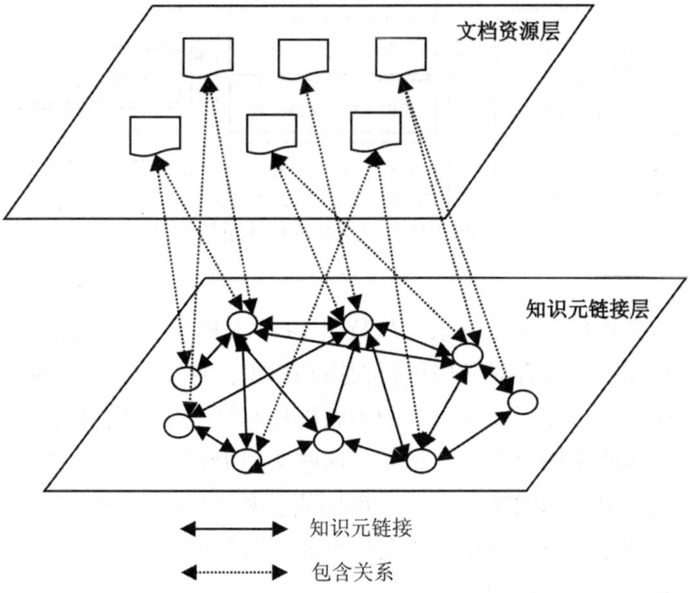

图 6-14 网络社区知识元链接体系的宏观结构

6.3.2 网络社区知识元链接体系构建方案

网络社区知识元链接体系构建的前提是预先建立包含领域实体和领域实体关系的领域知识库(或称“细分领域知识图谱”)。以领域知识库为基础可识别知识元，并在知识元间以及知识元与文档间建立链接、进一步自动生成知识元内容页面。相应的流程如图 6-15 所示。为保障该流程的通用性，本节只论述各环节的功能和主要可选方案，不限定使用何种技术。6.4 节实证部分中将根据心血管领域情况选用相应的技术方案，以作参考。

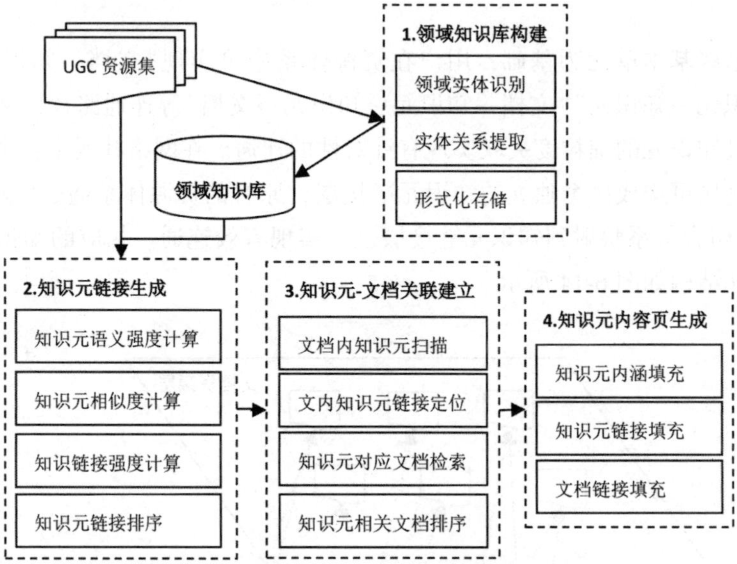

图 6-15　网络社区知识元链接体系构建流程

知识元与文档是多对多关系。从特定 UGC 文档中识别已有知识元较为简单，只需依托知识元集合对文档进行扫描和标识，将文档中知识元词语链接到其内容页。而建立从知识元到文档的关联则相对复杂，其实质是一个检索排序问题，即：有哪些文档包含该知识元？这些文档中哪些更符合用户需求？网络社区中知识元相关文档的排序有三方面因素：相关性、热度、时效性，其中，按热度、时效性排序较为简单，相关性可通过对知识元的特征向量和各文档特征向量进行相似度计算得到。

知识元内容页独立于网络社区已有的资源体系，它是知识元链接路径中的关键节点。用户从文档中点击知识元词汇即可进入其内容页，不仅可浏览该知识元的相关内容，还能了解与其有不同维度关联的其他知识元，并进一步浏览相关知识元的内容页。此外，知识元页面还包含与其相关的一些重要文档(按相关度、热度、时效性等因素排序)。因此，知识元内容页通过集成知识元集合、知识元间链接、知识元与文档间链接而自动生成。

6.4 实证：丁香园心血管论坛中的知识元链接体系构建与应用

与其他主流网络社区类似，丁香园社区论坛中的 UGC 资源以文档为粒度组织，用户在阅览和交流过程中，无法对文档中感兴趣的医学知识进行查阅和交流。显然，这一现实问题的解决对论坛知识的单元链接和关联体系构建提出了新的需求。

6.4.1 丁香园社区论坛知识元链接体系构建

如图 6-16 所示，交互式、渐进式、探索式的知识获取需求得不到满足。以下以其心血管子论坛为例，按照前文所述的流程和方案，构建知识元链接体系原型。

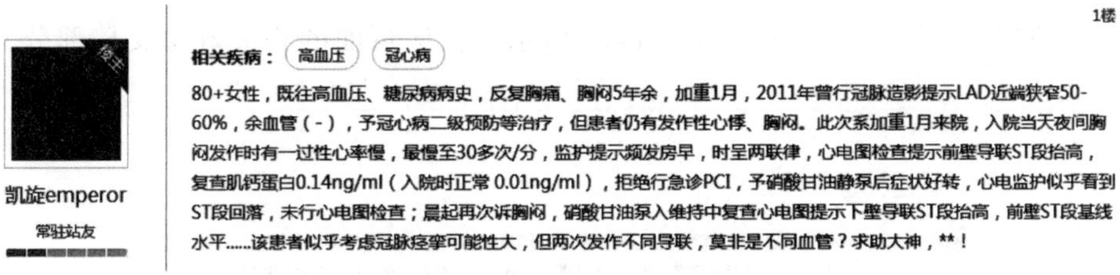
1楼
相关疾病：高血压 冠心病
80+女性，既往高血压、糖尿病病史，反复胸痛、胸闷5年余，加重1月，2011年曾行冠脉造影提示LAD近端狭窄50-60%，余血管（-），予冠心病二级预防等治疗，但患者仍有发作性心悸、胸闷。此次系加重1月来院，入院当天夜间胸闷发作时有一过性心率慢，最慢至30多次/分，监护提示频发房早，时呈两联律，心电图检查提示前壁导联ST段抬高，复查肌钙蛋白0.14ng/ml（入院时正常 0.01ng/ml），拒绝行急诊PCI，予硝酸甘油静泵后症状好转，心电监护似乎看到ST段回落，未行心电图检查；晨起再次诉胸闷，硝酸甘油泵入维持中复查心电图提示下壁导联ST段抬高，前壁ST段基线水平......该患者似乎考虑冠脉痉挛可能性大，但两次发作不同导联，莫非是不同血管？求助大神，**！
凯旋emperor
常驻站友

图 6-16 心血管社区中的 UGC 示例

本书第 4 章表 4-19 以“冠心病”为例，展示了该知识元所链向的其他各类知识元的部分结果，该结果中已对 4 类知识元链接按强度排序，并各选择前 5 个目标知识元。结果显示，语义关联强度对最终的知识元链接强度起到调节作用，一些共现相似度较高但语义距离较远，或者语义距离较近但相似度较低的知识元被排除在外。

UGC 文本中的知识元标识是建立知识元与 UGC 文档关联的第一步。以图 6-16 所示的 UGC 文档为例，对加入知识元词典后该文档的切分词结果进行扫描，发现其中知识元并为其加上链接，指向相应的知识元内容页，原型效果如

图 6-17 所示。

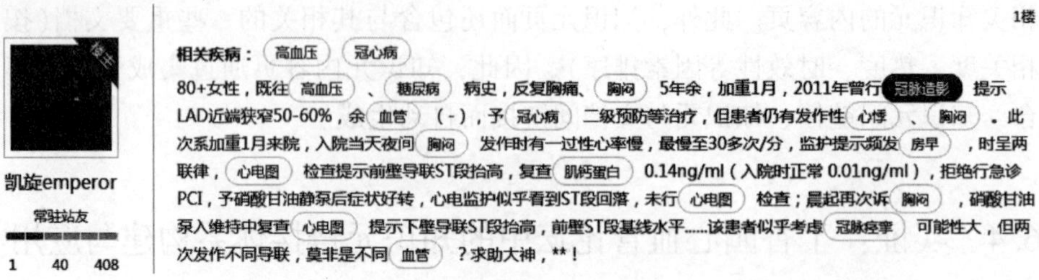
1楼
凯旋emperor
常驻站友
1 40 408
相关疾病：高血压 冠心病
80+女性，既往 高血压 、糖尿病 病史，反复胸痛、胸闷 5年余，加重1月，2011年曾行 冠脉造影 提示 LAD近端狭窄50-60%，余 血管 （-），予 冠心病 二级预防等治疗，但患者仍有发作性 心悸 、胸闷 。此次系加重1月来院，入院当天夜间 胸闷 发作时有一过性心率慢，最慢至30多次/分，监护提示频发 房早 ，时呈两联律，心电图 检查提示前壁导联ST段抬高，复查 肌钙蛋白 0.14ng/ml（入院时正常 0.01ng/ml），拒绝行急诊PCI，予硝酸甘油静泵后症状好转，心电监护似乎看到ST段回落，未行 心电图 检查；晨起再次诉 胸闷 ，硝酸甘油泵入维持中复查 心电图 提示下壁导联ST段抬高，前壁ST段基线水平......该患者似乎考虑 冠脉痉挛 可能性大，但两次发作不同导联，莫非是不同 血管 ？求助大神，**！

图 6-17　UGC 文本中的知识元链接标引示例

以“冠心病”为例，其知识元页面由三部分内容自动填充，包括：

①基本内涵：包括“冠心病”的实体类型、定义。

②相关知识元链接：包括“冠心病”的并发症、相关器官、症状、诊断方法。

③相关资源文档：包含“冠心病”的重要文档。

其中，领域实体基本内涵部分从领域知识库中提取自动生成；相关知识元链接部分从以构建的知识元链接体系中提取，并按不同维度进行排序，点击后链向新的知识元页面；相关资源文档部分从网络社区 UGC 资源库中检索生成，点击后链向相关帖子页。

典型的知识元原型页面如图 6-18 所示，在该页面的相关资源文档部分，

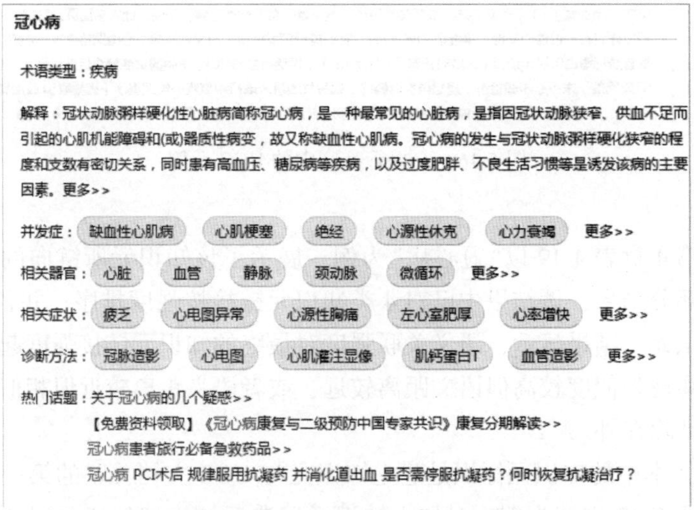
冠心病
术语类型：疾病
解释：冠状动脉粥样硬化性心脏病简称冠心病，是一种最常见的心脏病，是指因冠状动脉狭窄、供血不足而引起的心肌机能障碍和(或)器质性病变，故又称缺血性心肌病。冠心病的发生与冠状动脉粥样硬化狭窄的程度和支数有密切关系，同时患有高血压、糖尿病等疾病，以及过度肥胖、不良生活习惯等是诱发该病的主要因素。更多>>
并发症：缺血性心肌病 心肌梗塞 绝经 心源性休克 心力衰竭 更多>>
相关器官：心脏 血管 静脉 颈动脉 微循环 更多>>
相关症状：疲乏 心电图异常 心源性胸痛 左心室肥厚 心率增快 更多>>
诊断方法：冠脉造影 心电图 心肌灌注显像 肌钙蛋白T 血管造影 更多>>
热门话题：关于冠心病的几个疑惑>>
【免费资料领取】《冠心病康复与二级预防中国专家共识》康复分期解读>>
冠心病患者旅行必备急救药品>>
冠心病 PCI术后 规律服用抗凝药 并消化道出血 是否需停服抗凝药？何时恢复抗凝治疗？

图 6-18　典型的知识元内容页示例

本实验只展示按热门度排序的话题，实际应用中可增加按相关度排序、按时效性排序等功能。基于图 6-18 所示的知识元页面，用户可完成从知识元到知识元、从知识元到文档的知识探索流程。此外，在实际应用中，可进一步针对用户需求增加更多的内容模块，如同义词、上下位知识元引导、相关用户排序、相关医生排序、相关医院排序等。

6.4.2 融合多元链接关系的知识聚合检索实现

目前，丁香园心血管论坛资源组织以置顶操作等为主，且未提供针对分论坛的检索功能。以“高血压”为关键词进行全社区资源检索，从结果中提取心血管论坛数据，得到如图 6-19 所示的结果。这种基于关键词匹配的列表式资源检索模式难以满足用户高级知识服务需求，因此，需考虑以多元知识关联体系为基础，挖掘资源内在关联，通过对命中资源的多维聚合组织实现多维知识服务。

《高血压图谱（第6版）》

《高血压图谱(第6版)》是临床医师，特别是研究治疗高血压病的专业医师和研究人员很有价值的参考书。作者简介作者:(美)郝伦伯格 著作 高玖鸣 译者:高玖鸣目录第1章高血压的发病机制：遗传与环境因素1

丁香园 - 心血管 - 2018-10-29 13:11:51 38

《顽固性高血压》pdf，高血压学科丛书，余振球

本书从各个角度对顽固性高血压进行了阐述，主要介绍顽固性高血压的 界定、假性顽固性高血压的重要性，尤其对顽固性高血压的原因做了全面、系统、详细的描述。鉴于继发性高血压在顽固性高血压中所占比例较大

丁香园 - 心血管 - 2017-04-28 12:56:51 42

高血压各种情况下的选药策略（完）

CCB对心衰患者没有有益的证据。如必须使用二氢吡啶类CCB，可用氨氯地平或非洛地平。高血压所致的心衰以舒张功能不全为主，大剂量的洋地黄可导致心肌浆网中钙离子超负荷，反而损害心肌，降低心肌顺应性，加重

丁香园 - 心血管 - 2018-08-02 14:28:56 153

图 6-19 丁香园心血管论坛“高血压”检索结果(部分)

以关键词“高血压”的检索结果为例，展示多维聚合结果，具体如图 6-20 所示。图 6-20 左边是一级检索结果，分别从文档、术语与用户 3 个维度展示了与“高血压”高关联资源。图 6-20 右边是检索结果的二级扩展，其中：①为文档“2010 年高血压防治指南”的文档维度扩展；②为“高血压心电图疑惑：为何出现顺种向转位”文档中“心电图”的术语维度扩展；③为术语维度检索结果“冠心病”的二级扩展；④为一级检索结果用户“heaven197898”的文档维度扩

展。通过多维知识聚合用户除了可以获取目标文档外还可以进行相关术语扩展与用户识别，实现论坛的高级知识服务。

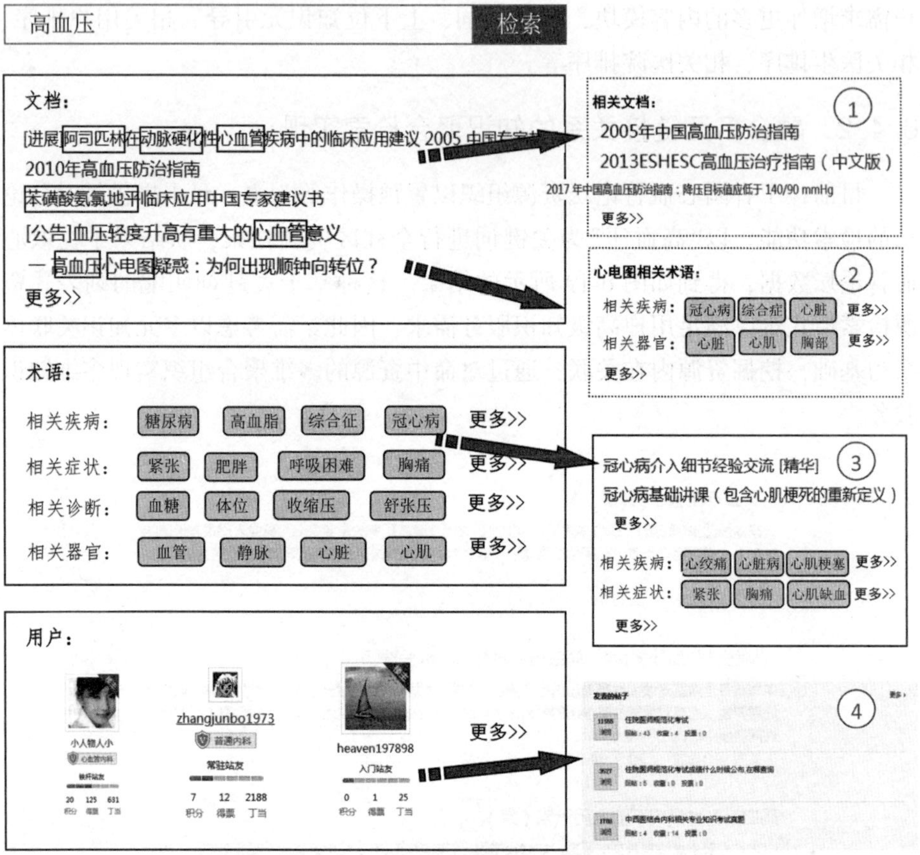

图 6-20 “高血压”检索结果的多维聚合(原型)

7　基于知识聚合的网络社区知识推送服务

随着网络时代的快速发展，各类网络社区也在快速崛起，网络社区提供的功能服务也日益丰富。本章从构建面向用户的网络社区知识推送服务框架体系出发，首先，基于网络社区知识推送服务目标与原则，明确网络社区知识推送服务的内涵与要素，梳理面向用户网络社区知识推送服务流程，从知识聚合的角度出发，构建面向用户的网络社区知识服务推送体系架构，从推送功能设计的角度探索服务推送系统的功能的实现。其次，从服务流程和功能设计两个角度出发，探索了网络社区知识服务推送系统的设计与实现。最后，从个性化、信息集成和知识导航的角度出发，构建网络社区个性化知识推送服务模式、嵌入式知识信息集成推送模式和知识导航服务模式。

7.1　面向用户的网络社区知识推送服务框架体系

面向用户的知识推送服务是网络社区面向用户的知识聚合和基于用户关系的服务组织的重要内容，在用户需求聚合和网络社区知识资源聚合的基础上进行个性化服务推送，能够满足用户的多元化和个性化知识服务需求。本节将从网络社区知识推送服务目标与原则出发，明确网络社区知识推送服务的内涵与要素，梳理面向用户网络社区知识推送服务流程，构建网络社区知识推送服务体系框架与功能模块。

7.1.1　网络社区面向用户的知识推送服务目标与原则

面向用户的网络社区知识推送服务旨在通过对网络社区中碎片化的知识资源进行挖掘、整理和聚合，实现知识的组织化和有序化，进而为用户提供个性化的知识推送服务。本节将从以下几个方面阐述基于知识聚合网络社区知识推送服务的目标与原则。

网络社区面向用户的知识推送服务目标主要体现在以下三个方面：

①实现网络社区中海量知识资源的组织化和有序化，形成结构相对完整、内容相互关联的知识体系。采用网络爬虫等信息获取手段采集网络社区中的信息资源，通过数据挖掘、数据分析等方法识别和提取信息资源中的知识单元以及知识单元间的关联。依据既定的规则与标准对知识单元进行组织和整合，使之形成结构完整、内容关联的知识体系。

②减少网络社区用户获取知识资源的成本，提高网络社区知识资源的使用效率和知识重用率。知识聚合使得网络社区中大量的碎片化资源变成组织化、有序化的知识体系，大大减少了网络社区用户检索和获取所取知识资源的时间和精力，也提高了知识资源的使用效率。另外，基于知识聚合的网络社区知识推送服务化被动为主动，预测用户的潜在知识需求，主动向用户推送可能感兴趣的知识资源，进一步提高知识资源的重用率。

③揭示网络社区知识资源间的关联、用户间的关联，实现知识发现与知识创新。知识发现是指基于尽可能多的海量数据，经过系统的筛选和关联计算，或通过相关人员的分析，从中发现新的、潜在的、有用的知识。知识创新则指在虚拟社区，通过同样研究目的的研究人员或系统知识聚合和管理员的辅助，拓展研究思路、方法和内容的过程。知识聚合是知识发现和创新的关键环节，可以为之奠定基础。

网络社区面向用户的知识推送服务原则主要体现在以下三个方面：

科学性和可靠性原则。科学性原则指推送给网络社区用户的知识资源需要具有科学性。这就意味着网络社区知识聚合需要严格遵守相关规则和标准，形成科学规范的知识聚合与知识关联。另外，推送给用户的知识资源需要具备语法、语义和语用上的科学性，使用户能够清晰地理解和使用相关知识资源。可靠性原则指在知识资源的获取和预处理过程中，需要尽可能去除重复、虚假和低质量的信息，在初始阶段保证知识资源的可靠性和权威性。

完整性和易用性原则。完整性原则指呈现给网络社区用户的知识资源应该是一个相对完整的知识体系。在可能的情况下，尽量多保留原本知识资源片段中的有效信息，保证知识内容的完整性和逻辑性。在保证知识结构完整且不重复的情况下，尽量多呈现满足用户需求的知识资源。易用性原则指确保用户可以轻易地使用和理解推送的知识资源，且不需要花费较长的时间和精力去获取所需的知识资源。

个性化与动态性原则。个性化原则是指以用户需求和用户特点为导向，为用户提供精准化、差异化和个性化的知识推送服务。网络社区用户的文化背景和知识理解能力差异较大，在知识推送过程中应该充分考虑用户的文化背景和知识理解能力，做好用户分类，为不同类别的用户提供具有针对性的知识推送服务。动态性原则指应该及时更新知识资源库，为用户提供不间断的、动态的知识推送服务。推送结果应该随着时间和网络社区知识资源的增加更加丰富。

7.1.2 网络社区面向用户的知识推送服务的组织要素

在网络数据资源飞速增长的情况下，网络社区知识聚合与知识推送服务终将成为网络社区主流服务模式。在明确网络社区知识推送服务的目标与原则后，本节将进一步阐述面向用户网络社区知识推送服务的内涵与要素，为后续推送系统设计以及推送服务模式构建奠定基础。

网络社区面向用户的知识推送服务指在分析用户需求的基础上，从知识资源中提取满足用户需求的内容，用合适的形式进行知识聚合并按符合用户习惯的模式进行主动、及时的知识推送服务。现阶段学界的研究大多从特定的网络社区出发，探索面向用户的知识推送服务。其中，从科研网络社区出发，王欣等针对“互联网+”背景下科研用户群体知识需求的个性化和全局性特点，构建了基于科研用户兴趣模型构建知识推送服务模式；① 从数字档案网出发，梁孟华基于用户兴趣图谱构建数字档案资源交互推送服务平台；② 从短视频网络社区出发，吴剑云等基于用户画像和时间指数衰减的视频兴趣标签，构建视频个性化推荐模型；③ 从政府信息网出发，毛太田等构建基于 LDA 与关联规则的政府信息资源主动推送服务模式。④ 从专利交易角度出发，Du 等为专利交易设计了一个基于知识图谱的、可解释的专利推荐模型，在创建专利知识图谱的基础上，利用知识图谱中的路径来实现专利推荐可解释性。⑤ 从领域推荐算法

---

① 王欣，张冬梅. 基于科研用户兴趣模型的知识推送服务模式研究[J]. 图书情报工作，2017，61(7)：50-56.

② 梁孟华. 基于用户兴趣图谱的数字档案资源交互推送服务研究[J]. 档案学研究，2019(2)：81-87.

③ 吴剑云，胥明珠. 基于用户画像和视频兴趣标签的个性化推荐[J]. 情报科学，2021，39(1)：128-134.

④ 毛太田，张静婕，彭丽徽，蔡婧婷. 基于 LDA 与关联规则的政府信息资源主动推送服务模式构建研究[J]. 情报科学，2021，39(3)：60-66.

⑤ Du W, Yan Q, Zhang W, et al. Leveraging online behaviors for interpretable knowledge-aware patent recommendation[EB/OL]. [2021-06-11], https://doi.org/10.1108/INTR-08-2020-0473.

改进角度，Huang 等结合知识图谱与协同过滤推荐算法，利用知识中丰富的语义关系，设计了基于知识图谱的个性化推荐方法流程，改进传统推荐算法中的聚类难题。①

网络社区面向用户的知识推送服务是系统的知识服务过程，涵盖知识产生、组织、传递和共享等过程。整个过程依托网络社区平台展开，离不开用户和管理员的参与，其原始资源与最终产物始终需以知识资源的形式呈现出来。只有将平台、资源、服务支持以及用户活动进行有效融合，才能形成一个良性的知识推送服务生态系统，进而实现知识发现与知识创新。具体而言，网络社区的参与要素主要包括用户、社区管理员、社区平台和知识资源。

①用户。用户一般指网络社区中从事研究工作的不同学科专业背景的人员。用户是社区中知识活动的主体，是最重要的利益相关者，也是实现知识发现和知识创新的主要力量。网络社区中，用户主体在注册时会进行基本信息的填写，社区一般会根据其学科背景、职位以及领域兴趣等的差异，对用户进行简单分类。作为网络社区活动的直接参与者，用户在网络社区中主要进行知识发布、交流、阅读、下载等活动。用户知识发布与交流活动可以为网络社区创造更多的知识资源；用户的阅读与下载等探索性活动则可能实现知识的发现与创新。因此，作为知识活动的主体，用户在网络社区中是不可或缺和重要的参与者。

②社区管理员。社区管理员是网络社区中的后台技术人员、服务人员和管理人员的总称，是社区平台有效运行的重要后台支持和保障力量。其中，技术人员主要负责保障平台正常运行的技术支持，包括社区具体功能模块的实现、社区网站后台的监控与管理等；服务人员则主要负责与用户进行沟通与协同，提供咨询、解答等服务支持；管理人员则负责整个平台统筹与协调，以及社区内部的生态治理与架构等，起到统筹和组织的作用。不同岗位的社区管理员肩负着不同的责任，自然也应该具备专业的能力。从人机交互的角度出发，社区技术管理员应该具备维护系统稳定和流畅运行的能力，为用户之间的沟通交流提供保障。② 从人际交互角度出发，网络社区服务管理员应该具备认真负责的

---

① Huang G, Yuan M, Li C, et al. Personalized knowledge recommendation based on knowledge graph in petroleum exploration and development[J]. International Journal of Pattern Recognition and artificial Intelligence, 2020, 34(10).

② 芮正云，马喜芳. 网络众包社区服务质量感知对用户知识行为的影响——一个多重中介作用模型[J]. 运筹与管理，2020，29(12)：125-132.

服务态度，以及解决用户问题的能力，尽可能优化用户的使用感。

③社区平台。社区平台是为满足用户的资源获取、资源检索、咨询服务、研究交流等需求而建设的在线虚拟平台和知识社区。网络社区是用户进行各种知识活动的载体与平台空间，为用户的交流、合作与创新提供了桥梁。网络社区既包括综合性网络社区，也包括专业性知识社区。作为用户知识活动的载体和平台，网络社区不仅需要组建不同的模板和板块，还需要进行资源的组织和用户管理。通过网络社区搭建的平台，用户可以跨时空进行交流，用户和管理员之间可以进行沟通，用户和资源之间会产生关联，进而形成一个良性的无限循环的知识生态系统。常见的网络平台包括网络搜索平台、网络交易平台、网络社交平台、网络游戏平台、网络媒体平台以及包含多种功能的综合性网络平台。① 本节只针对网络社区平台展开研究，其中较为知名的网络社区平台包括百度贴吧、知乎、豆瓣等。

④知识资源。知识资源是网络知识社区中的各种资源、数据的集合，是用户进行知识活动的重要客体和依托，也是知识发现和知识创新的资源基础。网络知识社区的资源可从四个来源获取：自建数据库、网络开放数据、订购数据以及用户生成数据。自建数据库是网络知识社区在搭建过程中，自行组织和建设的资源数据库，是知识社区构建过程中常见的一种方式；网络开放数据则是开源数据和资源，知识社区通过免费获取开源数据和开放数据，并进行一定的信息组织后提供给用户使用；专业性的知识社区或科研机构的知识社区订购的数据或者数据库；用户生成数据是知识社区中另一种重要的资源来源，因知识社区中的用户会主动发布、上传资源或进行知识交流，从而产生的用户交互内容数据(包括用户提问、发帖、评论等文本、图片、视频数据)以及用户互动行为数据(包括用户点赞、转发、关注等)，都是知识社区中的重要知识资源。

7.1.3　网络社区面向用户的知识推送服务流程

网络社区面向用户知识推送服务是用户与网络社区之间不断进行知识获取和知识交流的过程，其中可以分为多个阶段，各个阶段相互关联形成系统而完整的服务流程。网络社区内部服务主体和服务对象通过网络社区知识流连接起来，推送系统在主动为用户提供所需知识服务的同时，也会根据用户的评价与

① 王燃. 大数据时代个人信息保护视野下的电子取证——以网络平台为视角[J]. 山东警察学院学报，2015，27(5)：126-135.

反馈调整聚合方式与推送内容。本节将系统分析网络社区知识推送服务过程，其服务流程主要分为网络社区知识采集、用户需求获取、需求与知识匹配、知识推送服务和用户评价反馈等阶段，如图 7-1 所示。

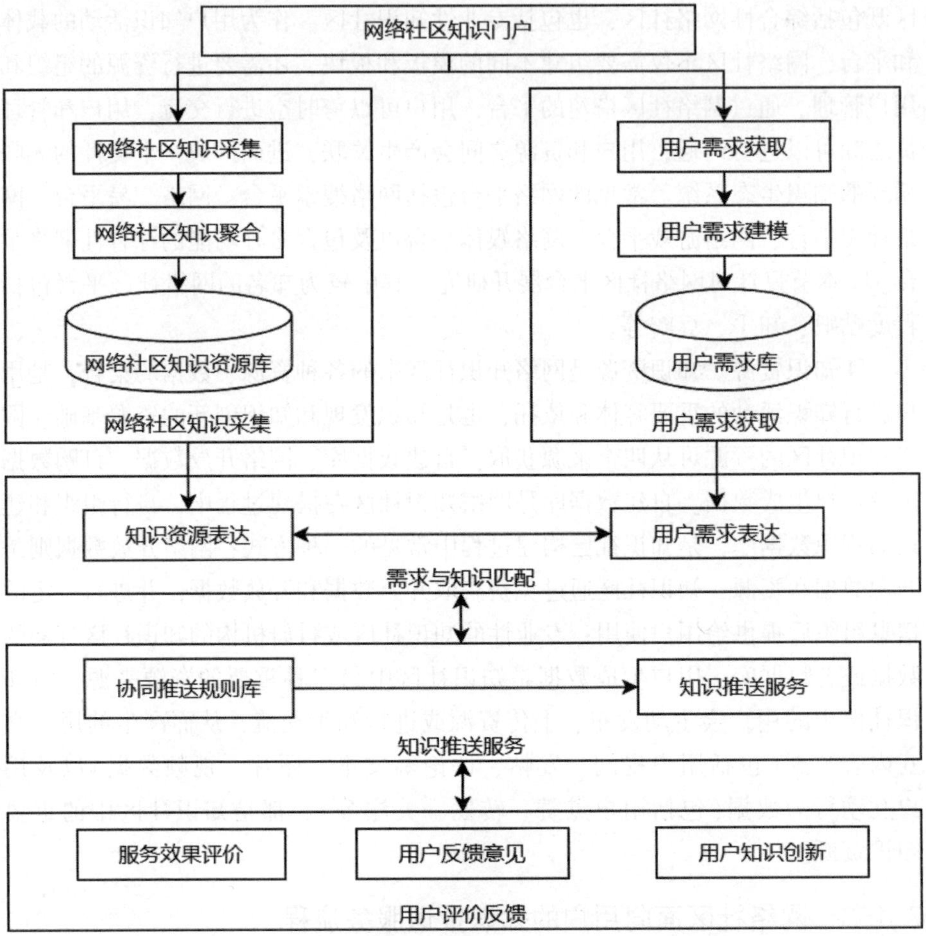

图 7-1　网络社区面向用户的知识推送服务体系架构

①网络社区知识采集阶段主要负责网络社区知识资源的采集和聚合，为面向用户的推送服务奠定知识资源基础。网络社区知识采集包括网络社区知识采集和网络社区知识聚合两个模块。知识资源采集主要指通过网络爬取等信息采集手段，对网络社区中的文本、标签等知识资源进行提取和整合后，存储在基础资源库中。对基础资源库中的知识资源按照一定的规则进行聚合后，存储在

网络社区知识资源库中，以供用户查询、检索与利用，为用户的知识交流、知识创新提供知识资源保障。

②用户需求获取阶段主要负责用户需求的获取与建模，同时建立动态用户需求库，为面向用户的推送服务提供需求依据。用户需求获取阶段包括用户需求建模和用户需求库两个模块。用户需求主要通过用户基础属性、用户浏览、检索、互动等行为披露。在对网络社区用户基础属性信息分析和用户知识交流与利用行为分析的基础上，通过用户需求建模进行用户需求的获取；在需求建模的基础上构建用户需求库，实现用户需求的动态化更新与表示。

③需求与知识匹配阶段主要负责对用户需求与网络社区知识资源进行匹配关联，为精准化知识推送服务提供依据。用户需求与知识匹配阶段主要由用户需求与知识匹配和知识过滤模块构成。通过用户需求与知识匹配模块建立用户需求与网络社区知识资源间的关系，实现用户与网络社区知识资源库中知识的语义关联；然后利用知识过滤模块过滤掉与用户需求不匹配的知识资源，保留与用户需求相符的知识资源。

④知识推送服务阶段主要负责进行面向用户的知识服务推送，通过建立协同推送规则库，根据用户需求进行服务推送。网络社区知识服务推送阶段中的功能由知识协同推送模块实现，在用户需求与知识匹配和知识过滤模块进行用户需求与知识资源匹配后，由协同推送模块按照预定的推送规则向用户进行知识推送服务。

⑤用户评价反馈阶段是系统推送服务实现后，用户对系统知识推送服务的评价和反馈，是衡量系统推送质量的指标，同时也是用户需求更新的重要环节。用户在接收网络社区知识推送服务后，通过用户体验进行服务的评价和反馈，从而帮助推送系统进行推送规则的改进；此外，系统根据用户反馈，进行用户需求的动态更新，从而有助于把握用户需求趋向，提高推送服务的准确率。

7.1.4　网络社区面向用户的知识推送服务体系架构

面向用户的服务推送既是现代知识服务的发展趋势，也是用户个性化和社会化知识服务需求的必然要求。本小节将在构建网络社区面向用户的知识推送服务框架的基础上，探讨网络社区面向用户的知识推送服务功能模块。

(1)网络社区面向用户的知识推送服务框架构建

在网络社区中，用户之间能够随时进行知识或者经验的创建与共享。由于用户创作具有间歇性与随机性，网络社区中的知识大多以碎片化知识的形式存在。当杂乱冗余的碎片化知识或与用户知识需求不相关的资源呈现在用户面前，会使用户无法明确自身的需求。同时，无用的知识资源可能淹没用户需求的资源，从而降低知识资源的作用和价值，增添用户的负担。因此，对网络社区中的知识资源进行聚合，并根据用户需求进行知识精准化推送，不仅可以提升网络社区的服务质量和效率，还能有效促进用户的知识交流、知识利用和知识创新。基于此，本节构建了网络社区面向用户的知识推送服务框架模型，如图 7-2 所示。

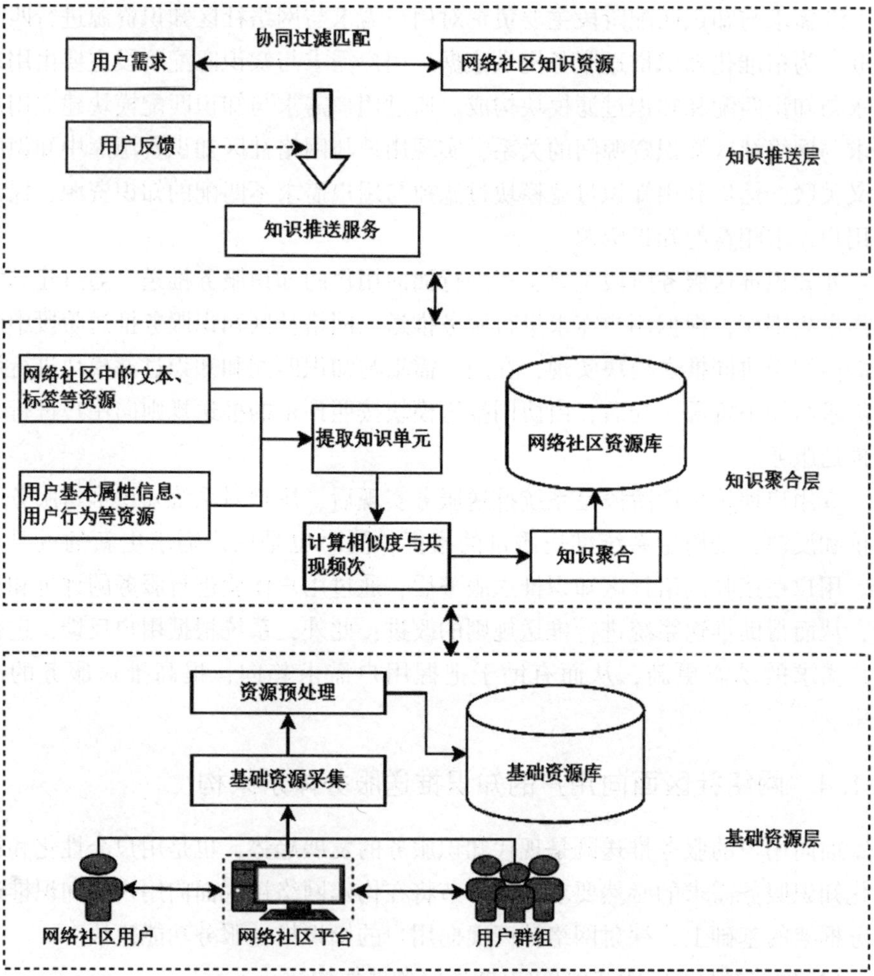

图 7-2 网络社区面向用户的知识推送服务框架模型

网络社区面向用户的知识服务推送框架模型包括基础资源层、知识聚合层、知识推送层。

①基础资源层是处于整个体系结构最底层的知识源，也是其他层次功能实现的基础。基础资源层主要负责知识资源的采集、预处理、存储以及日常运维工作。知识资源采集完成后，通过对知识资源进行清洗或规范化的处理，最后将其存储在基础资源库中。基础资源库主要涵盖两个方面的资源，一是网络社区知识资源，二是用户资源。网络社区知识资源主要包括用户创建、发布、交流和互动而产生的知识资源。用户资源主要包括用户的基础属性信息、用户与用户间的关系等资源。

②知识聚合层是网络社区面向用户服务推送实现的基础，网络社区中不同类型的知识资源有效聚合是服务实现的前提条件。网络社区中的知识资源主要以文本、标签等形式存在，通过计算知识单元间的共现频次和相似度，可以对网络社区中的文本和标签资源进行聚合；基于用户基本属性信息、用户行为等知识资源，可以通过建模的形式对网络社区中的用户资源进行聚合。最后，将有效聚合的知识资源储存在网络社区知识库和用户需求库中。

③知识推送层是网络社区直接与用户进行交互，实现知识推送服务的表现层，主要包括需求与资源匹配及知识推送。需求与资源匹配及知识推送服务都是基于用户知识需求的挖掘，从海量的网络知识资源中识别出合适的知识内容推送给匹配问题的用户，实现多层次、针对性的知识服务。与此同时，知识推送层还需要收集用户反馈，以精进用户需求分析，改进推送服务模式。

(2)网络社区面向用户的知识推送服务功能模块

本节在构建网络社区知识推送服务架构模型的基础上，从社区用户需求出发，从知识聚合的角度阐述面向用户的网络社区知识服务推送服务功能模块。网络社区服务推送功能模块包括网络社区知识库、知识采集与聚合模块、用户需求库、知识匹配与过滤模块和知识评价与创新模块，各功能模块协同调度与工作，为用户提供基于知识聚合的网络社区知识精准化、个性化和智能化的主动推送服务，如图 7-3 所示。

①网络社区知识库模块。网络社区知识库模块包括基础资源库和网络社区知识资源库。网络社区知识库不仅是存储网络社区知识资源的场所，也是推送系统的重要组成部分和知识推送服务实现的资源保障。知识库将知识采集与聚合模块处理后的知识资源进行存储，方便系统进行资源和服务调用。同时，知识库中还可存储用户知识创新模块中产生的新知识，通过处理知识资源，对知

识库进行扩充和更新。

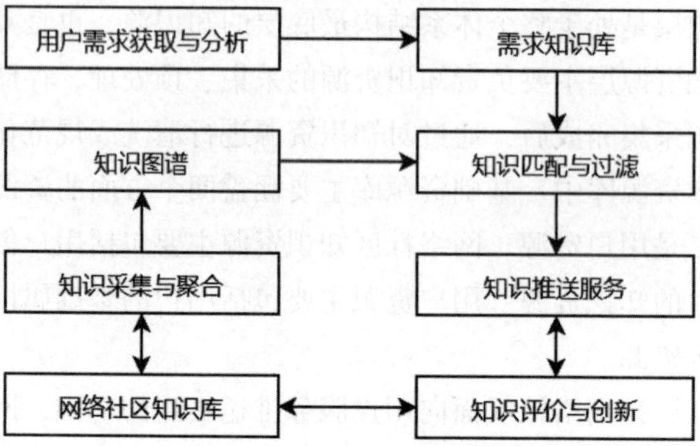

图 7-3 网络社区知识推送服务系统模块

②知识采集与聚合模块。知识采集与聚合模块是运用知识采集与聚合技术和工具组织网络社区用户所需知识的模块。知识采集与聚合模块通过网络爬取等技术获取网络社区中的知识资源，按照一定的规则对原始资源进行清洗和整理后，再对知识资源进行建模和聚合，将聚合后的知识资源通过知识图谱的形式进行展示，方便对用户进行个性化知识推送。

③用户需求库模块。用户需求库模块是动态跟踪用户需求趋向的数据库。通过分析用户在网络社区中的基础属性信息，以及浏览、检索、互动等知识交流利用行为和用户间的关系，挖掘用户需求偏好，通过用户建模的形式展示用户需求，并将用户需求存储到用户需求库中，帮助系统动态更新与把握用户需求。

④知识匹配与过滤模块。知识匹配与过滤模块是实现用户需求与网络社区知识资源关联匹配的模块。该模块将知识采集与聚合模块获取和聚合处理后储存在网络社区知识库中的知识资源与用户需求进行关联匹配，实现基于用户需求的知识资源匹配与过滤。按照构建的用户需求与知识资源间的匹配规则，判断网络社区知识库中符合用户需求的知识资源。

⑤知识服务推送模块。知识服务推送模块是实现网络社区知识推送服务的关键模块，通过利用多种技术和工具将知识匹配与过滤模块形成的知识资源和服务向用户进行推送。通过知识匹配与过滤模块获取用户所需的知识资源和服务后，由协同推送模块按照预定的推送规则主动向用户推送满足需求的知识资

源和服务。

⑥知识评价与创新模块。知识评价与创新模块包含知识评价和知识创新两个部分，主要实现用户在接收系统推送服务后的评价反馈和用户在网络社区平台知识交流过程中的知识创新。用户接受网络社区知识推送服务后会形成一定的用户体验反馈，用户的评价反馈可以帮助系统更准确地把握用户需求，为用户提供更加精准化和智能化的知识推送服务。同时，系统通过设置知识创新模块，允许用户进行自主化知识创新，通过开放化的知识交流和共享满足用户的知识创新需求，同时系统也设置相应的模块引导用户进行知识创新。

7.2　网络社区知识服务推送系统设计与实现

由于早期的服务推送模式对用户需求趋向、知识资源建模和技术支持的缺乏，使得知识推送服务的准确率较低，无法满足用户的社会化知识服务需求和集成服务需求。随着技术的发展以及用户知识需求的多元化，知识服务推送的技术和模式不断发生变化，网络社区的服务推送从被动的知识服务提供向主动化推送和交互服务、个性化定制推送发展。其中，基于用户社区关系和知识聚合的服务推送是目前服务的发展趋势，通过基于知识主题和用户关系的知识关联组织与聚合，对用户需求进行建模，实现用户需求的语义化表示；同时进行知识资源的语义描述和建模，实现知识资源的聚合；最后建立用户与知识资源间的映射关联匹配，实现服务中的用户交互和个性化服务推送。

网络社区服务推送系统是融合知识资源供给与个性化推送服务于一体的社会化网络服务体系，是面向用户的知识资源推荐系统。服务推送系统设计和建设的关键和重点在于根据用户需求与知识资源关系映射匹配关系，实现社区中知识资源和服务的个性化和主动化推荐，从而解决网络社区中的知识资源过载和用户社会化需求无法满足的问题。服务推送系统功能实现的大致思路在于首先根据用户在社区中的知识交流与利用行为以及用户社区关系进行用户需求提炼与建模，同时进行社区知识资源的挖掘与聚合，最后建立用户需求与知识资源的关联关系，在此基础上系统进行知识和服务的自动个性化推送。

本节在构建网络社区知识服务推送系统模型和系统架构的基础上，从服务层面出发进行网络社区推送服务，通过进行社会化网络环境下的服务融合，实现协同架构下的服务集成。具体而言，本节重点从系统平台设计模型、推送服务流程、推送服务功能设计和推送算法实现三个方面进行服务推送系统设计与实现，通过充分尊重社区用户的个体差异和社区群体关系，向其提供个性化服务推送。

7.2.1 服务推送系统平台设计

图 7-4 从平台设计运行的生命周期角度揭示了网络社区服务推送系统平台设计的过程，包括平台系统构造期、系统运行期和系统评价/改进期三个阶段。

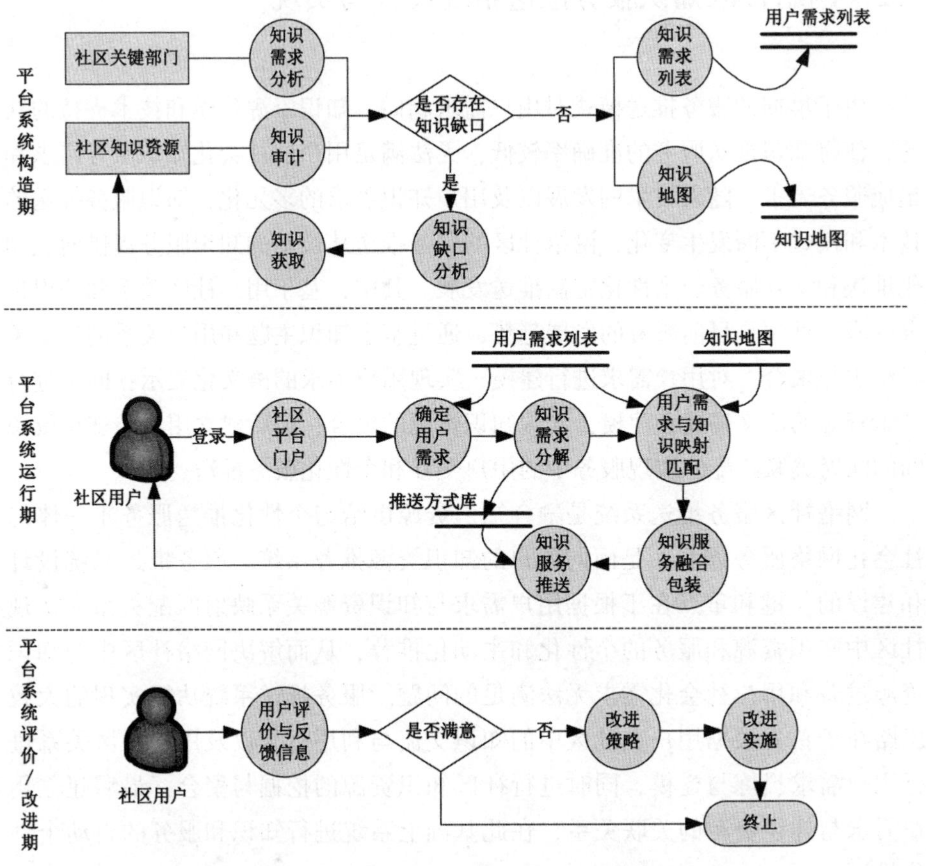

图 7-4 基于生命周期的网络社区服务推送系统平台设计

网络社区服务推送系统平台设计和运行的生命周期包括以下三个阶段，具体如下：

①平台系统构造期。平台系统构造期是网络社区服务推送系统的准备阶段，主要进行系统平台基础设施和功能结构的构建工作。网络社区服务推送系统从用户知识服务利用需求出发，进行知识和服务推送。因此，在系统平台构建中，首先，应把握和明确用户需求，进行用户需求获取与分析。根据用户在社区平台中的知识交流与利用行为以及用户的社区关系进行用户需求识别与获取，利用 LDA 主题模型和层次向量空间模型进行用户建模和聚合，将聚合后的用户需求存储在用户需求库中，形成用户知识需求列表。其次，进行社区知识资源的重组与聚合，将网络社区信息资源与用户交互过程中形成的知识进行建模与聚合，将语义元数据存储到知识库中，形成面向用户需求的知识地图。

②平台系统运行期。平台系统运行期是知识服务推送系统平台功能实现和服务推送的实现阶段，主要根据用户知识利用需求进行知识服务推送，包含推送服务实现的整个流程。平台系统运行期主要包括用户知识需求的分解、用户需求与知识资源的映射匹配、知识和服务的融合包装以及知识与服务的推送四个部分。

首先是分解用户需求，系统根据用户需求列表对用户的知识服务内容需求、知识服务形式需求和知识服务推送方式的需求进行细化和解析，明确用户个体的需求；其次是建立用户需求与知识资源间的映射关联匹配，根据用户需求进行社区知识资源和服务的调用与再组织，构建面向用户需求的知识地图，为基于知识聚合的推送服务实现提供依据；再次是基于映射关系匹配的知识和服务的融合包装，根据用户需求的表达与解析，进行面向用户需求的知识和服务的重新融合，通过可视化处理生成知识视图，实现知识包装；① 最后是进行面向用户的知识和服务推送，选取用户所需要的知识和服务，以用户偏好的方式在合适的时间进行推送，实现知识和服务的个性化和主动化推送。

③平台系统评价/改进期。平台系统评价/改进期是网络社区系统平台的完善和改进阶段，根据用户的服务体验进行评价、反馈以及进行用户知识创新，从而推送系统平台功能和服务改进工作。系统评价与改进期的活动包括用户评价与反馈信息的获取与分析、平台服务改进策略及实施两个部分。网络社区平

---

① 冯勇. 网络环境下知识推送平台构建的若干问题研究[D]. 黑龙江：东北大学，2007.

台系统通过设置用户评价与反馈模块，允许用户对系统推送的知识和服务进行满意度评价，同时鼓励用户提出意见或建议，并鼓励用户进行知识创新，将在知识交流过程中形成的创新性知识反馈到社区平台中，系统通过收集用户的使用评价和反馈信息，进行用户需求趋向的再次分析，为平台和服务改进提供依据。在收集和解析用户评价和反馈信息的基础上，平台开发和管理人员确定平台功能和服务的改进策略，并进行推送系统平台功能和服务的改进。

在揭示网络社区服务推送系统平台设计与实现的生命周期模型的基础上，我们又从服务数据处理流程角度揭示服务推送系统平台的设计与运行过程。网络社区服务推送系统平台数据处理流程如图 7-5 所示。

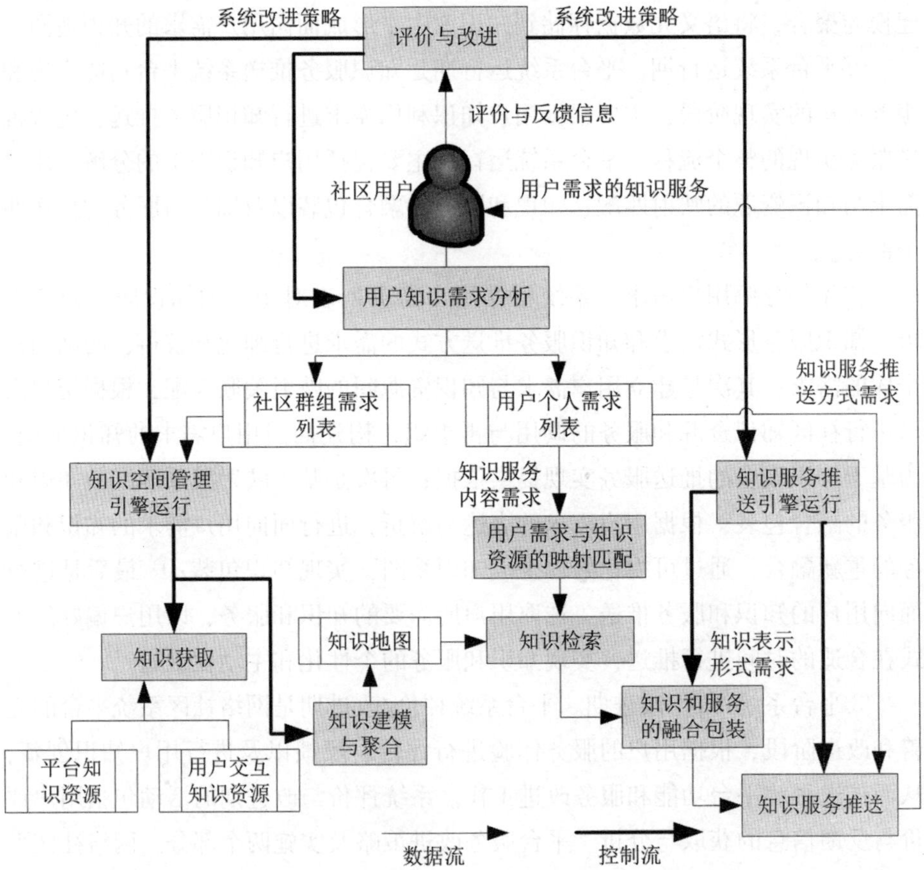

图 7-5 网络社区服务推送系统平台数据处理流程

依据网络社区平台设计的生命周期模型，其数据处理也融合于构建期、运行期、评价/改进期三个阶段中。

图中细线代表数据流，粗线代表控制流。其中，构建阶段进行用户知识需求分析，构建用户社区群组需求列表和用户个人需求列表，同时根据用户社区群组需求列表进行社区知识资源建模与聚合，构建知识地图。该阶段的工作在用户知识需求分析模块和知识空间管理引擎控制下进行。运行阶段主要是进行面向用户的知识服务的推送，根据用户个人需求列表进行需求建模与分解，在此基础上建立用户需求与知识资源的映射关联匹配，并进行知识检索、融合、包装和推送，该阶段的工作在知识推送服务引擎控制下进行。评价/改进阶段则是用户对系统平台服务体验的反馈与评价，以及系统平台依据用户反馈结果进行的自我改进和完善的过程。系统通过设置多样化的模块，鼓励和引导用户评价反馈，并和用户进行互动，从而更好地把握用户需求趋向。根据用户的评价与反馈，系统会形成相应的改进策略，通过将改进策略反馈给用户知识需求分析模块、知识空间管理引擎和知识推送服务引擎，进行系统功能、算法和服务形式等方面的改进。该阶段的工作能帮助系统动态把握用户需求趋向，为向用户推送符合其需求偏好的知识和服务提供指导，从而提高服务质量，提升用户服务体验。

在明确网络社区服务推送系统平台构建生命周期模型以及数据处理模型的基础上，利用 Petri 网(Petri Net Graph，PNG)的形式进行推送系统平台工作机理的揭示与分析。① Petri 网的思想由德国人 C. A. Petri 于 1962 年提出，适用于描述与分析相互独立的、协同操作的处理系统。②

Petri 网 M 可以用一个 3 元组表示：M=(S，T，F)。其中，S 称为 M 的库所(Place)集，记作 S 元，T 称为 M 的变迁(Transition)集，记作 T 元，F 为流关系(Flow Relation)。

图 7-6 描述了网络社区知识服务推送系统平台工作机理，表 7-1 描述了网络社区服务推送系统平台工作机理的具体参数。按照网络社区系统平台构建的生命周期模型，将其工作机理也同样分为三个阶段。图中，阶段 1 为系统平台构造期工作机理，用户知识需求分析与聚合模块和社区知识聚合模块负责该阶

---

① 冯勇. 网络环境下知识推送平台构建的若干问题研究[D]. 黑龙江：东北大学，2007.

② 袁崇义. Petri 网原理与应用[M]. 北京：电子工业出版社，2005：1-10.

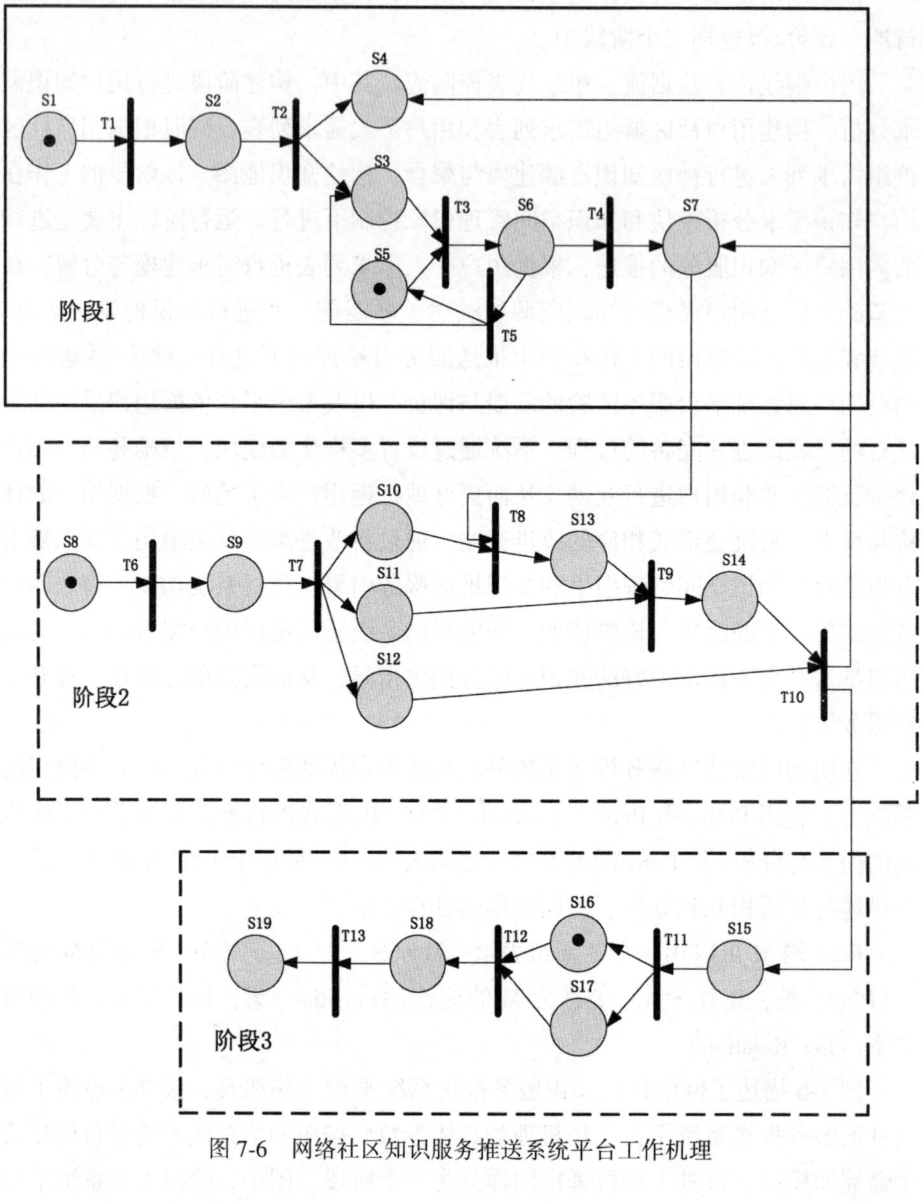

图 7-6　网络社区知识服务推送系统平台工作机理

段工作；阶段 2 为系统平台运行期工作机理，系统平台运行期的工作则由知识服务推送模块运作完成；阶段 3 为系统平台评价/改进期工作机理，系统平台评价/改进期的工作则由评价/改进模块运作完成，用户评价阶段 2 中的知识服务推送效果平台进行评价反馈，根据用户的反馈信息提出相应的改进策略。

表 7-1 网络社区服务推送系统平台工作机理参数描述

S 元	参数描述	T 元	参数描述
阶段 1：系统平台构造期			
S1	等待主模块控制	T1	用户知识需求分析
S2	用户需求分析结果	T2	生成用户需求列表信息
S3	社区用户群体知识需求列表	T3	分析用户知识缺口
S4	社区用户个人知识需求列表	T4	构建社区知识地图
S5	知识空间管理模块审计	T5	获取知识，补充知识缺口
S6	用户知识缺口结果		
S7	社区知识库和知识地图		
阶段 2：系统平台运行期			
S8	等待主模块控制激活系统	T6	认证社区用户身份
S9	社区用户注册登录信息	T7	用户知识需求分解
S10	用户的知识内容需求	T8	知识服务检索
S11	用户的知识表达形式需求	T9	知识服务融合与包装
S12	用户的知识推送方式需求	T10	知识服务推送
S13	知识资源集		
S14	可视化知识地图		
阶段 3：系统平台评价/改进期			
S15	等待用户评价	T11	收集用户评价反馈意见
S16	等待系统主模块激活	T12	计算并整理评价反馈结果
S17	用户评价与反馈信息	T13	确定并实施改进策略
S18	系统改进策略		
S19	终止评价/改进流程		

7.2.2 网络社区推送服务流程

网络社区推送服务流程是对整个推送服务实现各环节的综合把握，也是对服务实现过程的揭示。通过分析网络社区推送服务的流程，为服务推送系统的功能模块设计和服务实现提供思路和指导。首先，本节从整体角度出发分析网络社区推送服务流程；其次，本节分别从不同用户角色进行网络社区服务推送流程的揭示：一是从用户角度分析网络社区服务推送实现整体流程，二是从管理者角色出发进行服务推送流程的分析与揭示。图 7-7 综合两种用户角色进行推送服务流程的整体揭示。

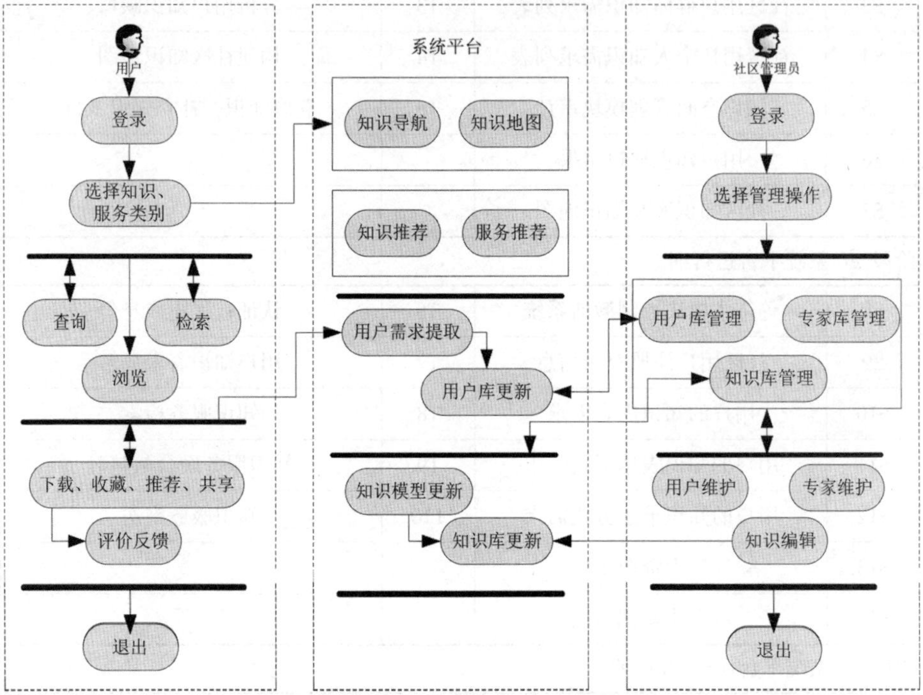

图 7-7　网络社区服务推送整体流程

在整体流程中，网络社区用户和网络社区管理员分别从不同用户角色角度在社区平台中进行知识活动，系统也会依据不同的用户角色提供不同的功能。用户在社区平台中主要进行知识交流与利用活动，系统根据用户需求向用户进行相应的知识和服务推送；网络社区管理员则是系统的后台管理者，负责系统数据更新与维护，保障用户的知识交流与利用活动。

网络社区面向用户的服务推送实现流程从用户行为和用户需求两个层次进行个性化协同服务推送。图 7-8 揭示了网络社区面向用户的服务推送实现流程。

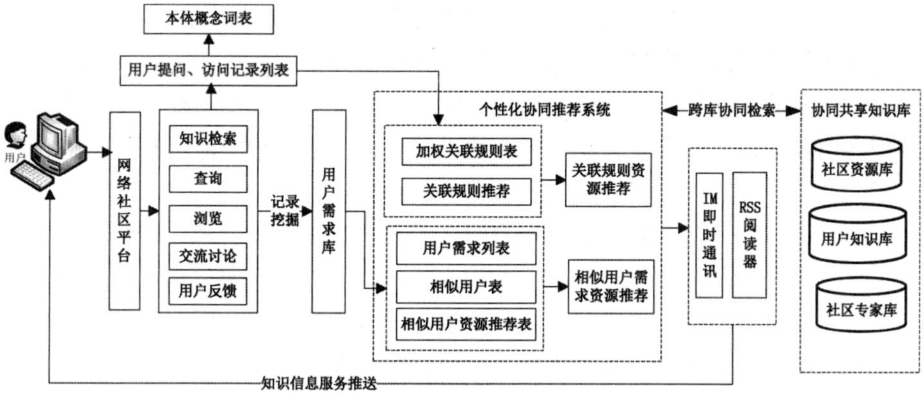

图 7-8 网络社区面向用户的服务推送实现流程

用户通过电脑、手机等终端登录网络社区平台，在社区平台中进行知识浏览、查询和检索等知识利用行为以及在社区平台中进行知识交流讨论，系统根据用户的行为进行用户需求和兴趣偏好的获取，将用户需求进行模型化表示，在此基础上融合用户社区关系和用户行为进行用户需求聚合，将最终获取的用户需求存储到用户需求库中。通过个性化协同推送系统将用户所需的知识资源和服务向用户提供或向用户进行主动推送。

网络社区推送服务实现不仅是面向用户的，还需要平台系统的后台管理者进行知识资源和服务的组织管理，从而提高服务推送的效果，提升用户的服务体验。图 7-9 从管理者的角度揭示了网络社区推送服务业务流程。

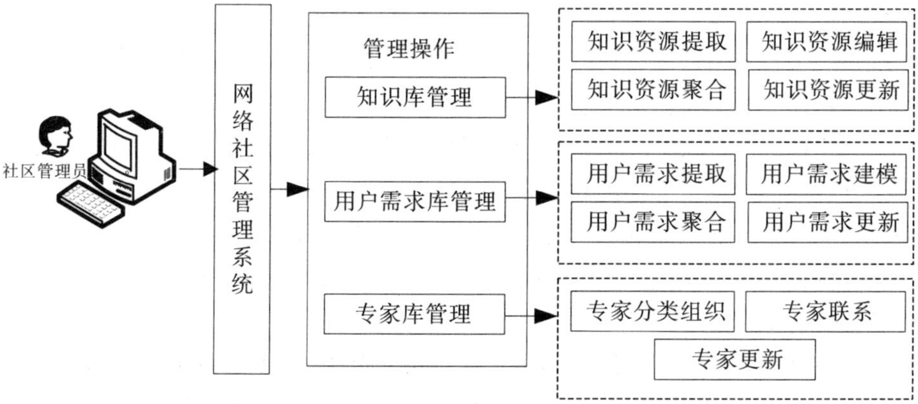

图 7-9 网络社区面向管理者的推送服务业务流程

网络社区面向管理者的推送服务业务流程管理为推送服务实现提供保障，通过社区管理员的后台操作和系统维护，保障服务推送系统的正常化运行和推送服务质量的不断提升。社区管理员在网络社区平台系统中主要承担服务者和管理者两种角色，其职责包括引导、协助社区用户的知识交流与利用，进行系统平台的管理和维护，保障系统平台服务的正常运行。

网络社区管理员在履行管理职责时，主要进行知识库管理、用户库管理和专家库管理三种管理操作。其中，知识库构建与管理中主要包括在系统进行知识资源自动提取的基础上进行知识资源的协同编辑和聚合，同时协助系统进行知识资源的更新和维护，为推送服务提供知识资源保障。用户库构建和管理主要是在用户需求建模和聚合的基础上，进行用户需求的发现、提取与更新维护。专家库管理则需要管理员与社区相关知识权威专家进行及时沟通交流，吸引更多的专家用户加入网络社区平台中，引导用户进行知识交流与创新；管理员还需根据专家的学科领域进行专家分类组织，方便用户进行专家咨询；此外，社区管理员还需进行专家库的实时维护与更新，为用户知识交流、创新提供智力支持。

7.2.3 推送系统功能模块

在明确网络社区服务推送系统模型架构和服务流程的基础上，本节进行推送系统功能模块设计。从推送系统服务功能实现的角度出发，设计相应的服务功能模块。网络社区服务推送系统各模块的功能结构图如图 7-10 所示。

面向不同的使用者和用户角色，我们将网络社区服务推送系统平台分为前台系统和后台管理系统两个部分。其中，前台系统面向网络社区用户(使用者)为用户的知识交流、分享、下载、学习、浏览、检索等活动提供平台和资源保障；后台管理系统面向系统管理者和相关领域专家，社区管理员通过登录管理系统编辑知识资源和功能模块，相关知识领域专家则负责知识资源的把关和为用户知识交流与创新提供指导和智力支持。

网络社区前台系统包括社区知识门户、社区知识库、专家库和其他资源模块。社区知识门户主要提供知识导航、知识地图、社区交互论坛、用户个人空间等功能；社区知识库则提供社区信息资源及用户社区交互知识资源等功能；专家库则提供专家信息、专家分类等功能；其他资源模块则包括 Web 资源、外部链接资源等。

网络社区后台管理系统包括用户库、知识库和专家库三个主要模块。用户库包括用户基本信息管理和用户需求管理功能，负责社区用户的管理维护和用户需求的提取与分析；知识库包括知识资源分类管理、知识资源组织管理和知

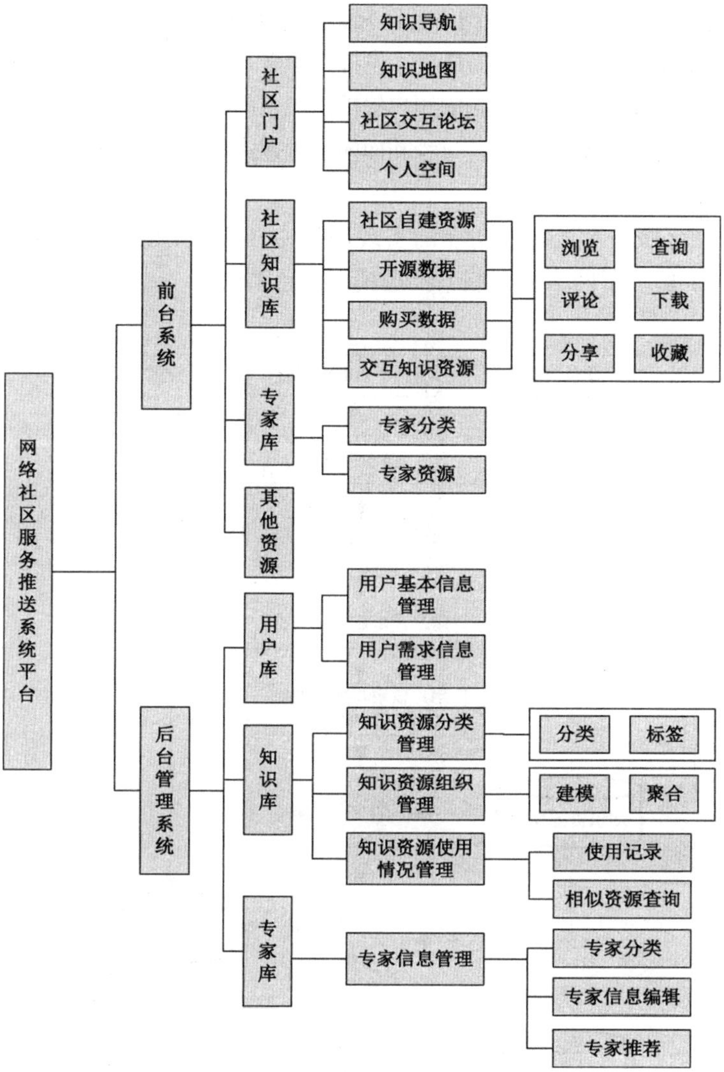

图 7-10 网络社区服务推送系统功能结构图

识资源使用情况管理等功能，通过对社区中的知识资源进行建模和聚合，按一定规则进行分类组织，储存到知识库中，为用户的知识利用和系统推送提供资源基础；专家库则进行专家信息管理，包括专家分类、专家信息维护以及专家推荐等，通过专家管理为用户知识交互提供智力支持和保障。

网络社区服务推送系统平台功能的实现需要多个模块的协同调用与运行，主要包括知识服务推送模块、用户需求分析与聚合模块和社区知识聚合模块三个核心功能模块。具体而言，网络社区知识服务推送的实现是在用户需求聚合模块和社区知识聚合模块实现的基础上，发挥知识服务推送模块的功能，向用户进行个性化和主动化服务推送，包括向用户提供面向用户内容需求的知识检索过程、面向表达形式需求的知识融合包装过程和面向推送方式需求的知识推送过程。

(1)知识服务推送模块

网络社区服务推送系统功能的实现的核心在于服务推送模块的运行与实现，图7-11揭示了网络社区服务推送模块体系结构。

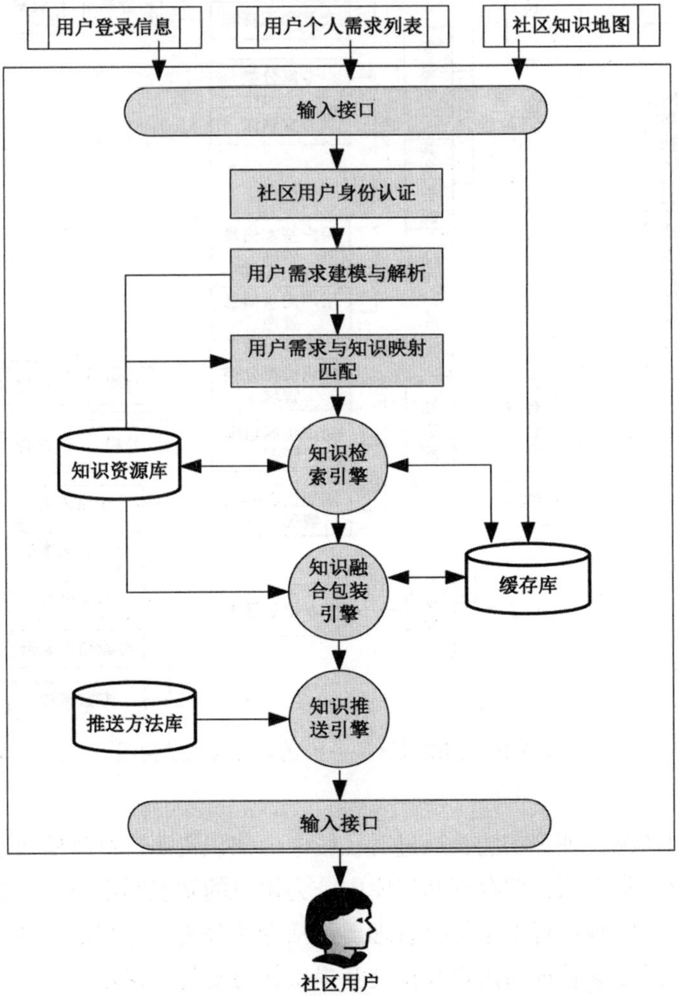

图7-11　网络社区推送服务模块体系结构

知识推送服务模块是网络社区推送服务系统平台的核心模块，也是推送服务能够实现的关键所在。该模块的主要功能在于根据用户的知识需求，从社区知识库(知识地图)中进行知识检索，并按照用户需求与知识资源间的映射匹配进行知识和服务的融合、包装，最后将经过包装的知识和服务以适合用户的方式推送给用户。

网络社区知识推送服务模块的工作机理包括以下步骤：

①等待主模块控制。在用户需求建模与聚合模块和社区知识建模与聚合模块的功能运行后，系统主模块进一步激活知识推送服务模块，该模块通过输入接口接收用户的登录验证信息、用户知识需求列表和社区知识库中的知识资源列表(知识地图)等信息，为推送服务的实现做好准备。

②社区用户身份验证。网络社区用户作为知识推送服务的对象，通过用户名、邮箱、密码、数字证书等方式进行用户身份认证与激活，登录社区知识交流平台进行知识交流与利用活动。

③社区用户知识需求确定与分解。用户知识需求可根据用户社区群组需求列表和社区用户个人需求列表进行确定，在此基础上进行用户知识需求特征的分解，包括用户对知识服务内容的需求、对知识服务表达形式的需求以及对知识服务推送方式的需求。

④用户需求与知识资源映射关联。对分解后的用户需求数据进行编号，按照编号顺序与社区知识资源进行映射关联匹配。为保证系统的参照完整性，应将用户需求编号与知识资源编号一一对应，从而保证推送服务内容、形式和方式的准确性。

⑤面向用户内容需求的知识服务检索。面向用户知识内容需求的知识服务检索是根据用户需求，由知识检索引擎从社区知识库中已建立关联匹配关系的知识服务资源中，检索出符合要求的知识服务内容。

⑥面向表达形式的知识服务融合与包装。面向表达形式的知识服务融合与包装是根据用户对知识服务形式的需求，由知识服务融合与包装引擎将检索到的知识服务以用户需求或偏好的形式进行知识和服务的表达和显示，包括内容的重组和服务形式的重新封装。

⑦面向服务方式需求的知识服务推送。面向服务方式需求的知识服务推送是根据用户对服务推送方式的需求或偏好，由知识服务推送引擎以合适的方式向用户进行知识和服务推送。服务推送方式包括基于频道的推送、基于 E-mail 的推送、基于网页的推送、IM 即时通信推送等。

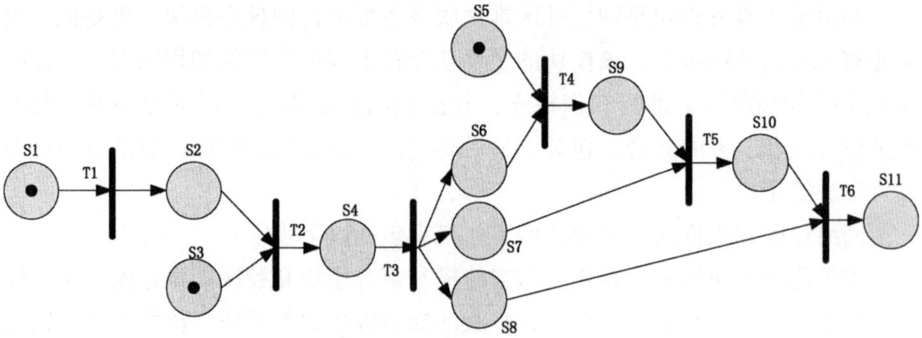

图 7-12 网络社区知识推送服务模块工作机理

图 7-12 描述了网络社区知识推送服务模块工作机理，表 7-2 描述了网络社区知识推送服务模块工作机理参数。其中，S1～S11 分别代表 S 元的描述(功能结果)，T1～T6 代表 T 元的描述(功能过程)。具体而言，S1 表示等待主模块控制，S2 表示社区用户身份认证，S3 表示社区用户知识需求列表，S4 表示社区用户个人知识服务需求，S5 表示社区知识库资源(知识地图)，S6 表示用户知识服务内容需求，S7 表示用户知识服务表示形式需求，S8 表示用户知识服务推送方式需求，S9 表示知识检索结果，S10 表示知识融合和包装结果，S11 表示推送给用户的知识服务。T1 表示社区知识服务推送启动，T2 表示社区目标用户知识服务需求确定与分解，T3 表示社区用户需求与知识资源映射关联，T4 表示知识服务检索，T5 表示知识服务融合与包装，T6 表示知识服务推送。

表 7-2 网络社区知识推送服务模块工作机理参数

S 元	参数描述	T 元	参数描述
S1	等待主模块控制	T1	社区知识服务推送启动
S2	社区用户身份认证	T2	社区目标用户知识服务需求确定与分解
S3	社区用户知识需求列表	T3	社区用户需求与知识资源映射关联匹配
S4	社区用户个人知识服务需求	T4	知识服务检索
S5	社区知识库资源(知识地图)	T5	知识服务融合与包装
S6	用户知识服务内容需求	T6	知识服务推送
S7	用户知识服务表示形式需求		

续表

S 元	参数描述	T 元	参数描述
S8	用户知识服务推送方式需求		
S9	知识检索结果		
S10	知识融合和包装结果		
S11	推送给用户的知识服务		

(2)用户需求分析与聚合模块

用户需求分析是系统软件平台开发的前提条件，也是面向用户的推送服务开展的基础。因此，用户需求分析与聚合模块是分析网络社区用户知识需求，进行用户需求建模和基于社区关系的用户聚合的功能模块，也是网络社区服务推送系统平台的关键和基础模块。通过分析用户在网络社区中的知识交流与利用行为以及用户社区关系，系统获取并分析用户知识需求，在此基础上进行用户需求建模和聚合，形成用户知识需求列表，存储在用户库中。网络社区用户需求分析与聚合模块工作机理如图 7-13 所示。

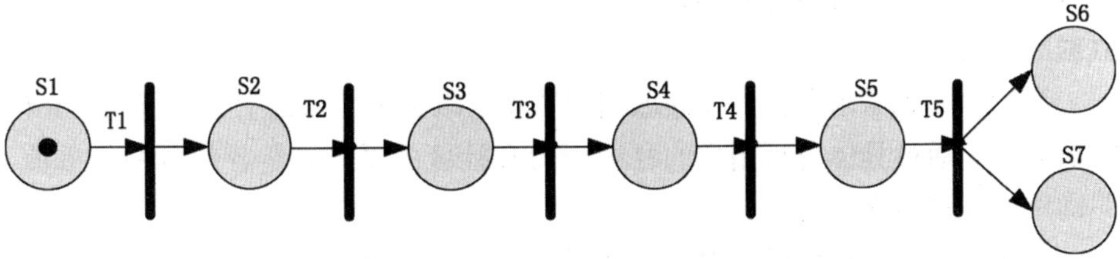

图 7-13　网络社区用户需求分析与聚合模块工作机理

表 7-3 描述了网络社区用户需求分析与聚合模块工作机理参数。其中，S1～S7 分别代表 S 元的描述(功能结果)，T1～T5 代表 T 元的描述(功能过程)。S1 表示等待主模块控制，S2 表示知识服务推送目标，S3 表示获取的用户需求数据，S4 表示用户需求分析结果，S5 表示用户需求聚合结果，S6 表示社区用户群体知识需求列表，S7 表示社区用户个人知识需求列表。T1 表示启动用户知识需求分析与聚合过程，T2 表示用户知识需求调查与获取，T3 表示用户知识需求分析，T4 表示用户知识需求建模与聚合，T5 表示生成用户知识需求结果。

表 7-3 网络社区用户需求分析与聚合模块工作机理参数

S 元	参数描述	T 元	参数描述
S1	等待主模块控制	T1	启动用户知识需求分析与聚合过程
S2	知识服务推送目标	T2	用户知识需求调查与获取
S3	获取的用户需求数据	T3	用户知识需求分析
S4	用户需求分析结果	T4	用户知识需求建模与聚合
S5	用户需求聚合结果	T5	生成用户知识需求结果
S6	社区用户群体知识需求列表		
S7	社区用户个人知识需求列表		

网络社区用户需求分析与聚合过程的步骤如下：

①等待主模块控制。在进行用户需求分析与聚合前等待主模块的控制命令，进行网络社区用户行为分析，为用户需求获取、分析、建模与聚合做好准备工作。

②用户知识需求获取。网络社区系统平台通过用户注册资料信息、用户在社区平台中的知识交流与利用行为以及用户社区关系分析，进行用户需求信息数据的获取。

③用户知识需求分析。在获取用户知识需求数据的基础上，进行用户知识需求分析。通过具体分析用户的社区行为和社区关系，确定各部分的权重值，明确用户知识需求内容。

④用户知识需求建模与聚合。在用户知识需求分析的基础上得出用户需求数据信息，利用 LDA 主题模型和层次向量空间模型进行用户需求的模型化表示，并融合社区关系进行用户需求聚合。

⑤用户知识需求列表形成。在用户需求建模和聚合的基础上，对用户需求进行语义化表示，形成用户社区知识需求列表和用户个人知识需求列表，从而明确用户知识服务需求。

(3)社区知识聚合模块

网络社区知识聚合是知识服务推送的另一个前提条件，为知识服务的推送奠定资源基础。社区知识聚合模块进行网络社区知识资源的重组织，通过将网络社区信息资源和社区用户交互资源进行建模和聚合，按照用户需求的方式进行知识资源的再组织和网络社区知识资源体系重构，为面向用户的知识服务推送提供资源保障。网络社区知识聚合模块工作机理如图 7-14 所示。

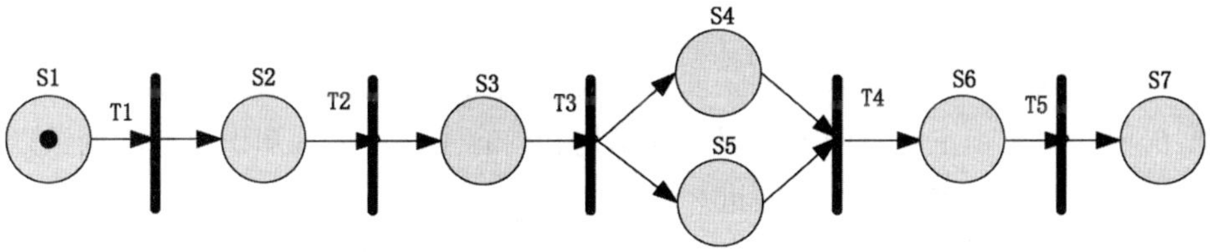

图 7-14 网络社区知识聚合模块工作机理

表 7-4 描述了网络社区知识聚合模块工作机理参数。其中，S1~S7 分别代表 S 元的描述(功能结果)，T1~T5 代表 T 元的描述(功能过程)。S1 表示等待主模块控制，S2 表示获取的知识资源内容，S3 表示社区知识资源主题，S4 表示社区知识文本模型化表示，S5 表示知识单元相似度，S6 表示社区知识文本聚合结果，S7 表示社区知识库和知识资源列表。T1 表示社区知识建模与聚合过程启动，T2 表示社区知识资源内容识别与获取，T3 表示社区知识资源主题提取，T4 表示社区知识建模与聚合，T5 表示构建知识库与生成社区知识资源列表。

表 7-4 网络社区知识聚合模块工作机理参数

S 元	参数描述	T 元	参数描述
S1	等待主模块控制	T1	启动社区知识建模与聚合过程
S2	获取的知识资源内容	T2	社区知识资源内容识别与获取
S3	社区知识资源主题	T3	社区知识资源主题提取
S4	社区知识文本模型化表示	T4	社区知识建模与聚合
S5	知识单元相似度	T5	构建知识库与生成社区知识资源列表
S6	社区知识文本聚合结果		
S7	社区知识库和知识资源列表		

网络社区知识聚合模块工作机理如下：

①等待主模块控制。在进行网络社区知识资源建模与聚合前等待主模块的控制命令，分析用户—知识资源间的关联关系，为社区知识资源聚合做好准备工作。

②社区知识资源内容识别与获取。将网络社区信息资源和用户在社区平台交互、分享的知识资源进行提取，进行中文分词和过滤等预处理，为知识聚合

奠定资源基础。

③社区知识主题提取。在获取社区知识资源的基础上，利用 LDA 主题模型提取知识文本主题，确定知识文本结构和内容主题，揭示知识主题间的关联关系，跟踪知识主题变化和演进。

④社区知识文本建模与聚合。在确定社区知识资源主题后，进行社区知识文本建模和知识聚合。首先基于向量空间模型进行社区知识文本建模，将知识资源进行模型化表示后计算知识单元间的相似度，并加权融合向量空间模型与 LDA 主题模型进行知识聚合。

⑤社区知识库构建与知识列表形成。在社区知识文本建模和聚合的基础上，基于语义模型进行社区知识库构建，将知识资源语义元数据存储到知识库中，形成社区知识资源列表或知识地图，为知识服务推送奠定知识资源基础。

7.3 基于知识聚合的网络社区个性化知识推送服务模式

随着互联网的快速发展，网络社区个性化推送引起许多学者的关注。现阶段，学界研究中常见的个性化信息推荐主要分为：协同过滤的信息推荐、基于知识的信息推荐、基于内容的信息推荐、混合信息推荐。① 其中，罗园等提出基于用户兴趣和标注信息的协同过滤推荐算法，引入遗忘曲线和时间权重后构建用户兴趣模型，利用余弦相似性计算相似度，进一步改进传统协同过滤推荐算法。② 在基于知识信息推荐研究中，孙雨生等提出基于知识图谱的通用信息推荐体系，在构建其体系架构的基础上，进一步阐述推荐体系的功能模块和运行机理。③ 基于内容的信息推荐研究中，吕琳露等构建 LDA 主题模型，提取旅游游记的主题标签进行旅游信息推荐。④ 混合信息推荐研究中，武慧娟等融合基于社会网络分析、协同过滤和内容三种信息推荐方法，为社会化标签系统

① 章雅楠. 基于用户画像的短视频平台个性化信息推荐研究[D]. 哈尔滨：黑龙江大学，2021.

② 罗园，陈希，周荣. 基于用户兴趣变化和社会化标注信息的协同过滤推荐方法[J]. 系统工程，2020，38(4)：151-158.

③ 孙雨生，祝博. 基于知识图谱的信息推荐架构体系研究[J]. 情报理论与实践，2021，44(11)：116-123.

④ 吕琳露，李亚婷. 基于游记主题挖掘与表达的旅游信息推荐研究[J]. 现代情报，2017，37(6)：61-67.

的个性化信息推荐构建了多维度融合优化模型。① Li 等提出基于异构网络的个性化论文推荐方法，异构网络涵盖论文、作者、用户及相关术语等实体，通过元路径捕获用户偏好，为用户提供个性化论文推荐服务。② 随着个性化推荐算法的广泛应用，出现了用户不信任推荐系统的问题，用户认为推荐系统在侵犯其隐私。针对这个问题，Svrcek 等提出不同类型的个性化推荐系统的混合解释方法，增加用户对推荐系统的理解度和信任度。③

7.3.1 基于知识聚合的网络社区知识个性化推送服务架构

在分析和梳理相关研究的基础上，本节将采用协同过滤推荐算法，构建基于知识聚合的网络社区个性化知识推荐服务模式。首先，通过构建基于知识聚合的网络社区知识个性化知识推送服务框架；其次，从服务流程和系统功能模块的角度探讨网络社区个性化知识推送服务的实现；最后，以豆瓣网络社区为例，揭示豆瓣系统的个性化知识推荐服务实现方式。

随着互联网的快速发展，网络社区中产生了大量碎片化的知识资源，其中不乏具有价值的领域知识。但是这些知识资源来源渠道的多元化以及快速的增长趋势难免存在冗余、良莠不齐等问题，导致网络社区用户难以从海量的碎片化知识中快速获取想要的内容。由此可见，对网络社区中的知识资源进行聚合，依据用户的需求进行个性化知识推送服务具有重要的实践意义。基于此，本节构建了基于知识聚合的网络社区知识个性化推送服务架构。

基于知识聚合的网络社区知识个性化推送服务架构包括数据获取层、画像构建层、知识聚合层和个性化知识推送层四个层次，如图 7-15 所示。

①数据获取层。数据获取层主要负责用户数据的采集和整合。用户是网络社区知识个性化推送的核心对象，因此用户数据的获取是整个服务过程的基础。用户数据可以分为结构化、半结构化和非结构化数据，其中结构化数据主要指用户的基础属性数据，包括用户的性别、年龄、职业、学历、职称、工作单位等，可以通过用户的注册信息获得，便于采集，容易形成用户标签。而半

---

① 武慧娟，孙鸿飞，金永昌. 社会化标注系统中个性化信息推荐多维度融合与优化模型研究[J]. 现代情报，2019，39(1)：37-42，85.

② Li Y, Wang R, Nan G, et al. A personalized paper recommendation method considering diverse user preferences[J]. Decision Support Systems, 2021, 146: 113546.

③ Svrcek M, Kompan M, Bielikova M. Towards understandable personalized recommendations: Hybrid explanations[J]. Computer Science and Information Systems, 2019, 16(1): 179-203.

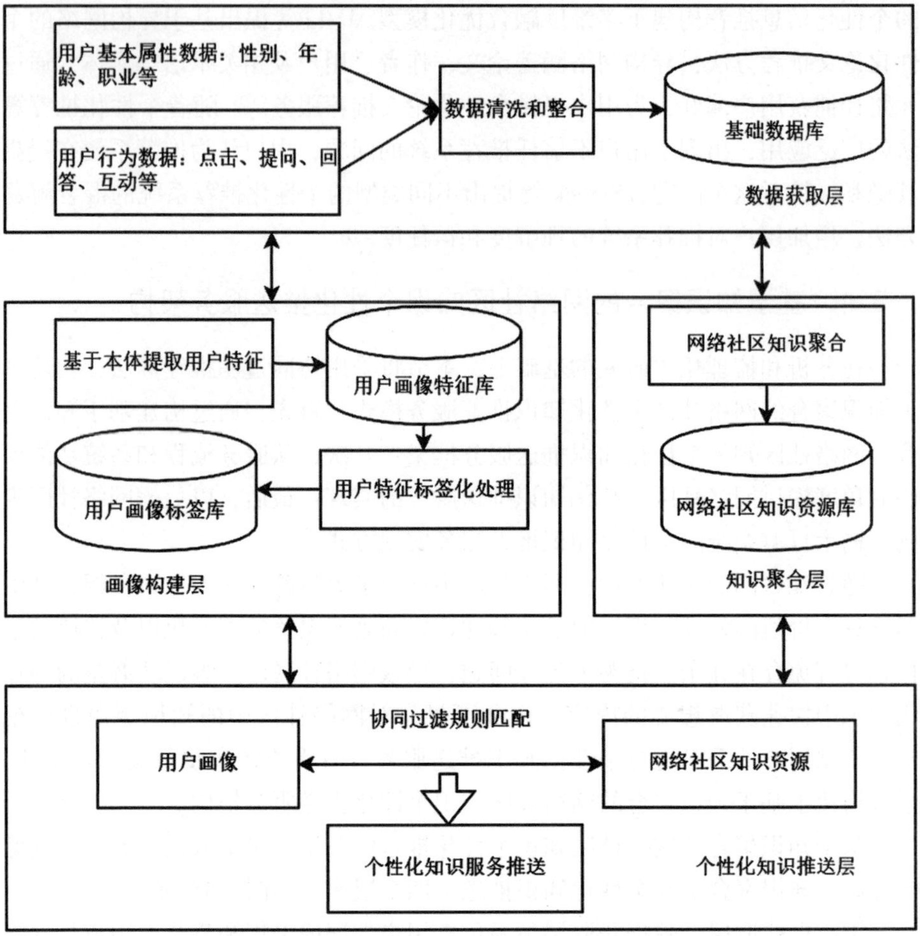

图 7-15　基于知识聚合的网络社区知识个性化推送服务架构

结构化数据和非结构化数据属于用户行为数据，是用户画像构建的核心数据，量大类多，主要包括用户页面点击、浏览、下载、转发、关注、提问、回答以及用户间的互动交流等行为数据。通过网络爬取技术获得这些数据后，对数据进行清洗和整理，最后存储于基础数据库中。

②画像构建层。画像构建层主要负责构建用户画像模型，使得用户需求更加明确。用户画像模型构建的本质是从海量的用户行为数据中进行挖掘，提取用户背景、性格、行为以及特征等方面的数据。将用户的行为数据转化为一个有价值并更加直观清晰的集合，可以用于各种信息推荐系统。用户的属性虽然相对而言比较稳定，但是用户的行为是动态的，会随着时间的延续而发生变

化。因此，用户画像具有时效性，为确保用户画像的精准度，需不断地对用户进行刻画，实现用户画像的动态更新。

在构建用户画像过程中，需要将信息进行标签化处理。标签化是借助简短的语言来描述用户的各项特征并通过标注对用户进行聚类，从而使用户画像清晰化、规范化和精准化。首先，对用户基本属性数据进行统计分析，可以得到用户画像的静态标签，如性别标签、身份标签、地域标签、学习领域标签等。其次，通过机器学习等智能分析技术挖掘用户历史行为数据中的用户特征、分析用户行为、构建用户关联，得到用户画像的动态标签，将用户的特征清晰地表达出来，明确用户需求。最后，基于用户画像深度挖掘用户的潜在兴趣，对用户未来浏览和关注话题类型进行预测，为用户精准化知识推送奠定基础。

③知识聚合层。知识聚合层主要负责对网络社区中的知识资源进行聚合化处理，包括用户资源的聚合和网络社区知识资源的聚合。一方面，用户画像全面刻画了用户面貌，将用户的属性、行为和期待等每一个信息抽象成标签，利用这些标签再把用户特征具体化，使用户的需求得以清晰表达，使相似用户得以关联，并为个体用户寻找相似用户，得到用户与用户的聚合。另一方面，海量的网络社区知识资源大多呈碎片化形式，通过计算知识单元间的共现频次和相似度，可以对网络社区中的知识资源进行聚合，进而完成知识与知识的聚合。

④个性化知识推送层。个性化知识推送层主要负责用户需求与知识资源匹配及知识个性化推送服务。个性化知识推送层直接面向网络社区用户，其体验感受和利用反馈评价直接影响着整个推送系统的服务效果。首先，用户画像提供了丰富的用户标签，不仅可以精准捕获用户在特定情境下的特定需求，还可以有效预测用户在较长时间内的兴趣偏好，为个性化知识推送服务奠定了基础。其次，知识聚合层完成了碎片化知识资源的聚合，为个性化知识推送创造了条件。最后，通过协同过滤推荐算法，为用户提供个性化的知识推荐服务。一方面，利用用户的基础属性信息和历史行为记录，预测用户兴趣偏好，为用户推送可能符合其兴趣偏好的知识资源；另一方面，通过算法找到相似用户群体，为用户推荐该群体用户共同评价高的知识资源。

7.3.2 网络社区个性化知识推送服务模式实现

总体而言，网络社区个性化知识推送服务流程如下。首先，采集用户基础属性数据和用户行为数据，包括用户性别、年龄、职业、学历、关注、提问、回答等，对这些数据进行预处理和存储。其次，对采集到的用户数据进行标签化处理，进而构建动态化的用户画像模型。最后，通过协同过滤推荐算法，将用户需求与网络社区知识资源进行匹配，为用户提供个性化知识资源推荐服务。

网络社区个性化知识推送服务系统包括用户画像构建模块、知识聚合模块和知识推送模块。通过这些系统功能模块的协同运作，实现个性化知识推送服务，为用户提供和推送符合其需求的知识信息资源。各模块的功能如下：

①用户画像构建模块。通过对用户的基础属性数据和行为数据进行采集和标签化处理，初步构建用户画像模型；随着用户行为数据的增加和用户反馈评价数据的出现，及时对用户画像模型进行动态更新，提高推送服务的准确性。

在构建用户画像中，关键是利用本体对用户的标签进行收集、整理和分析，其中需要研究用户本体的具体表示。本体的结构主要分为本体领域的词汇、类别、属性以及推理规则。在创建本体的过程中，需要了解用户的基本需求分析，对主要的用户需求进行一个固定范围的界定。对用户画像的构建而言，在建立本体前需要确定覆盖的应用对象。因此，需要对所收集到的信息用户进行预处理，对用户相关的数据进行读取、整理和分析。具体步骤如下：

首先，需要对网络社区中的关键数据进行提取和整理，包括用户画像领域的基本属性数据和用户行为数据。用户的基本属性数据包括用户名称、用户地域、用户年龄、职业等，用户行为数据包括用户页面点击、浏览、下载、转发、关注、提问、回答、用户间的互动交流等。其次，需要对类之间的结构进行划分，对概念信息进行分类分层，再分别对对象属性以及数据属性进行划分表达。最后，对文本进行预处理，以及文本表达与关键词的抽取，从而构建用户的兴趣画像以及基本属性画像。

②知识聚合模块。社区知识聚合模块按照知识聚合的流程，首先进行知识文本解析，在领域词典和停用词词典的基础上进行文本预处理，在此基础上运用向量空间模型进行知识聚合和索引库构建，将聚合后的知识和索引数据保存在索引数据库中，为知识检索奠定知识资源基础。

③知识推送模块。知识推送模块将用户画像模块和知识聚合模块连接起来，是整个推荐系统的核心模块。知识推送模块将基于协同过滤推荐算法，为用户提供个性化知识推送服务。协同过滤推荐算法的关键技术包括相似度的计算、评分标准化和近邻的选择，这三种技术对近邻协同过滤推送算法的准确度、效率和性能具有重要的影响。具体操作步骤如下：

首先，要进行不同知识资源和不同用户间相似度的计算。相似度计算在近邻协同过滤推送系统中具有两个重要作用：一是提供了一种近邻选择的依据；二是提供了各个近邻对目标对象的贡献权值。相似度计算将采用改进余弦法进行计算。其次，确定相似度之后，将采用阈值过滤法明确近邻的选择标准，设定一个阈值，保留超过或等于该阈值的资源。合理的阈值不仅可以提高系统的运行效率，节约系统内存，而且可以在最大程度上提高系统推送的精度。最后，确定相似度和近邻选择标准之后，将采用均值中心标准化的方式对评分进行标准化处理。因为每个用户都有自己的评分标准，有些用户的评分标准可能比较严苛，即使是自己非常需要的知识资源，也会给出相对较低的分数；而有些用户的评分标准可能比较宽松，即便对于自身不是特别需要的知识资源，也会给出相对较高的分数。因此需要对原始评分进行标准化处理，否则会影响推送系统的准确度和性能。

7.3.3 网络社区个性化知识推送服务案例分析

豆瓣网是一个创立于 2005 年的社区网站，最初以提供书籍、电影、音乐等作品信息为主，供用户进行打分、标注、评论和互动交流。后期陆续推出书籍、电影和音乐作品推荐、线下同城活动以及小组话题交流等服务，成为集品味、表达和交流于一体的网络社区平台。豆瓣的主要功能服务模块包括豆瓣读书、豆瓣电影、豆瓣音乐、豆瓣同城、豆瓣小组、豆瓣阅读、豆瓣 FM、豆瓣时间和豆瓣豆品等。

豆瓣网一经推出，用户注册数量就不断攀升，迅速成为众多青年用户的活跃平台。豆瓣网凭借其广泛的青年用户群体和独特的用户标注体系，迅速成为信息领域诸多学者的研究对象。其中，易明等以豆瓣电影标签数据为研究对象，验证其提出的基于协同智慧理论的标注信息行为模型;① 罗琳等以豆瓣图书标签为研究对象，探究用户使用行为影响因素，结果表明标签在检索、标注和分享等行为中具有影响;② 姜霖等通过对豆瓣电影评论进行细粒度情感分析，挖掘用户偏好，为用户提供更加有效的个性化推荐服务。③ 由此可见，豆瓣网已经成为国内较为成熟的个性化知识推送服务系统，本节将以豆瓣网为例，从用户需求获取、网络社区资源聚合以及个性化服务三个方面分析其知识推荐系统功能，研究其优势与不足之处，为其更加完善提供借鉴。

---

① 易明，冯翠翠，莫富传，邓卫华. 基于群体智慧理论的协同标注信息行为机理研究——以豆瓣电影标签数据为例[J]. 情报学报，2021，40(1)：101-114.

② 罗琳，杨洋. 社会化标注系统中用户标签使用行为影响因素研究[J]. 图书情报知识，2018(3)：85-94.

③ 姜霖，张麒麟. 基于评论情感分析的个性化推荐策略研究——以豆瓣影评为例[J]. 情报理论与实践，2017，40(8)：99-104.

(1)用户需求获取

用户需求相关数据的采集和获取是用户画像构建的首要工作。用户信息采集的质量会直接影响用户画像建模和个性化推送的结果和质量。首先，用户在注册豆瓣账号之后，通过完善用户的个人资料，系统就可以获得用户的部分基础属性数据，如图 7-16 所示的性别、居住地、家乡、生日等信息。其次，用户在首页设置中选择自己感兴趣的主题，系统就可以获得用户需求的大致方向，如图 7-17 所示的美食、旅行、趣味、摄影等主题选项。

图 7-16　用户个人资料

图 7-17　用户首页设置

用户行为数据获取则主要通过用户的点击、点赞、收藏、转发、评论等行为获取，如图 7-18 所示。用户点击、点赞和转发行为是一种短期行为，表明用户某一时刻对某种类型的资源感兴趣，进而揭示用户某一时期的短期需求。用户收藏行为则是一种长期行为，表明用户将在近期或者未来一段时间内对某一类型的资源感兴趣，进而揭示用户的长期需求。用户评论、发帖等行为产生的文本、图片、视频数据则将用户需求具象化表达出来，系统通过对此类数据进行标签化处理，可以初步构建用户画像模型。

图 7-18　用户转发、点赞、收藏等行为

用户需求是不断变化的，随着用户基础属性数据和用户行为数据的更新，系统也在不断采集和获取用户数据，用户画像也在动态更新中，为用户精准化推荐创造了条件。

(2)网络社区资源聚合

在类似豆瓣的平台中，用户之间能够随时进行知识或者经验的创建与共享。由于用户创作具有间歇性与随机性，平台中的知识大多以碎片化知识的形式存在。碎片化知识以文本、图片等不同媒体形式分布在不同的用户生成内容中，具有多源分布，以及传播的社会性、无序性与非完整性等特征。①

① 罗文. 基于知识图谱的碎片化知识整合与推送研究[D]. 长沙：湖南大学，2019.

豆瓣标签系统分类功能是用户使用标签作为一类具有某种共性的标识，以实现对网络社区资源分类的目的。当网络资源数量达到一定程度，就要对其进行分类组织，然后再给每个类以相应的标签，使网络社区资源的基本信息被简单自然地呈现给用户。这时，以标签作为类别名称更加符合用户的认知。如图7-19所示，豆瓣读书首页的热门标签是豆瓣系统对用户在该系统中标注网络资源标签分类，使用户能够快速明晰该系统的资源情况。

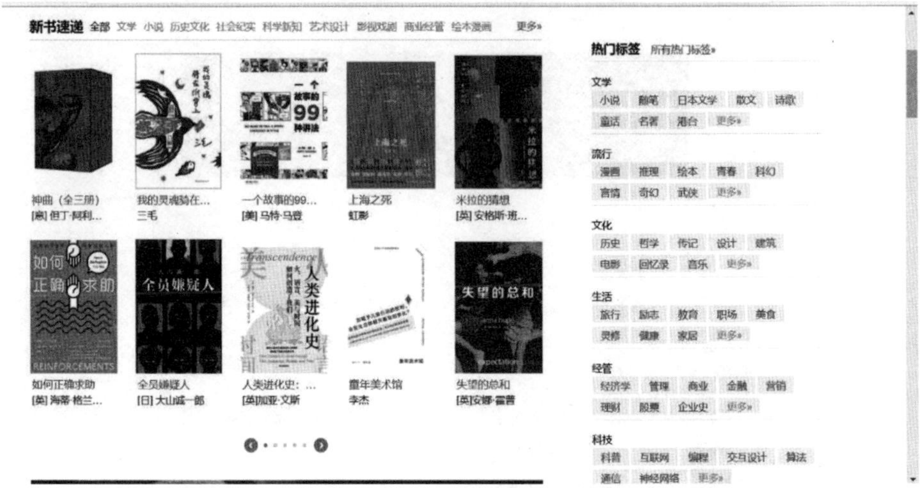

图7-19 豆瓣读书热门标签

(3)个性化服务

个性化服务是网络社区在利用用户基础信息构建用户画像的基础上，主动给用户提供标注引导、好友推荐、兴趣小组推荐以及知识推送等服务。在现实生活中，基于用户画像的个性化服务提高了网络社区系统的灵活性、智能化以及用户满意度。

如图7-20所示，用户登录豆瓣网后，系统将通过浏览发现、话题广场等为用户推荐其可能感兴趣的帖子和话题。当用户想要对一本图书进行标注的时候，系统就会显示其他用户在标注此书时常用的标签集，以供用户参考。系统除了为用户提供标签引导服务之外，还提供标签检索功能。用户可以根据系统提示的热门标签进行书籍检索，也可以自主输入标签进行书籍检索。此外，系统还会根据用户的标注行为向用户推荐可能感兴趣的资源、具有相同兴趣爱好的用户。在图7-21中，豆瓣图书系统中根据用户选择图书的基本信息为用户推荐其他相关书目，为用户展示同样关注此书的其他用户列表，并以谁读过此书、谁在读此书、谁想读此书为标准对推荐用户进行分类。

图 7-20　豆瓣浏览发现与话题广场

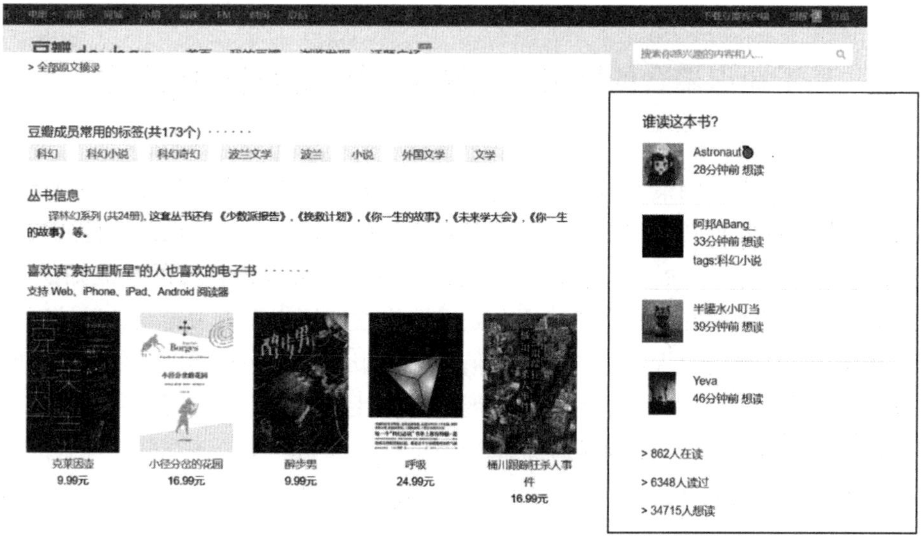

图 7-21　豆瓣图书系统推荐

总体而言，豆瓣网作为国内较为成熟的个性化推荐服务社区平台，凭借其独特的标签体系，得到众多青年用户的青睐。然而，豆瓣网的知识推送服务也存在不足之处。比如豆瓣网的检索反馈顺序有待优化，检索结果界面缺少个性化呈现选择等。另外，在用户信息收集过程中，采集过程和采集范围不规范，涉嫌侵犯用户个人隐私，一定程度上引起用户的质疑和抵制。针对豆瓣网的个性化知识推荐服务的不足之处，本节为其进一步完善和优化提供以下建议：

①优化检索结果反馈的个性化服务。豆瓣检索结果反馈可以分为综合、书影音、小组、话题和用户五个选项，结果反馈顺序是优先提供书籍、影视作品、豆瓣小组等结果，其后才是相关帖子内容。相对各大搜索引擎而言，豆瓣检索的结果反馈界面缺少个性化选择的呈现。检索结果反馈后续优化过程中，可以提供按相似度排序或者按时间排序等个性化检索结果呈现服务，满足用户的多样化需求。

②规范用户信息收集。豆瓣网在用户信息收集过程中，存在用户信息收集过程不规范的问题。在用户不知情甚至不同意的情况下，违规收集用户个人信息；同时对用户个人信息收集范围的把控也存在用户信息过度收集的问题。因此，豆瓣网在追求精确的个性化服务同时，应该规范用户信息采集过程，在用户知情且允许的情况下采集用户个人信息，更应该严格控制信息采集范围，保护用户的个人隐私，重建用户对豆瓣的信任。

7.4 基于知识聚合的网络社区嵌入式知识信息集成推送模式

信息集成服务的最终目的是通过对碎片化的信息进行有效集成，将原始信息中的相关内容重新组织成新的信息或对原始信息进行分析得出结论性或咨询性信息，从而向用户提供综合的、集成的、带有决策咨询性质的集成知识。①网络社区的嵌入式知识信息集成服务是以网络社区用户需求为导向、以社区知识聚合为基础为用户提供综合集成的信息资源服务，是一种主动为用户解决问题的服务模式。随着大数据的深入发展，网络社区信息纷纭杂沓，网络社区用户对于信息的需求已不再局限于简单的信息获取和用户交流。在知识聚合的基础上将知识信息服务嵌入用户环境中，能够有效提高网络社区信息服务的针对性、准确性和可用性。

---

① 毕强，史海燕. 信息集成服务模式研究[J]. 图书情报工作，2004(9)：30-33.

近年来，针对信息集成服务的研究也朝着多样化、多领域的方向发展，涵盖了基于共享的信息集成服务模式、基于知识集成的信息集成服务模式、基于机构合作的信息集成服务模式、基于学科信息门户的集成服务模式、基于数字资源间互操作的集成服务模式等。① 焦玉英和成全基于知识网格的在知识描述时的独特性，探讨了基于本体的知识网格集成服务流程过程中有关语义概念的映射表达，相似度实现算法，并提出具有本体功能的一站式集成服务平台的构想。② 赵亚萍、程艳旗等提出在进行知识集成管理时要注重系统性规划、规范化管理以及强有力的技术支持。③ 其中信息集成相关研究领域主要以档案、图书馆、各类网络平台的相关信息集成服务研究为主，吴萌和李静以高校图书馆服务为研究对象，探索营造了一种面向需求驱动、适应实时变化、全方位多层次的集成服务环境。④ 王兰成聚焦信息机构大学科知识集成问题，认为在构建知识集成服务时要注重信息共享与隐私保护协同问题以及信息机构大数据公共获取分析引擎问题。⑤ 李玥、张雨婷等针对科技资源平台的特点构建了基于单点响应的信息对接服务、基于多点组合的知识协同服务、基于网络共生的智慧融合服务等集成服务模式。⑥

与此同时，国外的学者们更注重知识集成方法与技术的实际应用。随着网络技术的不断升级，其不断演变出基于本体、关联数据、元数据、可视化、语义标注等技术方法在各个领域知识聚合的应用研究。Boyack 以科学地图为例，对各种主题聚类方法进行探索，以确定各主题之间的联系，明确了各类探索方法在知识聚合上的适用性。⑦ Prat 将产生式规则表示语言技术运用于数据仓库的知识聚合表达实践中，认为这种聚合知识的表示方式能够在数据仓库项目中

---

① 胡昌平，周永红. 信息集成服务回顾与展望[J]. 图书馆论坛，2005(4)：1-7.

② 焦玉英，成全. 基于本体的知识网格集成服务研究[J]. 现代图书情报技术，2007(8)：6-11.

③ 赵亚萍，程艳旗，鲁东明. 浙江大学：知识资源集成管理三大对策[J]. 中国教育网络，2012(1)：61-63.

④ 吴萌，李静. 基于用户情境模型的高校图书馆嵌入式集成服务研究[J]. 图书馆工作与研究，2013(1)：63-66.

⑤ 王兰成. 大数据环境下档案与图书情报信息集成服务机制的构建[J]. 档案与建设，2014(12)：4-7.

⑥ 李玥，张雨婷，李佳. 演化视角下区域科技资源共享平台集成服务模式研究[J]. 中国科技论坛，2017(2)：51-57.

⑦ Boyack K W, Klavans R. Map of scientific paradigms [J]. Issues in Science & Technology, 2011, 27(3): 9-10.

对用户需求进行早期建模。① 在对相关知识聚合技术进行探索的同时，学者们尝试将各类知识聚合技术运用于各类型网络社区与实践中。Martinez-Romo以学术数字资源为研究对象，利用基于 SemGraph 无监督的算法，通过词汇的共现关系及其在 WordNet 中的关联情况进行分析，对学术社区中的网络用户信息进行资源知识聚合。② 同样针对学术社区，Mu 等构建根据新的描述性聚类框架 CEDL，通过聚类框架对每个文档聚类的内容进行总结分析，以提取有效的主题短语，提高学术社区知识聚合的效果。③ Stephens 等利用 RDF 数据模型对生物医学数据进行聚合分析。④ Lin 等针对数字档案建设过程中的知识聚合方法，创造性地提出由系统、内容和社区组成的“维基协作金三角”模型。⑤

以上多种多样的服务方法及模式构建研究为本书构建基于知识聚合的网络社区嵌入式知识信息集成推送模式提供了一定的指导。

7.4.1 基于知识聚合的网络社区嵌入式知识信息集成推送服务架构

基于知识聚合的网络社区嵌入式知识信息推送服务通过嵌入的方式在网络社区中对用户关注、搜索、参与的各种信息进行搜寻，通过情境感知等服务对用户兴趣进行描述。在网罗平台信息的同时，依据主题聚合对社区信息进行细化、量化的研究分析，并进行数据和知识挖掘，最后精准集成推送。

基于知识聚合的网络社区嵌入式知识信息服务集成推送不仅重视网络社区信息知识的聚合组织与推送，还强调将服务融入用户的知识交流与利用的环境

---

① Prat N, Comyn-Wattiau I, Akoka J. Combining objects with rules to represent aggregation knowledge in data warehouse and OLAP systems[J]. Data & Knowledge Engineering, 2011, 70(8): 732-752.

② Martinez-Romo J, Araujo L, Fernandez A D. SemGraph: Extracting keyphrases following a novel semantic graph-based approach[J]. Journal of the American Society for Information Science, 2016, 67(1): 71-82.

③ Mu T, Goulermas J Y, Korkontzelos I, et al. Descriptive document clustering via discriminant learning in a co-embedded space of multilevel similarities[J]. Journal of the Association for Information Science and Technology, 2016, 67: 106-133.

④ Stephens S, Lavigna D, Dilascio M, et al. Aggregation of bioinformatics data using semantic web technology[J]. Journal of Web Semantics, 2006, 4(3): 216-221.

⑤ Lin S C, Chen Y C, Yu C Y. Application of wiki collaboration system for value adding and knowledge aggregation in a digital archive project[J]. Journal of Educational Media & Library Sciences, 2006, 43(3): 285-307.

中，促进用户知识交流，使用户、网络社区平台和知识服务融合成有机整体。

嵌入式知识信息集成推送服务除了面向用户主体活动和知识情境服务两项基本活动外，还能根据用户需求进行知识和服务的推送和定制，在真正把握用户需求的基础上进行服务组织，提升服务利用效率和用户服务体验。同时，还能在服务组织过程中构建基于用户需求的知识地图，帮助用户进行知识交流和知识创新。

网络社区嵌入式知识信息服务集成推送通过多种嵌入式服务方式对集成推送的信息知识资源和服务与用户的知识交流、知识学习、知识利用和知识创新的过程和环境进行有机融合，为用户提供基于聚合的知识链接服务和可视化服务等。同时，嵌入式知识信息服务集成推送将用户的知识交流与利用活动、知识服务环境和服务工具融合为知识服务集成系统，在知识单元层面进行社区知识文本建模与用户知识交互，从而实现社区知识资源的聚合，进行面向用户的无缝嵌入和集成推送。

为实现上述服务，将网络社区嵌入式知识信息集成推送服务分为以下四层：知识资源层、嵌入式服务工具层、知识聚合层、服务集成推送层。网络社区基于知识聚合的嵌入式知识信息集成推送服务架构如图 7-22 所示。

①知识资源层。知识资源层是网络社区嵌入式知识信息集成推送服务的核心部分，负责进行网络社区中用户信息、平台信息以及各类交互信息的收集组织，并在知识资源层对社区知识信息的组织、储存和用户知识需求进行提炼和描述。同时为了保证集成推送服务的实现，应注重本层知识组织聚合与用户需求的一致性，以促进在社区知识交流与转化过程中，服务集成推送系统和用户间的无障碍知识交流、表达和交换。通过在知识资源层进行知识资源的开放链接融合与组织，借助知识图谱、关联化知识聚合分析等手段，对网络社区信息数据进行基于用户需求的分类储存，揭示用户需求与社区知识间的逻辑和语义关联关系，以便服务集成推送的实现。

②嵌入式知识服务工具层。嵌入式知识服务工具层是嵌入式集成推送服务实现的工具层和系统层，也是嵌入式服务实现的关键。嵌入式知识服务工具层的功能实现由嵌入工具、功能封装组件、功能融汇组件共同作用。通过向用户提供基于知识聚合的检索工具、知识挖掘与聚合工具、知识可视化展示工具、知识导航工具等，让用户在嵌入环境和知识学习环境中自主选择，进行个性化知识资源和服务定制，满足用户的知识交流与利用需求。在用户个性化选择的同时，利用嵌入式工具，深入用户信息使用全过程，以分析用户信息获取习惯、需求关键点等，嵌入用户检索、查询、访问、浏览等环节，在融入用户环

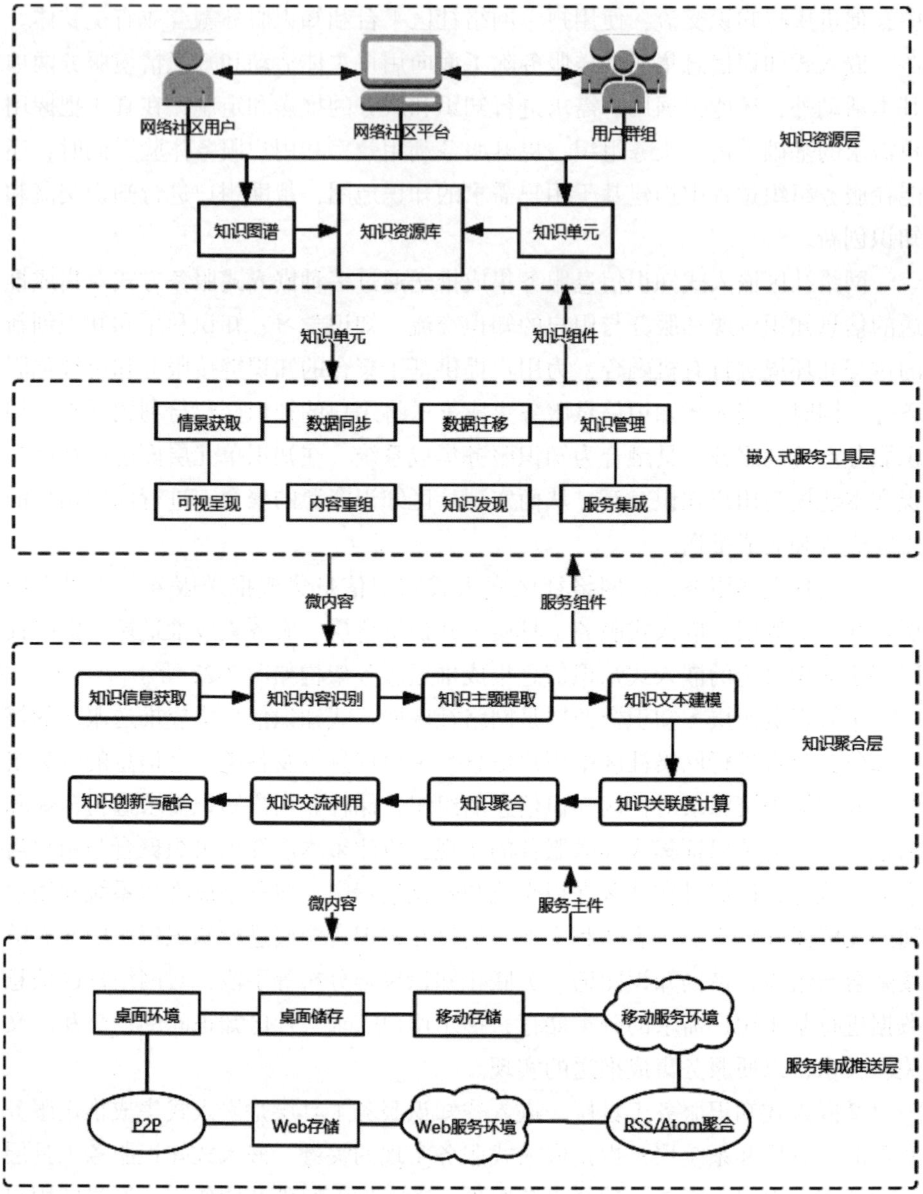

图 7-22 网络社区嵌入式知识信息集成推送服务架构

境和信息获取的过程中刻画用户需求，进行情景捕获。为此，嵌入式知识服务工具层中服务功能的实现需要适应用户知识需求、知识聚合与融汇以及服务集成的需求情境。

③知识聚合层。知识聚合层是嵌入式知识信息服务集成推送服务实现高质量、高价值推送的基础，该层通过将知识信息获取、知识内容识别、知识主题提取、知识文本建模、知识关联度计算、知识聚合、知识交流利用、知识吸收、知识创新和知识融合等环节有机融合，实现基于用户知识交互的知识聚合，为嵌入式服务集成推送提供相关资源基础。其中，通过主题聚合对网络社区中的分散信息进行整理，可以有效降低社区用户获取信息资源的成本。通过知识融合、知识创新等环节的作用，可以使网络社区知识不断推陈出新以满足用户需求。将知识聚合层的每个环节作为用户知识交流、学习、利用与创新的节点，按照嵌入式服务实现的目标与功能进行社区知识建模与聚合。

④服务集成推送层。服务集成推送层包括用户的知识环境和集成推送工具。其中，用户知识环境主要由用户知识利用工具进行功能实现，包括桌面 MS Office、Adobe Acrobat、IE 浏览器、QQ/MSN 即时通讯以及 Web 下的搜索等；集成推送工具包括 RSS/Atom 聚合、Blog、Wiki、P2P、Tag 等。将网络社区嵌入式知识信息集成推送服务与用户的知识环境充分融合，以获取用户的需求情景，实现服务与环境的有机融合。

7.4.2 网络社区知识集成推送服务模式实现

基于知识聚合的网络社区嵌入式知识信息推送服务，通过嵌入的方式在网络社区中对用户关注、搜索、参与的各种信息进行搜寻，通过情境感知等服务对用户兴趣进行描述。在网罗平台信息的同时，依据主题聚合将社区信息进行细化、量化的研究分析，并进行数据和知识挖掘，最后精准集成推送。图 7-23 描述了网络社区嵌入式知识信息服务集成推送的实现和组织过程。

网络社区嵌入式知识信息服务集成推送实现的基本环节包括用户信息需求与情境感知、建设信息资源库、知识聚合管理、知识资源集成推送四个部分，通过四个环节的紧密联系，为用户的知识交流、利用与学习提供集成服务。具体如下：

①用户信息需求与情境感知。网络社区知识集成服务最终面向的是各类不同的社区用户，其服务也应围绕用户需求为中心开展。通过嵌入式方法深入用户检索、查询、访问、浏览等环节，动态把握用户在社区中的信息搜寻与利用交流活动以获取用户的知识情境和动态需求。同时在所捕获情境中对用户需求进行识别与建模，并在用户需求识别与建模的基础上对用户需求进行动态化描述与表示。借助动态表示分析用户知识获取、交流、利用各行为及用户的社区关系，形成面向用户的知识需求与知识情境获取，并利用主题词、标签或文本

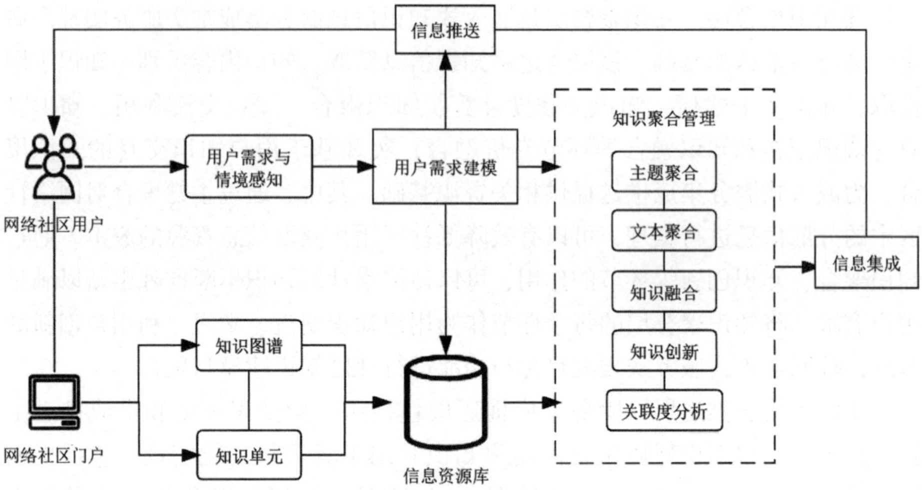

图 7-23　网络社区嵌入式知识信息集成推送服务流程

进行用户需求的表示，保障后期知识聚合的针对性与知识推送的准确性实施。

②建设信息资源库。随着网络社区用户数量的增多及其体量的不断增大，网络社区中的碎片化信息呈井喷式增长，用户在网络社区中搜寻有用信息变得愈发困难。与此同时，建设信息资源库，以分类储存这些杂乱信息变得尤为重要，而这也是实现知识集成推送的信息资源基础。基于此，网络社区利用各种嵌入式工具深入用户检索、浏览、查找等全过程，搜索记录用户产生的各项数据信息历史。在全面记录各项网络社区信息的同时，可借助知识图谱分析工具及相关大数据技术，将网络社区中的信息进行关联化集成处理分析，及时获取网络社区讨论热点，将海量的信息进行分类化处理。同时对网络社区信息数据进行基于用户需求的分类储存，揭示用户需求与社区知识间的逻辑和语义关联关系，以便集成推送服务的实现。通过将碎片化的网络社区信息进行基于关联化的处理，变成有价值的各类知识资源并存储于信息知识资源库中。知识资源库为知识聚合提供有序数据基础，有力地促进了知识聚合管理过程的高效整合。

③知识聚合与管理。存储在信息资源库中的网络社区信息虽然经过了初步的加工，但还要经过知识聚合加工才能成为推送给用户完整的、有价值的参考信息。网络社区知识聚合组织与管理以知识资源库中整合的平台信息、用户单向交流、用户间的交互资源等各项信息为基础，通过主题聚合、文本聚合、关联度计算、知识融合、知识创新等相关环节的加工处理，将信息资源库中的知

识信息进行知识的语义化表示和聚合处理，实现社区中所有知识资源的映射和转化，揭示知识单元结构和知识间的语义关联关系。知识聚合管理通过对信息资源库中的信息再次深加工，并通过语义化表示和聚合处理生成高度凝练的参考信息，有效降低了用户从网络社区获取知识的成本，聚合处理后的信息不再是简单的信息堆积，而是深度知识挖掘之后，对同一主题不同模态不同逻辑地址的内容进行的挑选和分类。①

④知识资源集成推送。将信息知识库中经过聚合处理后存储在知识库中的知识资源与用户需求进行关联匹配，通过建立两者之间的映射关系，实现基于用户需求的知识资源匹配与过滤。通过多种技术和工具将信息知识库中的集成信息向匹配度高的用户进行主动推送，以实现知识集成推送的最终目的。

7.4.3 网络社区知识集成推送服务案例分析

知乎是国内较大的中文互联网问答社区，截至 2020 年 12 月，知乎平台上的总问题数超过 4400 万条，总回答数超过 2.4 亿条，年访问人次超过 30 亿，是体量巨大的中文互动社区。同时，也因为知乎的问答互动社区用户量大、互动随意等特点，其平台信息大量呈碎片化分布。知乎社区也较为注重知识集成推送服务的进行，接下来从几个方面呈现知乎社区的集成推送服务。

(1)用户需求情境感知

知乎会在个人主页中记录下用户参与过和感兴趣的提问、回答、专栏以及关注的用户等信息，如图 7-24 所示。在用户使用知乎社区的同时记录下用户的浏览话题、发布的回答、参与的问题及关注的作者、专栏、收藏等信息，将用户需求刻画的过程嵌入用户使用平台的全过程，使得用户信息的获取简易且准确。平台可根据用户使用记录等了解用户的兴趣点，以便推送信息投其所好。

(2)知识集成与推送

知乎社区在进行信息推送时，将推送信息分为用户兴趣与热点讨论两部分。知乎社区的首页将推送内容分为关注、推荐、热榜、视频四类，如图 7-25 所示。关注是根据用户关注作者情况，向用户推送其关注用户的动态，推荐列是根据用户近期浏览、使用平台的信息，向用户推荐近期参与话题的相关信息，以满足用户兴趣。热榜是根据近期平台用户总体讨论情况推荐社区热门问题，引导用户参与讨论。视频是在文字互动之外，向用户推荐多样服务。

---

① 郑勇. 基于微博社区的网络信息集成服务研究[D]. 武汉：华中师范大学，2013.

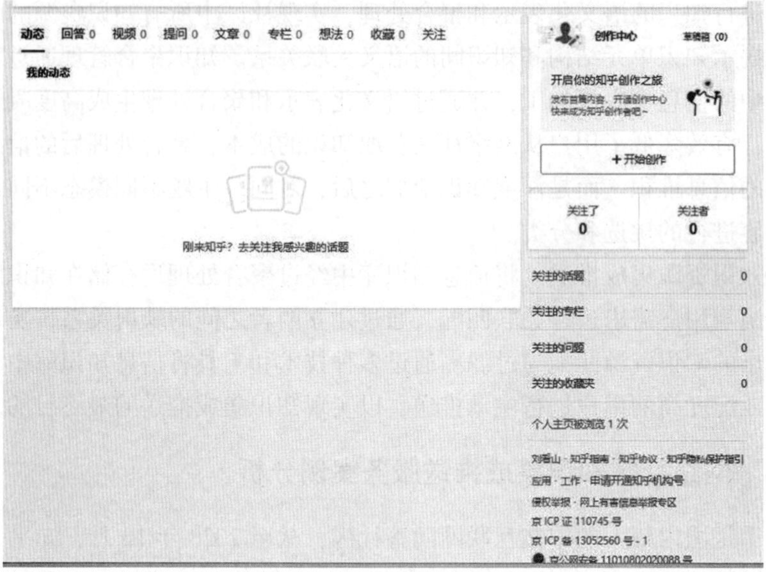

图 7-24　知乎社区用户主页

图 7-25　知乎社区用户首页

除了针对用户兴趣的集成信息推送之外，知乎还开通了专题(图 7-26)、圆桌(图 7-27)和专栏(图 7-28)等社区服务，将相同话题的讨论与知识进行集

图 7-26 知乎社区专题

图 7-27 知乎社区圆桌

图 7-28　知乎社区专栏

合。在各类不同的集合中，用户可选择感兴趣的集合社区进行讨论，相同兴趣领域的用户在社区中进行讨论，再次创造领域相关信息集合。集合同兴趣用户创造社区知识信息的同时，也吸引新用户参与相关话题讨论。

其中，知乎专题引导用户对话题进行深入讨论，包含各种科普知识以及用户讨论等。知乎圆桌将用户热点讨论的问题进行集合，每一圆桌收藏了各种不同的话题与问题，引导用户参与讨论。知乎专栏将社区用户的兴趣点分类，设置不同专栏，收藏用户的经典回答。值得注意的是，知乎专栏与知乎圆桌都是由用户自发创建的知识集成组织，这在一定程度上放宽了用户的兴趣集成范围。用户可根据自己的兴趣创建不同的专栏、圆桌，吸引同好用户进行讨论，更有利于聚集社区内集成信息群的建设。

知乎社区知识集成活动用户自由度高、参与感强，社区信息聚集度较高，也在一定程度上提高了网络社区知识的利用度。但与此同时，平台约束较少的信息聚集活动也存在一定的缺陷。知乎平台对社区用户参与分类活动的有效规范不足，未形成控制机制，在大量用户进行自主话题创建后，会产生信息类目偏多、层级较深、子类目分布不均衡等问题。相对应的信息集成会多而杂，加大平台后续处理信息集成工作的难度。

基于知乎平台进行信息集成推送工作的不足与优势，本节对网络社区的知识集成推送活动提出如下建议：

①拓宽用户需求挖掘方式。网络社区应通过各种形式进行用户信息搜寻，包括主动嵌入用户使用过程、引导用户主动选择兴趣等方式。在知识集成过程中除了平台后台主动进行信息聚合分析对知识资源进行映射和转化之外，也可以借鉴知乎社区让用户主动建立知识集成组织的做法。使得集成信息更符合用户兴趣定位，主动在社群中集结兴趣相投的用户，再根据用户建模将这些用户主动形成的知识组织推送给更多用户。

②扩大用户参与活动范围。给予平台内用户足够的活动自由度，借鉴知乎调动用户兴趣常见知识集合群，吸引用户参与讨论，创建新的知识集合。扩大用户的编辑权限，调动用户的积极性、主动性、创造性。如知乎平台用户自发创建“知乎专栏”“知乎圆桌”等的参与行为，扩大核心用户的编辑权限，以用户为中心自主进行信息集合。

③加强平台协同规范。扩大用户自主性的同时，会导致平台内信息内容杂乱、主题分布不均衡等问题。平台应针对用户行为进行合理的引导与规范，从主题类目命名规范、各类层级不重复等角度对用户进行合理引导，以提高用户自发创建主题类目行为的准确性、可利用性和可理解性。

7.5 基于知识聚合的网络社区知识导航服务模式

网络社区的信息资源进行聚合化分析成有参考价值的知识信息后，需要继续面向用户进行知识资源推送与展示，才能实现其最终价值。随着网络社区的不断建设发展，逐步演化出了个性化推送、知识集成推送等推送模式。除此之外，网络社区知识导航模式还可以利用知识导航体系和知识地图的构建高效地实现主动化信息服务推送，方便用户在社区门户中迅速找到匹配信息。在知识导航模式中，最基础的服务模式是通过数据挖掘建立知识库，然后以知识导航为目的对其进行分类，最后是实现自动化和高效率的知识导航服务。①

网络社区知识导航服务既是其知识组织的工作之一，也是为用户查找和利

① 黄如花，李白杨. 数据密集型科研环境下的知识组织与导航模式研究[J]. 图书馆学研究，2015(11)：51-55.

用网络社区资源提供指导的重要服务。张宇萌和张树华对信息服务和知识导航的关系进行了探究，并揭示了知识导航的三个重要功能，即知识连接、知识转化和知识控制。① 因此，网络社区中知识导航服务的作用在于通过对社区知识信息的开发、聚合、共享和利用等活动，使用户的知识资源获取行为变得简单，从而有效促进用户知识交流与知识创新。

近年来，学者们从不同角度对知识导航服务模式进行了规划探讨。其中，冯兰萍和张继国基于本体构建开放知识导航模型，并通过构建导航新建组件、导航管理组件和知识评价组件进行该模型的实现，从而为开放化知识导航构建和跨学科知识表示提供了方法和途径，有利于社会化知识共享与知识创新。② 杨发毅、陆敏等在分析信息检索模型和语义检索模型的基础上，建立了基于知识检索的知识导航模型。③ 胡誉耀将传统的信息导航模式与知识导航模式对比分析，提出了网络编辑知识导航的重要性，并从基于“跳跃”链接技术的多维检索机制、基于网络计量方法的参考指南机制、基于评价调查手段的推荐介绍机制、基于主动推送功能的个性化服务机制、基于历史利用信息的说明导向机制、基于实时交互渠道的沟通反馈机制六个方面提出构建知识导航体系。④

在众多知识导航研究中，针对不同平台的知识导航模型构建也层出不穷。李有明构建了图书馆知识导航服务模式，包括学科服务模式、信息推送服务和垂直信息服务模式以及个性化服务模式。⑤ 袁琳蓉探讨了网络环境下图书馆知识导航的服务模式，并提出了 Web 表单咨询、在线咨询、知识库浏览和知识库检索等服务方式。⑥ 马芳珍基于 Libguides 平台对国外高校学科导航服务现状进行调查和研究，认为在进行导航服务时应注重以用户需求为中心，明确目标用户，按照用户研究思路构建导航。⑦ 陈果、肖璐等以丁香园心血管论坛为

---

① 张宇萌，张树华. 信息服务与知识导航[J]. 中国图书馆学报，2003，29(1)：55-57.

② 冯兰萍，张继国. 一种基于本体的开放知识导航构建模型与实现[J]. 现代图书情报技术，2007，9：54-57.

③ 杨发毅，陆敏，彭骏. 基于语义检索的知识导航研究[J]. 情报杂志，2009，28(4)：176-179，207.

④ 胡誉耀. 网络编辑的知识导航职能[J]. 图书馆学研究，2009(8)：72-76.

⑤ 李有明. 图书馆知识导航服务机制的构建[J]. 经济研究导刊，2013，36：199-200.

⑥ 袁琳蓉. 基于网络环境的图书馆知识导航服务模式研究[J]. 农业图书情报学刊，2014，26(7)：172-175.

⑦ 马芳珍. 基于 Libguides 平台的国外高校学科导航服务研究[J]. 图书馆学研究，2014(3)：89-93.

例，构建了分面式网络社区导航体系，认为分面导航体系应注重多维语义分类和导航结果的动态变化。① 中国科学院文献情报中心学科信息门户按学科大类进行图书情报、数学、生命科学等学科信息门户构建。在学科领域专家的指导下，按学科分类进行学科信息资源的整理、分类和组织，从而实现学科领域间的知识资源的协同整合，为跨系统知识资源的协同调用与检索奠定基础。这些研究和实践为本书的知识导航体系构建提供了一定的指导。

与此同时，国外针对知识导航服务的研究更注重其实现手段，知识导航的应用领域也更为广泛。Wang 提出了一种框架本体与逻辑本体的结合方法，并给出了将逻辑本体转化为框架本体的算法，为知识导航模块的构建提供思路。② Pagesy 希望通过调整用户的导航来改进知识导航，提出了一种利用自适应超媒体改善用户知识导航体系的方法。③ Kiu 等考虑到传统分类法的缺陷，将大众分类法引入融合，用以增强知识导航的针对性与专业度。④ Keedong 等提出一种基于本体的知识地图构建方法，以促进知识间的参考导航。⑤

经过多年的研究，知识导航的构建方法和形式在不断地升级改进，以上知识导航构建研究为本书构建基于知识聚合的网络社区知识导航服务架构研究提供了一定的指导。

7.5.1 基于知识聚合的网络社区知识导航服务架构

网络社区用户需求往往多种多样，传统的碎片信息服务往往难以满足用户需求。知识导航服务能够突破信息知识单元的物理结构局限，进入知识元的逻辑区域，通过知识元的细微表达满足用户需求，实现高效的用户需求导航服务，将网络社区错综复杂的信息准确传递给用户。⑥ 因此，基于知识聚合的网

---

① 陈果，肖璐，孙建军. 面向网络社区的分面式导航体系构建——以丁香园心血管论坛为例[J]. 情报理论与实践，2017，40(10)：112-116.

② Wang Z，Lu T. Ontology knowledge navigation based on description logic[J]. Computer Engineering，2005，31(11)：28-30.

③ Pagesy R，Soula G，Fieschi M. Improving knowledge navigation with adaptive hypermedia[J]. Medical Informatics，2009，25(1)：63-77.

④ Kiu C C，Tsui E. TaxoFolk：A hybrid taxonomy-folksonomy classification for enhanced knowledge navigation[J]. Knowledge Management Research & Practice，2010，8(1)：24-32.

⑤ Keedong，Yoo，Hyunseok，et al. Ontology-based implementation of the process-oriented knowledge map[J]. Journal of the Korea Industrial Information Systems Research，2012，17(4)：87-97.

⑥ 胡誉耀. 网络编辑的知识导航职能[J]. 图书馆学研究，2009(08)：72-76.

络社区知识导航服务在社区知识聚合的基础上，应更注重以动态方式和灵活机制来实现知识导航服务，注重用户需求与知识信息的链接。

首先，基于知识聚合的网络社区知识导航系统将网络社区信息资源和社区中的各类用户交互信息知识资源进行收集归纳，对用户的服务需求进行获取和挖掘。其次，针对社区平台各类交互信息进行知识聚合形成便于用户理解利用的知识地图，同时针对网络社区用户进行用户建模以分析其需求。最后，将知识地图与用户需求进行关联匹配，建立用户需求与知识资源间的动态关联关系，关注用户反馈，按照用户需求建立知识导航体系，从而在知识聚合的基础上实现满足用户需求的知识分类与导航控制，以提供完善的导航服务。网络社区知识导航体系框架模型如图 7-29 所示。

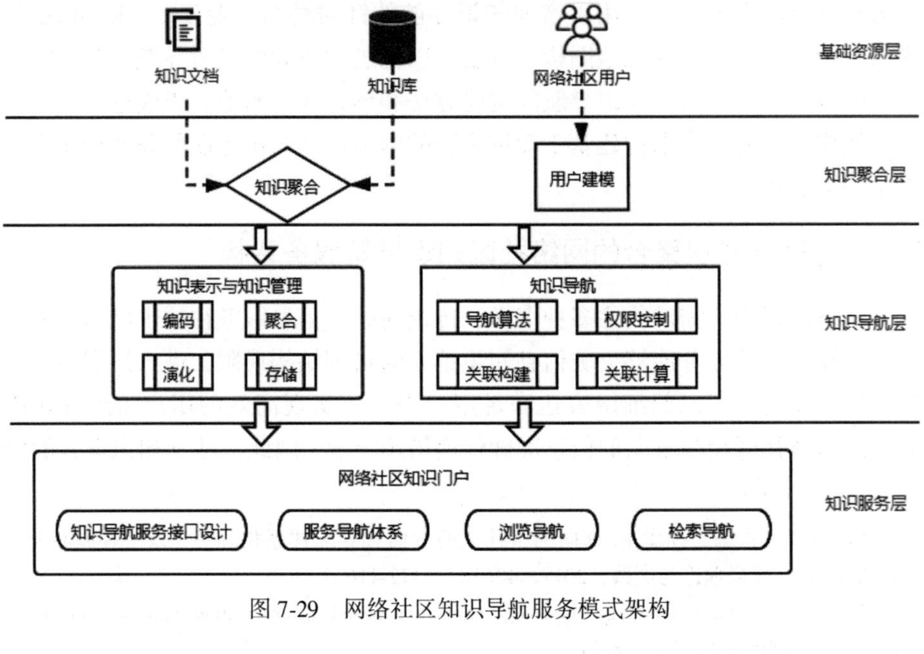

图 7-29　网络社区知识导航服务模式架构

基于知识聚合的网络社区知识导航体系框架模型包括基础资源层、知识聚合层、知识导航层和知识服务层四个层次。具体如下：

① 基础资源层。基础资源层是网络社区知识导航服务实现的基础，负责不同知识资源间的关联匹配和重组。基础资源层由网络社区知识资源和用户资源两部分组成。其中，社区知识资源包括平台发布的各类信息、用户发布信息、用户交互信息等。用户资源则包括用户资料、用户检索浏览习惯等各类基

于用户特征的信息。在收集用户资源时要注重用户在社区使用中的动态变化，以便即时捕捉用户需求。

②知识聚合层。知识聚合层的设计与运行是整个知识导航系统运行的核心和关键，关系到导航服务的质量和用户体验，主要包括知识聚合和用户建模两部分内容。其中知识聚合是其基本任务，在基础资源层的基础上对知识信息进行模型化表示与聚合，通过建立知识元数据进行知识资源的本体化表示，在此基础上构建知识资源间的关联关系，形成知识地图。用户建模是知识聚合得以发挥针对性作用的关键，用户建模是对基础资源层中的用户资源进行建模和基于社区关系的聚合，动态跟踪用户的社区使用习惯，为提取和把握用户需求提供依据。知识聚合和用户建模两部分相关联，可以将用户的知识需求与信息分布配置结合起来，使得用户在动态知识匹配中降低搜索成本，充分挖掘信息资源的价值和效能。

③知识导航层。知识导航层是网络社区知识导航服务的实现层和操作层，主要进行知识导航服务机制的建立和知识资源的管理与维护。知识导航部分进行导航服务功能的实现，由导航算法、权限控制、关联构建等功能模块构成。其中，运用导航算法进行导航服务的实现，以保证系统导航服务质量与准确度；权限控制用于用户的身份认证和服务、资源访问权限控制；关联构建则是建立知识资源间的链接关系，为导航服务实现提供基于链接关系的知识资源，使知识资源间的关系结构更加清晰和明确。知识资源管理与维护部分则进行聚合后的知识资源管理与维护，该部分包括知识资源的编码、聚合、演化与储存，这一过程允许系统管理员和用户共同参与，从而不断完善社区中的知识资源。同时，知识导航要注重动态变化，根据用户跟踪结果的变化，动态生成导航词，保证导航服务的实时动态更新。

④知识服务层。知识服务层是网络社区面向用户的知识导航服务接口，也是社区内部进行知识管理和系统维护的接口。可根据用户需求提供个性化服务展示向用户提供知识导航服务，方便用户进行社区知识资源浏览、查找、检索和利用，从而为用户的知识交流和创新奠定基础。

7.5.2 基于知识聚合的网络社区知识导航服务模式实现

基于知识聚合的网络社区知识导航服务主要分为资源汇集与用户建模、知识导航设计、网络社区门户设计三个大环节，三个环节相辅相成，共同构成了在知识聚合基础上以用户需求为中心的网络社区知识导航系统。如图7-30所示。

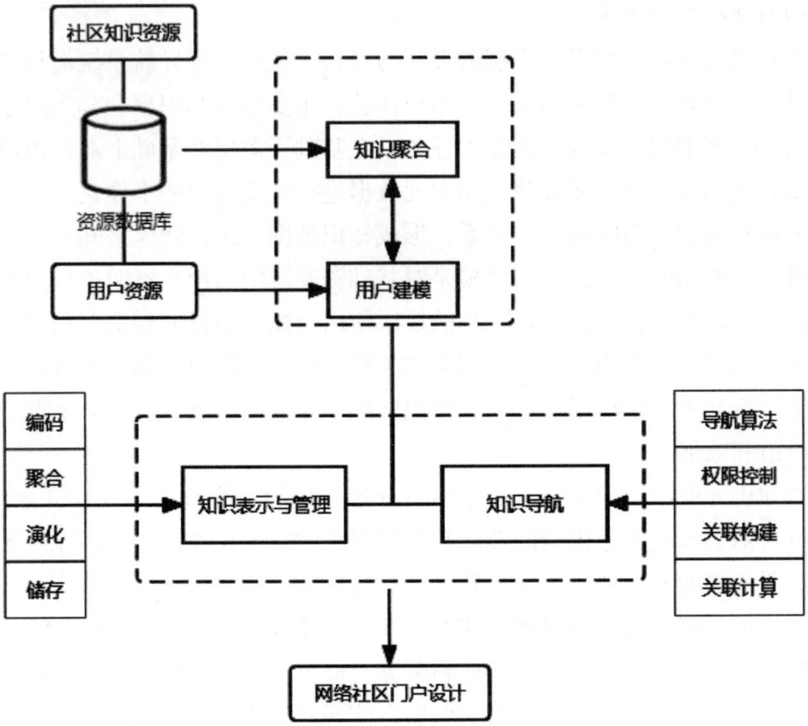

图 7-30 网络社区知识导航服务模式流程

①资源汇集与用户建模。通过捕获网络社区中产生的平台信息、用户评论、用户间交互信息等各类碎片化信息，并将其整合碎片化的网络社区信息进行聚合化处理，通过建立知识元数据进行知识资源的本体化表示，在此基础上构建知识资源间的关联关系，形成知识地图。同时，对用户在网络社区中的各类交流活动进行跟踪把握，获取用户的知识情境和动态需求，并在相应的情境中进行用户需求识别获取与建模，在此基础上进行用户知识需求的动态化描述与表示。

②知识导航设计。知识导航设计是网络社区知识导航服务模式实现的关键操作步骤。其包括知识表示与管理以及知识导航设计两部分。知识管理与知识表示是聚合化表示后的知识地图能否满足用户需求的关键，其包括知识的编码、聚合、演化、存储四个环节，对收集处理的网络社区知识信息进行管理与维护，以便后期知识导航服务的实现。知识导航设计是导航功能实现的关键，

由导航算法、权限控制、关联构建等功能模块构成，几个模块相互关联运作，为最终导航功能运行提供保障。除此之外，知识导航设计还要注重动态变化，根据社区用户及社区信息的不断变化，生成满足用户需求变化的导航词及导航结果。

③网络社区门户设计。网络社区门户是与用户进行服务交互的端口，网络社区门户的设计应与用户需求相一致，满足易用性、简洁性、人性化等特点。根据用户需求设计网络社区门户，可提供一些个性化社区门户服务，以最终为用户提供导航服务。

7.5.3 网络社区知识导航服务模式案例分析

丁香园论坛是国内面向医生、医疗机构、医药从业者以及生命科学领域人士的专业性社会化网络，提供医学、医疗、药学、生命科学等相关领域的交流平台、专业知识、最新科研进展以及技术服务等方面的讨论社区。由于医学的相对复杂性，丁香园社区的导航服务根据医学专业的分类、相关领域研究学者关注热点等，结合用户需求刻画，动态地设置导航词，如图 7-31 所示。

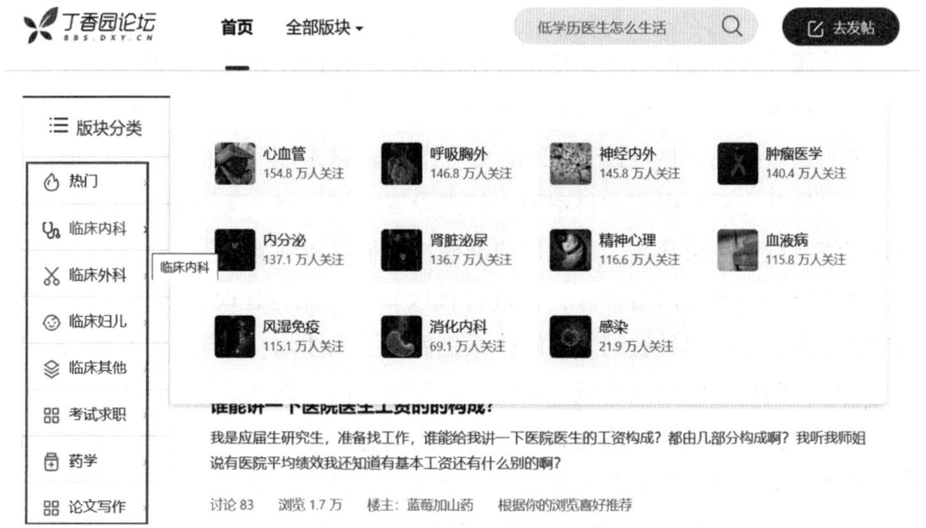

图 7-31 丁香园论坛首页

除了首页相关导航分类之外，丁香园社区导航在主题分类又根据每个专业领域的不同对导航结果进行动态展示，如图 7-32 所示。在点击“心血管”后，又根据“心血管”领域的用户关注热点形成新的导航词。

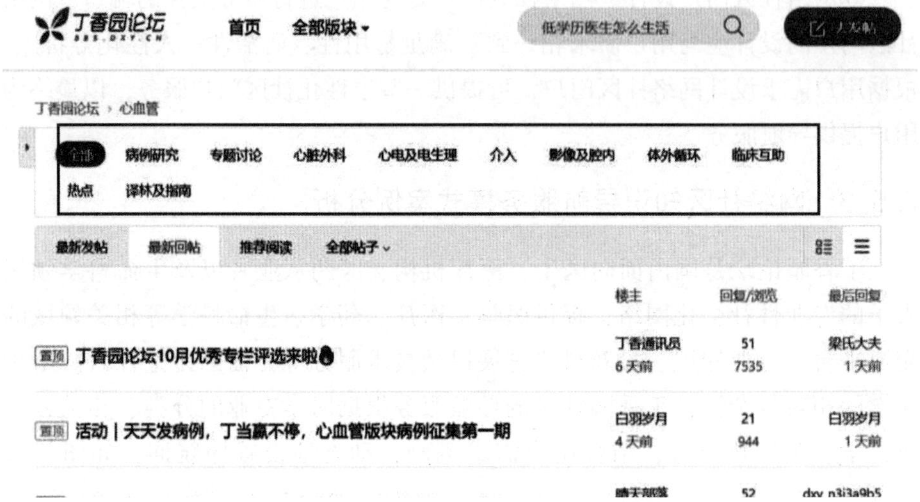

图 7-32　点击“心血管”后导航界面

丁香园社区结合医学种类复杂多样的特点，在设计导航界面时基本分为三个层级，根据知识间的关联关系构建相应的导航层级。除了基本的医学分科大类之余，还根据用户热点设置了“论文写作”“考试求职”等热门讨论门类，在每个一级导航之后根据相关科室研究特点设置二级导航，又根据二级导航专业的研究特点设置三级导航，帮助用户准确快速地寻找到需求信息。

以丁香园为例的网络社区，在进行社区知识导航构建时，根据社区特点、用户关注热点等构建导航词。导航体系也做到了人性化、简易化，用户可轻易在主页中找到自己的关注领域。同时，除根据社区知识体系的基础上构建相关导航词之外，丁香园社区还做到了导航结果动态变化。在主页后的子页面，根据社群用户关注热点的变化等更新导航结果，实时推送社区热点。

此外，丁香园社区还实时追踪用户行为，更新导航词。如图 7-33 所示，丁香园论坛在首页导航栏“更多内容”中设置了“常用”，跟踪用户使用行为，记录用户常用模块，并将其放置在导航栏中，便于用户使用。

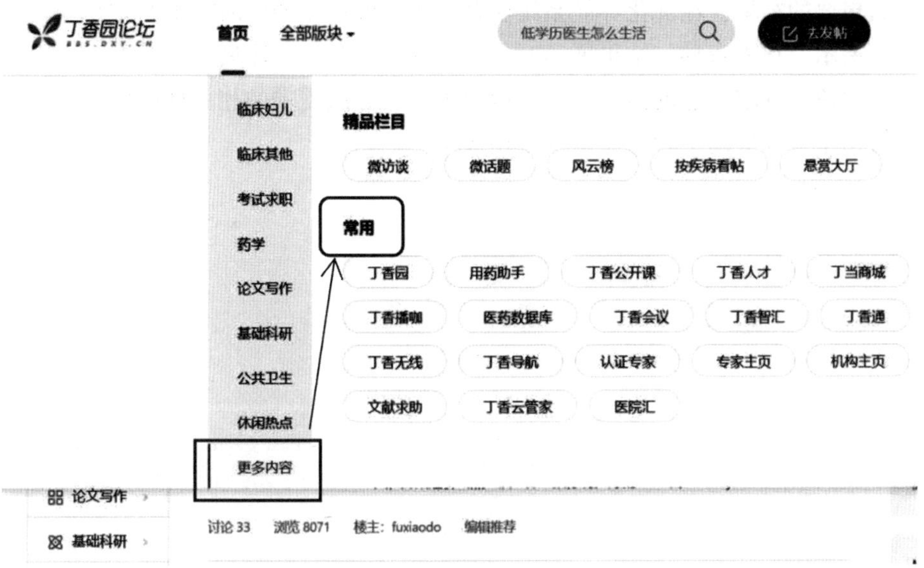

图 7-33 丁香园论坛“常用”模块

在进行导航设置时，丁香园社区能够做到根据知识之间的关联关系构建相应知识地图，规范层级关系，并动态地跟踪用户行为，灵活更新导航词，促进导航体系的用户适用性。但由于医学专业的复杂性，丁香园社区的导航也存在一定的缺陷，如导航词分类不明确，论坛中以疾病名称为主进行分类导航，缺少以症状命名的专用词。同时，导航结果展示形式单一，每一细分论坛的讨论结果以单一的发帖时间进行排序，而无法显示用户需求相关性，导致用户难以快速在论坛中获得所需要的信息。

基于丁香园社区导航系统的各项优缺点，本节对网络社区知识导航服务模式提出以下建议：

①根据社区知识特点规范导航层级。网络社区信息量大，用户范围广。其平台产生的信息广而杂，网络社区应根据其平台信息间的关联关系构建相应的知识地图，充分掌握社区内信息的特点，拓展导航词关联，来规范构建导航层级关系，初步建立用户适宜的导航系统。

②动态掌握用户信息，实时更新导航词。网络社区用户随时都在产生新的信息和热点，网络社区平台要动态地跟踪用户的关注热点，实时更新热门导航词，及时根据用户兴趣偏移改进导航系统，以更好地满足用户需求。

③围绕用户改进检索结果展示。用户使用网络社区进行检索是为了快速得到其想要的结果，在优化导航系统实现用户体验优化的同时，也要重视导航结果的展示。在进行导航结果展示时，单一地根据时间顺序展示结果往往难以满足用户快速寻求信息的需求，平台应根据用户导航需求的相关性面向用户提供导航结果，以提高平台导航系统使用效率。

8 基于聚合的网络知识社区知识发现与知识创新

互联网时代，世界所产生的数据和信息呈指数增长。当前的虚拟世界(互联网)和实体世界中拥有大量的数据和信息，而这些数据和信息都分布在不同的空间中，存在着错综复杂的关系。但是，这些数据和信息中的价值应用较为浅显，而如何探寻其潜在关联和价值，并在此基础上发现新的知识、创造新的知识，成为当前的一大难题。

目前的解决办法有数据的聚合和分析，通过接通各种数据来源，获取并集合尽可能多的数据，来探寻其中的潜在知识。如知识社区，集中各种数据来源和各种领域的研究者，将数据库中的数据和研究者本身的数据进行集成，通过计算将其融合，获取新的知识。本章基于聚合的知识社区知识发现与创新的探究，探索知识社区知识发现与知识创新的基本框架和服务模式，并进行了专业知识社区中基于聚合的知识发现实证与应用。

8.1 基于聚合的知识社区的知识发现与知识创新框架模型构建

目前各类知识社区有很多类似于知识发现与知识创新的模式和服务，其外在表现各不相同。但是无论何种外在模式，其知识发现和知识创新的内涵和基本思路是基本相似的。本节将通过知识发现与知识创新的内涵和框架模型入手，对知识社区的知识发现与知识创新的思路进行梳理和阐述。

8.1.1 知识社区中的知识发现与知识创新的学术内涵

知识社区目前在学术界还没有一个统一的概念，众多学者各自从自身的角度对其进行阐述和辨析。如徐美凤等认为知识社区是以互联网为基础，通过硬软件技术和管理手段，为目标群体的研究人员提供知识问答、知识交流、知识探索等相关的信息交互平台。① 王曰芬等认为知识社区有正式和非正式之分，非正式的知识社区通常借助人际交往的手段通过非组织化或半组织化的方式来实现，正式的知识社区则是通过组织渠道借助计算机网络技术来实现的，提供给组织成员交流的场所。② Lin 等基于群体视角，认为知识社区是拥有相似经历和共同兴趣爱好的用户的集合群体，最终产生一个较为专业的知识交互社区。③ Vasileios 等认为知识社区是一群人在相同或密切相关的领域进行研究，他们建立在彼此的想法上并具有相似的兴趣。④ 亦有学者认为知识社区是一个有组织的团体或集合，从广义上讲，他们共同从事与知识相关的活动。这些活动可能包括知识的获取和交流，但重要的还有新知识的开发。⑤ 张娟认为知识社区是基于专业领域或知识范围的有边界系统，用户基于对某个专业领域某种程度的认知，借助网络进行交流及分享(如知识共享、协同编辑和其他社会化行为)，建立彼此认同且有效的社会关系网及交互协作的社区。⑥ 综合学者们的研究与界定，并结合本书研究的对象与范畴，我们所探讨的知识社区是指通过技术所构建的、为各领域研究人员提供领域相关的交互社区。其为研究人员或专业用户提供一个在线平台，在此平台上，用户可以进行自由交流与分享等知识活动，进而促进科学进步与创新。

通常，知识发现被认为是从海量数据里，发现有效的、新颖的、潜在的、有用的和可被理解模式的智能处理过程。洪家荣认为知识发现是指从符号的经

---

① 徐美凤，叶继元. 学术虚拟社区知识共享研究综述[J]. 图书情报工作，2011，55(13)：67-71.

② 王曰芬，王倩，王新昊. 情报研究工作中的知识库与知识社区的构建研究[J]. 情报理论与实践，2005(3)：272-274.

③ Lin M J，Hung S，Chen C. Fostering the determinants of knowledge sharing in professional virtual communities[J]. Computers in Human Behavior，2009，25(4SI)：929-939.

④ Vasileios Kandylas，S. Phineas Upham，Lyle H. Ungar. Analyzing knowledge communities using foreground and background clusters [J]. ACM Transactions on Knowledge Discovery from Data (TKDD)，2010，4(2)：1-35.

⑤ Jeong H，Cress U，Moskaliuk J，et al. Joint interactions in large online knowledge communities：The A3C framework[J]. International Journal of Computer-supported Collaborative Learning，2017，12(2)：133-151.

⑥ 张娟. 数字环境下图书馆知识社区服务拓展研究[J]. 图书馆工作与研究，2020(4)：63-70.

验数据中发现有用知识，一般是产生式规则。① Fayyad 认为知识发现就是基于海量的数据，从中抽取可信的、新颖的、潜在的、有价值的，且可被人理解的方式的处理过程。② 也有学者认为知识发现是获取数据中新颖、具有潜在价值，且能被理解的知识的过程。③ 丁梦晓等认为基于数据的摘取、清洗等，经过数据的搜索和挖掘，对数据集合进行阐述和评价，最终从海量的数据集合中获取潜在的、有用的知识。④ 知识发现是知识聚合服务的最高目标，是高级形式的知识服务，能够协助用户进行知识创新，实现知识增值。⑤ 因此，知识发现是知识聚合的高级阶段与延伸，在知识社区中更多地表现为基于尽可能多的海量数据，经过系统地筛选和关联计算，或更进一步地通过相关人员的分析，从中发现新的、潜在的、有用的知识。

知识创新则在国内外有着不同的界定和阐述。1993 年，美国著名的恩图维咨询公司总裁、战略研究专家 Amidon 在《知识创新：共同的语言》中首次提出知识创新的概念：为企业的进步、国家和社会的发展，创造、演变、交互和实践新的思路，使其成为市场化的商品和服务的过程。⑥ 何传启提出知识创新是通过科学研究获得新知识的过程，新知识是指在原理、结构、功能、性质、方法、过程等方面有显著的变化的知识。⑦ 张琼认为知识创新包括知识本身的创新与知识参与的创新两种形态，其中，知识本身的创新是知识领域、知识活动与知识形态的创新；知识参与的创新则是知识作为创新的一种要素，推动各领域的变革并改进人们的活动方式，创造事物新的形态，转变为实际的社会效果。⑧ 唐青青等认为知识创新是指主体为增加知识存量，通过获取、评估、整

---

① 洪家荣. 知识发现的理论及其实现[J]. 自动化学报，1993(6)：663-669.

② Fayyad U, Piatetskyshapiro G, Smyth P. From data mining to knowledge discovery in databases[J]. AI Magazine, 1996, 17(3): 37-54.

③ Han J W, Kamber M. Data mining: Concepts and techniques [M]. 2thEdition. SanFrancisco: Morgan Kaufmann Publishers, 2005.

④ 丁梦晓，毕强，许鹏程，等. 基于用户兴趣度量的知识发现服务精准推荐[J]. 图书情报工作，2019，63(3)：21-29.

⑤ 郭顺利，孙笑，宋拓，程子轩. 用户需求驱动下社会化问答社区知识聚合服务研究[J]. 情报科学，2021，39(02)：106-113.

⑥ [美]戴布拉·艾米顿. 知识经济的创新战略[M]. 新华出版社，1998.

⑦ 何传启等. 知识创新[M]. 经济管理出版社，2001.

⑧ 张琼. 知识运用与创新能力培养——基于创新教育理念的大学专业课程变革[J]. 高等教育研究，2016，37(03)：62-67.

合和运用知识信息而创造新知识的过程。① 网络环境下，知识社区逐渐成为专业知识人员进行知识发布、分享、研究与交流的重要平台和中介，也是知识创新的重要桥梁和孵化器。因此，本书中的知识创新是指在网络知识社区中用户的知识创新活动。重点探讨的是知识社区对用户知识活动的服务支持与保障。

8.1.2 知识社区中的知识发现与知识创新要素分析

知识融合要素的选择应以知识创新背景下用户的信息需求为基础，根据知识服务创新的目标与任务，选择融合各创新主体以及面向学科创新的多源异构数据资源与服务。面向用户知识创新环境的知识融合要素在选择与定位时，应充分发挥知识融合的知识性，适应创新主体由信息需求向知识需求的转变；注重多元性，知识创新依赖多元化、跨学科交流的信息服务，保障信息在分布、异构和动态变化的资源和服务环境中的无缝连接及无障碍跨系统、跨学科、跨时空的流动与共享，促进用户的知识创新；强调针对性，适应知识创新背景下创新用户具有不同知识瓶颈的特征，根据用户需求特征提供针对性服务；注重交互性，创新用户在从事知识创新活动时，各创新主体、资源和服务要素之间形成有机交互的关系网络，用户的创新活动由单一模式向协同创新模式转变，如图 8-1 所示。

(1)组织要素

创新主体是知识交流、共享和利用的参与主体，是知识创新活动中最重要的组成部分。在知识社区平台的支撑下，创新主体之间进行信息活动，形成复杂的交互关联网络：

①创新主体。创新主体是知识创新活动的直接执行者，是发布、共享、利用和创新知识的人，也是知识融合体系中最重要的组成部分。创新主体既是知识的发布者，同时也是知识的需求者。通过知识创新主体间的信息交互、共享利用等活动，创新资源的价值被自然配置并有效利用，促进知识创新。

②知识交流平台。知识交流平台是指网络知识社区。知识创新是建立在信息交流与互动的基础之上的，创新知识的形成源于创新主体之间的信息交流。② 网络知识社区为创新主体搭建知识交互的平台，创新主体根据自身的知

---

① 唐青青，谢恩，梁杰. 知识深度、网络特征与知识创新：基于吸收能力的视角[J]. 科学学与科学技术管理，2018，39(01)：55-64.

② 严炜炜，胡昌平. 面向创新集群的跨系统信息服务融合需求与推进研究[J]. 情报资料工作，2015(3)：63-67.

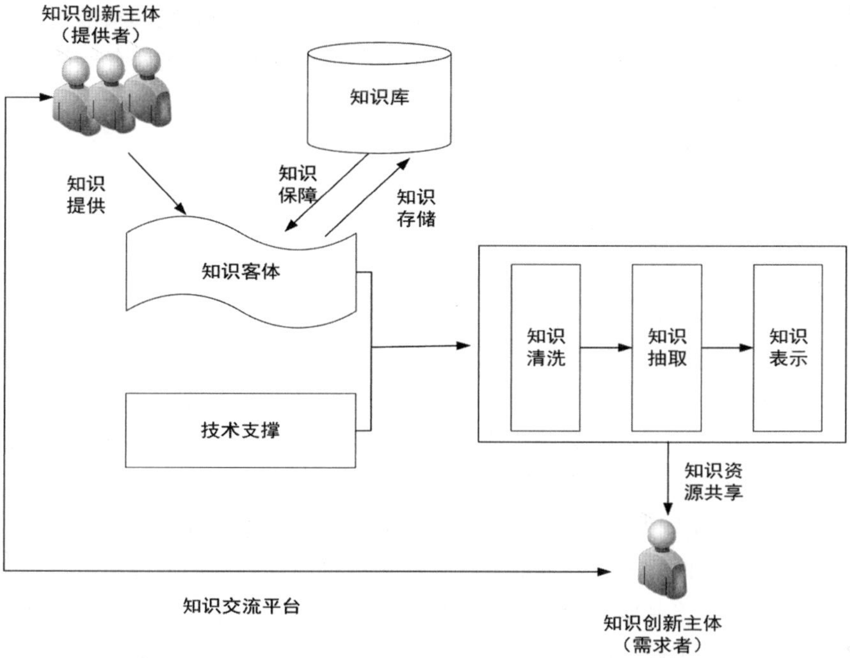

图 8-1　面向知识发现与知识创新的网络知识社区要素分析

识储量，在知识社区交互平台上与其他创新主体之间进行交流、讨论和互动，吸取自身之外的有用知识，进行加工、利用和输出，从而形成知识创新。

③知识聚合与知识发现工具。知识聚合工具是指知识聚合与发现过程中所用的技术和方法，主要包括语义描述、知识本体技术、数据挖掘技术和知识发现技术等技术方法。对知识资源进行结构化、系统化、知识化处理，是知识源甄别与采集、知识抽取与表示、知识重组、知识关联和知识聚类等过程顺利进行的关键支撑要素。知识发现则是知识聚合的高级追求目标，在知识聚合的基础上，深入探索内在关联，发现新的知识。

(2)资源要素

从资源要素角度看，包括知识库和知识客体(知识、信息资源)，其旨在为创新用户的知识创新活动提供资源保障。通过将创新主体黏合在一起，资源的流动为组织要素和功能要素实现协同开发与利用提供基础保障，同时知识创新活动中资源的协同开发与有效利用通过创新主体之间的交互关系体现出来。因此，知识创新活动是以知识、信息资源共享为中心的创新主体和创新服务的协同。由于知识创新活动中创新主体拥有知识资源的多样性以及大数据环境下知识资源的多源、异构性，因此知识融合在面向学科创新研究的精准化服务中要集成、处理各方面的知识资源,① 各类资源互相补充，转化为有价值的知识资源供创新主体获取与使用。

(3)功能要素

在知识社区知识聚合与服务组织中，功能要素在社区平台上进行配置，主要包括以下几方面的功能实现。

① 知识源采集与加工功能。知识资源采集是知识聚合和知识发现的前提和基础。网络知识社区中的知识资源具有动态、多源、异构、分布式等特征，需要利用数据挖掘、网络爬虫等工具进行知识源获取。在原始数据源的采集中针对某一服务的具体要求对原始数据进行初步的评估与甄选、清洗工作，过滤掉不符合要求的、无用的数据，筛选出结构化的具有知识特征的数据。剔除掉重复的、无用的数据后，将可用的数据进行转化与存储。

② 知识抽取与表示功能。经过初步处理后的数据处于杂乱无章的状态，需要采用手工抽取或者自动抽取方法从简单处理过的数据中抽取出符合要求的知识特征项，并将其融合到网络社区的领域知识本体库中，依托知识本体来描述相对正确的、不确定的知识，对元数据之间的逻辑关系进行揭示，并对其进行有效知识性验证，形成有效的元知识集，进行存储和利用。

③ 知识聚合与融合功能。在知识聚合算法的技术支撑下，通过知识聚合规则和算法对有效元知识集进行知识重组、知识关联和知识聚类等处理，使具有一定逻辑关系的知识元形成面向学科创新研究的决策支持领域知识。通过一定的聚合算法，对分散的知识源进行转换和深度集成，在此基础上运用知识融合算法对有效元知识集进行映射分析，将主题相近或依据某种相关类别进行知识的聚集，形成具有共同主题特征或关联特性的知识集合，从而为学科创新研究中的知识需求提供“全景式”视图。②

④ 知识发现与知识创新功能。在知识聚合的基础上，进一步挖掘资源—资源、用户—资源间的多维关联，尤其是面向领域知识的非常识性关联挖掘，实现跨学科知识交叉与融合，进而促进知识发现与知识创新。

8.1.3 基于聚合的知识社区知识发现与知识创新的特征与目标

在知识聚合的基础上，实现知识社区的知识发现，并在此基础上进行知识

① 张勇. 移动环境下高校图书馆知识生态系统服务模式研究[D]. 长春：吉林大学，2017.

② 黄新平. 政府网站信息资源多维语义知识融合研究[D]. 长春：吉林大学，2017.

创新，是知识社区提供服务所追求的最高目标，也是用户进行知识交流与科学合作的目的。网络知识社区为科学研究者们提供了一个综合的跨学科交流与服务平台，不同学科背景、不同学校甚至不同国家地域的用户通过在知识社区进行发布、交流等知识活动，从而发现新的知识，进而创造新的知识，推动科学技术的发展和引领学科创新。

(1)基于聚合的知识社区知识发现与知识创新的特征

知识社区是知识活动的重要场所与平台，也是拥有丰富知识资源的平台，用户在知识社区中通过各种各样的交互活动，促进新的知识和创造新的知识。在充分挖掘知识关联的基础上，实现知识聚合，发现新的知识发现，甚至是实现知识创新。这不仅是知识聚合的高阶段目标，也是知识社区所追求的最终目标。区别于一般的网络社区，知识社区中的知识发现和知识创新活动具有如下特征：

①用户需求与知识活动的专业性和动态性。知识社区中的用户大多是从事科学研究或科学活动的专业用户，或者是需要获取某领域专业知识的用户。因此，用户的需求是面向专业知识的，且社区中的用户知识活动也是围绕专业知识展开的。同时，由于科学研究的动态性与前沿性，需要研究者不断把握学科前沿，这就决定了知识社区中用户知识活动与需求的动态性。

②突出知识内在关联的挖掘与聚合。知识资源内在关联的挖掘是进行知识聚合的前提，也是实现知识发现和创新的重要基础步骤。通过综合运用数据挖掘、关联规则、数理统计和社会网络分析方法，探索和推理资源间的内在关联关系，实现深度的挖掘和聚合，才有可能发现新的知识，进而创造新的知识。

③知识发现的关键是新的关联发现或知识重构。知识发现的实现前提是基于知识社区中的知识资源进行新的关联发现，或进行知识重构。只有充分挖掘网络社区中资源间的内容、逻辑关联，才有可能发现新的知识；也只有在充分聚合的基础上，才能形成新的知识结构体系，产生新的知识。

④知识创新是知识聚合追求的最高阶目标。知识创新是社会进步和人类发展的重要推动因素，也是知识社区中知识聚合的最高目标。在挖掘知识关联、重构知识系统的基础上，融合用户的研究工作，实现真正的知识创新和创造。

(2)基于聚合的知识社区知识发现与知识创新的目标实现

网络知识社区不仅包含知识社区中的自建资源以及开放数据资源，还包括用户上传发布和交流的资源，这些资源具有动态化、海量等特征。通过基于语义关联进行多维度聚合，深度揭示资源—资源、用户—资源间的关联，并在此基础上发现新知识、新关联，实现知识创新。因此，基于聚合的知识社区知识发现与知识创新，围绕以下目标展开：

①实现知识社区中的知识有序重组，建构系统完整的知识图谱与知识结构体系。通过运用统计分析、社会网络分析、相关性分析、数据挖掘等方法，挖掘知识社区中资源间的关联，实现知识社区中资源的有序化组织和重新组织，形成系统科学的知识体系；同时基于知识图谱方法建构网络知识社区中的知识结构体系，探索细粒度知识元间的关联，并进行知识的图谱化展示与关联揭示。

②揭示资源—资源、用户—资源间的知识关联，实现深度聚合与知识发现。从网络知识社区中现有的资源中，深度挖掘资源与资源间、用户与资源间的关联，发现新的知识或规律。这是知识聚合实现的高级阶段和目标，通过多维度知识聚合为知识发现提供了基础。尤其在知识社区中，用户生成的数据和内容多为自然语言。知识的显性特征不够显著，但却蕴含着丰富的专业知识，需要进行充分的显性化挖掘，通过挖掘、推理和融合，揭示资源间、用户和资源间的内在关联，进而实现新的知识发现。

③实现面向专业用户需求的知识服务，保障和促进知识融合与知识创新。在知识深度聚合的基础上，面向用户需求提供专深化和个性化的知识服务，为用户的知识融合和知识创新提供服务和资源保障。知识创新是知识聚合和知识活动追求的最高目标，也是促进社会文明进步的重要活动和手段。知识社区中的资源知识性以及用户活动的知识性和专业性，决定了其作为知识创新场所和载体的功能性。因此，在深度聚合的基础上，保障和促进用户知识交流，为知识创新营造良好的环境和保障。

④促进和保障开放科学交流，推动科学创新与人类文明进步。科学的本质是开放，网络知识社区作为开放性知识交流平台是推动开放科学的重要场所，也是科学创新的虚拟“孵化器”和“温床”。用户可以突破时空、学科、背景的限制，充分利用知识社区中的资源和平台空间，在知识社区中进行自由交流、研讨与合作，也可进一步在社区中进行新的知识创造，进而推动科学创新与人类文明发展。

8.1.4 基于聚合的知识社区知识发现与知识创新框架体系

在梳理和明确知识社区中基于聚合的知识发现与知识创新参与要素、特征和目标的基础上，本节进一步探索和建构知识发现与知识创新框架体系，为知识社区中的知识发现和知识创新模式提供理论框架指导。基于知识聚合的流程和特征，以及知识社区的特点，我们构建了知识社区知识发现与知识创新框架体系。该框架体系包含四个层次，即数据层、主体层、知识发现层和知识创新层，如图 8-2 所示。

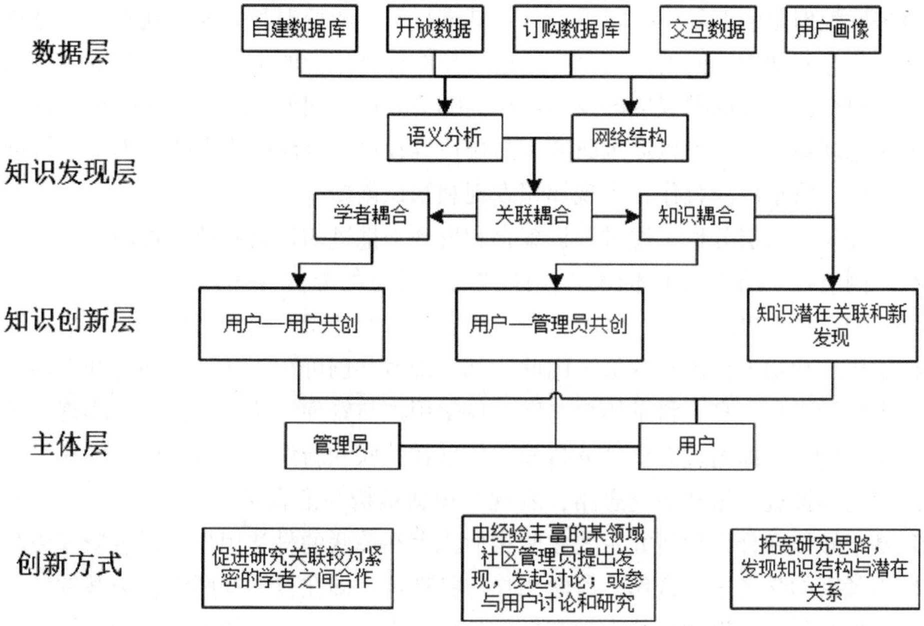

图 8-2 基于聚合的知识社区知识发现与知识创新框架体系

数据层是知识社区的知识推送、发现、创新等的基础，也是知识发现与知识创新的来源，主要包括五个方面的数据来源，即自建数据库、开放数据、订购数据库、交互数据和用户画像。第一种数据是从知识社区内所采集的数据，包括知识社区内部研究人员的上传文章、交互信息等；第二种和第三种数据是从知识社区之外获得的数据，包括网页数据、开放数据库和订购的付费数据库等；第四种是用户在知识社区的交互数据，包括浏览、评论、检索等行为数据；最后的用户画像是根据用户的浏览、检索、交流等数据的分析，对各个用户进行精准描述，用以储存每个用户的特征信息。

主体层表述了知识发现与知识创新系统所涉及的能动性主体：网络知识社区管理员和用户。两者在知识发现和知识创新中起着能动性的作用。

知识发现层是对数据的分析挖掘，从中发现有用的知识。基于知识社区的数据库，系统对采集和保存的数据进行语义分析和社会网络结构分析。即对其信息中的重要词汇进行截取，并对其语义进行阐述，合并具有相同或相似语义的词汇，将同时出现的词汇定义为有关联(如同一句、同一段等)。通过计算各类数据之间的关联强度，获取数据/知识之间的关联和用户/学者之间的关联，通过结果来发现潜在的知识。同时也能发现一些新的研究点，即发现一些有关联性但是强度较小的联系，并对其进行深入的挖掘和探究。此外，通过数据、信息和知识之间的关联分析，进一步展现其作者的关联，探究研究人员之间的耦合，通过这种强度的发现可探究哪些人员之间的研究主题相似或者是研究主题联系较大，可以促进研究人员快速寻找可以合作的潜在研究人员，推进跨地域、跨学科的合作，实现知识发现和知识创新。

知识创新层分析了通过知识聚合和发现来推进知识创新的三种路径。根据科学网络社区的涉及主体(科学用户和管理员)的分析可知，知识发现和知识创新的实现主要由知识社区的参与主体实现。而知识发现和知识创新主要涉及科学用户和知识社区管理员，因此，基于价值共创可知，知识发现与知识创新可由科学用户自身、科学用户之间、科学用户与管理员这三种方式来实现。科学用户自身，即通过系统来分析知识的潜在关联和新发现，辅助用户的科学思路和过程推进，拓宽研究思路，发现知识新结构与潜在关系。科学用户之间，是基于知识融合发现研究主题之间相似或存在关联的科学用户，促进研究关联较为紧密的学者之间合作。科学用户与管理员，即在科学社区中，由某领域社区管理员基于知识融合的发现和新的学科资讯，结合自身的丰富经验来提出发现并发起讨论；或由参与用户发起的讨论和研究。此时是社区的学科管理员与用户进行交流，通过两者的知识与能力互补来发现新的知识。

8.2　基于聚合的知识社区网络社区知识发现

网络知识社区的知识聚合是知识发现的基础，为其提供发现知识的依据和思路。基于知识聚合的网络知识社区知识发现服务是一个较为复杂的系统，知识发现是指在不同的需要下，从多种信息中获取知识的过程。知识发现的目标是将原始资料中的复杂信息隐藏起来，从中提取有用的、新颖的、潜在的信息，并将其直接汇报给用户。其基本思路是从公开数据库、订购数据库、自建数据库以及用户在知识社区平台的交互过程所产生的数据中获取并进行整合，发现其中的潜在关系，同时，也可根据用户的个体需求和群体需求进行推送，辅助用户进行针对性的知识发现。

8.2.1 网络知识社区资源语义揭示与多维度聚合

网络知识社区资源语义的揭示和多维度聚合是知识发现的思路和基础，在对各类来源的数据进行语义解释和聚合的时候，能够从中发现潜在的数据和知识关系，对知识发现的推进和实现有着重要作用。

(1)网络知识社区资源语义揭示与多维度聚合的内涵

知识社区中的数据资源来源广泛，涉及公开数据库、订购数据库、自建数据库以及用户在知识社区平台的交互过程中上传、发布、分享的知识资源，对这些数据资源进行聚合和分析挖掘，从而为知识的发现提供依据和基础。即对数据进行组织和可视化，通过语义将其关联，从纵向的时间、横向的空间或领域出发，将孤立的海量数据孤岛进行连接，提升知识发现的实现度。因此，在知识社区中可以引入知识图谱技术，对数据和知识进行组织和优化，从中提取显性的数据和知识关联，发现其中隐性的数据和知识关联，推进知识发现。

知识发现的前提条件之一是对知识社区中用户需求的建模和聚合。用户需求的挖掘，可以从知识社区中用户的查询、检索、点阅、收藏、转发等显性行为，以及网络交互、分享、下载和利用等网络行为进行分析。对用户行为进行特征化描述，挖掘个人用户的独特需求和群体用户的聚合需求。通过用户的建模以及用户画像数据库的形成，可为用户提供精准的数据和知识的发现和推送。因此，在知识发现活动中，基于用户需求，发现海量数据中的针对性数据和知识，不仅要做好数据的分析和挖掘，也要构建用户画像，形成用户需求数据库。通过用户需求数据库与网络知识社区数据库的相互映射和匹配，进而发现知识，实现知识发现活动。

(2)网络知识社区资源语义揭示与多维度聚合的对象

对网络知识社区资源语义进行揭示和多维度聚合，应确定其揭示和聚合的对象。根据知识发现和后续知识创新的目的，此处将需要语义揭示和聚合的网络社区资源分为两大部分：网络数据资源和用户需求数据资源。

①网络数据资源。数据资源组织是构建网络知识社区知识发现的基础。从公开数据库、订购数据库、自建数据库以及用户在知识社区平台的交互过程所产生的数据中采集相关数据并进行有序化处理，从而形成粗粒度知识，为整个知识发现活动的开展提供最初的数据基础。然后，将数据分为结构化数据、半结构化数据和非结构化数据进行处理，即通过使用本体与词汇集、自然语言处理、多层神经网络等技术，或采用性能成熟的知识抽取模型配合相关抽取算法对非结构化数据进行命名实体识别和关系属性抽取，如哈工大 LTP 模型、

PageRank 算法等。之后，通过语义、模糊集理论与相似度计算、聚合、聚类等算法来进行数据之间的聚合，① 为知识发现和知识创新的开展提供数据基础和支撑。②

同时，知识社区的数据资源组织也可以从以下几个方面进行优化。第一，将资源尽可能数字化、音频化以及可视化，这样便于提升资源的存储检索和信息的内化程度。③ 第二，资源数据的建设也需要参考用户的意见，根据用户的需求来改善文献资源的整合方式；然后根据大数据存储技术重建资源体系，利用相关的智慧技术、关联技术、本体技术、知识图谱技术来处理海量的数字资源，对数字资源进行细粒度单元的解析、特征描述、对知识元模型进行构建、对关联及语义关系进行解释等，有助于用户发现和创新知识。④ 第三，网络知识社区需要改变信息孤岛的现象，通过整合各种资源渠道来扩大信息资源，例如，各大知识社区之间的资源共享，⑤ 知识社区购买主流数据库，并与其进行合作。

②用户需求数据资源。网络知识社区用户需求库模型在用户需求聚合的基础上进行构建，综合考虑用户在社区平台中的知识交流与利用行为以及用户的社区关系，通过查询处理器进行用户需求的获取、识别与过滤，然后进行用户需求建模和语义化表示，将聚合后的用户需求存储到数据库中，形成用户需求数据库。其中，网络知识社群的用户需求数据库主要包括两大类：用户档案数据库与用户行为偏好数据库。

用户档案数据库主要由用户在网络知识社区中的账号信息或个人信息等数据构成。系统可通过对用户的账号信息进行分析，从中发现用户的特征、显性需求和与之相关的潜在需求，并将这些结果应用于对此用户的需求确定。此外，网络知识社区账号通过微信、QQ 等账号登录，或者是将网络知识社区账

---

① 李刚，朱学芳. 面向图博档数字化服务融合的知识图谱构建与实现[J]. 情报科学，2021，39(12)：155-164.

② 栾庆玲. “双一流”建设背景下高校图书馆知识融合服务框架研究[D]. 南昌：南昌大学，2021.

③ 王世伟. 关于智慧图书馆未来发展若干问题的思考[J]. 数字图书馆论坛，2018(7)：2-10.

④ 曹树金，刘慧云. 以读者为中心的智慧图书馆研究[J]. 图书情报工作，2019，63(1)：23-29.

⑤ 柯平，邹金汇. 后知识服务时代的图书馆转型[J]. 中国图书馆学报，2019，45(1)：4-17.

号与微博、微信、抖音等软件账号相关联。这两种方式也可从第三方软件获取用户的基本信息和行为数据，从而扩大用户基本信息的数量，更加精准地分析用户的特征和需求。

用户行为偏好数据库依靠通过使用者在网络知识社区内的信息交互和使用行为以及使用者在网络知识社区内的关系，获得和辨识使用者的需要。用户需要获得和识别模块通过分析用户的社区行为和社区关系来识别和捕捉用户的需求，然后对其进行数据筛选、过滤，并在这个过程中与用户进行互动，通过对用户的评估和反馈，最后得出用户需要的关键字或者主题词。最后，在此基础上，提出了一种基于语义的需求表达方法，并将其存储在用户的行为偏好数据库中。通过将用户行为偏好数据库和用户档案数据库中的数据信息进行融合，共同形成网络知识社区用户需求数据库。由于社区使用者的数量和需求趋势在不断地改变，因此需要对其进行动态的更新，以及时地反映出使用者的需求倾向，为保证知识发现的实现质量和提高用户体验打下了坚实的基础。通过挖掘用户知识交流和利用(用户对知识资源的发布、共享、使用、标注、点赞、评论、打分、推荐等)等社交活动，来衡量用户与知识资源的关联程度，从而为网络知识社区知识发现实现提供基础。因此，构建和挖掘用户和知识资源之间的联系是网络知识社群中的一个关键问题。

(3)网络知识社区资源语义揭示与多维度聚合的过程分析

网络知识社区的资源语义揭示与多维度聚合是知识发现的基础条件之一，能够为网络知识社区的知识发现提供优质的数据资源。① 总体上分析，网络知识社区资源语义揭示与多维度聚合的主要步骤可分为四步：从多粒度、大规模的网络中抽取语义；对多粒度、大规模的网络资源标注语义；将分布式网络资源进行多维度关联；多维度聚合异构网络资源，如图 8-3 所示。

①从多粒度、大规模的网络资源中抽取语义。从多粒度、大规模的网络中抽取语义是指从多粒度、大规模的网络资源中精准地提取其相关的语义数据，将结构化数据文件、半结构化数据文件、非结构化数据文件转化成统一的结构化数据文件的过程。抽取的目标数据分为两部分：一部分是资源数据，即系统从网络知识社区、订阅的数据库、公开数据库等提取；另一部分是用户数据，系统可从用户账户中的注册信息、账户关联软件提供的个人信息以及网络知识社区的行为信息等进行抽取。从资源和用户两方面抓取的信息，对其进行语义

---

① 夏立新，陈晨，王忠义. 基于多维度聚合的网络资源知识发现框架研究[J]. 情报科学，2016，34(5)：3-8.

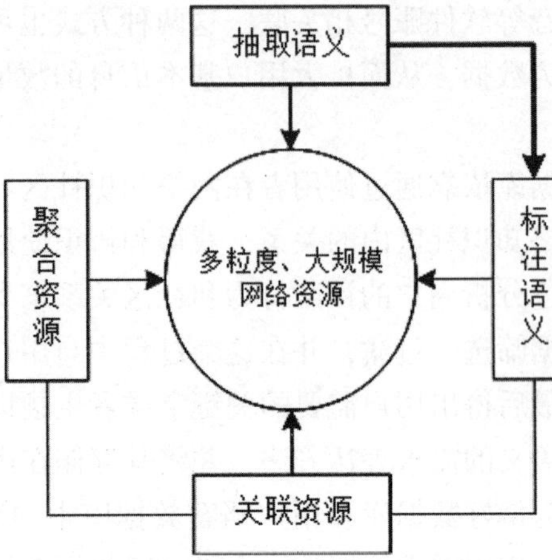

图 8-3 网络知识社区资源语义揭示与多维度聚合的过程

的提取，为后续的网络资源语义标注做好准备。

②对多粒度、大规模的网络资源标注语义。对多粒度、大规模的网络资源标注语义就是对网络资源语义内容的描述，包括语义内涵、语义关系等。利用语义本体描述和表达网络知识社区中的知识资源与需求，对概念、属性、关系进行相似度的计算，并对相关程度进行相关性分析，作为语义聚合关系的建立的标注或依据。因此，在网络资源的知识聚合中，语义标注是一个非常重要的环节。对海量的网络资源数据进行语义的描述，不仅能让系统理解各个网络数据的内涵，也能通过用户数据对各个参与用户的特征、偏好和行为规律进行判断和解读。这一步骤是将各个资源的本身含义以及各个资源间的相关关系进行划分和确定，多维度关联和异构网络资源聚合的基础。

③将分布式网络资源进行多维度关联。将分布式网络资源进行多维度关联指的是根据语义标注的结果，将分散在不同的数据源中的网络信息资源进行多维关联。通过两个角度对各个数据进行多维度关联分析。一是相同概念数据的整合和关联，将相同的对象进行关联，进一步加深海量数据中的数据关联度。二是相近概念数据的划分和关联，可以根据语义概念的相似度计算、多维度关联的规则和指标对相近数据的关联进行判断。本节中，通过各个数据之间的关联，以及用户数据的关联，判断数据之间、数据与用户之间、用户之间的关联类型和关联程度。

④多维度聚合异构网络资源。在知识社区中引入知识图谱技术，对数据和知识进行组织和可视化，从中提出显性的数据和知识关联，发现其中隐性的数

据和知识关联，推进知识发现。对于数据之间的关联，能够从不同角度或是根据不同标准形成各种类型的数据群，实现从一个点发现一个面，提升知识发现的程度。用户与数据之间的关联，可为用户发现更多与之相关的数据集或数据群，为其提供精准和个性化的知识发现。

8.2.2 基于多维度聚合的知识社区知识发现体系框架

网络知识社区知识发现体系是对整个系统的模块功能进行分析和构建。即对整个体系中的模块以及模块之间的关系进行分析。在明确网络知识社区知识发现的要素和逻辑的基础上，本节从四个层次构建基于多维度聚合的网络知识社区知识发现体系框架，为网络知识社区知识发现体系框架的设计与实现提供参考和依据，包括数据采集层、数据存储层、知识组织层和知识发现层四个模块，如图 8-4 所示。

①数据采集层。数据采集层是构建网络知识社区知识发现体系框架的基础支撑层。本层的主要工作是利用网络爬虫器等收集手段，或通过人工收集的方法，获得世界各国的网络信息等网络数据，并根据支持网络知识社区的知识发现的元数据标准，对不同来源、不同类型的资源进行标准化处理，使其变得有序和可用。同时，链接用户的信息需求偏好，发现用户需求的规律是数据采集的主要基础。因此，可利用网络检测、识别、跟踪等智能技术对使用者在网上知识社群中的行为记录进行分析，并将其与用户的个人账户信息特征相结合，迅速追踪和捕获使用者的需要。知识社区知识发现的数据资源主要来自于各种大型数据库的知识资源、用户发布与共享的知识资源、网页文本数据等。这些数据资源的特点是海量、分散、冗余性和低可靠性。同时，还需要筛选、清理数据源，对“噪声”数据进行降噪，形成系统化、结构化的数据，为下一步的知识发现、知识创新提供了依据和支持。

②数据存储层。数据存储层是系统经过对各个数据来源进行数据的采集，将采集到的数据存储到数据库中。其中经过技术的标引和分析，基于各种关联规则和判断规则将其归属进行划分，存储到相应的数据库中。数据存储层是以网络知识社区数据库为基础，主要分为两大部分：知识数据库和用户需求数据库。其后，利用语义本体建立知识资源的语义库和本体库，对知识库进行语义化的描述和标注，并根据特定的规则将其存储到网络知识社区的数据库中。而数据存储层是网络知识社群数据库的最下层，它不仅可以储存已处理的数据和知识，还可以为知识社区的知识发现和使用提供保证。通过建立相关的索引，对知识库中的知识资源进行语义检索与调用。

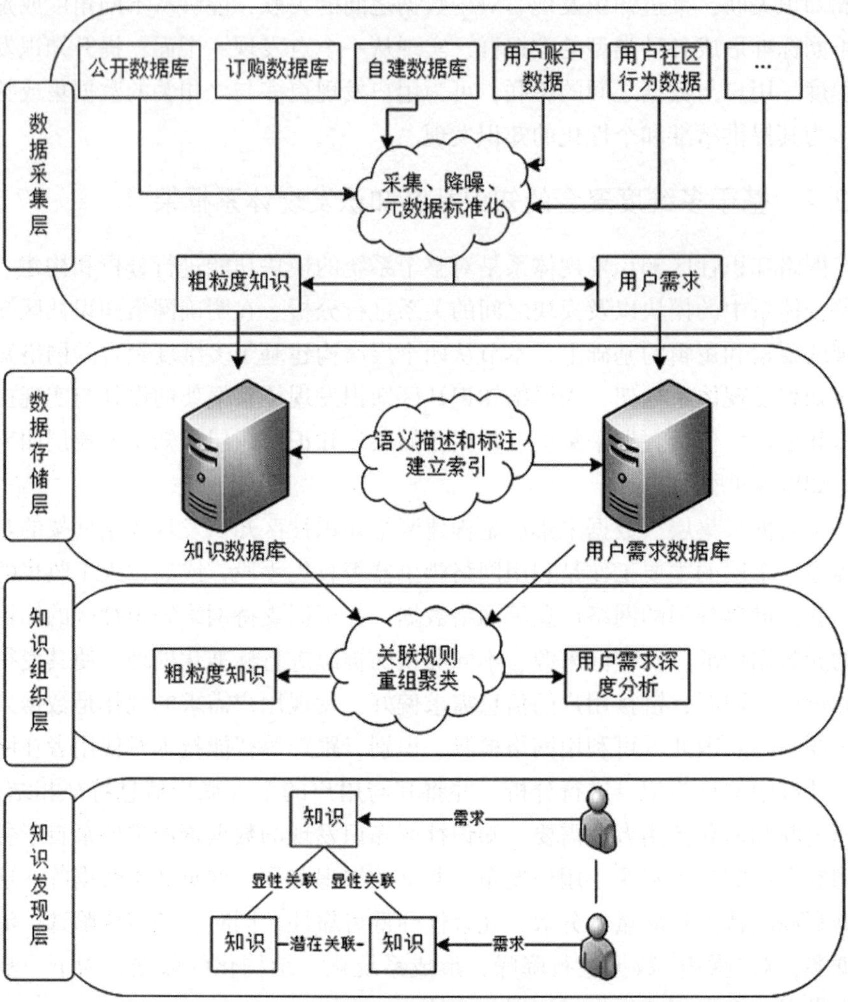

图 8-4 基于多维度聚合的知识社区知识发现体系框架

③知识组织层。知识组织层是网络知识社区知识发现的技术核心层，其主要负责的是网络知识社区的知识组织和用户需求的组织。它会根据网络使用者的需要，将知识资源层中的数据进行关联聚类，从而使初始的海量数据具有系统性与逻辑性。① 这一层次的技术支持包括大数据的理论与方法、数据挖掘与

① 祝振媛，李广建."数据—信息—知识"整体视角下的知识融合初探——数据融合、信息融合、知识融合的关联与比较[J]. 情报理论与实践，2017，40(2)：12-18.

人工智能的理论与方法、语义网络、关联规则等。通过对知识的分类，将知识分为细碎的知识单位，利用大数据挖掘、关联规则等技术对知识单位间的相互关系进行映射，对具有同一知识主题特点的知识进行聚类和重组，形成新的知识内容网络，从而为知识聚集、知识发现提供帮助和支持。①

④知识发现层。知识发现层是对发现知识途径的表示层。其一是系统根据大量的数据进行分析，对数据进行可视化，并计算各个数据集之间以及数据集内部的关联类别和关联强度，通过知识图谱的表示和系统的计算结果，发现潜在的数据关联和知识关系；其二是网络知识社区中的用户通过知识发布、分享、交流、讨论、下载等行为产生一定的用户关联关系，形成用户—行为—知识资源三重关联。同时，这些关联关系又与使用者的知识需要内容密切相关，并以使用者的行为来反应使用者的知识需要。并从知识内容的角度，对用户行为所引起的关联以及用户与知识内容之间的联系进行了分析，从而在数据库中发现其所需知识，对其进行针对性的知识发现和提供。

这两个方面是实现知识发现的表达层，它包含了数据间的联系、用户的需要、资源的匹配以及知识的传递。需求与服务资源的匹配和知识的提供，是根据客户的知识需求，从复杂的业务过程中，找出适合的知识内容，并将其推向相应的用户和领域，从而实现多层次、针对性的知识发现。

8.2.3 基于多维度聚合的知识社区知识发现过程

Fayyad 于 1996 年提出了知识发现处理过程模型，它是目前世界上较为普遍被认可的知识发现过程模型。② Fayyad 认为数据来源于不同类型的数据库，而知识发现行为的最终目的是为了从海量的数据中发掘出有价值的数据或知识。其知识发现过程模型主要由三个阶段组成，结合本节对知识发现的分析，以及与网络社区的适应情况，此处将知识发现过程分为六个阶段：数据准备、数据组织、数据处理、数据挖掘、数据评估、结果展示，如图 8-5 所示。

①数据准备。数据准备阶段是网络知识社区知识发现的第一个阶段，这是对各种数据源以及数据的初步分析和处理。数据准备是对获取数据中存在的缺失值、低俗词句、离群点等进行筛选。网络知识社区最初所确定的数据来源类型以及获取的数据内容，其质量的高低直接与最终的知识发现结果的质量相关

---

① 黄新平. 政府网站信息资源多维语义知识融合研究[D]. 长春：吉林大学，2017.

② Fayyad U. From data mining to knowledge discovery in databases[J]. AI Magazine, 1996, 17(3): 37-54.

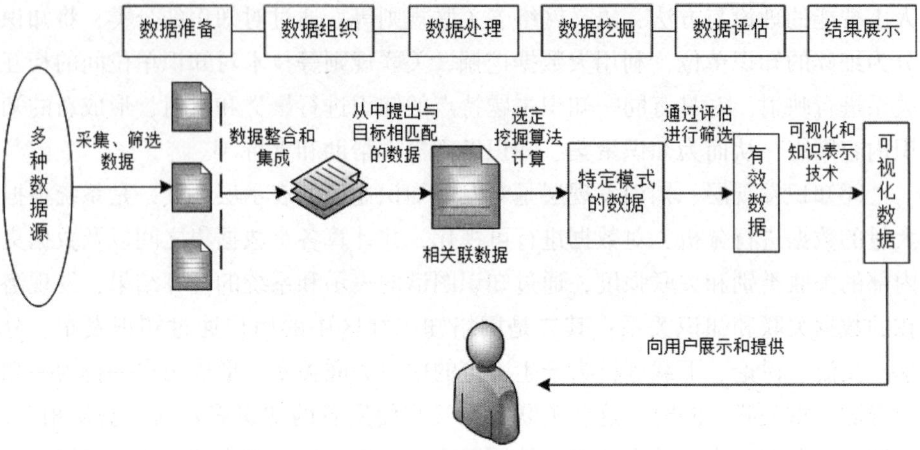

图 8-5　基于多维度聚合的知识社区知识发现过程

联。高质量的数据源和数据内容能提供高质量的知识发现结果；低质量的数据源和数据内容会导致知识发现结果的数量较少以及结果的价值较低。因此，数据准备的意义在于保证知识发现结果的质量。①

②数据组织。数据组织是知识发现的基础部分。在此部分会涉及多种技术和算法。系统平台可以依据多种知识模型和分类方法对数据以及数据集进行整合和集成，解决语义模糊不清、语义相同相近等问题，使数据之间形成集合和关联状态。

③数据处理。数据处理是对所需要处理的目标数据进行选择，缩小处理范围，提高数据发现的质量。根据前文分析，数据处理可分为两个类型。其一是知识图谱，即系统自身根据所获取的各类数据进行集合以及关联分析，发现其中潜在关联和知识，向需求的用户进行推送。其二是用户进行检索，向检索系统提交问题和需求，系统根据对需求的分析和定义，向数据库提取相关数据。

④数据挖掘。数据挖掘是知识发现活动的核心部分，其中数据挖掘的算法选择是数据挖掘中非常重要的问题。首先，应根据数据类型特点和所需要分析的问题来选择相适应的数据挖掘算法，并定义在目标数据中如何应用所选择的数据挖掘算法。其次，根据选择的数据挖掘算法对经过数据处理后的数据内容进行模式提取，从数据中提取出用户需要的数据，并以特定的模式表示出来。数据挖掘的算法选择通常考虑两个要素：根据数据特征和与之相应的算法，用

① 刘龙. 基于关联数据的知识发现过程模型研究[D]. 武汉：华中师范大学，2014.

户与实际运行系统的要求。

⑤数据评估。数据评估是指对经过数据挖掘所提取出来的模式进行评估和判断的过程。因为其中可能存在冗余、无关或与用户需求不匹配的情况，因此需要提出这些情况，向用户提供真正有用的模式。同时，这个阶段也发挥了反馈和优化的功能，评估结果能指导前面的几个数据处理阶段，优化处理算法。因此，数据评估是知识发现中必不可少的一个阶段，这个环节对整个知识发现过程的反馈优化具有重要作用。

⑥结果展示。结果展示是知识发现的最后表示阶段，这是最终展示在用户交互端口的数据。因为知识发现的最终结果是需要面向用户的，因此通常是通过可视化形式进行表达，如图形、图像等。其形式应具有人性化和交互性，能够直观并易懂地传达给目标用户。

8.2.4 面向创新的知识社区知识发现服务组织

网络知识社区的功能是为用户提供数据、信息和知识等，并为其创造一个能够跨越时空的交互空间，将网络中各个知识源和用户自身所具备的知识集中到一起。网络知识社区即是通过提供知识发现服务来推进知识的流通和知识发现，从而实现科学的发展和知识的创新。因此，本节以面向创新为目的，阐述网络知识社区知识发现服务组织，主要从面向领域知识的知识发现、面向跨学科的知识发现、面向用户—资源的知识发现三个方面来分析。

①面向领域知识的知识发现。面向领域知识的知识发现指的是以同一个领域为目标，对其进行知识的采集、组织、挖掘和发现，从而对该领域进行更深入的探索和研究。即系统首先从海量的数据中抽取目标领域相关的数据，将数据以各种标准进行筛选、降噪处理。其次基于语义层面的描述对各类数据和数据集进行关联的探索和组织，然后经过智能算法进行挖掘有效的知识，从中获取存在的显性关联和隐形关联。通过对新发现的关联进行深入分析和探究，从而实现该领域的知识创新与突破。该应用主要目的是加深某一领域自身的发展和研究，即发现本领域中尚未发掘出来的新关联，发现可能存在的新知识。这种领域内的知识发现主要是两方面的活动：一是网络知识社区通过自身不断的动态计算，为该领域用户推送系统的知识发现；二是用户在网络知识社区平台进行检索，系统通过对各个数据源进行搜集、筛选、组织和挖掘，为用户提供在该领域内发现的知识。如丁香园，为医学领域的医生和科研人员提供医学领域的知识发现。

②面向跨学科的知识发现。面向跨学科的知识发现指以不同领域为研究目标，探索各领域之间的关系，通过新型关联的发现来促进知识的发现和创新。跨学科研究是当今科学发展的显著特征，无论是从何种角度来划分领域，每个领域都不是孤立的。不同领域之间显然存在着明显或潜在的联系，在本领域研究到达某一瓶颈时，可通过其他领域的助力来推进本领域的知识发现和创新。通过综合性探究不同领域的数据与知识的关联，能够超越以往的从单一领域进行问题或目标研究和解决的方式，实现对问题或目标更广范围的考量和整体性的知识探索。因此，科学领域的研究不仅需要在本领域进行深入的探讨，也需要从关联领域获取辅助和灵感，进行不同学科领域的碰撞，实现知识的发现与创新。如知乎，本身存在各个领域的划分，也可通过检索和系统本身推送来发现不同领域与之相关的数据和知识。

③面向用户—资源的知识发现。面向用户—资源的知识发现包括两个方面：一是通过用户的需求来发现与之对应的各种数据和知识，二是通过用户发现资源或知识之间可能存在的关联。一方面是系统通过用户的账户数据和行为数据来分析用户的偏好需求，并将与之相同或相关联的知识向其推送，辅助用户从海量的信息中发现知识，并且用户能够在推送知识的基础上进一步发现新的知识和创新知识。另一方面是系统通过用户与数据的关联来发现数据之间的联系。即以用户为中介，探究不同资源会通过用户产生哪些关系，发现数据之间可能存在的某种隐性关联，从而在此基础上发现新的可能，推进知识发现。这两种类型的网络知识社区知识发现都是以用户为依据的，根据用户的需求进行知识的发现。以此为基础，不仅可以从海量数据中发现用户所需知识，实现用户精准推送服务；还可以将用户作为节点，通过大量用户的行为活动，发现与用户相关联的数据，以及它们之间存在的联系。因此，在这一方面做好用户需求数据库是非常重要的。

8.3 基于聚合的网络知识社区的知识创新服务支持

知识社区知识创新与融合架构是对其思路和内在逻辑的梳理和分析。而现实中的应用和表现应由服务模式来体现。本节根据前文对知识社区内在要素的梳理，基于对知识发现和知识创新服务架构的分析，结合价值共创理论，构建和总结出三种知识创新的服务模式：基于聚合的知识社区网络社区专业数据支持服务、基于聚合的知识社区用户—用户共创服务和基于聚合的知识社区用户—管理员共创服务。

8.3.1 知识创新相关理论——价值共创理论

21世纪初，Prahalad和Ramaswamy从战略及营销的角度提出一种价值创造的新理论：价值共创，如今已经成为研究的热门理论。经过国内外学者不断对这个理论的解释和阐述，目前，关于价值共创理论的主要观点有三个：基于消费者体验的价值共创理论、基于服务主导逻辑的价值共创理论和基于顾客主导逻辑的价值共创理论。

①基于消费者体验的价值共创理论。Prahalad和Ramaswamy在2000年的案例研究中发现，企业和消费者共同创造消费者的体验价值是价值共创的核心。消费体验主要是消费者消费阶段的体验，价值由消费者确定，由企业和消费者共同创造。① 在2004年，两人又提出“互动是企业与消费者共同创造价值的重要方式，共创价值形成于消费者与价值网络各结点企业之间的异质性互动”的观点。② 而互动存在于价值创造或体验形成的各个环节。所以说，企业应鼓励消费者参与到价值创造的各个环节。由此，企业在与消费者的互动中可以获取关于消费者的需求和偏好，而消费者能在企业的帮助下在消费阶段获得更好的消费体验。

在2004年，Prahalad和Ramaswamy同时提出了价值共创过程中的四个关键部分：对话、获取、风险评估、透明度。因此，在Prahalad和Ramaswamy看来，价值共创就是在各个环节中企业和消费者进行不断的互动，在各阶段的互动中共创个性化体验，而消费者对个性化体验的感知和感受即企业与消费者所创造的体验价值。

②基于服务主导逻辑的价值共创理论。在2004年，Vargo和Lusch提出了一个新的观点：服务主导逻辑。这个观点和商品主导逻辑不同，商品主导逻辑是企业关注商品的生产和销售，而服务主导逻辑则是以服务为核心。这里对服务的理解有了新的变化，他们把服务理解为：某一实体通过行动、过程和行为表现等使用专业化能力(知识和能力)为实现自身或其他实体利益的过程。而

---

① Prahalad C K, Ramaswamy V. Co-opting customer competence[J]. Harvard Business Review, 2000, 78(1): 79-90.

② Prahalad C K, Ramaswamy V. Co-creating unique value with customer[J]. Strategy and Leadership, 2004, 32(3): 4-9.

且，基于服务主导逻辑的价值共创中所创造的价值指的是使用价值，即消费者在消费商品或服务时与企业进行互动而产生的价值，是消费者对使用价值感知而决定的，由企业和消费者共创，并且企业只能提出价值主张，无法传递价值。

两人在2004年基于该理论提出了八个基本假设，并且经过2006年、2008年、2016年三次修改将基本假设扩展到十一个，① 分别如下：假设一，服务是一切交换的基础；假设二，间接交流掩盖了交换的本质属性；假设三，产品作为服务提供的分销机制；假设四，操作性资源视为战略利益的根本来源（有形资源是有限的，无形资源是可提升的）；假设五，所有经济都是服务经济；假设六，价值由消费者与企业共同创造，消费者往往是受益者；假设七，价值创造参与者能提供价值主张但不能传递价值；假设八，以服务为中心的观点是将受益人作为导向的；假设九，所有经济和社会参与者都是资源整合者；假设十，价值往往通过受益者独特地采用现象学方法来决定；假设十一，价值共同参与者通过制定一系列制度来协调和实现价值的共同创造。因此，在基于服务主导逻辑的价值共创理论来看，企业应引导消费者参与生产阶段的价值共创，之后提出符合消费者要求的价值主张，消费者接受该价值主张后进入消费阶段，在消费阶段与企业互动，整合对象性资源和操作性资源来创造使用价值。②

③基于顾客主导逻辑的价值共创理论。该理论是Heinonen在2010年提出的，他认为基于消费者体验的价值共创和基于服务逻辑的价值共创都是从企业的角度出发，是提供者主导，而消费者应该在价值共创中占据主导的地位，进一步地说，是顾客消费企业提供的产品或服务时，结合自身的知识和技能等资源，在日常实践中创造。与其他逻辑相比较，该理论指出企业应该关注顾客如何利用产品或服务达到自己的目的，注重顾客的逻辑，而企业需要做的是要努力进入消费者的日常生活、活动和体验中。③

④基于顾客价值独创的价值共创理论。一开始，Grönroos（2009）将价值共创分为企业与顾客共同创造价值阶段，和顾客独自创造价值阶段，认为企业只

---

① Vargo S L, Lusch R F. Evolving to a new dominant logic for marketing[J]. Journal of marketing, 2004, 68(1): 1-17.

② Vargo S L, Lusch R F. Institutions and axioms: An extension and update of service-dominant logic[J]. Journal of the Academy of Marketing Science, 2016, 44(1): 5-23.

③ Heinonen K, Strandvik T, Mickelsson K J, et al. A customer-dominant logic of service[J]. Journal of Service Management, 2010, 21(4): 531-548.

是支持顾客创造价值，而顾客才是价值的最终创造者。之后 Grönroos 和 Voima 正式提出顾客价值独创的理论，认为顾客在消费过程中利用企业提供的资源独自创造价值。①

通过以上对价值共创理论四个主要分支的梳理，可知不同的学者对价值共创有着不同的解释，但也可以从中分析出他们的共同点。因此，本书将价值共创定义为知识社区与顾客之间或者是顾客与顾客之间通过交流互动的方式，将双方的资源融合在一起共同创造价值的过程，即知识发现与知识创造的过程。

8.3.2 基于聚合的知识社区专业数据支持服务

科学数据支持服务，是面向科研用户及时有效地提供其所需科学数据的一系列服务。张凯勇认为这是以科学数据为资源管理对象的一种信息服务形式，是一项围绕科学数据而开展的数据资源管理、利用和研究活动。它通过统一的技术平台，对具有研究利用价值的科学数据进行收集、整理、分析、挖掘，再将这些经过整理分析的高价值的数据传递给科研信息需求者，最终帮助科研人员解决问题。② 李晓辉认为这是基于研究数据开展的一项信息服务方式，通过相关数据平台，对科学数据进行综合采集、组织、分析和计算，进一步聚集整合有价值的科学数据，为用户提供信息发现和数据分析的服务。③ 而基于价值共创理论可知，社区与社区的研究人员相互交互，共同发现知识、创造知识，即科学数据支持服务。具体来说，网络社区的科研数据支持服务是指平台基于内外各数据资源，进行内容语义分析和社会网络分析，从中获取其关联较为紧密的相关信息，并基于用户行为数据库构建的用户画像，为科研用户推送与之主题关联较为紧密的各领域信息和知识与服务。

科学数据支持服务即基于知识融合，根据用户画像，向用户推送不同领域的相关信息和知识，或是在用户检索时为其反馈相关主题信息以及与之关联密切的信息。将知识发现系统分析出的知识反馈给用户，促进用户的科学效率和水平的提升，推进知识的创新。同时，系统在为用户提供关联密切的知识时，

① Grönroos C, Voima P. Critical service logic: Making sense of value creation and co-creation[J]. Journal of the Academy of Marketing Science, 2013, 41(2): 133-150.

② 张凯勇. 数据密集型科学环境下的高校图书馆科学数据服务[J]. 图书馆学研究, 2014(3): 69-72.

③ 李晓辉. 图书馆科研数据管理与服务模式探讨[J]. 中国图书馆学报, 2011, 37(5): 46-52.

也可为用户提供其所属领域内关联较弱的热点信息，由用户自身判断是否需要进行结合或对其进行研究。当用户对其感兴趣并进行浏览和检索时，系统会进一步搜集该主题在各领域的相关信息(如图 8-6 所示)。

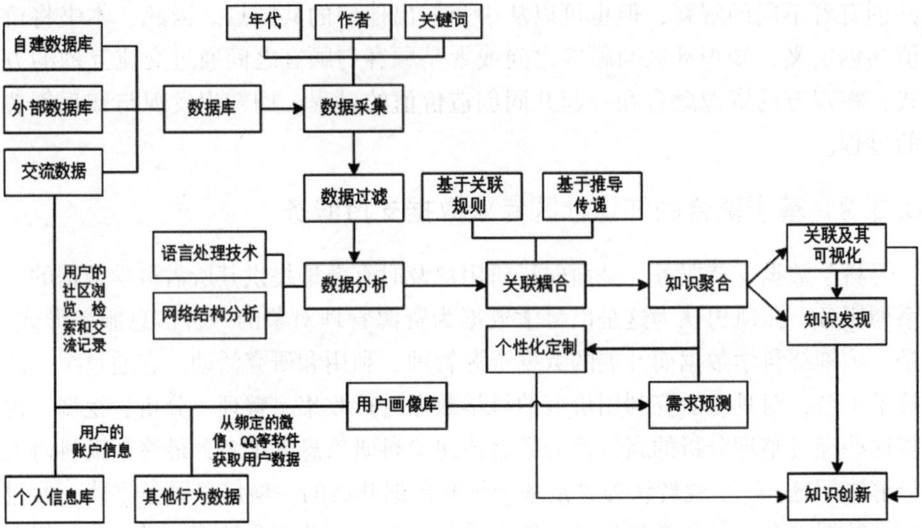

图 8-6 基于聚合的知识社区网络社区专业数据支持服务模型

具体来说，知识社区平台自身会创建数据库。一部分是社区的自建数据、外部数据库和社区用户的交流数据，该部分是科学数据的来源和知识发现与知识创新的基础。另一部分是用户画像库，主要是基于用户的注册账户信息、绑定微信、QQ 等软件来获得的个人数据、社区交互数据等。对每个用户的特点、偏向和行为进行记录和分析，可为每一位用户形成精准的画像描述。首先，系统对数据中的年代、作者和关键词等信息进行采集和过滤，筛掉重复和无用信息，获取有价值的信息。其次，对筛选后的数据进行语言处理和社会网络结构分析，其中数据间相关联的判断需要事先做好关联规则和推导传递规则的预定，根据判断规则来获取各类数据之间的耦合关系和耦合强度。最后，对聚合和关联的信息进行可视化，从中发现潜在的、有用的、新颖的关系。同时，可基于用户画像的用户需求预测，对研究人员提供的推送、检索、咨询等服务进行个性化定制。由于对科研人员提供的咨询、信息和知识都是其科研活动中所需要的，此服务不仅能节省科研人员的检索时间，也能提供给科研人员其未检索到的知识，甚至提供一些没有想到却有关联的信息，从而促进科研人员研究思路的开拓、研究进度的推进以及科学研究的完整度和水平的提升，产生新的知识。

8.3.3 基于聚合的知识社区用户—用户共创服务

在互联网平台，如今不再是平台单方面创造价值、单方面传输价值的时代，目前更能促进价值创造的是参与用户之间的价值共创。因为平台的能力是有限的，而用户的群体是无限的，因此其蕴含的能力是无限的。如果能够调动用户的能力，使得用户之间自行创造价值，这将大大提高价值创造的效率。① 如曹越认为其应是一种以创新为目的、支持知识共享、资源无碍流通、大众交互的网络平台。在知识社区中，用户是社区的使用主体和目标群体。② 用户根据自身的学科、职业、职称、年级的不同而具有不同的研究经验、想法、信息和知识存储。这是一种拥有巨大智慧和知识的"知识库"，每一个用户都是一个小"知识库"，且拥有不同的知识。如何调动各用户的"知识"为其他人利用，促进各不同"知识库"之间的交流和融合是服务的重点，即用户—用户共创服务。

知识融合下，系统对众多资源进行关联分析，在发现关联分析中各数据之间的关系时，也能分辨出社区中科学用户之间的关联方式和程度。从海量的用户中发现与自身需求和研究关联较强的研究人员，并与之交流甚至是一起参与研究，能够促进用户之间的知识共创，如图 8-7 所示。

系统可依据知识聚合和用户画像，为用户推送与之研究内容较为密切的其他研究人员。目的是促进用户在科学社区与其他正确的用户进行交流互动。交流可以通过问答(提出问题、提出一个思考等)，即基于某一主题、问题等，系统通过对发起用户和问题内容的分析，为其推送或邀请相关联的其他用户。不同用户可以进行各自知识和思维的阐述及碰撞，在用户不断的互动和知识融合中产生新的观点和知识。其中，每个用户都是一个独特的小型"知识库"，联通各个小型的知识库，促进其中知识的互通、互联和融合，是其中的重点。基于这种方式，可突破空间和学科的界限，并能有效地找到存在合作可能性的对象，有效地提升跨空间、跨学科合作的进行。例如，科研用户在知识社区中

---

① 杨学成，涂科. 共享经济背景下的动态价值共创研究——以出行平台为例[J]. 管理评论，2016，28(12)：258-268.

② 曹越，毕新华. 开放式创新社区价值共创模式与知识治理机制[J]. 科技管理研究，2021，41(6)：149-155.

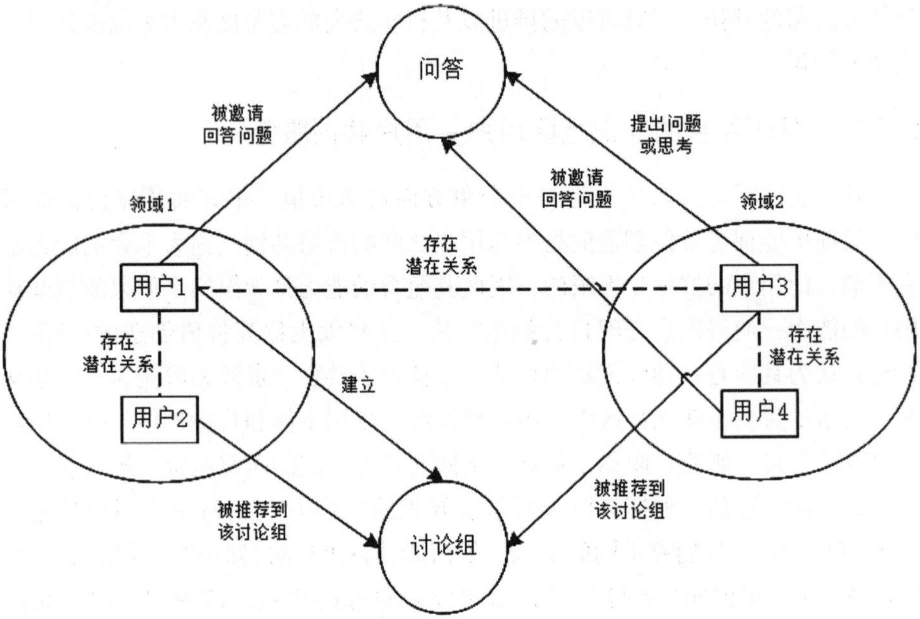

图 8-7 基于聚合的知识社区用户-用户共创服务模型

向其他用户提出知识疑惑或实践问题，不同背景的用户可以从自身的角度、用自己的专业知识进行回答。在这一过程中，不同的用户基于不同角度提出见解，通过交流共创价值，该科研用户得到了问题的解决，其他用户也能获得知识的实践和更多角度的分析，为自身的知识结构进行补充。在此过程中不同的思维和方法的结合能够发现更好的答案，即知识的发现。

进一步来说，在知识社区，用户可建立讨论的话题组。即针对一项比较重要的项目或较为复杂的问题，用户建立一个专门的组会。基于系统推荐，用户可根据自身需求决定是否向密切用户发出邀请，一起加入讨论或加入相关话题的研究，而被邀请用户也可以决定是否接受。同时，未被邀请用户也能加入讨论，或者是申请加入话题组。在该话题组中，用户之间可以进行更加密切、深入和持续的交流。用户可以有较长的时间进行思考和交互，能够更充分地让各研究人员的知识进行融合和碰撞，更有利于知识的发现和创新。在虚拟社区中，可以根据不同的学科背景、不同的知识对象、不同的问题对象等不同角度来建立圈子，在圈子中用户可以针对某一对象相互交流讨论。与微信、QQ 的一些社区不同，虚拟社区参与主体众多，对象一致，可以交流经验、集思广益，拓展问题的解决思路和方法，甚至是得出新的思路，提升问题研究的深度和广度。

8.3.4 基于聚合的知识社区用户—管理员共创服务

在知识型的价值共创中，知识平台通过分析和计算为用户提供了新的信息和知识，在推进用户自身和用户与用户之间创造价值的同时，也促进了平台与用户之间的交流和共享。① 在知识社区中，用户和管理员是其中的两大主体。用户是社区的服务目标，而管理员则是社区的服务提供者。管理员不仅能从海量的信息和知识融合中获取更多的隐含信息，而且还有各自负责模块的相关专业知识和经验，对于用户的问题和研究能够给予用户意想不到的思路和见解，同时还能提供用户由于信息素养不足而尚未获取的相关信息。因此，用户与管理员之间的互动，以及各自能力的互补和知识的融合，能够促进知识的发现和融合。

科学社区中，不同的学科模块分属不同的管理员。管理员的职责是对某学科的信息整理并发布到对应的社区咨询栏和社区数据库，以及参与社区中的讨论、发起问题。管理员将自身的信息素养能力和学科专业能力应用到用户的工作或学习中，直接参与价值创造。可见，管理员和用户的能力能够相互补充，为用户的问题和研究提供帮助，有助于知识的发现和创造。

具体而言，社区管理员本身对所负责社区的领域发展，以及国际和国内资讯有较多的了解。同时，管理员的信息素养能力较强，可基于平台系统的知识聚合，对科研人员在社区的发问提供思路、信息甚至是答案，为科学用户的研究提供帮助。另外，管理员也会熟悉负责领域的发展进程，紧跟研究前沿。在大数据计算分析的基础上结合与专家的交流意见，发现研究热点并预测领域发展趋势，为科研人员提供学习和研究的方向，引领科研人员的知识发现和知识创新。例如，管理员基于系统的计算结果发现两个事物之间有所关联，同时关联强度较弱。管理员可根据自身的经验或与其他专家的讨论来决定这个发现是否有价值。最后将其推送到相关联的社区模块，引起各研究人员的发现、讨论和研究。其中的知识发现首先是基于大数据算法和部分科研人员的检验而提出的，之后再经过知识社区众多科研人员进行广泛讨论和检验，最终确定知识发现的价值和由此产生的知识创新，以及可能在其他科研人员的参与下会据此延伸的新发现和新知识。

---

① 姚伟，张翠娟，柯平，等. 基于价值共创的科技型中小企业知识服务机理研究[J]. 情报理论与实践，2021，44(8)：82-89.

进一步说，科研用户如果需要更深入的帮助，可申请经验丰富的相关管理员加入研究过程，进行更多的交流互动。即管理员进入用户场景，通过用户画像及用户互动分析科研人员存在的显性需求和问题，同时挖掘其尚未察觉的隐性需求，满足其需求并解决其问题，最后与用户协同完成知识的发现和创新。管理员可为用户提供专业服务，通过引导、刺激用户发现知识、管理知识，辅助或直接参与用户的价值创造和知识创新。例如，研究人员组成的讨论组需要一位经验丰富并且信息素养较高的人员来提供数据支持和思路指点。可邀请所属管理员加入讨论组甚至是该研究的项目组，通过管理员和用户的结合，共同研究新的知识。

8.4 专业知识社区中基于聚合的知识发现实证与应用

当前，文本知识挖掘技术得到广泛关注。诸如表示学习、预训练模型等新技术方法，在实体识别、实体关系发现等核心任务上取得了丰硕成果，推动了知识图谱技术与应用的兴起与快速发展。然而，具体到特定细分领域场景下，文本知识挖掘技术乃至知识图谱的深入应用受到诸多阻碍。本节主要以专业知识社区——丁香园为例，探索细分领域场景下面向专业知识人员的知识关联挖掘与知识发现，进而提出专业知识社区的知识创新服务支持和保障建议。

8.4.1 细分领域场景下面向专业知识人员的知识关联挖掘思路

在工作实践中发现，已有的知识挖掘工作在一定程度上难以得到领域专家的真正认可，常见的一种质疑是“得到的结果不需要挖掘也能知道”，相信这是一个广泛存在又难以有效解答的质疑。实质上，这一问题的本质是细分领域下用户需求与技术应用不匹配的问题。与通用层面构建知识体系以开展资源组织的任务需求不同，在细分领域场景下，知识挖掘与利用面对的用户通常是已具备一定的知识基础的专业人员。相应地，用户对知识挖掘的预期不是获得常识性的领域基础知识，而是可进一步激发细分领域问题解决和新知识发现的非常识性、线索性知识。例如，在心血管医学领域，开展资源组织时，<冠心病，心脏，发病部位>这一知识关联，能够用于面向普通用户开展资源组织和导航服务；但对于医生、研究者等领域专家，这是显性的常识性知识，对其实际价值并不高。

因此，传统在确定性语料资源(如百科)上开展常识性领域知识关联挖掘的方案，在细分领域深入应用时，不可避免地受到专业人员的质疑。这就要求在面向细分领域专业人员开展知识服务时，需要设计一种侧重于非常识性知识关联发现的新方案。非常识性知识关联是相对于常识性知识关联而言的，指领域内需要专家经验判断或开展一定研究来确定的隐性知识关联。

与常识性知识关联挖掘不同，非常识性知识关联挖掘更侧重于潜在的、具有一定模糊性的知识关联，这种不确定性，即细分领域中作为解决未知或异常问题的线索性知识的价值所在。围绕这一目标，相应方案中基础语料、技术模型的选择都应有所不同。其主要差别在于，新的方案是一种无标准答案的非监督式学习，且相应的关联挖掘不应依照确定的模式(例如，基于词形规则、句法模板开展知识关联挖掘)，而应尽可能发现现有知识背景下没有明确解释、又具有极强相关关系的词对。因此，有以下三个关键问题及其相应的解决思路。总体归纳如图 8-8 所示。

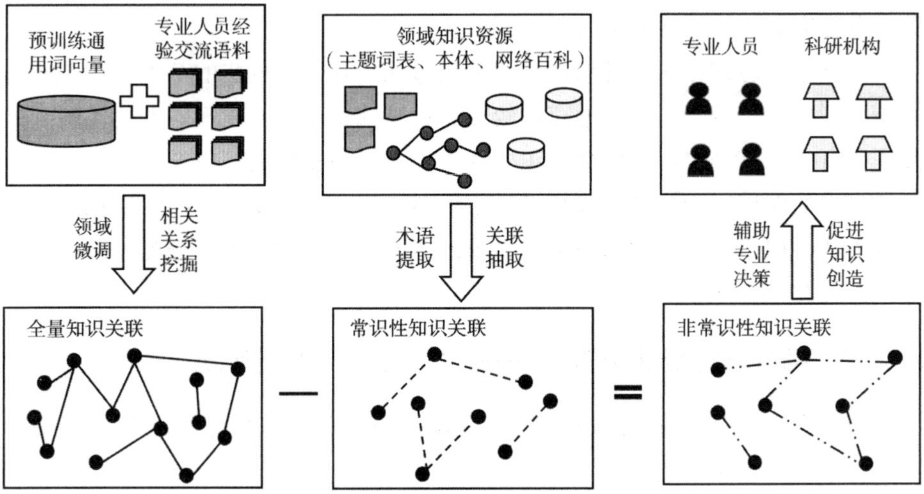

图 8-8　面向专业人员的非常识性知识关联挖掘思路

①面向“问题解决”的文本语料利用。以往侧重常识性知识关联挖掘的方案中，最常见的语料是蕴含确定性知识的文本(典型的如百科)，这类语料包含较多定义性语句(例如“A 的并发症有 B、C、D”)，有利于依托已标注知识关联开展进一步的挖掘学习。非常识性知识关联挖掘则不同，宜采用专业人员面向问题解决方案的经验交流为语料，以便更有效地发现经验性、线索性知识

关联。实践中，一种典型的该类语料是专业网络社区或问答系统中的内容。

②融合“大规模预训练词向量+小规模细分领域语料学习微调”的语义关系挖掘。在细分领域上开展知识关联挖掘的首要障碍，是可用的领域语料规模太小，导致语义挖掘不充分，难以得到可靠的结果。尤其是当前普遍采用基于神经网络的词表示学习(典型的如 Word2vec)技术获得词语向量,① 这类技术对语料规模要求较高,② 通用词向量往往在千万乃至亿级别的文本语料上学习得到；而细分领域语料规模远低于此(通常是千、万级别)。此外，细分领域中需要学习的核心词汇大多是相对生僻的领域术语，在小规模语料上难以有效学得其词向量。

实际上，这一问题是通用技术模型应用于细分领域时普遍面临的。近两年来兴起的“预训练(Pre-training)+微调(Fine Tuning)”模式在解决这一问题上取得了显著效果。③ 其基本思路是：利用大规模通用语料训练得到一个通用模型，在其基础上加入相对有限的领域语料进一步学习以解决领域特定问题。类比言之：欲使一个人成为领域专家，先对其进行大量的通识教育，再让其在细分专业方向上有针对性地学习。

③基于领域知识库的常识性知识关联过滤。在上述两步的基础上挖掘所得知识关联中，仍然不可避免地存在较多常识性知识关联，在面向专业人员开展知识服务时，有必要将常识性知识关联予以过滤。相应的解决方案有多种：可依托已有的领域知识资源(如本体、知识图谱)开展直接过滤；或采用文献④中的方法，以已有常识性知识关联为基准，开展语义向量类比分类，以区分出非常识性知识关联。

8.4.2 细分领域场景下知识关联挖掘与知识发现实现

依据上述思路，可将细分领域非常识性知识关联挖掘流程划分为三个模

① Mikolov T, Chen K, Corrado G, et al. Efficient estimationof word representations in vectorspace[C]//International Conference on LearningRepresentations. Scottsdale: ICLR, 2013: 1-12.

② Lai S, Liu K, Hes, et al. How to generate a good word embedding[J]. IEEE Intelligent Systems, 2016, 31(6): 5-14.

③ Zhou Ming. The bright future of ACL/NLP[EB/OL]. [2020-8-20], https://www.msra.cn/wp-content/uploads/2019/08/ACL-MingZhou.pdf.

④ 陈果，许天祥. 小规模知识库指导下的细分领域实体关系发现研究[J]. 情报学报, 2019, 38(11): 1200-1211.

块：领域知识库构建、领域术语表示学习、非常识性知识关联识别，具体过程如图 8-9 所示。

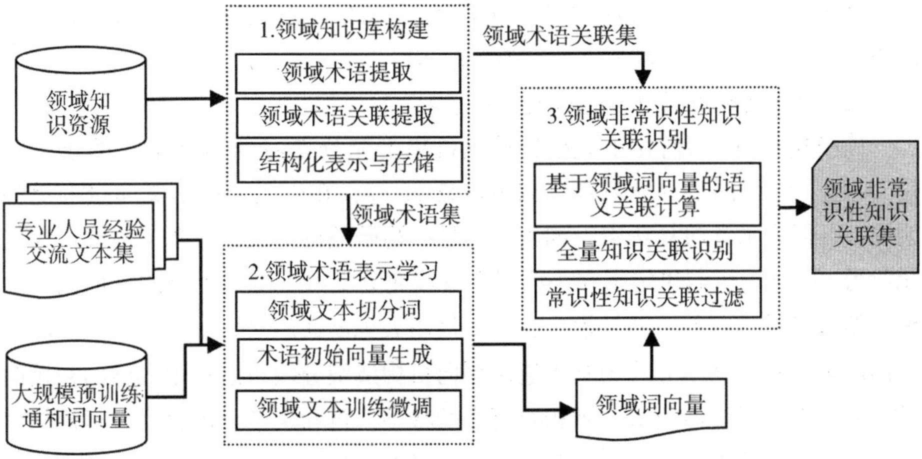

图 8-9　面向细分领域专业人员的非常识性知识关联挖掘流程

(1)领域知识库构建

该模块以已有的领域知识资源为基础，提取其中的领域术语与术语关联，构建领域知识库。其中，领域术语用于领域词向量表示学习训练，术语关联可帮助从全量关联集合中筛选出非常识性概念关联。

已有的领域知识资源主要有三类：一是专业主题词表(如《中文医学主题词表》)；二是领域本体(如基因本体)；三是网络百科(如 39 健康百科)。前两类知识资源中以形式化方式存储领域概念及其关联，规范化程度高，可以快捷精确地抽取出领域术语集和术语关联集。但缺点是现实中大量细分领域尚不具备相应主题词表、本体资源，通用主题词表和本体中相应的知识内容规模有限，可用性不佳。网络百科主要由用户创建与修改，内容相对丰富，包含的术语更符合用户交流习惯，且新词收录迅速，是一种较好地用于构建领域知识库的资源，特别是采用百科信息框知识提取方法，可以获取到大量领域术语及其关联，具体方法参见文献。① 最终提取所得术语存储形式为：

$$concept = \langle term, \ type \rangle$$

① 陈果，肖璐. 网络社区中的知识元链接体系构建研究[J]. 数据分析与知识发现，2017(11)：79-87.

其中，*term* 表示术语，*type* 表示术语类型。

所得术语关联存储形式为：

common_relation = <*concept*1，*concept*2，*relation_type*，*weight*>

其中，*concept*1 与 *concept*2 表示组成关联的两个术语，*relation_type* 表示关联类型，*weight* 表示关联强度，该值可缺省。

(2)细分领域术语语义向量的表示学习

该模块解决"如何在小规模领域预料集上充分学习到领域术语的语义向量"问题。常用词表示学习算法如 Word2vec 等，在生成词语语义向量上优势明显。① 但表示学习算法中，词语向量是由初始随机生成后，基于语料迭代优化所得。② 这一机制决定了在小语料上难以充分学习，得到可靠的词向量。而细分领域可供学习的语料规模小，需要借用大规模通用语料上预训练生成的通用词向量，具体利用方式为基于通用词向量构造细分领域语料中词语的初始向量，使之在开展学习前就达到相对可靠的状态，再利用细分语料库进行词向量的优化学习。鉴于已有研究证明初始词向量对于最终词向量影响较大，③ 这种方式可充分利用大规模通用预训练词向量的基准性和小规模领域语料的针对性，得到更可靠的词向量结果。

该模块的核心问题是，大量领域术语不会出现在通用预训练词向量的词表中，我们称之为"领域未登录词"。其向量无法直接从预训练通用向量中获得，如何有效构造它们的初始向量，这是细分领域知识挖掘普遍面临的天然问题，将严重影响到最终词汇语义挖掘效果。相应的解决步骤为：

首先，基于领域术语集对细分领域语料开展切分词。根据词语是否包含在领域术语集、通用预训练词向量的内置词表中，可将其划分为三类：通用词(如"医院""治疗")、通用领域词(如"心脏病""高血压")、领域未登录词(如"老年人甲亢性心脏病")(如图 8-10 所示)。

其次，针对上述三种词语，采用不同的方式生成其初始向量。通用词、通

① Naili M, Chaibi A H, Ben Ghezala H H. Comparative study of word embedding methods in topic segmentation[J]. Procedia Computer Science, 2017, 112: 340-349.

② Mikolov T, Chen K, Corrado G, et al. Efficient estimation of word representations in vectorspace[C]//International Conference on Learning Representations. Scottsdale: ICLR, 2013: 1-12.

③ Lai S, Liu K, Hes, et al. How to generate a good word embedding[J]. IEEE Intelligent Systems, 2016, 31(6): 5-14.

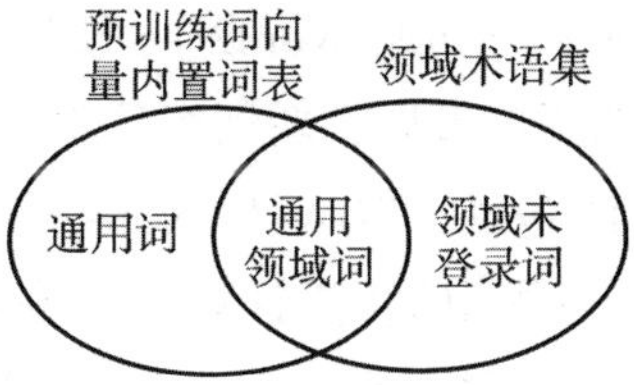

图 8-10 细分领域语料中的三种词语

用领域词已出现在预训练词向量中，因此可以直接读取。领域未登录词大量存在于细分领域中，通用预训练词向量中无法直接获取相应向量，但领域术语都是由一定的词素(即通用性的字、词)组合形成,① 各细分领域中的构词方法存在相应规律。典型的如医学领域中的疾病术语，通常由人群、性状、器官、“病/症/炎等”词素组成(如“老年人甲亢性心脏病”)。除此之外，大规模预训练词向量中，通过字拼接形成词向量的有效性已被广泛验证。因此，可采用对领域未登录术语进行词素切分，从通用预训练词向量中获取这些词素的向量，进行向量相加作为该术语的初始训练向量。以“老年人甲亢性心脏病”为例，思路如图 8-11 所示。

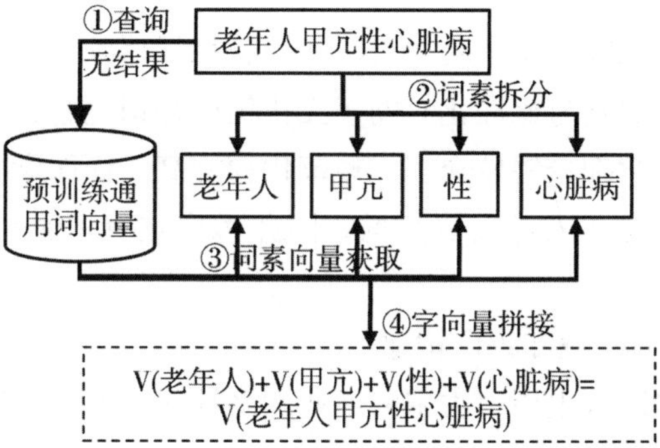

图 8-11 基于词素向量组合的领域未登录词初始向量生成

最后，基于上述初始向量，在领域语料上开展表示 Word2vec 学习训练。基本方法为，先将上述生成的所有词初始向量写成 Word2vec 的词向量文本格

① 俞琰，赵乃瑄. 基于通用词与术语部件的专利术语抽取[J]. 情报学报，2018，37(7)：742-752.

式，以其为输入内容，生成一个初始 Word2vec 模型；再将领域语料作为该初始模型的输入内容，开展训练；最后将新训练后得到词向量模型导出存储。需要注意的是，Word2vec 算法包括 CBOW 与 Skip-gram 两类模型，已有研究证明，CBOW 模型适用“语法功能相似度”计算，而 Skip-gram 模型适用“语义主题相似度”计算。① 考虑本书关联挖掘更侧重于语义挖掘，宜选择 Skip-gram 模型进行领域词向量训练。

(3)领域非常识性知识关联识别

该模块功能是以领域术语的词向量为基础挖掘出细分领域的知识关联，并过滤掉常识性知识关联。首先，根据领域词向量计算领域术语相似度，按一定的阈值或 Top 数量提取各术语最相关的若干词汇，构建领域全量知识关联集，常用计算方法包括余弦相似度、相关系数、欧式距离等。其次，根据术语类型将相应关联归类。例如，针对疾病术语，其最相关的疾病术语、症状术语、诊断术语、部位术语分别与之组成相关疾病、症状表征、诊断方法、影响部位关联。最后，从全量关联中过滤常识性知识关联，得到非常识性知识关联。常识性知识关联集合已在领域知识库构建环节生成，这里只需将其直接删除。

8.4.3 丁香园社区的非常识性知识关联挖掘与知识发现实证分析

医学领域非常识性知识主要通过医生经验积累得到，是区别医生专业能力强弱的关键，将其识别与显性化有助于强化领域知识完整性，促进专业能力提升。除此之外，医学细分领域众多、规范化程度高，而医学网络社区的快速发展也提供了丰富的专业人员交流数据。因此考虑选择心血管医学为实证分析对象。

(1)数据采集与领域知识库构建

丁香园是国内以医生用户为主的专业网络社区，② 其子论坛按照医学细分领域划分，内容主要是相应领域的医生间关于疑难杂症的临床经验交流。相对医学百科、电子病历而言，专业医生间的疑难杂症交流更侧重于非常识性的经验知识，因此是十分宝贵的一手资料库，可用于服务专业人员的潜在非常识性

---

① 陈果，许天祥. 小规模知识库指导下的细分领域实体关系发现研究[J]. 情报学报，2019，38(11)：1200-1211；张剑，屈丹，李真. 基于词向量特征的循环神经网络语言模型[J]. 模式识别与人工智能，2015，28(04)：299-305.

② 百度百科. 丁香园[EB/OL]. [2019-8-18]，https://baike.baidu.com/item/%E4%B8%81%E9%A6%99%E5%9B%AD/1802629?fr=aladdin.

知识挖掘。本书以心血管专业讨论版为数据源，截止时间为 2019 年 3 月 17 日，利用“火车浏览器”采集其中经验交流帖，在合并用户主贴与回帖后，经清洗得到 65364 篇专业人员经验交流文本。

考虑网络社区文本特点，采用基于网络百科的领域知识库构建方法。综合对比分析选择“39 疾病百科”中“心血管内科”类目百科数据进行领域知识库构建。该类目下心血管相关疾病以信息框方式进行结构化解释，提取信息框中“疾病”“别名”“发病部位”“典型症状”“并发症”“临床检查”栏目信息构建领域术语集与术语关联集。其中术语类型分为四类：疾病(包括“疾病”“别名”“并发症”)、症状(即“典型症状”)、诊断(即“临床检查”)、器官(即“发病部位”)；与之对应关联类型分为四类：相关疾病、症状表征、诊断方法、影响部位，具体如表 8-1 所示。

表 8-1　本研究心血管领域知识库的数据统计

术语类型	术语数量	关联类型	关联数量
疾病	1177	相关疾病	1819
症状	652	症状表征	2445
诊断	289	诊断方法	1339
器官	93	影响部位	138
总计	2211	总计	5741

(2)领域词向量训练

根据前文中细分领域术语语义向量的表示学习方案，我们首先采用 python 环境下的 jieba 工具包，导入心血管领域知识库中领域术语作为用户词典，对丁香园心血管帖子文本进行切词。为便于后续区分术语类型和关系类型，疾病、症状、诊断、器官四个词语分别用/n_jb、/n_zz、/n_zd、/n_qg 四种词性标识。

通用预训练词向量采用北京师范大学和人民大学研究者于 2018 年 ACL 上发布的“中文词向量语料库”，该词向量是在大量中文维基百科、百度百科、人民日报、搜狗新闻、知乎问答等文本语料基础上学习所得通用词向量。本书采用其中同时包含字、词、ngram 三种粒度的 300 维预训练向量。

融合通用预训练词向量和领域文本训练的具体方法为：首先根据图 4 中流程对心血管领域知识库中 2211 个术语与通用预训练词向量的词表进行比对、

领域未登录词初始向量生成和写入；其次，利用 Gensim 中的 Word2vec 类载入补充了领域未登录词初始向量的通用词向量，建立新的训练模型；最后，导入分词后的丁香园心血管帖子文本进行继续学习，得到最终模型。该模型生成向量词表容量为 144094，其中部分结果如图 8-12 所示。从图 8-12 中可见，学习到的向量中包含了支气管炎/njb、右心衰竭/nzz、呼吸暂停/nzz、气急/nzz、左心室肥厚/nzz 等领域术语词。

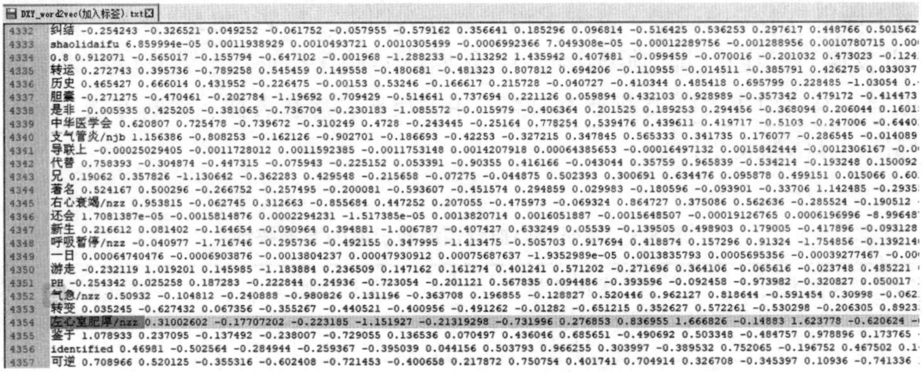
DXY_word2vec(加入标签).txt

4332 纠结 -0.254243 -0.326521 0.049252 -0.061752 -0.057955 -0.579162 0.356641 0.185296 0.096814 -0.516425 0.536253 0.297617 0.448766 0.501562
4333 shaolidaifu 6.859994e-05 0.0011938929 0.0010493721 0.0010305499 -0.0006992366 7.049308e-05 -0.00012289756 -0.001288956 0.0010780715
4334 0.8 0.912071 -0.565017 -0.155794 -0.647102 -0.001968 -1.288233 -0.113292 1.435942 0.407481 -0.099459 -0.070016 -0.201032 0.473023
4335 转运 0.272743 0.395736 -0.789258 0.545459 0.149558 -0.480681 -0.481323 0.807812 0.694206 -0.110955 -0.014511 -0.385791 0.426275 0.033037
4336 历史 0.465427 0.666014 0.431952 -0.226475 -0.00153 0.53246 -0.166617 0.215728 -0.040727 -0.410344 0.485418 0.695799 0.228485 -1.03054
4337 胆囊 -0.271275 -0.470461 -0.202784 -1.19692 0.709429 -0.514641 0.737694 0.221126 0.059894 0.432103 0.928989 -0.357342 0.479172 -0.414473
4338 是非 -0.005935 0.425205 -0.381065 -0.736704 -0.230183 -1.085572 -0.015979 -0.406364 0.201525 0.189253 0.294456 -0.368094 0.206044
4339 中华医学会 0.620807 0.725478 -0.739672 -0.310249 0.4728 -0.243445 -0.25164 0.778254 0.539476 0.439611 0.419717 -0.5103 -0.247006
4340 支气管炎/njb 1.156386 -0.808253 -0.162126 -0.902701 -0.186693 -0.42253 -0.327215 0.347845 0.565333 0.341735 0.176077 -0.286545 -0.014089
4341 导联上 -0.00025029405 -0.0011728012 0.0011592385 -0.0011753148 0.0014207918 0.00064385653 -0.00016497132 0.0015842444 -0.0012306167
4342 代替 0.758393 -0.304874 -0.447315 -0.075943 -0.225152 0.053391 -0.90355 0.416166 -0.043044 0.35759 0.965839 -0.534214 -0.193248 0.150092
4343 兄 0.19062 0.357826 -1.130642 -0.362283 0.429548 -0.215658 -0.07275 -0.044875 0.502393 0.300691 0.634476 0.095878 0.499151 0.015066
4344 著名 0.524167 0.500296 -0.266752 -0.257495 -0.200081 -0.593607 -0.451574 0.294859 0.029983 -0.180596 -0.093901 -0.33706 1.142485
4345 右心衰竭/nzz 0.953815 -0.062745 0.312663 -0.855684 0.447252 0.207055 -0.475973 -0.069324 0.864727 0.375086 0.562636 -0.285524 -0.190512
4346 还会 1.7081387e-05 -0.0015814876 0.0002294231 -1.517385e-05 0.0013820714 0.0016051887 -0.0015648507 -0.00019126765 0.0006196996
4347 新生 0.216612 0.081402 -0.164654 -0.090964 0.394881 -1.006787 -0.407427 0.633249 0.05539 -0.139505 0.498903 0.179005 -0.417896 -0.093128
4348 呼吸暂停/nzz -0.040977 -1.716746 -0.295736 -0.492155 0.347995 -1.413475 -0.505703 0.917694 0.418874 0.157296 0.91324 -1.754856
4349 一日 0.00064740476 -0.0006903876 -0.0013804237 0.00047930912 0.00075687637 -1.9352989e-05 0.0013835793 0.0005695356 -0.00039277467
4350 游走 -0.232119 1.019201 0.145985 -1.183884 0.236509 0.147162 0.161274 0.401241 0.571202 -0.271696 0.364106 -0.065616 -0.023748 0.485221
4351 PH -0.254342 0.025258 0.187283 -0.222844 0.24936 -0.723054 -0.201121 0.567835 0.094486 -0.393596 -0.092458 -0.973982 -0.320827 0.050017
4352 气急/nzz 0.50932 -0.104812 -0.240888 -0.980826 0.131196 -0.363708 0.196855 -0.128827 0.520446 0.962127 0.818644 -0.591454 0.30998
4353 转变 0.035245 -0.627432 0.067356 -0.355267 -0.440521 -0.400956 -0.491262 -0.01282 -0.651215 0.352627 0.572261 -0.530298 -0.206305
4354 左心室肥厚/nzz 0.31002602 -0.17707202 -0.223185 -1.151927 -0.21319298 -0.731996 0.276853 0.836955 1.666826 -0.14883 1.623778 -0.620624
4355 鉴于 1.078933 0.237095 -0.137492 -0.238007 -0.729055 0.136536 0.070497 0.436046 0.685651 -0.490692 0.503348 -0.484757 0.978896 0.173765
4356 identified 0.46981 -0.502564 -0.284944 -0.259367 -0.395039 0.044156 0.503793 0.966255 0.303997 -0.389532 0.752065 -0.196752 0.467502
4357 可逆 0.708966 0.520125 -0.355316 -0.602408 -0.721453 -0.400658 0.217872 0.750754 0.401741 0.704914 0.326708 -0.345397 0.10936 -0.741336

图 8-12 融合预训练通用词向量+细分领域语料微调所得的词向量结果(示例)

图 8-13 展示了“冠心病”一词最相关的疾病、症状、诊断、器官术语的降

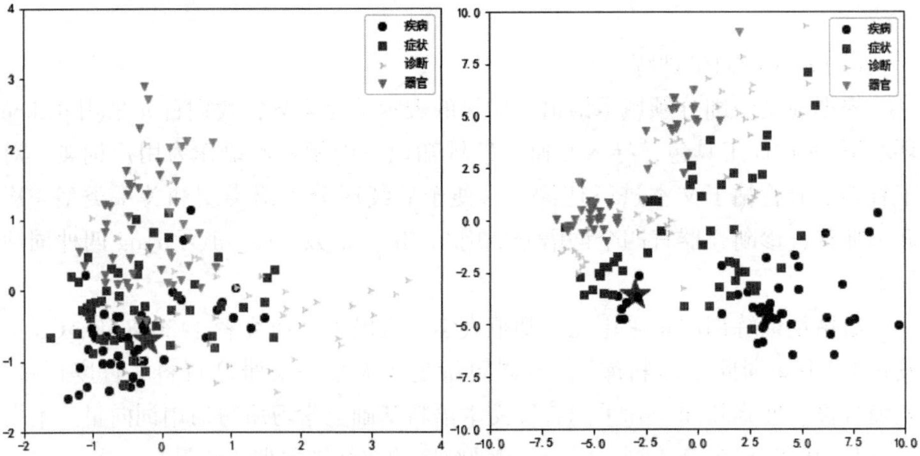

图 8-13 单独采用领域语料训练(左侧)和融合通用词向量后开展领域语料训练(右侧)的词向量结果可视化对比

维可视化结果，降维方法使用 PCA 算法将这些术语的向量降到二维空间，其中左侧为只采用丁香园心血管帖子文本开展 Word2vec 训练的结果，右侧为融合预训练通用词向量后再在丁香园心血管帖子文本上开展 Word2vec 训练的结果。相比而言，新方案不仅解决了未登录词问题，还能更好地区分各类术语。举例说明，右侧少量相关疾病与“冠心病”距离紧密，其他大量疾病与其距离较远，区分度明显优于左侧结果，将更有利于知识关联的挖掘。

(3)领域非常识性知识关联提取与发现

以术语“冠心病”为例展示领域非常识性概念关联挖掘结果。由于四类领域术语与“冠心病”的相似度分布不均匀，以统一阈值提取各类关联并不合理。综合考虑术语类型特征及与“冠心病”相似度，在“疾病”“症状”“诊断”“部位”四类领域术语中分别提取与“冠心病”相似度排名前 20、10、10、7 的术语，且分别与“冠心病”构成“相关疾病”“症状表征”“诊断方法”“影响部位”关联。具体结果如表 8-2 所示，其中有下划线术语与“冠心病”构成领域非常识性知识关联。

表 8-2 术语“冠心病”的领域知识关联集合(部分)

术语	关联类型	相似度	术语	关联类型	相似度	术语	关联类型	相似度
缺血性心脏病	相关疾病	0.608	高心病	相关疾病	0.475	低密度脂蛋白胆固醇	诊断方法	0.364
<u>糖尿病</u>	相关疾病	0.604	<u>X 综合征</u>	相关疾病	0.456	心肌灌注显像	诊断方法	0.360
高血脂	相关疾病	0.571	心力衰竭	相关疾病	0.444	甘油三酯	诊断方法	0.357
心绞痛	相关疾病	0.565	急性心肌梗塞	相关疾病	0.439	高密度脂蛋白胆固醇	诊断方法	0.343
高血压病	相关疾病	0.562	动脉粥样硬化	症状表征	0.530	血糖	诊断方法	0.329
不稳定性心绞痛	相关疾病	0.550	心肌缺血	症状表征	0.520	<u>脂蛋白 a</u>	诊断方法	0.327
缺血性心肌病	相关疾病	0.543	血脂异常	症状表征	0.518	饱餐试验	诊断方法	0.307
稳定性心绞痛	相关疾病	0.541	<u>绝经</u>	症状表征	0.453	肌钙蛋白	诊断方法	0.304

续表

术语	关联类型	相似度	术语	关联类型	相似度	术语	关联类型	相似度
肥厚型心肌病	相关疾病	0.537	冠状动脉痉挛	症状表征	0.444	心脏	影响部位	0.336
高血压	相关疾病	0.526	胸痛	症状表征	0.400	心肌	影响部位	0.319
骨质疏松	相关疾病	0.525	心脏性猝死	症状表征	0.394	血管	影响部位	0.298
急性冠脉综合症	相关疾病	0.514	肥胖	症状表征	0.387	僧帽瓣	影响部位	0.296
心脏病	相关疾病	0.506	心脏扩大	症状表征	0.375	动脉	影响部位	0.264
心肌梗塞	相关疾病	0.493	高同型半胱氨酸血症	症状表征	0.368	甲状腺	影响部位	0.261
消化道出血	相关疾病	0.492	冠状动脉造影	诊断方法	0.482	颈动脉	影响部位	0.256
急性心肌梗死	相关疾病	0.488	血脂检查	诊断方法	0.374	—	—	—

详细分析“冠心病”领域知识关联集合中的非常识性知识关联：

①相关疾病中的非常识性知识关联：虽然“糖尿病”“冠心病”是两种不同疾病，但糖尿病患者的冠心病发病率是普通人的2~4倍，并且起病早、进展快；① 已有临床研究证明肥厚型心肌病患者有较高冠心病发病率；② 南安普敦大学研究发现，冠心病与骨质疏松存在一定关联，两种疾病的病因可能有一定重合；③ 经皮冠状动脉介入治疗后为预防支架内形成血栓，通常采用双联抗血小板治疗，由此提高了消化道出血概率；④ X 综合征可能是冠心病早期发展阶

① 百度百科. 糖尿病性冠心病[EB/OL]. [2019-8-10], https://baike.baidu.com/item/%E7%B3%96%E5%B0%BF%E7%97%85%E6%80%A7%E5%86%A0%E5%BF%83%E7%97%85/22542388? fr=aladdin.

② 颜彦, 朱文青, 严卫, et al. 肥厚型心肌病合并冠心病的临床意义[J]. 复旦学报(医学版), 2007, 34(5): 706-708.

③ 赵钟文. 冠心病和骨质疏松存在相关性(转载)[EB/OL]. [2019-8-10], https://mip.haodf.com/zhuanjiaguandian/3132979422.htm.

④ 黄伟杰, 肖文星. PCI 术后上消化道出血的研究进展[J]. 实用心脑肺血管病杂志, 2012, 20(7): 1253-1254.

段,① X 综合征患者的冠心病发病率高于一般人。②

②症状表征中的非常识性知识关联：已有研究表明，绝经后的女性，冠心病发生率上升较快;③ 较多研究表明高同型半胱氨酸血症与冠心病发病相关，是冠心病的独立危险因素之一。④

③诊断方法中的非常识性知识关联：脂蛋白 a 在预测冠心病的再发上有重要临床意义,⑤ 且对冠心病的早期预测优于其他指标。⑥

④影响部位中的非常识性知识关联：有 3%的冠心病患者二尖瓣(即僧帽瓣)关闭不全;⑦ 已有研究证明甲状腺激素水平可辅助冠心病的临床诊断,⑧ 且对其进行监测有助于冠心病的临床监控。⑨ 除此之外，请专业医生对挖掘出的非常识性知识关联进行评价，专业人员表示挖掘结果有一定启发性，尤其是“冠心病”与“骨质疏松”“消化道出血”“绝经”“甲状腺”之间关联有一定价值。

非常识性知识关联的挖掘是面向领域专业人员开展知识服务的关键，也是知识发现的关键与前提，存在广泛的研究空间和实践价值。充分利用专业知识社区中的资源，进行关联挖掘，发现新的知识，不仅有利于知识交流与互动，更有助于推动开放环境下知识创新。此外，知识社区也应提供更多的服务与资源保障，鼓励和支持专业用户在社区中进行知识活动，充分重视资源的聚合与深度挖掘，推动和促进知识发现与知识创新。

---

① 李恒栋. 心脏 X 综合征 19 例与冠心病临床关系探讨[D]. 杭州：浙江大学，2005.

② 傅炜钢，赵婷. X 综合征患者与冠心病患病率临床分析[J]. 医药前沿，2013，(24)：205-206.

③ 百度百科. 绝经与心血管疾病[EB/OL]. [2019-8-10]，https://baike.baidu.com/item/%E7%BB%9D%E7%BB%8F%E4%B8%8E%E5%BF%83%E8%A1%80%E7%AE%A1%E7%96%BE%E7%97%85/5297916.

④ 陈园频. 高同型半胱氨酸血症与冠心病[J]. 微创医学，2003，22(1)：104-106.

⑤ 李威(综述)，杨向军(审校)，LIWei，et al. 脂蛋白 a 临床研究进展[J]. 医学综述，2015(18)：3307-3310.

⑥ 姜宇海. 脂蛋白(a)与冠心病、脑梗死的相关性研究[J]. 实用临床医学，2007，8(3)：3-4.

⑦ 百度百科. 二类瓣[EB/OL]. [2019-8-18]，https://baike.baidu.com/item/%E4%BA%8C%E5%B0%96%E7%93%A3/8409470? fr=aladdin.

⑧ 谭浩，徐明霞. 冠心病患者甲状腺激素变化的意义[J]. 山东医药，2002，42(4)：43-43.

⑨ 李文世. 87 例冠心病患者甲状腺激素水平检测分析[J]. 中国保健营养旬刊，2014(1)：560-561.

参考文献

[1] A Rangrej, S Kulkarni, A V Tendulkar. Comparative study of clustering techniques for short text documents[C]// International Conference Companion on World Wide Web. ACM, 2011.

[2] Ahmed A, et al. Distributed large-scale natural graph factorization [C]//Proceedings of the 22nd International Conference on World Wide Web. ACM, 2013.

[3] Alawi A A, Marzooqi N Y, Mohammed Y F. Organizational culture and knowledge sharing: Critical success factors[J]. Journal of Knowledge Management, 2007, 11(2).

[4] Alex Graves. Long Short-Term Memory[M]// Supervised Sequence Labelling with Recurrent Neural Networks, 2012.

[5] Angeletou S, Sabou M, Motta E. Semantically enriching folksonomies with FLOR[C]// Proc of the 5th ESWC. Workshop: Collective Intelligence & the Semantic Web, 2008.

[6] Argote L, Ingram P. Knowledge transfer: A basis for competitive advantage in firms[J]. Organizational Behavior and Human Decision Processes, 2000, 82(1).

[7] Beltagy I, Cohan A, Lo K. SCIBERT: Pretrained contextualized embeddings for scientific text[J]. arXiv preprint arXiv, 2019.

[8] Bengio Y, Ducharme R, Vincent P, Janvin C. A neural probabilistic language model[J]. The Journal of Machine Learning Research, 2003(3).

[9] Blei D M, Ng A Y, Jordan M I, et al. Latent dirichlet allocation[J]. Journal of Machine Learning Research, 2003(3).

[10] Boyack K W, Klavans R. Map of scientific paradigms[J]. Issues in Science &

Technology, 2011, 27(3).
[11] Devlin J, Chang M W, Lee K, et al. Bert: Pre-training of deep bidirectional transformers for language understanding [J]. arXiv preprint arXiv: 1810.04805, 2018.
[12] Fjordback T, Søndergaard. Documents and the communication of scientific and scholarly information[J]. Journal of Documentation, 2003, 59(3).
[13] Fu R, Guo J, Qin B, et al. Learning semantic hierarchies via word embeddings [C]//Proceedings of the 52nd Annual Meeting of the Association for Computational Linguistics. 2014.
[14] Goldberg Y. A primer on neural network models for natural language processing [J]. Computer Science, 2016.
[15] Graves A, Jürgen Schmidhuber. Framewise phoneme classification with bidirectional LSTM and other neural network architectures[J]. Neural Networks, 2005, 18(5-6).
[16] Grover A, Leskovec J. Node2vec: Scalable feature learning for networks[C]// ACM SIGKDD International Conference on Knowledge Discovery and Data Mining. ACM, 2016.
[17] Harris Z. Distributional structure[J]. Word, 1954(10).
[18] Hearst M A. Clustering versus faceted categories for information exploration [J]. Communications of the ACM, 2006, 49(4).
[19] Hjørland B, Albrechtsen H. Toward a new horizon in information science: Domain analysis[J]. Journal of the Association for Information Science and Technology, 1995, 46(6).
[20] Hochreiter S, Jürgen Schmidhuber. Flat minima[J]. Neural Computation, 1997, 9(1).
[21] Hurd J M. Transformation of scientific communication: A model of 2020[J]. Journal of the American Society for Information Science, 2000, 51(14).
[22] Jenders M, Krestel R, Naumann F. Which answer is best?: Predicting accepted answers in MOOC forums[C]// The 25th International Conference Companion. 2016.
[23] Jeong H, Cress U, Moskaliuk J, et al. Joint interactions in large online knowledge communities: The A3C framework[J]. International Journal of Computer-supported Collaborative Learning, 2017, 12(2).

[24] K Toutanova, D Klein, C D Manning, Y Singer. Feature-rich part-of-speech tagging with a cyclic dependency network[C]// NAACL-HLT, 2003.

[25] Keedong, Yoo, Hyunseok, et al. Ontology-based implementation of the process-oriented knowledge map[J]. Journal of the Korea Industrial Information Systems Research, 2012, 17(4).

[26] Kousha K, Thelwall M. Google scholar citations and Google web /URL citations: Amulti-discipline exploratory analysis[J]. Journal of the American Society for Information Science and Technology, 2007, 58 (7).

[27] L Tang J, Qu M, Wang M Z, et al. LINE: Large-scale information network embedding[C]// Proceedings of the 24th International Conference on World Wide Web, Florence, Italy, 2015.

[28] L Finkelstein, E Gabrilovich, Y Matias, E Rivlin, Z Solan, G Wolfman, E. Ruppin. Placing search in context: The concept revisited[J]. TOIS, 20(1).

[29] Lai S, Liu K, Xu L, et al. How to generate a good word embedding? [J]. IEEE Intelligent Systems, 2015.

[30] Lancaster F W. Indexing and Abstracting in Theory and Practice[M]. London: Facet, 2003.

[31] Leydesdorff L. Similarity, author cocitation analysis, and information theory [J]. Journal of the American Society for Information Science and Technology, 2005, 56(7).

[32] Li Y, Wang R, Nan G, et al. A personalized paper recommendation method considering diverse user preferences[J]. Decision Support Systems, 2021, 146.

[33] Limpens F, Gandon F, Buffa M. Bridging ontologies and folksonomies to leverage knowledge sharing on the social web: A brief survey[J]. IEEE Computer Society, 2008.

[34] Maaten L V D, Hinton G. Visualizing data using tSNE[J]. Journal of Machine Learning Research, 2008, 9(11).

[35] Martinez-Romo J, Araujo L, Fernandez A D. SemGraph: Extracting keyphrases following a novel semantic graph-based approach[J]. Journal of the American Society for Information Science, 2016, 67(1).

[36] Mika P. Social networks and the Semantic Web[M]. NewYork: Springer, 2007.

[37] Mikolov T, Chen K, Corrado G, et al. Efficient estimationof word representations in vectorspace [C]//International Conference on LearningRepresentations. Scottsdale: ICLR, 2013.

[38] Mu T, Goulermas J Y, Korkontzelos I, et al. Descriptive document clustering via discriminant learning in a co-embedded space of multilevel similarities[J]. Journal of the Association for Information Science and Technology, 2016, 67.

[39] Nadeau D, Sekine S. A survey of named entity recognition and classification [J]. Lingvisticae Investigationes, John Benjamins, 2007, 30(1).

[40] Naili M, Chaibi A H, Ben Ghezala H H. Comparative study of word embedding methods in topic segmentation[J]. Procedia Computer Science, 2017, 112.

[41] National Information Standards Organization. Guidelines for the Construction, Format, and Management of Monolingual Controlled Vocabularies [M]. NISO Press, 2005.

[42] Nonaka I, Peltokorpi V. Objectivity and subjectivity in knowledge management: A review of 20 top articles[J]. Knowledge and Process Management, 2006, 13(2).

[43] Omer Levy, Yoav Goldberg. Dependency-based word embeddings[C]// Proceedings of the 52nd Annual Meeting of the Association for Computational Linguistics, 2.

[44] Ou M, et al. Asymmetric transitivity preserving graph embedding[C]//Proceedings of the ACM SIGKDD International Conference, 2016.

[45] Pagesy R, Soula G, Fieschi M. Improving knowledge navigation with adaptive hypermedia[J]. Medical Informatics, 2009, 25(1).

[46] Perozzi B, Al-Rfou R, Skiena S. Deepwalk: Online learning of social representations[C]// Proceedings of the 20th ACM SIGKDD International Conference on Knowledge Discovery and Data Mining, 2014.

[47] Peters M E, Neumann M, et al. Deep contextualized word representations [C]// NAACL, 2018.

[48] Prahalad C K, Ramaswamy V. Co-creating unique value with customer[J]. Strategy and Leadership, 2004, 32(3).

[49] Rink B, Harabagiu S, Roberts K. Automatic extraction of relations between medical concepts in clinical texts[J]. Journal of the American Medical Infor-

matics Association, 2011, 18(5).

[50] Sekine S, Nobata C. Definition, dictionaries and tagger for extended named entity hierarchy. [C]//LREC. Lisbon, Portugal, 2004.

[51] Stock W G. Concepts and semantic relations in information science[J]. Journal of the American Society for Information Science and Technology, Wiley Online Library, 2010, 61(10).

[52] Svrcek M, Kompan M, Bielikova M. Towards understandable personalized recommendations: Hybrid explanations [J]. Computer Science and Information Systems, 2019, 16(1).

[53] Swanson D R. Undiscovered public knowledge[J]. Library Quarterly, 1986, 56(2).

[54] T Mikolov, K Chen, G Corrado, J Dean. Efficient estimation of word representations in vector space[C]// ICLR Workshop Track, 2013.

[55] Tobarra L, Robles-Gómez, Antonio, Ros S, et al. Analyzing the students' behavior and relevant topics in virtual learning communities[J]. Computers in Human Behavior, 2014, 31.

[56] Tsui E, Wang W M, Cheung C F, et al. A concept-relationship acquisition and inference approach for hierarchical taxonomy construction from tags[J]. Information Processing & Management, 2010, 46 (1).

[57] Turney P D, Pantel P. From Frequency to Meaning: Vector Space Models of Semantics[M]. AI Access Foundation, 2010.

[58] Van Dam J W, Van de Velden M. Online profiling and clustering of Facebook users[J]. Decision Support Systems, 2015, 70.

[59] Vasileios Kandylas, S Phineas Upham, Lyle H Ungar. Analyzing knowledge communities using foreground and background clusters[J]. ACM Transactions on Knowledge Discovery from Data (TKDD), 2010, 4(2).

[60] Vaswani A, Shazeer N, et al. Attention is all you need[C]// Advances in Neural Information Processing Systems, 2017.

[61] Young T, Hazarika D, Poria S, et al. Recent trends in deep learning based natural language processing[J]. IEEE Computational Intelligence Magazine, 2018(13).

[62] Zelikovitz S, Kogan M. Using web searches on important words to create background sets for LSI classification[C]//Proceedings of the 19th International

FLAIRS Conference. Florida: AAAI Press, 2006.

[63] Zhou Ming. The bright future of ACL/NLP[EB/OL]. [2019-8-20], https://www.msra.cn/wp-content/uploads/2019/08/ACL-MingZhou.pdf.

[64]毕崇武，王忠义，宋红文. 基于知识元的数字图书馆多粒度集成知识服务研究[J]. 图书情报工作，2017，61(4).

[65]毕强，王传清，李洁. 基于语义的数字资源超网络聚合研究[J]. 情报科学，2015，33(3).

[66]毕强，周姗姗，马志强，等. 面向知识关联的标签云优化机理研究[J]. 现代图书情报技术，2014(5).

[67]毕强，尹长余，滕广青，等. 数字资源聚合的理论基础及其方法体系建构[J]. 情报科学，2015(1).

[68]曹高辉，焦玉英，成全. 基于凝聚式层次聚类算法的标签聚类研究[J]. 现代图书情报技术，2008，24(4).

[69]曹树金，刘慧云. 以读者为中心的智慧图书馆研究[J]. 图书情报工作，2019，63(1).

[70]曹树金，马翠嫦. 信息聚合概念的构成与聚合模式研究[J]. 中国图书馆学报，2016，42(3).

[71]曹越，毕新华. 开放式创新社区价值共创模式与知识治理机制[J]. 科技管理研究，2021，41(06).

[72]曾建勋. 知识链接的研究现状与发展趋势[J]. 情报理论与实践，2011(2).

[73]曾文，李辉，等. 深度学习技术在科技文献数据分析中的应用研究[J]. 情报理论与实践，2018，41(05).

[74]陈辰，宋文. 叙词表映射研究综述[J]. 图书情报工作，2012 (12).

[75]陈果，吴微，肖璐. 知识共聚：领域分析视角下的知识聚合模式[J]. 图书情报工作，2018，62(8).

[76]陈果，肖璐，孙建军. 面向网络社区的分面式导航体系构建——以丁香园心血管论坛为例[J]. 情报理论与实践，2017，40(10).

[77]陈果，肖璐. 网络社区中的知识元链接体系构建研究[J]. 数据分析与知识发现，2017(11).

[78]陈果，吴微. 细分领域 LDA 主题分析中选词方案的效果对比研究[J]. 情报理论与实践，2019，42(06).

[79]陈果，朱茜凌，肖璐. 面向网络社区的知识聚合：发展、研究基础与展望[J]. 情报杂志，2017，36(12).

[80]陈兰杰，侯鹏娟. 数字文献资源关联关系揭示方法研究[J]. 图书馆，2015(2).
[81]程莉，张敏. 基于知识需求聚合的威客共享模式研究[J]. 情报理论与实践，2012，35(12).
[82]丁梦晓，毕强，许鹏程，等. 基于用户兴趣度量的知识发现服务精准推荐[J]. 图书情报工作，2019，63(03).
[83]丁楠，王钰，潘有能. 基于关联数据的政府信息聚合研究[J]. 情报理论与实践，2015，38(7).
[84]方小飞，黄孝喜，王荣波，等. 基于 LDA 模型的移动投诉文本热点话题识别[J]. 数据分析与知识发现，2017，1(2).
[85]冯契. 外国哲学大辞典[M]. 外国哲学大辞典，2000.
[86]甘春梅，王伟军，田鹏. 学术博客知识交流与共享心理诱因研究[J]. 中国图书馆学报，2012，38(3).
[87]高灵，胡昌平. 网络知识社区服务中的用户持续使用行为影响分析[J]. 现代情报，2014，34(1).
[88]顾晓雪，章成志. 标注内容与用户属性结合的标签聚类研究[J]. 现代图书情报技术，2015，31(10).
[89]关鹏举，曹春萍. 基于 BLSTM 的临床文本实体关系抽取[J]. 软件，2019，40(05).
[90]郭顺利，孙笑，宋拓，程子轩. 用户需求驱动下社会化问答社区知识聚合服务研究[J]. 情报科学，2021，39(02).
[91]国家质量技术监督局. 术语工作原则与方法：GB/T10112-1999［S］. 北京：中国标准出版社，1999.
[92]韩其琛，赵亚伟，姚郑，等. 基于叙词表的领域知识图谱初始种子集自动生成算法[J]. 中文信息学报，2018，32(8).
[93]何超，程学旗，郭嘉丰. 面向分面导航的层次概念格模型及挖掘算法[J]. 计算机学报，2011，34(9).
[94]何镝，彭智勇，梅晓茸. Web 社区管理研究综述[J]. 计算机科学与探索，2011，5(2).
[95]贺德方，曾建勋. 基于语义的馆藏资源深度聚合研究[J]. 中国图书馆学报，2012，38(4).
[96]胡昌平，陈果. 层次视角下概念知识网络的三元关系形态研究[J]. 图书情报工作，2014，58(4).

[97]胡昌平，陈果. 共词分析中的词语贡献度特征选择研究[J]. 现代图书情报技术，2013(7/8).
[98]胡昌平，陈果. 科技论文关键词特征及其对共词分析的影响[J]. 情报学报，2014，33(1).
[99]胡昌平，陈果. 领域知识网络的层次结构与微观形态探证——基于 k-core 层次划分的共词分析方法[J]. 情报学报，2014，33(2).
[100]胡昌平，胡吉明，邓胜利. 基于社会化群体作用的信息聚合服务[J]. 中国图书馆学报，2010，36(3).
[101]胡昌平，胡媛，严炜炜. 高校数字图书馆服务的用户满意度实证研究[J]. 国家图书馆学刊，2013(6).
[102]胡昌平，胡媛. 高校图书馆信息共享空间用户交互学习行为分析[J]. 中国图书馆学报，2014，40(4).
[103]胡昌平，万莉. 虚拟知识社区用户关系及其对知识共享行为的影响[J]. 情报理论与实践，2015，38(6).
[104]胡昌平，严炜炜. 基于概念图的个人数字图书馆知识服务拓展[J]. 情报理论与实践，2013，36(6).
[105]胡昌平，张晓颖. 社会化推荐服务中的用户体验模型构建[J]. 情报杂志，2014，33(9).
[106]胡昌平. 信息服务与用户[M]. 武汉：武汉大学出版社，2008.
[107]胡吉明，陈果. 基于动态 LDA 主题模型的内容主题挖掘与演化[J]. 图书情报工作，2014，58(2).
[108]胡吉明，胡昌平. 基于群体网络行为的用户聚合分析[J]. 情报杂志，2008，27(7).
[109]胡吉明. 社会网络环境下基于用户关系的信息推荐服务研究[D]. 武汉：武汉大学博士学位论文，2012.
[110]胡潜，林鑫. 社会化标注系统中基于标签和项目的兴趣建模比较研究[J]. 情报学报，2015，34(12).
[111]胡熠，陆汝占，刘慧. 面向信息检索的概念关系自动构建[J]. 中文信息学报，2007，21(5).
[112]胡誉耀. 网络编辑的知识导航职能[J]. 图书馆学研究，2009(08).
[113]胡媛，陈琳，艾文华. 基于知识聚合的数字图书馆社区集成推送服务组织[J]. 图书馆学研究，2017(19).
[114]化柏林. 针对中文学术文献的情报方法术语抽取[J]. 现代图书情报技术，

2013(6).
[115]黄菡，王宏宇，王晓光. 结合主动学习的条件随机场模型用于法律术语的自动识别[J]. 数据分析与知识发现，2019(6).
[116]贾君枝. 分众分类法与受控词表的结合研究进展[J]. 中国图书馆学报，2010(5).
[117]姜霖，张麒麟. 基于评论情感分析的个性化推荐策略研究——以豆瓣影评为例[J]. 情报理论与实践，2017，40(08).
[118]蒋婷，孙建军. 基于 SVR 模型的中文领域术语自动抽取研究——面向图书情报领域[J]. 情报理论与实践，2016，39(1).
[119]蒋婷，孙建军. 学术资源本体非等级关系抽取研究[J]. 图书情报工作，2016，60(20).
[120]柯平，邹金汇. 后知识服务时代的图书馆转型[J]. 中国图书馆学报，2019，45(01).
[121]孔玲玲. 面向少量标注数据的中文命名实体识别技术研究[D]. 杭州：浙江大学，2019.
[122]李刚，朱学芳. 面向图博档数字化服务融合的知识图谱构建与实现[J]. 情报科学，2021，39(12).
[123]李卫疆，李涛，漆芳. 基于多特征自注意力 BLSTM 的中文实体关系抽取[J]. 中文信息学报，2019，33(10).
[124]李文世. 87 例冠心病患者甲状腺激素水平检测分析[J]. 中国保健营养旬刊，2014(1).
[125]李晓辉. 图书馆科研数据管理与服务模式探讨[J]. 中国图书馆学报，2011，37(5).
[126]李亚婷. 知识聚合研究述评[J]. 图书情报工作，2016，60(21).
[127]李颖，郝晓燕，王勇. 中文开放式多元实体关系抽取[J]. 计算机科学，2017，44(S1).
[128]梁孟华. 基于用户兴趣图谱的数字档案资源交互推送服务研究[J]. 档案学研究，2019(02).
[129]梁珊，邱明涛，马静. 基于 LDA-WO 混合模型的微博话题有序特征抽取研究[J]. 情报科学，2017(7).
[130]林鑫，周知. 用户认知对标签使用行为的影响分析——基于电影社会化标注数据的实证分析[J]. 情报理论与实践，2015，38(10).
[131]刘冰玉，王翠荣，王聪，等. 基于动态主题模型融合多维数据的微博社区

发现算法[J]. 软件学报, 2017, 28(2).
[132]刘凯, 符海东, 邹玉薇, 等. 基于卷积神经网络的中文医疗弱监督关系抽取[J]. 计算机科学, 2017, 44(10).
[133]刘浏, 王东波. 命名实体识别研究综述[J]. 情报学报, 2018, 37(03).
[134]刘炜. 关联数据: 概念、技术及应用展望[J]. 大学图书馆学报, 2011(2).
[135]陆伟, 张晓娟. 基于主题与用户偏好分析的查询推荐研究[J]. 情报学报, 2012, 31(12).
[136]栾庆玲. "双一流"建设背景下高校图书馆知识融合服务框架研究[D]. 南昌: 南昌大学, 2021.
[137]罗琳, 杨洋. 社会化标注系统中用户标签使用行为影响因素研究[J]. 图书情报知识, 2018(03).
[138]罗威, 武帅, 田昌海. 数据驱动的技术预测之研究评析——以FUSE项目为例[J]. 情报理论与实践, 2019, 42(07).
[139]罗文. 基于知识图谱的碎片化知识整合与推送研究[D]. 长沙: 湖南大学, 2019.
[140]罗园, 陈希, 周荣. 基于用户兴趣变化和社会化标注信息的协同过滤推荐方法[J]. 系统工程, 2020, 38(04).
[141]吕琳露, 李亚婷. 基于游记主题挖掘与表达的旅游信息推荐研究[J]. 现代情报, 2017, 37(06).
[142]马费成, 胡翠华, 陈亮. 信息管理学基础[M]. 武汉: 武汉大学出版社, 2002.
[143]马文峰, 杜小勇. 关于知识组织体系的若干理论问题[J]. 中国图书馆学报, 2007(2).
[144]毛太田, 张静婕, 彭丽徽, 蔡婧婷. 基于LDA与关联规则的政府信息资源主动推送服务模式构建研究[J]. 情报科学, 2021, 39(03).
[145][美]戴布拉·艾米顿. 知识经济的创新战略[M]. 新华出版社, 1998.
[146]孟涛, 王诚. 基于扩展短文本词特征向量的分类研究[J]. 计算机技术与发展, 2019, 29(4).
[147]潘有能, 刘朝霞. 本体映射技术在关联数据中的应用研究[J]. 情报科学, 2015, 33(1).
[148]裴超, 肖诗斌, 江敏. 基于改进的LDA主题模型的微博用户聚类研究[J]. 情报理论与实践, 2016, 39(3).

[149]彭佳，郑巧英，张晗，等. 基于元数据本体的特色资源深度聚合研究[J]. 图书馆杂志，2016，35(11).
[150]秦兵，刘安安，刘挺. 无指导的中文开放式实体关系抽取[J]. 计算机研究与发展，2015，52(5).
[151]秦兵.《大词林》中实体类型获取及层次化构建方法[EB/OL]. [2019-11-11]，http://www.cipsc.org.cn/kg3/qb.html.
[152]邱明涛，马静，张磊，等. 基于可扩展 LDA 模型的微博话题特征抽取研究[J]. 情报科学，2017(4).
[153]戎军涛，李兰. 知识元的本质、结构与运动机制研究[J]. 情报理论与实践，2020，43(01).
[154]芮正云，马喜芳. 网络众包社区服务质量感知对用户知识行为的影响——一个多重中介作用模型[J]. 运筹与管理，2020，29(12).
[155]施琦. 无监督中文实体关系抽取研究[D]. 北京：中国地质大学(北京)，2015.
[156]宋睿，陈鑫，等. 基于卷积循环神经网络的关系抽取[J]. 中文信息学报，2019，33(10).
[157]孙建军，徐芳. 基于关联数据的学科网络信息深度聚合框架构建[J]. 图书馆，2015(7).
[158]孙雨生，祝博. 基于知识图谱的信息推荐架构体系研究[J]. 情报理论与实践，2021，44(11).
[159]孙震，冷伏海. 基于知识元的新型科学计量范式探析[J]. 情报学报，2017，36(6).
[160]唐青青，谢恩，梁杰. 知识深度、网络特征与知识创新：基于吸收能力的视角[J]. 科学学与科学技术管理，2018，39(01).
[161]唐晓波，向坤. 基于 LDA 模型和微博热度的热点挖掘[J]. 图书情报工作，2014，58(5).
[162]唐晓波，肖璐. 基于单句粒度的微博主题挖掘研究[J]. 情报学报，2014，33(6).
[163]唐晓波，肖璐. 融合关键词增补与领域本体的共词分析方法研究[J]. 现代图书情报技术，2013，11.
[164]滕广青，毕强. 知识组织体系的演进路径及相关研究的发展趋势探析[J]. 中国图书馆学报，2010 (5).
[165]滕广青，贺德方，彭洁，赵辉. 基于“用户-标签”关系的社群知识自组织

研究[J]. 图书情报工作, 2014, 58(20).
[166]田博, 凡玲玲. 基于交互行为的在线社会网络社区发现方法研究[J]. 情报杂志, 2016, 35(11).
[167]田鹏伟, 张娴, 胡正银, 等. 异构信息网络融合方法研究综述[J]. 图书情报工作, 2017, 61(7).
[168]涂存超, 杨成, 刘知远, 孙茂松. 网络表示学习综述[J]. 中国科学: 信息科学, 2017, 47(08).
[169]王传清, 毕强. 超网络视域下的数字资源深度聚合研究[J]. 情报学报, 2015, 34(1).
[170]王传清. 超网络视域下数字资源聚合研究[D]. 长春: 吉林大学, 2015.
[171]王昊, 邓三鸿, 苏新宁. 我国图书情报学科知识结构的建立及其演化分析[J]. 情报学报, 2015, 34(2).
[172]王昊, 苏新宁, 朱惠. 中文医学专业术语的层次结构生成研究[J]. 情报学报, 2014, 33(6).
[173]王昊, 朱惠, 邓三鸿. 基于形式概念分析的学科术语层次关系构建研究[J]. 情报学报, 2015, 34(6).
[174]王兰成. 大数据环境下档案与图书情报信息集成服务机制的构建[J]. 档案与建设, 2014(12).
[175]王琳. 领域分析范式视角下知识组织中若干问题研究[J]. 图书情报工作, 2011, 55(4).
[176]王鹏程, 胡媛. 基于 SNS 的高校图书馆信息服务平台模型构建[J]. 情报科学, 2013, 31(4).
[177]王世伟. 关于智慧图书馆未来发展若干问题的思考[J]. 数字图书馆论坛, 2018(07).
[178]王欣, 张冬梅. 基于科研用户兴趣模型的知识推送服务模式研究[J]. 图书情报工作, 2017, 61(07).
[179]王曰芬, 王倩, 王新昊. 情报研究工作中的知识库与知识社区的构建研究[J]. 情报理论与实践, 2005(03).
[180]王忠义, 夏立新, 石义金, 等. 基于 DHC 的数字图书馆深层关联数据创建与发布研究[J]. 情报科学, 2015, 33(5).
[181]王忠义, 夏立新, 郑路, 等. 数据集内关联数据自动创建方法研究[J]. 情报杂志, 2014, 33(1).
[182]王子牛, 姜猛, 高建瓴, 陈娅先. 基于 BERT 的中文命名实体识别方法

[J]. 计算机科学，2019，46(S2).
[183]吴剑云，胥明珠. 基于用户画像和视频兴趣标签的个性化推荐[J]. 情报科学，2021，39(01).
[184]吴萌，李静. 基于用户情境模型的高校图书馆嵌入式集成服务研究[J]. 图书馆工作与研究，2013(01).
[185]武慧娟，孙鸿飞，金永昌. 社会化标注系统中个性化信息推荐多维度融合与优化模型研究[J]. 现代情报，2019，39(01).
[186]武文雅，陈钰枫，等. 中文实体关系抽取研究综述[J]. 计算机与现代化，2018，No. 276(08).
[187]夏立新，白阳，孙晶琼. 基于关联标签的非遗图片资源主题发现研究[J]. 图书情报工作，2016，60(2).
[188]夏立新，陈晨，王忠义. 基于多维度聚合的网络资源知识发现框架研究[J]. 情报科学，2016，34(05).
[189]夏立新，谭荧. LOD 的网络结构分析与可视化[J]. 现代图书情报技术，2016(1).
[190]肖璐. 基于知识超网络的网络社区学术资源多粒度聚合研究[J]. 情报杂志，2018，37(12).
[191]熊回香，邓敏，郭思源. 国外社会化标注系统中标签与本体结合研究综述[J]. 情报杂志，2013 (8).
[192]徐海玲. 虚拟知识社区知识生态及场景化服务研究[D]. 长春：吉林大学，2020.
[193]徐坤，毕强. 关键词分类判定及领域热点特征分析[J]. 情报理论与实践，2019，42(04).
[194]徐坤，蔚晓慧，毕强. 基于数据本体的科学数据语义化组织研究[J]. 图书情报工作，2015，59(17).
[195]徐丽芳. 数字科学信息交流研究[M]. 武汉：武汉大学出版社，2008.
[196]严炜炜，胡昌平. 面向创新集群的跨系统信息服务融合需求与推进研究[J]. 情报资料工作，2015(03).
[197]颜端武，李兰彬，曲美娟. 基于 N-gram 复合分词的领域概念自动获取方法研究[J]. 情报理论与实践，2014，37(2).
[198]杨红梅，李琳，杨日东. 基于双向 LSTM 神经网络电子病历命名实体的识别模型[J]. 中国组织工程研究，2018，v. 22；No. 841(20).
[199]杨萌，张云中，徐宝祥. 社会化标注系统资源多维度聚合机理研究[J]. 图

书情报工作，2013，57(15).
[200]杨飘，董文永. 基于 BERT 嵌入的中文命名实体识别方法[J/OL]. 计算机工程：1-7[2019-12-17]. https://doi.org/10.19678/j.issn.1000-3428.0054272.
[201]杨思洛. 国外网络引文研究的现状及展望[J]. 中国图书馆学报，2010，36(4).
[202]杨学成，涂科. 共享经济背景下的动态价值共创研究——以出行平台为例[J]. 管理评论，2016，28(12).
[203]姚伟，张翠娟，柯平，等. 基于价值共创的科技型中小企业知识服务机理研究[J]. 情报理论与实践，2021，44(08).
[204]易明，冯翠翠，莫富传，邓卫华. 基于群体智慧理论的协同标注信息行为机理研究——以豆瓣电影标签数据为例[J]. 情报学报，2021，40(01).
[205]易明，王学东，邓卫华. 基于社会网络分析的社会化标签网络分析与个性化信息服务研究[J]. 中国图书馆学报，2010(2).
[206]尹力. 基于深度迁移学习的数控系统领域技术术语识别[D]. 华中科技大学，2019.
[207]俞琰，赵乃瑄. 基于通用词与术语部件的专利术语抽取[J]. 情报学报，2018，37(7).
[208]袁劲松，张小明，李舟军. 术语自动抽取方法研究综述[J]. 计算机科学，2015，42(08).
[209]詹志建，杨小平. 一种基于复杂网络的短文本语义相似度计算[J]. 中文信息学报，2016，30(4).
[210]张晗，孙翌，郑巧英. 图书馆服务性资源组织与管理的本体模型研究[J]. 图书馆论坛，2016，36(4).
[211]张剑，屈丹，李真. 基于词向量特征的循环神经网络语言模型[J]. 模式识别与人工智能，2015，28(04).
[212]张娟. 数字环境下图书馆知识社区服务拓展研究[J]. 图书馆工作与研究，2020(04).
[213]张晓林. 数字化信息组织的结构与技术(一)[J]. 大学图书馆学报，2001(4).
[214]张洋，江小敏. 基于资源本体的馆藏资源语义体系构建研究[J]. 图书情报知识，2016(5).

[215]章雅楠. 基于用户画像的短视频平台个性化信息推荐研究[D]. 黑龙江大学, 2021.
[216]赵雪芹. 知识聚合与服务研究现状及未来研究建议[J]. 情报理论与实践, 2015, 38(2).
[217]周慧, 赵中英, 李超. 面向异质信息网络的表示学习方法研究综述[J]. 计算机科学与探索, 2019, 13(7).
[218]周园春, 王卫军, 乔子越, 等. 科技大数据知识图谱构建方法及应用研究综述[J]. 中国科学: 信息科学, 2020, 50(07).
[219]朱惠, 王昊, 苏新宁, 等. 汉语领域术语非分类关系抽取方法研究[J]. 情报学报, 2018, 37(12).
[220]朱惠, 王昊, 章成志. 基于"过程-问题"视角的情报学方法技术研究——以社会情报学舆情领域为例[J]. 数据分析与知识发现, 2019, 3(10).
[221]祝振媛, 李广建. "数据—信息—知识"整体视角下的知识融合初探——数据融合、信息融合、知识融合的关联与比较[J]. 情报理论与实践, 2017, 40(02).